Introduction à la criminologie et problématiques canadiennes

LINE BEAUCHESNE

Introduction à la
criminologie
et problématiques canadiennes

bayard canada

Catalogage avant publication de Bibliothèque et Archives nationales du Québec
et Bibliothèque et Archives Canada

Beauchesne, Line, 1955-
    Introduction à la criminologie
    ISBN 978-2-89579-648-0
    1. Criminologie. 2. Criminalité. 3. Droit pénal. I. Titre.

HV6026.F7B42 2014   364   C2014-941921-X

Dépôt légal – Bibliothèque et Archives nationales du Québec, 2014
Bibliothèque et Archives Canada, 2014

Réimpression 2021

Direction éditoriale : Gilda Routy
Révision : Pierre Guénette
Mise en pages et couverture : Mardigrafe inc.
Photo de la couverture : © Shutterstock

© Bayard Canada Livres inc. 2014

Nous reconnaissons l'appui financier
du gouvernement du Canada. | Canada

Conseil des arts   Canada Council
du Canada   for the Arts

Bayard Canada Livres inc. remercie le Conseil des Arts du Canada du soutien accordé à son
programme d'édition dans le cadre du Programme des subventions globales aux éditeurs.

Cet ouvrage a été publié avec le soutien de la SODEC. Gouvernement du Québec –
Programme de crédit d'impôt pour l'édition de livres – Gestion SODEC.

bayard canada

Bayard Canada Livres
4475, rue Frontenac, Montréal (Québec) H2H 2S2
Téléphone : 514 844-2111 ou 1 866 844-2111
edition@bayardcanada.com
bayardlivres.ca

Imprimé au Canada

Offert en version numérique
» 978-2-89579-943-6
numérique   bayardlivres.ca

À mes collègues qui, tout au long de ma carrière,
ont contribué à nourrir ce livre.

« *Il y a deux maux qui menacent notre monde :*
l'ordre et le désordre. »

Valéry

Remerciements

Ce livre s'est enrichi des commentaires précieux de plusieurs personnes qui ont consacré de nombreuses heures à la lecture de ses versions antérieures malgré leurs horaires chargés. Je les remercie profondément non seulement pour leur lecture attentive et leurs suggestions constructives, mais également pour la générosité de leur temps. Cela me touche beaucoup.

Tout d'abord, à mon département de l'Université d'Ottawa, ces remerciements s'adressent à mes collègues Jean-François Cauchie et Bastien Quirion, de même que Joanne Cardinal et Geneviève Nault, coordonnatrices de stage. Il faut ajouter à ces personnes, un lecteur de la première ébauche, Patrick Savoie, étudiant au doctorat.

Ces remerciements s'adressent également à Joane Martel, professeure à l'École de service social de l'Université Laval ; à Marion Vacheret, professeure à l'École de criminologie de l'Université de Montréal ; à Marie-Sophie Devresse, professeure à l'École de criminologie de l'Université catholique de Louvain ; de même qu'à Carla Nagels et Philippe Mary, professeurs à la Faculté de droit et de criminologie de l'Université libre de Bruxelles.

S'ajoutent à ces remerciements : Jean-Claude Bernheim, criminologue et président de l'Office des droits des détenu(e)s ; Yves Cossette, agent de relations humaines au Centre de santé et de services sociaux de l'Énergie ; Dan Riendeau, analyste principal de programme à l'Agence de la santé publique du Canada ; Maxime Tremblay, criminologue et conseiller municipal à la ville de Gatineau ; et ma chère amie, Diane Bellavance.

Enfin, un merci tout spécial à mon mari qui, chaque fois que j'écris un livre, en vit les questionnements, chapitre après chapitre. Un interlocuteur précieux.

Mon éditeur, Bayard Canada, en la personne d'Yvon Métras, m'a fait confiance dès le début du projet. C'est réconfortant de ne pas s'inquiéter de la suite des choses, quand on termine l'écriture d'un manuscrit. Je suis reconnaissante à toute l'équipe de Bayard Canada pour leur travail soigné, impeccable, et surtout, respectueux de ce que j'ai écrit.

Le texte final de ce livre est, bien sûr, le mien. J'espère tout de même avoir fait honneur à toutes ces personnes qui ont pris le temps d'y apporter leur contribution.

INTRODUCTION

La formule usuelle pour définir la criminologie est la suivante : *science qui étudie le crime*. Cette définition, d'une part, laisse croire que le crime est un comportement distinct plutôt qu'une infraction à un Code criminel dont les contours et les signalements pour accusation se sont dessinés dans un contexte politique, économique et socioculturel particulier. En d'autres termes, le premier problème de cette définition est de faire oublier la construction juridique du crime et les contextes d'application de la loi. D'autre part, cette définition enferme la criminologie dans les objets de cette construction juridique quand l'histoire de ce champ d'études et son activité de connaissance les dépassent largement, portant sur la question des inégalités sociales au regard de la justice, sur la question des droits de la personne, sur la justice sociale, la question autochtone, les diverses extensions de la surveillance, les criminalités internationales, etc.

Il y a également confusion dans l'esprit populaire entre la criminologie et la criminalistique, cette dernière faisant référence aux différentes techniques d'investigation pour identifier des coupables, techniques que l'on romance à souhait dans plusieurs téléséries américaines.

Pour définir la criminologie, nous adopterons cette formulation de Pires :

> [...] nous attribuons à la criminologie un double statut. Elle est à la fois – et paradoxalement – deux choses relativement différentes : *un champ d'étude*, [...] et une *activité complexe*

> de connaissance interdisciplinaire, de nature à la fois scienti-
> fique et éthique, ayant pour but l'élucidation et la compréhen-
> sion de la question criminelle au sens large (c'est-à-dire, des
> situations-problèmes et du contrôle social[1]).

Par *champ d'études*, Pires fait référence au cumul des savoirs qui ont marqué les réflexions sur la question criminelle. Quant à la notion d'*activité de connaissance*, elle

> [...] consiste en cette idée d'avoir une vue globale, la plus globale possible à un moment donné, des problèmes, des questions et connaissances produites à l'égard de la question criminelle (comportements problématiques et contrôle social) et d'en tenir compte dans la production de nouvelles connaissances. [...] En gros, on peut indiquer aujourd'hui les quatre grandes caractéristiques de cette activité de connais-sance : elle a l'intention et la prétention i) d'être une activité scientifique ; ii) d'être interdisciplinaire (y compris d'inclure le savoir juridique) ; iii) de s'impliquer directement dans le domaine des jugements de valeur et des normes juridiques (et reconnaît qu'elle s'y implique en partie, inévitablement) ; iv) de relier la théorie à la pratique et d'être socialement utile[2].

Ce dernier élément fait référence au projet de contribuer à une société moins violente et moins conflictuelle.

Pires situe la naissance de la criminologie non pas au moment où elle est devenue une discipline universitaire, début qui varie selon les pays tout au long du XXe siècle, mais en tant que champ d'études avec Beccaria (2e moitié du XVIIIe siècle) et en tant qu'ac-tivité de connaissance avec l'École positive italienne (2e moitié du XIXe siècle).

---

1. A. PIRES, « Partie 1. – La formation de la rationalité pénale moderne au XVIIIe siècle », *Histoire des savoirs sur le crime et la peine* (dir. C. Debuyst, F. Digneffe et A. P. Pires), Bruxelles, De Boeck/Éditions Larcier, vol. 2, 2008, p. 21-254.
2. *Ibid.*, p. 34.

La question criminelle, telle que soulignée par Pires, englobe deux grands ensembles : les situations-problèmes et le contrôle social. La notion de *situation-problème* permet d'éviter l'enfermement dans les catégories pénales et les clientèles du système de justice pénale pour définir une situation en tant que problématique, c'est-à-dire « vécue ou perçue comme "créant un problème" ou comme étant négative, inacceptable, indésirable[3] » pour une ou des personnes qui en sont victimes. Ainsi,

> [...] la violence policière, les accidents de travail par négligence patronale, les fraudes des grandes compagnies pharmaceutiques, la rationalisation de la peine de mort, etc., de même que les situations usuellement pénalisées par le droit criminel se retrouvent parmi les objets de la criminologie[4].

La notion de *contrôle social* est elle aussi élargie en fonction de ces objets, ne se réduisant pas à la création, à l'application et aux conséquences des lois pénales.

L'objectif de cet ouvrage est de comprendre ce que *fait* la criminologie par l'illustration de ses savoirs sur des problématiques plus spécifiques au Canada. Ainsi, il est d'abord et avant tout une initiation aux grandes questions de la criminologie, l'ancrage territorial servant davantage à faire *vivre* les apports des savoirs criminologiques.

En première partie, nous verrons les réflexions philosophiques et politiques au XVIIIe siècle qui ont préparé le terrain à l'émergence du droit pénal et les premières théories de la peine qui en ont articulé la logique punitive, ce que l'on désigne par la *rationalité pénale moderne* (Chapitre I). Par la suite, nous présenterons l'évolution de ce champ d'études en activités de connaissance au XIXe siècle (Chapitre II). Nous terminerons par la rupture

---

3. *Ibid.*, p. 67-68.
4. *Ibid.*, p. 68-69.

des années 1960, où le questionnement en criminologie a changé chez de nombreux chercheurs qui, de différentes manières, ont tenté de sortir de cette logique punitive et d'en diminuer la souffrance qui en découlait en comprenant mieux les logiques de contrôle en place (Chapitre III).

En deuxième partie, nous verrons d'abord ce qui caractérise le droit et la procédure pénale au Canada (Chapitre IV). Puis, nous nous pencherons sur l'activité de la police en tant qu'acteur au point d'entrée de ce système de justice (Chapitre V). Suivront les différentes caractéristiques de la trajectoire pénale avant le procès (Chapitre VI), devant les tribunaux et lors de l'administration des peines (Chapitre VII). Nous terminerons par les modalités attendues des criminologues dans la prise en charge des justiciables (Chapitre VIII).

En troisième partie, nous aborderons la spécificité des femmes (Chapitre IX) et des Autochtones (Chapitre X) au regard de la justice pénale et nous nous pencherons sur une clientèle en croissance, ces dernières années, dans le système pénal, soit les personnes aux prises avec des problématiques de santé mentale (Chapitre XI). Par la suite, nous nous attarderons aux difficultés de sortir de la logique punitive de ce système et examinerons certaines tentatives pour gérer les conflits autrement (Chapitre XII). Nous terminerons ce parcours par l'illustration de l'élargissement des objets d'étude en criminologie, ces dernières années, dans deux problématiques : l'expansion des mécanismes de surveillance facilitée par les nouvelles technologies, de même que la question de la torture en détention (Chapitre XIII).

Questions de révision

1. Quels sont les deux problèmes créés par la formulation usuelle de la définition de la criminologie, soit *une science qui étudie le crime*?

2. Quelle est la différence entre la criminologie et la criminalistique?

3. Selon Pires, que permet la notion de situation-problème en criminologie? Savoir illustrer sa réponse par des exemples.

PREMIÈRE PARTIE

Criminologie : construction d'un savoir

CHAPITRE I

Le berceau de la criminologie

D u XVᵉ au XVIIᵉ siècle, un certain nombre de facteurs vont contribuer à séculariser l'idée que l'on se fait du monde et de la place de l'humain dans celui-ci. Une des idées centrales qui annonce la modernité et symbolise ces changements est l'idée de progrès, soit une conception linéaire du temps où le futur serait meilleur que le passé, car l'Homme peut transformer le monde et le faire évoluer. Il est un être de raison qui, grâce à sa capacité de connaître les règles de la nature, de la vie en société, de la morale, de la bonne gouvernance, de l'économie, peut faire des choix vers plus de *civilisation*. Comme le souligne le médiéviste français Jacques Le Goff[5], c'est le passage, cyclique, du temps de l'Église et des paysans au temps, linéaire, des marchands.

C'est dans ce contexte qu'émerge l'*État moderne* et que se pose la question des lois à mettre en place pour une gouvernance plus égalitaire et moins arbitraire. Toutefois, perdure dans cette réflexion la tradition de la pensée chrétienne selon laquelle il est interdit de faire du mal à autrui – son *semblable* –, mais qu'il est légitime au nom de la *justice divine* d'affirmer ses valeurs contre son *ennemi* par la souffrance[6]. C'est ainsi que l'idée centrale, qui domine les premières théories de la peine, est qu'à un crime, il faut

---

5. J. Le Goff, « Au Moyen Âge : temps de l'Église et temps du marchand », *Annales, Économies, sociétés, Civilisations*, vol. 15, n° 3, 1960, p. 417-433.

6. A. Pires, « Les peines radicales : Construction et "invisibilisation" d'un paradoxe », Introduction à l'ouvrage d'Italo Mereu, *La mort comme peine. Essai sur la violence légale*, Bruxelles, Larcier, 2012, p. 7-47. Et A. Pires, « Réflexions théoriques et

opposer une *souffrance légale*, encadrée, normée. La *souffrance* devient alors légitime. La codification du droit criminel viendra traduire cette idée dans des interdits assortis de peines.

L'idée de progrès

Le principal facteur qui va contribuer à répandre l'idée de progrès est certainement l'essor des sciences et des techniques. Elles vont bouleverser les modes de production, amenant, à la fin du XVIIe siècle, les débuts de l'ère industrielle et les grands mouvements d'urbanisation des XVIIIe et XIXe siècles liés à la présence de ces industries gourmandes en main-d'œuvre. À cet essor des sciences et des techniques s'ajoutent les grandes explorations qui feront découvrir de *Nouveaux Mondes*, dans tous les sens du terme : régions, faunes, flores, populations avec d'autres manières de vivre, etc.

Cette notion de progrès porte en elle l'idée de mouvement du mauvais vers le bon, de l'ignorance vers la connaissance. Le Britannique Francis Bacon, un des pionniers de la pensée scientifique moderne, fut sans aucun doute un des premiers hérauts à soutenir cette idée de progrès où, grâce au savoir scientifique et à la technique pour explorer ces savoirs sur le terrain, le futur apporterait plus que le passé. En fait, il ira jusqu'à imaginer la société parfaite grâce à ces connaissances[7].

L'Homme, désormais au centre de l'Univers, peut découvrir le monde et ses règles grâce à sa raison, permettant ainsi de sortir de l'arbitraire et des préjugés. Cette conception du monde, qui caractérise les débuts de l'époque moderne, a habité les premiers

---

méthodologiques sur les transferts des valeurs : Le cas du droit criminel », *Transfert, Exploration d'un champ conceptuel*, Pascal Gin, Nicolas Goyer et Walter Moser (dir.), Ottawa, Les presses de l'Université d'Ottawa, 2014.

7. Francis BACON, *La nouvelle Atlantide*, 1622.

questionnements des XVIIᵉ et XVIIIᵉ siècles pour définir les attributs d'une bonne gouvernance. Celle-ci repose sur l'établissement de règles publiques valables pour tous sur un territoire donné, conventions rationnelles établies par l'autorité politique afin d'assurer un ordre social propice au progrès, à la survie et au bien-être de la société.

Réflexions sur la gouvernance et les lois

Voyons brièvement cinq penseurs qui vont marquer profondément cette réflexion sur la bonne gouvernance aux XVIIᵉ et XVIIIᵉ siècles.

Selon le philosophe britannique Thomas Hobbes[8], il est essentiel qu'une autorité responsable, l'état civil, assurant l'ordre social avec des droits applicables à tous, soit présente. Sans cette autorité, chacun répondrait d'abord et avant tout à ses désirs, ce qui ferait naître *une guerre de tous contre tous*, l'état de nature. Comme l'Homme est doué de raison, sa capacité de calculer et d'anticiper, cette guerre pourrait mener à l'extermination pure et simple de l'humanité. C'est ce qui amène l'Homme à valoriser l'état civil, car il a peur de mourir. Son instinct de conservation lui fait accepter une autorité qui restreint certaines de ses libertés dans le but d'assurer un ordre social nécessaire à la survie de tous. Hobbes sera ainsi un des premiers philosophes à faire reposer la légitimité du pouvoir politique non pas sur la religion ou les liens de sang, mais sur une sorte de *contrat social* de survie, le droit positif, où le droit représente les règles que l'on se donne dans une société pour assurer cette survie.

---

8. Thomas HOBBES, *Le Léviathan*, 1651.

Toutefois, dans ce raisonnement, se pose rapidement la question des abus potentiels de cette autorité. Elle pourrait implanter, au nom de l'ordre social, des restrictions non nécessaires aux libertés des citoyens. Cette question amènera à réfléchir aux moyens d'éviter ces abus du pouvoir politique.

Le Britannique John Locke[9] reprend cette idée de l'état de nature de Hobbes, mais en contestant le fait que cela signifie *la guerre de tous contre tous*. Dans cet état de nature, selon Locke, tous les hommes sont naturellement égaux – il n'y a pas d'autorité établie – et ils obéissent aux lois naturelles fondamentales qui assurent leur survie, lois qu'ils découvrent grâce à la raison. Ces lois ne signifient pas faire tout ce que l'on désire, mais plutôt s'assurer une vie harmonieuse avec les autres en respectant les droits fondamentaux que sont le droit à la vie, à la liberté et à la propriété – la jouissance de ses biens. La violence ne sert qu'à se défendre ou à défendre autrui. Considérant ces droits naturels, fondés sur la nature humaine, que vient ajouter le droit positif et pourquoi l'autorité politique doit-elle en régir l'implantation et l'application ? En fait, chez Locke, l'autorité politique n'est pas là pour créer des lois nouvelles, mais pour s'assurer que ces droits fondamentaux de propriété, de liberté et de vie seront respectés en les inscrivant dans un droit positif afin de punir ceux qui nuisent à cet ordre social naturel. La différence fondamentale avec Hobbes est qu'au nom de ces droits fondamentaux, le peuple aurait le droit de se révolter quand le pouvoir politique dépasse ces limites d'action ou que les juges sont inadéquats au regard de l'application de ces droits. L'autorité politique est un instrument du peuple pour faire respecter les droits fondamentaux par le système judiciaire et elle est elle-même soumise à ces lois. De plus, afin d'éviter qu'une autorité politique ne devienne abusive, il est préférable, selon

---

9.   John LOCKE, *Les deux traités du gouvernement civil*, 1690.

Locke, qu'elle soit composée, au moins en partie, de personnes élues, que la population pourra plus aisément révoquer en cas d'abus.

Selon le penseur politique français Montesquieu[10], pour éviter les abus de pouvoir du gouvernement, il faut en éviter la concentration en un seul lieu ; c'est la raison pour laquelle il préconise que le pouvoir législatif, le Parlement, le pouvoir judiciaire, les tribunaux, et le pouvoir exécutif, les ministères chargés de gérer la politique courante de l'État, demeurent séparés, même s'ils sont dépendants les uns des autres. Le contenu des lois votées au Parlement est très important, selon Montesquieu, car elles sont capables d'influencer le comportement des gens vers l'harmonie sociale ; c'est d'ailleurs le but que doit viser le gouvernement. Si celui-ci vote des lois en vue du bien commun, leur multiplication ne signifiera pas plus de répression, car elles apparaîtront légitimes à la population ; *a contrario*, plus le gouvernement se comportera de manière despotique en votant de *mauvaises lois*, plus il aura besoin de répression pour en assurer le suivi. Montesquieu fait ainsi de la nécessité plus ou moins grande de la répression la mesure de la légitimité politique d'un gouvernement, légitimité qui se fonde sur son activité vers le bien commun. Sur la question plus spécifique des peines, il explique qu'elles doivent être proportionnelles à la gravité des crimes dont on veut dissuader les gens, sinon cela risque de générer plus de crimes, non de les diminuer. Pour amplifier par un exemple cette idée de Montesquieu, qui réagissait négativement à de nombreuses peines très sévères données à l'époque pour de petites infractions, si voler un pain et tuer une personne aboutissent à la même peine, alors pourquoi ne pas tuer la personne qui porte le pain et ramasser tous ses biens ?

---

10. Montesquieu, *De l'esprit des lois*, 1748.

En fait, pour Montesquieu, il est plus important que le gouvernement trouve des manières positives d'amener les gens à obéir aux
lois plutôt que d'utiliser la peine[11].

David Hume, ami de Montesquieu, philosophe et économiste écossais, réfute la théorie qui soutient que l'Homme distinguerait naturellement le bien du mal à l'aide de la raison[12].
Il explique que la justice n'est pas affaire de morale rationnelle,
mais de conventions inscrites dans les lois, le droit positif, à la suite
de décisions politiques, conventions que l'on cherche alors à incul-
quer aux citoyens par l'éducation et d'autres moyens. Si certaines
règles ont tendance à se trouver dans toutes les sociétés, c'est
qu'elles constituent des lois essentielles au bien-être commun. Par
exemple, Hume constate que la plupart des sociétés ont de
nombreuses lois qui s'articulent autour de la préservation de la
propriété, car la capacité de jouir sans crainte de ses biens relève de
règles de bien-être dans toutes les sociétés.

L'ordre capitaliste naissant va renforcer cette importance de
la préservation de la propriété en tant que droit fondamental
nécessaire à l'harmonie sociale.

Selon Adam Smith, autre philosophe et économiste écossais,
ce qui amène à distinguer le bien du mal est que les gens évaluent
rationnellement les bons ou mauvais effets sur la société des différentes actions observées autour d'eux. C'est à partir de ces

---

11. Bien sûr, on pourrait également présenter, dans la théorie de Montesquieu, son soutien
à l'idée que les lois doivent s'adapter à la nature humaine, nature humaine qui dépend
des climats où les gens habitent, ou que les gens de la noblesse possèdent des qualités
particulières à gouverner, ce qui devrait faire en sorte qu'ils aient un poids assez
important dans un gouvernement. On pourrait aussi développer sa perception de la
peine qui était assez novatrice (voir à cet effet D. W. CARRITHERS, « La philosophie
pénale de Montesquieu », *Revue Montesquieu*, n° 1, 1997, p. 39-63). Mais mon propos
n'est pas de présenter l'ensemble de son œuvre, pas plus que pour les autres penseurs.
L'objectif, ici, est de montrer comment une certaine réflexion se construit autour du
rôle du droit pénal et des peines dans une gouvernance politique en pleine redéfinition
au XVIIIᵉ siècle.

12. David HUME, *Traité de la nature humaine*, 1740.

apprentissages qu'ils acquièrent les *sentiments moraux* nécessaires à l'harmonie sociale[13]. Celle-ci, selon Smith, s'articule essentiellement sur la prospérité économique. En effet, la division du travail entre ouvriers et producteurs de capitaux est nécessaire pour une bonne productivité assurant la prospérité d'une société, contribuant à son progrès[14]. Le riche comme le pauvre participent aux bons effets sociaux par leur travail et peuvent s'inscrire dans les *bons sentiments*, tout comme ils peuvent être paresseux et nuire au bien-être général. Un des rôles de l'État est de produire des lois pour protéger les citoyens contre ceux qui nuisent à cette harmonie sociale, entre autres ceux qui adoptent des comportements criminels. Selon Smith, l'adoption de tels comportements relève d'une déficience quelconque dans l'acquisition des *sentiments moraux*, qui correspondent *naturellement* aux besoins sociaux.

Comme on peut le voir, ces penseurs de la gouvernance cherchent à se dégager d'une autorité de droit divin ou fondée sur le sang, faisant écho aux critiques de plus en plus vives des privilèges de la noblesse. Toutefois, même en prônant l'égalité des êtres humains, ils annoncent un droit pénal désincarné des inégalités socioéconomiques. Le droit reposerait sur un consensus social, un *contrat social* ou encore des droits fondamentaux, où le droit à la vie et à la liberté s'articulent sur le droit de propriété, et ce, d'autant plus avec les débuts de l'économie capitaliste, symbole de progrès. Les individus qui dérogent aux lois sont ainsi des individus déficients au regard de la rationalité de cet ordre inscrite dans le droit. Ils doivent être punis.

---

13. Adam Smith, *Théorie des sentiments moraux*, 1759.

14. Adam Smith, *Recherches sur la nature et les causes de la richesse des nations*, 1776.

Les premières théories de la peine

L'essai fondateur du champ d'études de la criminologie, écrit en 1764 par Cesare Beccaria, s'intitule *Des délits et des peines*. Il y reprend l'idée que l'autorité politique a pour fonction le bien commun, et que le droit constitue un outil à cette fin. Il constate également qu'il y a dans le droit certaines règles de base assez communes à la vie en société, telle la protection de la propriété. Mais il considère que, compte tenu des inégalités socioéconomiques, une majorité de pauvres et quelques riches, plusieurs des infractions qui ont pour but de protéger les biens ne seront jamais commises par les riches, tout simplement parce qu'elles ont pour but de protéger *leurs* biens. De plus, le fait que l'élite politique appartienne à la classe aisée se répercute dans l'écriture des lois où certaines sont *mauvaises,* car elles ne contribuent pas au bien commun. Enfin, l'administration de la justice étant sous le contrôle de la classe privilégiée, les riches sont moins souvent accusés et, s'ils le sont, punis avec moins de sévérité que les pauvres.

Faisant écho à Montesquieu sur le fait qu'un bon gouvernement est moins répressif qu'un mauvais, Beccaria s'engage plus avant dans la dénonciation de plusieurs abus du système de justice : l'usage de la torture, de la peine de mort, ainsi que les peines manifestement disproportionnées au regard de la gravité du délit. La punition, explique Beccaria, doit avoir une certaine *utilité* pour le criminel afin de s'amender et les peines abusives ne servent pas cette fin.

Beccaria est considéré par plusieurs comme le fondateur du droit pénal moderne, articulant le droit et les peines sur la nouvelle gouvernance que l'on cherche à implanter, fondée sur l'égalité des citoyens. Cette égalité, selon Beccaria, doit se refléter tant dans les délits que dans les peines. Son livre connut immédiatement du succès auprès des mouvements réformistes de plusieurs pays, à une époque où de nombreux bouleversements sociopolitiques et économiques annonçaient la naissance de l'État moderne.

Parmi ces réformistes se trouve le philosophe britannique Jeremy Bentham, grand défenseur des droits individuels. Tout comme Montesquieu, il adhère à l'idée que la sévérité du système de justice pénale dépend de la légitimité du système politique en place et, tout comme Beccaria, que les conditions socioécono-miques ont un rôle important dans la plus ou moins grande commission des crimes. Ainsi, plus l'État réussit dans sa mission d'augmenter le bonheur collectif, moins il y aura de crimes. À cette fin, Bentham est favorable à l'idée que l'État assure un revenu minimum pour tous en redistribuant les richesses et en favorisant la croissance économique[15]. Quant à la peine, son principe est que, dans un bon système de justice, celle-ci doit être un peu plus élevée que le plaisir procuré par l'infraction, dissuadant ainsi l'« infrac-teur » par le calcul négatif qu'il fera des effets de la peine eu égard aux bénéfices de l'infraction. Bentham avait imaginé une espèce de *calcul du bonheur et des peines* fondé sur des critères qu'il voulait *rationnels* plutôt que laissés à l'arbitraire du politique[16].

D'autres auteurs influents vont réfléchir sur ces questions de la même manière. Par exemple, Dietrich von Holbach écrira sur la question des *mauvaises lois*, soit celles écrites pour l'élite plutôt que pour le bien commun[17]. Il expliquera qu'elles peuvent générer le crime, tout comme l'application inégalitaire des lois peut amener des personnes à se faire justice elles-mêmes[18]. De plus, il reprend l'idée que l'acquisition des normes sociales se fait par apprentissages et imitations, et que certains ont *appris* à commettre le crime plutôt

---

15. Jeremy BENTHAM, *Traité de législation civile et pénale*, 1802.
16. *Ibid.*
17. Cela ne l'empêche toutefois pas de considérer qu'une certaine hiérarchie sociale est naturelle, même si tous les citoyens sont égaux devant la loi.
18. Dietrich VON HOLBACH, *Système social*, 1773.

que de les suivre. L'abbé Mably ira encore plus loin que Bentham en considérant non seulement l'inégalité des conditions socioéconomiques, mais également la propriété privée comme source de crimes[19]. Le Britannique William Godwin expliquera que les riches utilisent les lois pour institutionnaliser leurs privilèges et le rôle de la propriété privée dans la division de la société en deux classes : une majorité de pauvres et une minorité de riches, ce qui amène le système de justice pénale à devenir un système de contrôle social opprimant les pauvres. Il va également dénoncer le fait que les riches contrôlent les institutions qui administrent et appliquent les lois, ce qui permet aux riches d'éviter les peines, du moins les plus sévères. Enfin, il soulignera que l'extrême pauvreté de plusieurs populations peut plus aisément les tourner vers le crime pour subsister, surtout devant l'opulence des riches[20].

Ce qui ressort chez ces premiers penseurs sur le crime et les peines est que la capacité du système politique à répondre aux besoins sociaux et à diminuer les inégalités sociales peut considérablement diminuer le crime. De plus, en évitant les *mauvaises* lois, on écrit un droit pénal qui va dans le sens du bonheur collectif. Enfin, viser ce bonheur collectif conduit à éviter les peines abusives pour leur préférer des peines utiles à l'individu pour s'amender, se réformer. Toutefois, dans ces manières de penser le pénal, la peine demeure la seule voie pour montrer le *mal* accompli, ne laissant aucune place à d'autres modes de résolution de conflits.

Kant est sans doute celui qui articulera le plus vigoureusement cette obligation de punir au XVIIIe siècle. Cette obligation, pour lui, repose non pas sur l'utilité de la peine pour dissuader les personnes de commettre des crimes ou s'amender, comme le

---

19. Gabriel BONNOT DE MABLY, *Principes des lois*, 1776.
20. William GODWIN, *Enquête sur la justice politique et son influence sur la vertu et le bonheur en général*, 1793.

pensaient Beccaria et Bentham, mais sur le fait que l'individu doit *payer* pour son crime. Cette obligation morale de punir qui revient à l'État est, selon Kant, ce qui distinguerait le droit pénal du droit civil, où plusieurs modes de règlements de conflits sont possibles.

> Kant part de l'idée que la *désobéissance* à la loi pénale est en quelque sorte un mal *séparé* du tort causé à une victime spécifique et ce mal ne saurait être « payé » que si l'autorité hiérarchique (qui représente cette loi) punit le coupable. Il n'y a rien que l'individu fautif puisse offrir à sa victime qui aurait assez de valeur pour réaffirmer la valeur de la loi transgressée. La seule façon de rétablir l'ordre troublé est de *punir* le coupable. Pour Kant, le droit de punir puise alors son fondement dans une sorte d'obligation morale qu'aurait l'autorité hiérarchique de rétablir l'ordre en imposant une souffrance au coupable[21].

Le droit pénal se séparera des autres formes de droit pour devenir une entité propre au XVIIIe siècle en se définissant par cette obligation de punir.

La rationalité pénale moderne

Une réflexion sur le droit, les délits et les peines est déjà bien en place au XVIIIe siècle, au nom de l'égalité, de la liberté et du bonheur collectif. Chez les premiers penseurs, le souci porte davantage sur la mise en place d'une gouvernance qui sépare l'administration de la justice du pouvoir politique de manière à éviter les abus de ce pouvoir. Par la suite, bien que les rapports de pouvoir socioéconomiques dans l'écriture du droit et son application soient

---

21. A. Pires, «Beccaria, L'utilitarisme et la rationalité pénale moderne», *Histoire des savoirs sur le crime et la peine* (dir. de C. Debuyst, F. Digneffe, J-M Labadie et A.P. Pires), Bruxelles, De Boeck/Éditions Larcier, 2008, vol. 2 p. 196.

pris en compte, le souci porte davantage sur la *peine juste,* ou encore la *peine utile* pour dissuader de commettre des crimes. Au bout du compte, pour les uns comme pour les autres, la peine est le seul aboutissement logique d'une infraction dans le droit pénal, contrairement aux autres formes de droit. En fait, cet aboutissement des conflits dans la peine est ce qui va finalement définir le droit criminel, ce qui le rendra distinct des autres formes de droit ; la peine deviendra ainsi une mesure de la gravité des crimes, une affirmation de la norme sociale. Cette définition du droit criminel dans l'obligation de punir est ce que l'on qualifie de *rationalité pénale moderne*[22].

Cette rationalité pénale moderne ne sera pas vraiment remise en question dans le champ de la criminologie avant les années 1960. Les recherches, et les débats, avant cette période porteront essentiellement sur ce qui cause le crime, la peine appropriée et sa gestion.

---

22. Pour une réflexion plus en profondeur sur ce concept, voir A. PIRES, *op. cit.* Et R. DUBÉ, M. GARCIA et M. ROCHA MACHADO (dir.), *La rationalité pénale moderne : réflexions théoriques et explorations empiriques*, Ottawa, Les presses de l'Université d'Ottawa, 2013.

Questions de révision

1. À quelle conception du temps et de l'Homme renvoie l'idée de progrès ?

2. Quel est le principal facteur qui contribuera à répandre l'idée de progrès ?

3. Quand on dit « rechercher une bonne gouvernance » au XVIIe et XVIIIe siècle, qu'est-ce que l'on recherche ?

4. Selon Hobbes, pourquoi est-il essentiel qu'une autorité soit responsable d'assurer l'ordre social avec des droits applicables à tous ?

5. L'absence de gouvernement ne signifie pas, chez Locke, que les gens vont s'entretuer. Alors, que viennent ajouter un gouvernement et un droit positif ?

6. Selon Montesquieu, que faut-il faire pour éviter les abus de pouvoir par le gouvernement, et que préconise-t-il à cette fin ?

7. Comment reconnaît-on une mauvaise loi, selon Montesquieu, et qu'est-ce que cela nous dit sur l'autorité politique ?

8. Sur la question plus spécifique des peines, que dit Montesquieu ? Savoir donner un exemple pour illustrer son point de vue.

9. Qu'est-ce qui amène à considérer de plus en plus le droit de propriété comme un droit fondamental au XVIIIe siècle ?

10. Quel est l'essai fondateur du champ d'études de la criminologie, et qui en est l'auteur ?

11. Comment cet auteur explique-t-il que peu de riches se retrouvent en infraction par rapport aux lois ?

12. Quel est le but de la peine selon Beccaria, et en quoi cela l'amène-t-il à dénoncer certains types de peine ?

13. Pour assurer la dissuasion par la peine, sans que celle-ci soit abusive, quelle est l'idée principale soutenue par Bentham ?

14. Quels sont les trois éléments principaux qui ressortent des premiers penseurs sur le crime et les peines, et quel est leur point commun sur la peine ?

15. Sur la question de la peine, en quoi Kant se distingue-t-il de penseurs comme Beccaria ou Bentham ?

16. Le droit criminel s'est défini dans ce que l'on qualifie de rationalité pénale moderne. Expliquez.

Questions de réflexion

1. La notion de l'« état de nature »

Vous êtes le parent de deux jeunes adolescents. Vous décidez de tenter une expérience et de faire de votre maison un espace où il n'y a plus de règles à suivre. Le scénario que vous anticipez est qu'une certaine harmonie régnera tout de même et que cela sera un bon apprentissage. Vos amis croient au contraire que cela se passera très mal. Expliquez la position de chacun en vous référant à la conception de Hobbes et de Locke sur l'état de nature.

2. La notion de « bien commun »

Par des compressions budgétaires, le gouvernement veut s'attaquer aux coûts croissants des services policiers. Lors des négociations avec le syndicat, trois scénarios sont sur la table.

- Utiliser une « clause grand-père », c'est-à-dire, conserver les salaires et les avantages sociaux pour ceux qui sont déjà en fonction et réduire d'un tiers le salaire des nouveaux policiers embauchés.

- Conserver le même salaire et les avantages sociaux pour tous, mais diminuer du tiers les effectifs actuels, réduisant du coup certains services assurés par les policiers.

- ■ Transférer une partie des services assurés par la police publique à des services privés de sécurité qui sont beaucoup moins coûteux.

Justifier votre réponse en expliquant la perception du bien commun sur laquelle vous vous appuyez.

3. La notion de « mauvaise loi »

Donnez un exemple de mauvaise loi parmi les lois actuelles, et justifiez votre réponse en utilisant les arguments de Montesquieu.

4. La notion d'« obligation morale de punir » chez Kant

Donnez un exemple qui illustre que cette perception est encore très présente aujourd'hui. Justifiez votre réponse.

Cas de discussion

Une question de bonne gouvernance

Dans un cours de criminologie, un professeur vous répartit en équipes de six personnes sur un projet et explique que la cohérence entre toutes les parties du travail sera un élément central lors de la correction. Ce projet vaut 40 % de votre note finale.

À la suite de la première rencontre des membres de votre équipe, il est apparent que chacun n'a pas la même vision du travail ni la même volonté de s'y investir. L'un des membres se propose pour diriger l'équipe, afin de s'assurer que chacune des parties du document soit faite correctement et de manière à assurer la cohérence et la qualité du travail. Toutefois, il demande que des règles soient établies sur certaines situations problématiques qui peuvent survenir. Il ne veut pas prendre tout le blâme d'une mauvaise note, si elle survient, surtout à proximité de la date d'échéance.

Quelles directives donnerez-vous au chef d'équipe pour faire face à l'éventualité où quelqu'un ne remettrait pas sa partie du travail?

Quelles consignes lui donnerez-vous pour faire face à l'éventualité où il jugerait une partie remise par un membre de l'équipe très faible?

CHAPITRE II

Le développement de la criminologie

Au XIXᵉ siècle, l'arrivée des journaux quotidiens à grand tirage, qui publient les premières statistiques nationales sur le crime et rapportent les procès les plus spectaculaires, va contribuer à faire voir le système pénal comme une solution à la criminalité. Les quotidiens vont également mouler les perceptions sur ce qui constitue un crime et ceux les plus susceptibles de les commettre, les pauvres. Paradoxalement, le discours des socialistes et autres penseurs dénonçant les inégalités socioéconomiques au XIXᵉ siècle va maintenir cette conviction que les pauvres sont plus susceptibles d'enfreindre la loi. Pour diminuer cette criminalité, se développera une activité scientifique qui en recherchera les causes, afin de promouvoir une gestion plus scientifique de la peine qui puisse réformer les *criminels*. C'est la naissance de la criminologie en tant qu'activité de connaissance avec l'École positive italienne.

La perception moderne du crime et les statistiques criminelles

La perception moderne du crime et des criminels dans la population s'est dessinée au XIXᵉ siècle. Elle signifie que le crime est compris comme une infraction à la loi que l'on peut signaler à la police afin que l'infracteur soit puni par le système de justice pénale. Jusqu'à cette période, la majorité des personnes lésées recourait peu à la police et aux tribunaux.

Pour comprendre comment va s'opérer ce changement, il faut se reporter à l'industrialisation et à l'urbanisation qui caractérisent le XIXe siècle. Les usines sont des propriétés à protéger, particulièrement lors des premières grandes grèves ouvrières ; l'urbanisation rapide par l'afflux de populations diverses pour y travailler cause également plusieurs désordres. Les industriels réclament une police publique qui veille à l'ordre social nécessaire à la protection et au fonctionnement de ces usines, et des prisons pour y mettre les individus, sources de désordre ou qui menacent leurs biens. Quant à la population générale, elle se familiarisera avec la présence d'institutions comme la police, les tribunaux et les prisons, essentiellement par l'arrivée des journaux à grand tirage.

On fait remonter l'arrivée de la presse écrite à Gutenberg, en 1438, grâce à l'invention de la typographie et à l'utilisation de l'imprimerie. Cela a donné naissance à quelques périodiques et brochures. Mais la véritable révolution s'est faite avec les progrès techniques dans l'imprimerie, particulièrement la presse rotative, en 1860, qui permirent l'impression rapide de journaux quotidiens à grand tirage, et les progrès de l'instruction qui ont fait que de plus en plus de gens pouvaient les lire. Dans ces journaux, les crimes, criminels et procès bénéficient d'une grande publicité ; de plus, ces journaux couvrent des crimes sur l'ensemble du territoire où ils sont distribués, et même plus loin pour certains cas spectaculaires. Ils vont également publier les premières statistiques nationales sur la criminalité, amplifiant encore plus la perception du phénomène, alimentant ainsi la peur du crime dans la population.

Les statistiques sur la criminalité

Dès le début du XIXe siècle, on assiste dans différents pays européens, dont la France, l'Angleterre et la Belgique, à une accumulation de données statistiques et de recherches relatives aux faits moraux et sociaux qui favorisent l'émergence d'une nouvelle manière de comprendre les phénomènes humains[23].

L'exemple de Quetelet en Belgique, dont les travaux vont « rapidement devenir célèbres[24] », aidera à illustrer la signification attribuée aux premières statistiques sur la criminalité.

Quetelet cherche à identifier de manière scientifique la clientèle judiciarisée afin d'évaluer la probabilité qu'un crime soit commis ; il cumule des données sur leur âge, leur sexe, leur état matrimonial, leur éducation, leur travail, leur religion, leur groupe social et leur région. Son principal constat est que la pauvreté joue un grand rôle dans la commission de crimes, particulièrement là où les inégalités socioéconomiques sont plus fortes, là où les pauvres voisinent l'opulence des riches. Les changements soudains dans les conditions de vie des gens bien nantis qui se retrouvent dans des conditions économiques difficiles ont également un effet négatif.

Quetelet reconnaît le problème fondamental d'interprétation de ses données, problème qui est encore présent aujourd'hui dans nombre d'usages des statistiques en matière de criminalité. Ses données ne compilent que l'activité de la police, qui reflète les signalements faits par la population selon ses façons de percevoir les crimes et les infracteurs, et la perception de la police de ce qui est *valable pour le système* pénal, ce qui va motiver sa décision de porter des accusations. Quant aux données judiciaires, elles ne représentent que le jugement institutionnel que l'on a porté sur ces infractions. Ses données ne représentent donc ni le nombre réel de crimes commis ni la signification des situations-problèmes liées

---

23. F. DIGNEFFE, « Problèmes sociaux et représentations du crime et du criminel », *Histoire des savoirs sur le crime et la peine*, Bruxelles, De Boeck/Éditions Larcier, vol. 1, 2008, p. 152.

24. *Ibid.*

à ces infractions. Il va *résoudre* ce dilemme en expliquant qu'il faut présumer que les données connues sur les crimes et les criminels sont le reflet de données inconnues quant aux gens qui les commettent et quant au type de crimes commis. À ce titre, ses données demeurent significatives selon lui, car « ce qui importe c'est de découvrir les causes qui agissent sur l'homme en général, encore appelé par Quetelet l'homme moyen, et de mettre en évidence l'augmentation ou la diminution de la criminalité[25] ».

Ces projections médiatiques sur le crime et les criminels et la publication de ces statistiques vont ainsi contribuer à ancrer dans la population certaines perceptions du crime et des criminels, leur provenance étant les classes pauvres. Elles vont également contribuer à augmenter la perception du système pénal comme solution, ce qui accroîtra les signalements d'évènements à la police. Cette croissance des signalements fait, du coup, que les données projettent une hausse de la criminalité, ce qui augmente la peur du crime. La population va ainsi s'inscrire de plus en plus dans cette rationalité pénale moderne où punir est la solution pour *éliminer* le crime, certaines clientèles plus que d'autres en payant le prix.

Même chez ceux qui reconnaissent le jeu des inégalités sociales dans la construction des lois et l'administration de la peine, la signification des statistiques criminelles en tant que portrait d'une réalité objective sur le crime et les criminels est peu remise en question, comme si cette comptabilité était du même ordre que les données sur le nombre de morts ou de naissances dans une société donnée.

---

25. *Ibid.*, p. 157.

Les inégalités socioéconomiques, les crimes et les peines

Au XIXe siècle, de nombreux auteurs, particulièrement dans la mouvance socialiste, vont dénoncer les inégalités socioéconomiques à l'origine de la criminalité, les menant à une critique de la gouvernance. Comme ces inégalités ne changent pas, soutiennent-ils, le gouvernement n'a d'autre choix que de répondre à la montée du crime chez les classes pauvres avec toujours plus de lois et de répression.

Robert Owen expliquera que ces inégalités font en sorte que les classes les plus pauvres n'ont pas accès à l'éducation, ce qui est une grande lacune dans leur formation morale et la guidance pour les bonnes valeurs, faisant courir le risque que ces populations deviennent *dangereuses*. Dans un monde idéal où la propriété ne serait plus au cœur des inégalités et où tous auraient accès à l'éducation, la récurrence des crimes et l'usage de la police seraient faibles[26], explique-t-il. La féministe française Flora Tristan montrera que les femmes sont également touchées par ces inégalités, qui sont en grande partie responsables de la prostitution, des infanticides et des vols qu'elles commettent. Elle dénoncera l'effet stigmatisant de la prison, qui se prolonge bien au-delà de la peine, dans les difficultés par la suite de se trouver un emploi. Enfin, elle soulignera les effets particulièrement négatifs de la prison sur les enfants, tant dans l'apprentissage moral déficient que les difficultés d'obtenir un emploi à la sortie[27].

Ducpétiaux, pour sa part, compilera des données pour montrer que les pays qui ont le plus de pauvres sont ceux qui ont les plus hauts taux de criminalité et que les variations des taux de criminalité dans un pays correspondent aux variations de la

---

26. Robert OWEN, *Le Livre du Nouveau Monde moral*, 1847.
27. Flora TRISTAN, *Promenades dans Londres*, 1840.

situation économique qui crée, selon les périodes, plus ou moins de pauvres. Il a aussi tenté de voir si, selon l'accès à l'éducation des pays et des régions, le taux de crime variait. Ces données furent moins probantes[28]. D'autres prolongeront son travail statistique, dont Thomas Plint[29].

Friedrich Engels[30], ami de Karl Marx, insistera sur le fait que les conditions de vie et de travail de la classe ouvrière conduisent le prolétariat vers la criminalité. L'absence du père par les longues journées de travail, les difficultés de subvenir aux soins de la famille, qui amènent la négligence des enfants et les querelles domestiques, l'abus d'alcool pour compenser ces conditions de vie, les nécessités de survie, etc. sont autant d'éléments qui amènent une propension au crime dans *la classe laborieuse*.

Ainsi, ces auteurs et bien d'autres dans la même mouvance mettent essentiellement en avant les conditions socioéconomiques pour expliquer le crime et en arrivent à la nécessité de changer ces conditions et la manière de gouverner pour le diminuer. Toutefois, il n'y a pas vraiment de remise en question du fait que les pauvres soient plus criminels que les riches. En fait, nombre de ces auteurs adhèrent en parallèle à plusieurs des théories explicatives de la criminalité de l'époque qui sont plus individuelles et même biologiques, ces facteurs venant s'ajouter aux explications socioéconomiques plus globales :

> Les transgressions aux lois de l'État restent encore souvent synonymes de péché même si certaines lois sont considérées comme injustes. Et même les penseurs révolutionnaires conservent une conception réaliste du crime et affublent souvent le criminel de tares morales[31].

---

28. Édouard Antoine DUCPÉTIAUX, *De la peine de mort*, 1827.
29. Thomas PLINT, *Le crime en Angleterre*, 1851.
30. Friedrich ENGELS, *La situation de la classe laborieuse en Angleterre*, 1845.
31. F. DIGNEFFE, *op. cit.*, p. 228.

De plus, ils ne remettent pas en question la peine comme mode de résolution des conflits ; tout au plus ont-ils réfléchi à ce que serait une *bonne* prison, remettant en cause son fonctionnement qui ne réhabilite pas moralement les détenus.

L'influence des théories de l'évolution

L'idée de progrès gagnera en force avec l'arrivée des théories de l'évolution. Celles-ci vont directement influencer certaines théories sur le crime et les peines.

Darwin, dans son livre intitulé *L'origine des espèces et la sélection naturelle*, publié en 1859, explique que ce sont les individus les mieux adaptés à leur environnement qui survivent. Des espèces se sont ainsi transformées selon leur milieu de vie et au regard du climat, amenant une grande diversité, alors que d'autres n'ont pas survécu. En sociologie, Herbert Spencer poursuit cette idée en expliquant que, par la sélection naturelle *des plus aptes*, la société est passée du stade primitif à la diversité et à la complexité actuelles. La gouvernance, les lois et les peines évoluent en fonction de cette diversification et des nouveaux problèmes qui en découlent, permettant aux plus aptes de survivre. Plusieurs auteurs iront dans cette voie pour réfléchir sur le crime et les peines, le plus influent étant sans nul doute Émile Durkheim.

Durkheim considère que les lois reflètent une morale collective issue des conditions de vie et des normes d'une époque et d'un lieu donnés, d'où leur diversité selon les époques et les sociétés. Plus une société est *évoluée*, c'est-à-dire diversifiée et complexe dans son organisation, plus les normes sont développées pour protéger les individus et plus grandes sont les solidarités sociales grâce à tous les moyens d'intégration de ces normes, ce qui diminue l'usage de la punition. Ainsi, l'évolution des peines correspond à l'évolution des crimes, qui correspond elle-même à l'évolution des normes. L'apparition des villes, par exemple, a amené l'usage de la prison comme forme de punition, car plus adaptée à l'organisation sociale. Enfin, Durkheim explique que les sociétés peuvent connaître des périodes de bouleversements majeurs, guerres, conflits religieux, révolutions, etc., qui conduisent à une désintégration des normes qui régissent la vie des individus et assurent l'ordre social. Cette situation sociale caractérisée par l'*anomie* (désintégration des normes) fait alors monter le crime. Ce qu'il faut comprendre ici, concernant les théories de l'évolution, c'est que pour Durkheim, cette criminalité est *normale* – du moins en partie, appartenant aux mécanismes d'évolution d'une société vers de nouvelles normes plus adaptées aux changements sociaux. En fait, pour Durkheim, une société sans crime serait une société stagnante, qui n'évolue plus, ce qui n'est pas souhaitable.

À sa suite, toute une sociologie de la déviance s'intéressera progressivement à la capacité plus ou moins grande des individus ou des groupes à s'adapter aux normes, ne considérant pas la criminalité comme une simple déficience morale, mais en tant que comportements liés aux processus par lesquels les sociétés se transforment de manière à intégrer les individus qui les composent. Si elles n'y réussissent pas, cela peut donner lieu à plusieurs *dysfonctions sociales*, dont la criminalité et les modes de vie délinquants.

Par exemple, l'École de Chicago, dans la première moitié du XXe siècle, analysera des quartiers dans les villes où la délinquance est importante, montrant des signes d'une *désorganisation sociale* où les normes ne jouent plus leur rôle. Selon les quartiers, cette désorganisation sociale sera liée à l'arrivée de nouvelles cultures qui ne se reconnaissent pas dans les normes en place, ou encore à des conditions de vie qui permettent difficilement leur intégration par l'école, la famille, etc. Cette désorganisation sociale peut créer une *sous-culture délinquante*. Pour diminuer la criminalité, qui peut résulter de cette anomie dans certains groupes, l'École de Chicago préconise un processus de *réorganisation sociale* en améliorant l'intégration de ces cultures, la vie sociale de ces quartiers, les conditions de vie, en somme en cherchant à recréer des solidarités sociales. Ce travail de réorganisation sociale peut même amener à modifier les normes en place pour les harmoniser aux changements sociaux en cours dans la population. Robert K. Merton s'est quant à lui interrogé sur l'incapacité de certains individus ou groupes à s'adapter aux normes sociales même s'ils le désirent, ce qui peut amener l'usage de différents moyens illégaux en tant que stratégie d'adaptation à celles-ci. Le problème est ainsi la présence de normes qui sont inatteignables pour l'ensemble des individus, mais tout de même valorisées socialement. Merton utilise entre autres l'exemple de l'enrichissement aux États-Unis, symbole de succès et de réussite sociale, enrichissement qui n'est pas possible pour tous. Cloward et Ohlin vont alors parler *d'opportunités différentielles* de s'adapter aux normes tant pour les groupes que pour les individus, les moyens illégaux pouvant faire partie des seules opportunités pour certains.

Les théories de l'évolution n'ont pas fait qu'inspirer cette sociologie. Elles ont également nourri les explications biologiques, psychiatriques et anthropologiques du crime. Toutefois, un débat plus ancien les anime avec une force tout aussi grande : celui sur ce qui relève de la nature, l'inné, et sur ce qui relève de la culture, l'acquis.

Le débat nature/culture

Philippe Pinel, un aliéniste français, sortira de la dualité « a perdu ou non la raison », « fou ou pas fou » en réalisant une classification des maladies mentales plus élaborée, considérant que la plupart des aliénés peuvent être traités[32]. Le *fou* devient ainsi un malade

---

32.   Philippe PINEL, *Traité médico-philosophique sur l'aliénation mentale*, 1800.

que l'on peut soigner. Ses idées seront reprises par Esquirol, Français lui aussi, qui développera cette classification, faisant valoir la possibilité de *monomanie*, c'est-à-dire une démence partielle pour un type de comportement précis : toxicomanie, kleptomanie, monomanie homicidaire, etc. Le Britannique James C. Prichard poursuivra ce travail en expliquant que des folies peuvent être passagères, que des *manies* peuvent être présentes sans démence, etc. Le médecin allemand Franz Joseph Gall, considéré comme le fondateur de la phrénologie, théorie selon laquelle la morphologie du crâne d'un être humain reflète son caractère, considère que certains traits de la personnalité sont innés tandis que d'autres sont acquis par l'éducation, selon les conditions sociales, etc. Quand les causes d'une maladie mentale sont innées, explique-t-il, le traitement n'est pas possible.

Tous ces débats sur la classification des maladies mentales à partir de leurs causes afin d'en arriver à un traitement approprié, quand c'est possible, ont eu leur écho dans les tentatives de classification des criminels. Globalement, ils seront désormais répartis en deux catégories selon les causes de leur comportement : les *incorrigibles* et ceux que l'on peut traiter. Dans les débats auxquels donnèrent lieu ces classifications sur qui peut ou non être réformé, les théories de l'évolution seront également invoquées par certains pour justifier que certaines tares innées ne peuvent être traitées, car elles sont le fait d'individus qui n'ont pas *biologiquement* évolué au même stade que les autres.

Cette vérification empirique des causes de la criminalité marque les débuts de l'activité de connaissance de la criminologie, et fut mise en œuvre par l'École positive italienne qui sera très influente en Europe. En 1876, Cesare Lombroso, influencé par la phrénologie et les théories de l'évolution, publie *L'homme criminel*, où il soutient que certains comportements criminels sont innés. On peut les déceler par l'identification de certaines caractéristiques anatomiques mesurables chez certains individus qui indiquent un problème d'évolution, d'adaptation, ce qui fait que l'instinct moral ne peut jouer son rôle. Ce *criminel-né*, bien sûr, est *incorrigible*. Enrico Ferri, un étudiant de Lambroso, dans son livre *La sociologie criminelle*, paru en 1884, se distancie de ce dernier en considérant une plus grande catégorie de causes de la criminalité, incluant les facteurs économiques et sociaux, allant jusqu'à nier « l'existence du libre arbitre[33] » dans la commission de certains délits, car influencée par ces facteurs. Garofalo[34], dans *La criminologie : étude sur la nature du crime et la théorie de la pénalité*, publié en 1885, plus conservateur que Ferri tant par son explication des causes de la criminalité que par son attachement à la peine comme solution, explique que la société a le devoir de se défendre contre le crime. Pour ce faire, le système pénal doit pouvoir valider *scientifiquement* les causes du crime pour déterminer les suivis les plus appropriés.

Le changement amené par cette École positive italienne est la croyance profonde que de meilleures connaissances scientifiques sur le crime et les criminels permettront à l'État de mieux se défendre contre ces derniers en prévenant la commission d'infractions par les suivis appropriés qui, selon les perspectives de chacun, amène une plus ou moins grande légitimité à la peine comme solution ou/et à divers traitements ou changements sociaux.

Cette étiologie de la criminalité connaîtra de multiples ramifications, liées principalement au développement de la psychiatrie et de la psychologie, donnant lieu à des centaines d'études sur la question. Ce sera le champ de la *criminologie clinique*. Au cours des années 1950, Jean Pinatel, criminologue, sera chargé par le ministère des Affaires sociales français d'étudier tous les ouvrages qui traitent de la personnalité du délinquant pour élaborer une liste

---

33. F. DIGNEFFE, *op. cit.*, p. 275.
34. Plusieurs auteurs attribuent à Garofalo le terme « criminologie » pour désigner l'étude sur le crime et les criminels.

des caractéristiques de l'infracteur : *l'égocentrisme, la labilité, l'agressivité, l'indifférence affective* seront les principales identifiées. Ce travail l'amènera à produire une théorie de la *personnalité criminelle* expliquant les principaux éléments qui amènent *le passage à l'acte* criminel chez certains individus dans certaines situations ; il met toutefois dans une case à part *l'anormal*, soit *l'incorrigible* dont le comportement est lié à une pathologie plus profonde. Sa théorie aura une grande influence sur la criminologie clinique francophone.

Toute cette recherche de classification des maladies mentales et des causes des comportements criminels aura un impact direct sur le système pénal, tant dans la décision de punir, responsabilité pénale, que dans les modalités de la peine afin qu'elle soit utile à réformer les criminels *corrigibles*. La responsabilité pénale, dans le cadre du droit pénal moderne naissant, avait un caractère très individuel, l'oubli des déterminants sociaux, et instantané, ne regardant que l'individu au moment de la commission de l'acte, sans tenir compte de son histoire.

La responsabilité pénale

Le concept de responsabilité pénale possède des racines bien avant le XVIIIe siècle. Toutefois, au XVIIIe siècle, avec la reconnaissance de plus en plus grande des droits individuels, du pouvoir de connaître chez l'Homme grâce à la raison, vient la reconnaissance de l'Homme comme un être libre, bénéficiant d'une volonté autonome pour agir, donc pouvant vouloir le *bien* ou le *mal* :

> La responsabilité pénale est liée à la liberté morale du délinquant au moment où il a accompli l'acte délictueux. Elle est fondée sur le postulat métaphysique du libre arbitre. Seul l'individu qui a agi avec une volonté libre et une conscience lucide peut être déclaré responsable pénalement et subir une

condamnation. On se réfère indiscutablement à la vision d'hommes égaux en droit et en fait, la plupart du temps raisonnables, et parfaitement maîtres de leurs actes et de leur choix[35].

Dans la pratique judiciaire, ce concept s'est vite révélé très rigide, devant fonctionner dans une logique binaire, *responsable* ou *non responsable*, se traduisant par la décision *coupable* ou *non coupable*. Il y avait impossibilité de nuancer des sanctions par la référence à une responsabilité *relative*.

Au XIXe siècle sont apparues les notions de *circonstances aggravantes* et de *circonstances atténuantes*, ce qui préservait la logique binaire d'un droit qui se voulait égalitaire et fondé sur ce que l'individu *a fait* indépendamment de qui est jugé, tout en permettant de nuancer la détermination de la peine. Dans la pratique judiciaire, toutefois, la prise en compte de ces circonstances pour évaluer la *gravité* du délit, réintroduit des jugements sur qui *est* l'individu : récidiviste, va à l'école, travaille, vient d'une *bonne* famille ou pas, etc. En d'autres termes, ce qui fait que cet acte est plus ou moins grave est lié à la personne qui a commis l'acte et aux jugements que l'on fait sur elle, son passé, son milieu de vie. Toutefois, ces vocables de *circonstances aggravantes* et de *circonstances atténuantes* pour qualifier la *gravité* de l'acte préservent l'illusion que l'on est toujours en train de juger un acte et non des personnes qui, selon leur milieu de vie et leur expérience passée, n'ont pas les mêmes atouts à faire valoir devant les tribunaux.

Ce qui viendra ébranler dans ses profondeurs le concept de responsabilité pénale est l'arrivée des spécialistes en traitement dans les cours de justice, car c'est toute la question du libre arbitre

---

35. J.-M. AUSSEL, « Le concept de responsabilité pénale », *Confrontation de la théorie générale de la responsabilité pénale avec les données de la criminologie*, Paris, Dalloz, 1969, p. 104.

qu'ils viendront toucher. Qu'en est-il de cette responsabilité pénale si l'on envisage l'ensemble des déterminants sociaux, familiaux, psychiques et physiques pesant sur un individu ? Peut-il encore être considéré comme totalement libre de ses actes ? Et qu'en est-il de ce libre arbitre « lorsque le délinquant est atteint d'aliénation mentale, et plus encore lorsqu'il présente certaines anomalies de la personnalité[36] ? » Est-il responsable ou malade, c'est-à-dire sans libre arbitre pour décider ?

Bien sûr, lorsque la manière d'envisager la folie était elle-même relativement binaire – la personne était démente, imbécile, folle, furieuse de façon très manifeste, ou elle ne l'était pas –, cette question n'était pas très difficile à résoudre. Il y avait des personnes aptes à subir un procès et d'autres pas, et ce, de façon assez nette. Mais, au fur et à mesure que la question s'est complexifiée, c'est-à-dire qu'une personne, selon les spécialistes du traitement, pouvait avoir des problèmes de santé mentale sans être totalement démente, qu'elle avait des *manies* incontrôlables, que la maladie pouvait être temporaire, progresser, régresser, etc., la nécessité pour la condamnation de la responsabilité pénale en fut profondément ébranlée. La question s'est posée de manière d'autant plus aiguë que ces premiers débats ont eu lieu à l'occasion d'actes de cruautés et de meurtres jugés odieux, souvent à l'intérieur de familles ou dans le voisinage immédiat, des enfants étant parmi les victimes, en somme, des crimes jugés *contre nature*. Ainsi, l'intervention de la psychiatrie dans le domaine du pénal, au début du XIXe siècle, « s'est inaugurée par une pathologie du monstrueux[37] ».

---

36. *Ibid.*, p. 107.
37. Michel FOUCAULT, « L'évolution de la notion d'"individu dangereux" dans la psychiatrie légale », *Déviance et Société*, vol. 5, n° 4, 1981, p. 407.

Au moment où se fonde la nouvelle psychiatrie et où on applique, à peu près partout en Europe et en Amérique, les principes de la réforme pénale, le grand assassinat monstrueux, sans raison ni préliminaire, l'irruption soudaine de la contre-nature dans la nature, est donc la forme singulière et paradoxale sous laquelle se présente la folie criminelle ou le crime pathologique. [...] Ce que pendant plus d'un demi-siècle on a appelé la monomanie homicide[38].

L'intervention de ces experts en psychiatrie dans les tribunaux a permis aux avocats de réussir à plaider dans plusieurs causes la non-responsabilité au nom de la folie meurtrière et de les soustraire à la justice pénale, car la responsabilité pénale ne pouvait être attribuée sans libre arbitre, sans capacité de discernement du *bien* ou du *mal*. En fait, au fil du XIXe siècle, plus la psychiatrie s'est développée, plus large est devenu son spectre d'action dans le pénal pour revendiquer la non-responsabilité de certains comportements : kleptomanie, exhibitionnisme, sadisme, nécrophilie, etc.

Ce qui permettra de diminuer ce débat, à la fin du XIXe siècle, du moins pour l'appareil pénal, est la mise en exergue, par le mouvement de Défense sociale, du rôle de la justice pénale en tant que protectrice de la société contre la *dangerosité* de certains individus, porte déjà ouverte par certains membres de l'École positive italienne. Empruntant son sens au droit civil, la notion de dangerosité signifie l'évaluation du risque *futur* que représente un individu pour la société : va-t-il recommencer ou pas ? Selon ce mouvement, il appartient aux tribunaux de faire cette évaluation, la responsabilité pénale devenant l'obligation pour la personne qui a commis des crimes de répondre de ses actes. Ainsi, la question à savoir si l'individu a agi librement ou pas, la question du libre arbitre, se posera désormais à l'*intérieur* de la procédure pénale pour décider du suivi à donner, la responsabilité pénale

---

38. *Ibid.*, p. 408.

s'articulant désormais sur l'obligation de rendre des comptes pour la personne reconnue coupable. Dans cette mutation du concept de responsabilité pénale

> [...] la sanction n'aura donc plus pour but de punir un sujet de droit qui aura volontairement enfreint la loi, elle aura pour rôle de diminuer dans toute la mesure du possible – soit par l'élimination, soit par l'exclusion, soit par des restrictions diverses, soit encore par des mesures thérapeutiques – le risque de criminalité représenté par l'individu en question[39].

Désormais, seuls ceux jugés *par le tribunal* inaptes à subir un procès pour cause de troubles mentaux en seront exclus, incapables de comprendre le rôle d'un tribunal, l'objet des poursuites, etc.

L'objectif de l'enfermement

À la fin du XVIIIe siècle, John Howard, philanthrope britannique, à la suite de nombreuses inspections dans les prisons d'Angleterre et d'ailleurs en Europe, déplore que les besoins les plus élémentaires des détenus ne soient pas comblés. Les prisons sont en fait des espaces communs où on laisse tout simplement dépérir des individus, et où hommes et femmes, enfants et vieillards, malades mentaux de toutes sortes sont entremêlés[40]. À l'instar de Beccaria, il croit que les peines doivent avoir une certaine utilité pour réformer les individus et fait la promotion d'établissements d'enfermement où les hommes et les femmes seraient séparés, considérant que leurs besoins ne sont pas les mêmes, où l'on ferait travailler les détenus pour leur apprendre la discipline, et où on privilégierait les cellules individuelles pour favoriser le silence nécessaire au détenu pour réfléchir à son crime et se repentir.

---

39. *Ibid.*, p. 420.
40. John HOWARD, *L'État des prisons*, 1777.

La situation actuelle, explique-t-il, fait que les prisons ne sont que des *écoles du crime*. Le pénitencier d'Auburn aux États-Unis, en 1816, et plusieurs autres établissements construits par la suite, qui en copièrent l'organisation carcérale – dont la fameuse prison de Sing Sing, édifiée en 1828 –, vont être parmi les premiers à tenter de mettre en pratique les thèses d'Howard, ce que l'on désigne par le *système auburnien*.

Pour assurer la surveillance dans les prisons, Jeremy Bentham conçoit quant à lui le *panoptique*[41]. Il s'agit d'un modèle de prison circulaire qui, au départ d'une architecture prévoyant un point central et des ailes de cellules qui aboutissent à un périmètre muré, permet l'observation permanente des faits et gestes des détenus. En plaçant des gardes dans une tour au centre de ce panoptique, cela permet que tous les détenus soient vus, sans qu'eux-mêmes puissent voir leurs gardiens. Ce fut aux États-Unis que le réformiste Benjamin Rush, signataire de la Déclaration d'indépendance des États-Unis, et les quakers de la *Société de Pennsylvanie pour soulager les misères des prisons publiques*, réalisèrent cette architecture carcérale au début du XIXe siècle, notamment à Cherry Hill, en 1822.

Les prisons en tant que lieu pour purger une peine mirent plusieurs années à se répandre. Les prisons servaient essentiellement de lieu d'isolement de certaines populations considérées comme déviantes, pensons aux vagabonds, aux malades mentaux, etc., de lieu d'attente avant procès, ou encore de lieu d'attente avant la véritable peine, que ce soit la torture ou une autre forme. En Europe, particulièrement, plusieurs pays ont préféré les envois dans les colonies pénitentiaires d'outre-mer jugés plus utiles que de mettre à exécution de longues peines de prison[42].

---

41. Jeremy BENTHAM, *Le panoptique*, 1791.
42. On peut se demander si certaines peines de prison ne furent pas allongées par ces déportations dans les colonies pénitentiaires.

En fait, la prison comme châtiment n'a vraiment vu le jour que par défaut, lorsqu'elle a représenté l'endroit le plus commode dans les villes où mettre les détenus quand les peines corporelles très sévères furent de plus en plus critiquées[43]. Progressivement, on séparera les hommes – détenus dans des prisons –, des femmes – elles demeureront jusqu'au XXᵉ siècle dans des salles communes plutôt que dans des cellules –, des enfants – envoyés dans des écoles de réforme –, et des malades mentaux – placés dans des établissements asilaires. Puis, il y aura des aires dans les prisons pour différentes catégories de détenus selon l'évaluation de leur dangerosité ou les types de crimes pour lesquels ils ont été reconnus coupables. En vue d'avoir désormais des peines d'enfermement utiles pour réformer les personnes qui y sont détenues, l'accent sera essentiellement mis sur le travail obligatoire, la discipline, sévère, et le respect du silence, moyens mis en avant par de nombreuses théories de la peine depuis Howard.

L'Histoire rendra compte que cette stratégie fut un échec. Dès leurs débuts, les prisons furent dénoncées pour les châtiments corporels abusifs qui sanctionnaient toute transgression des règlements, particulièrement ceux qui avaient trait au respect du silence et la négligence de soins dont étaient victimes de nombreux détenus. Dans ces conditions, les prisons n'offraient aucune possibilité de réhabilitation[44].

Impact de ces changements sur la logique du système pénal

Ces transformations tout au cours du XIXᵉ siècle amèneront la logique suivante, encore actuelle, dans le système de justice pénale. Le discours du droit se pose comme jugeant un individu sur des

---

43. M. FOUCAULT, *Surveiller et punir*, Paris, Gallimard, 1975.
44. Nous verrons plus en détail ces critiques en contexte canadien au chapitre IV.

faits, *son passé*, peu importe qui il est, maintenant le discours de l'égalité devant la loi. Un tribunal juge quelqu'un sur ce qu'il est, *son présent*, dans le cadre de l'évaluation de la gravité de son acte, maintenant l'image de l'égalité devant les tribunaux. Le choix individualisé de la peine et sa gestion se fondent sur l'évaluation du risque que la personne jugée coupable représente, *son futur*, risque que l'on cherche à fonder sur des bases scientifiques à partir de la compréhension des causes de la criminalité. Cela maintient l'image d'une justice capable de protéger la société, justifiant du coup la pertinence de l'appareil pénal lui-même.

Questions de révision

1. Que signifie l'idée de « perception moderne du crime » ?

2. Quels sont les principaux éléments qui ont contribué à la perception moderne du crime et des criminels au XIXᵉ siècle ?

3. Plusieurs auteurs dans la mouvance socialiste, au XIXᵉ siècle, critiqueront les conséquences des inégalités socioéconomiques sur la gouvernance et l'écriture des lois. En quoi leur position demeure-t-elle, malgré tout, relativement conservatrice lorsqu'il s'agit de se prononcer sur les criminels et la punition ?

4. Les théories de l'évolution et la complexification de la classification des maladies mentales, au XIXᵉ siècle, ont amené à distinguer deux grandes catégories de criminels pour lesquelles les suivis ne sont pas identiques. Identifiez-les et expliquez sur quoi elles reposent et leurs différentes conséquences en termes de suivi.

5. Identifiez un auteur clé en criminologie influencé par la phrénologie et les théories de l'évolution, et donnez le titre de son ouvrage principal.

6. En quoi l'introduction des notions de circonstances aggravantes et atténuantes, envisagée devant les tribunaux sous la qualification de gravité du délit, signifie-t-elle que l'on ne juge plus un individu uniquement sur ce qu'il a fait ?

7. Pourquoi l'arrivée de spécialistes en traitement dans les cours de justice, au XIXᵉ siècle, viendra-t-elle ébranler en profondeur le concept de responsabilité pénale ?

8. Qu'est-ce qui *résoudra* pour l'appareil pénal le malaise créé par la remise en question de la responsabilité pénale, à la fin du XIXᵉ siècle ? Quelle mutation s'opérera sur la signification de la responsabilité pénale ?

9. À la fin du XVIIIᵉ siècle, John Howard, à l'instar de Beccaria pour qui la peine doit avoir une certaine utilité pour réformer les individus, fait la promotion d'établissements d'enfermement reposant sur trois éléments. Quels sont ces éléments et quel est l'objectif poursuivi pour chacun d'eux ?

10. Comment désigne-t-on les premiers établissements étatsuniens construits pour répondre aux caractéristiques privilégiées par Howard ? Identifiez-en un parmi eux qui, inaugurée en 1828, deviendra célèbre.

11. Quel type d'architecture carcérale sera conçu par Jeremy Bentham afin de mieux surveiller les détenus ? Décrivez brièvement.

12. Dès leurs débuts, les prisons construites pour purger une peine furent dénoncées et considérées comme des échecs. Pourquoi?

13. Décrivez la logique de fonctionnement de la justice pénale qui s'est implantée au XIXe siècle.

Discussion de cas

La question de la responsabilité pénale et de la peine

Un patient psychiatrique souffrant d'hallucinations se retrouve hors de l'hôpital, à la suite d'un bris d'un dispositif de sécurité. Dans un centre commercial, il tue trois personnes, dont un enfant de cinq ans.

- Cette personne doit-elle être considérée comme criminellement responsable de son acte, et punie?

- Si oui, quelle est la fonction de la peine?

- Sinon, que proposez-vous d'autre et comment justifiez-vous votre décision devant la population?

CHAPITRE III

La criminologie : changement de perspective

Le mouvement de la Défense sociale nouvelle, au XXᵉ siècle, militera pour l'amélioration des conditions d'enfermement. Il fera valoir que des moyens de réhabilitation, qui respectent la dignité des personnes, facilitent la réintégration sociale, ce qui constitue la meilleure protection de la société[45]. S'est alors amorcée, tant à l'intérieur de ce mouvement qu'à l'extérieur, une série de débats sur ce que signifie une réforme pénitentiaire adéquate, sur le rôle de la peine, sur le rôle du système pénal lui-même, débats qui mèneront à des scissions de plus en plus profondes au sein de la criminologie.

Au cours des années 1960-1970, une rupture aura lieu sur le questionnement même qui fonde cette activité de connaissance. Jusqu'alors, la criminologie avait centré son travail sur la question suivante : *Pourquoi devient-on délinquant?*, soit la recherche des causes de la criminalité, cherchant par la suite la *juste* peine, ou encore la peine apte à réformer le délinquant. Va alors émerger une question nouvelle, soit : *Pourquoi est-on défini comme délinquant?* Deux constats que l'on avait jusqu'alors envisagés séparément seront désormais liés. Le crime n'est plus compris comme une

---

45. Marc ANCEL, *La Défense sociale nouvelle, un mouvement de politique criminelle humaniste*, Paris, Cujas, 1954.

caractéristique d'un comportement, mais comme une transgression à un code qui s'est construit dans le cadre de rapports de pouvoir, amenant à pénaliser certains groupes plus que d'autres.

Les recherches en criminologie qui s'articuleront sur cette nouvelle question s'inscrivent dans ce que l'on désigne par la *criminologie du contrôle social* ou *criminologie critique*. Cette perspective des recherches ne suppose aucunement la négation des situations problématiques et conflictuelles. Elle signifie plutôt que la logique pénale qui s'est construite pour répondre à certaines d'entre elles contribue très souvent à nier les causes qui en sont l'origine et à accroître la violence plutôt que de la diminuer.

Cette nouvelle perspective, dans ses premières articulations, donnera lieu à plusieurs courants qui rejetteront d'emblée toute possibilité de réformer le pénal et en viendront même à remettre en question la pertinence de faire de la criminologie :

Dans l'histoire de la criminologie, de tels discours sont apparus dans les années 1970, essentiellement dans la version la plus radicale de la criminologie critique, parfois aussi qualifiée de « néomarxiste », surtout présente dans les milieux académiques anglo-saxons. Trois exemples représentatifs peuvent être rappelés. En Grande-Bretagne, dans un ouvrage célèbre, Taylor, Walton et Young (1973) soutenaient à l'époque la nécessité de rompre avec toute forme de correctionnalisme (nécessairement lié à l'analyse de la déviance comme pathologie) et de réformisme social afin de développer une véritable théorie sociale de la déviance et une criminologie politiquement engagée dans l'abolition des inégalités sociales. Aux États-Unis, prônant une sorte de socialisme religieux (qui lui valut ensuite de solides critiques), Quinney (1977) considérait les innovations et réformes pénales comme un mélange de répression et d'humanisme soutenant un système dont le but fondamental était la préservation du capitalisme ; dès lors, poursuivait-il, la seule vraie réponse au crime passe par la lutte des classes et la révolution socialiste. En France, si les exemples sont moins nombreux, le collectif Actes (1978) n'en fut pas moins radical, qui considérait qu'il ne peut y avoir de « bonne criminologie ». Humanitaire ou personnaliste, critique ou radicale, et quel que soit le travesti qu'elle emprunte (droit, psychologie, sociologie...), la criminologie en tant que « science ayant pour objet d'étude spécifique le crime et la délinquance », est – et ne peut qu'être – une discipline (au double sens du terme) répressive. Cela dans la mesure où elle tend à diffuser et à légitimer par des arguments d'apparence rationnelle (statistiques, théories...) les mécanismes de répression propres à tout système de domination[46].

Par la suite, cette critique perdra quelque peu de sa *radicalité*, prenant en considération le fait que le système pénal continue de se maintenir et que, pour en diminuer les effets négatifs, il est essentiel d'en analyser les rouages : police, tribunaux, administration des peines. Ces travaux vont apporter un nouveau regard sur le fonctionnement de l'appareil pénal, mais aussi chercher des voies concrètes pour diminuer ses effets négatifs tant auprès des victimes que des personnes judiciarisées.

Pour illustrer leurs questionnements, la suite de ce livre s'ancrera essentiellement sur des problématiques canadiennes. Au préalable, toutefois, certains éclairages conceptuels et contextuels sont nécessaires.

---

46. P. MARY, « La critique de la critique : un fondement problématique de l'innovation pénale », *Champ pénal/Penal Field*, Publication des actes du séminaire Innovations Pénales, 28-30 septembre 2007, p. 5 [champpenal.revues.org/2691] (24 avril 2014).

La notion de *personnalité criminelle*

Les recherches en criminologie clinique, qui adopteront cette nouvelle perspective, remettront en cause la notion de personnalité criminelle telle que développée par Pinatel. Elles seront également critiques à l'égard d'un certain ancrage normatif des théories de la personnalité qui s'interroge peu sur les fondements de ces normes.

Debuyst[47], un des chefs de file de cette nouvelle perspective clinique, explique que « mettre en cause le concept de personnalité ne veut nullement dire que l'on néglige l'individu comme entité unique et complexe [...] ». C'est comprendre « que la notion de personnalité constitue un construit, ou en d'autres termes, une élaboration faite afin d'avoir prise sur le réel ». Cette notion de personnalité constitue ainsi un *outil de travail clinique* qui permet de comprendre certaines caractéristiques de l'individu en face de soi pour interagir avec lui, mais elle n'en constitue pas une définition complète, juste et objective. Cette perception de l'autre se transforme au fur et à mesure que la relation clinique se développe, permettant ainsi de mieux évaluer les actions futures à entreprendre. Toute personne qui interagit avec une autre fait cette démarche : elle établit certains *traits* de l'autre personne pour déterminer les actions futures dans sa relation avec elle. Et combien de fois cette *construction des traits de l'autre* – « c'est un agressif », « c'est un snob », « c'est un peureux », etc. – s'est-elle révélée fausse quand des occasions ont permis de faire davantage connaissance ou que quelqu'un a modifié le point de vue initial par des informations nouvelles ? Car c'est bien de cela qu'il est ici question dans l'attribution de traits de personnalité : *un point de vue*, un *construit* à partir des informations reçues et des éléments perçus, et leur interprétation dans nos valeurs, notre savoir et notre expérience de vie afin d'opérer des choix de relation futurs avec cette personne

---

47. C. DEBUYST, « Le concept de dangerosité et un de ses éléments constitutifs : la personnalité (criminelle) », *Déviance et société*, vol. 1, n° 4, 1977, p. 365-366.

selon les situations. À cet égard, les théories scientifiques sur la personnalité ne sont pas fondamentalement différentes, et ce fait est également souligné par un grand nombre d'auteurs ; elles représentent un instrument élaboré en vue d'ordonner les informations obtenues sur quelqu'un en vue de prévoir le comportement qu'il adoptera dans une situation donnée[48].

Cette *construction des traits de l'autre* nous révèle également des informations sur la personne qui l'opère, comme la construction des traits de la *personnalité criminelle* dans la criminologie clinique *traditionnelle* nous révèle des informations sur son intégration des normes pénales. Debuyst, reprenant une *boutade de Kelly*, l'illustre de la manière suivante :

> Lorsqu'on montre du doigt quelqu'un en disant que c'est un introverti, la plupart regardent la personne ainsi dénommée afin de voir si c'est vrai. Il faudrait au contraire se tourner vers celui qui pose cette affirmation et lui demander ce qui l'amène à reconstruire les autres selon cette dimension introversion-extraversion et à contrôler ainsi son environnement à partir de ce découpage particulier de la réalité. C'est qu'une telle boutade est d'une application plus générale et pose le problème du statut des données psychologiques, comme d'ailleurs de toutes les données scientifiques[49].

En d'autres termes, l'objectif poursuivi par ce découpage de la personnalité en des catégories particulières, « explicitement ou implicitement, est pratiquement toujours l'appréciation d'une personnalité en termes de possibilités d'adaptation aux exigences que pose une société, ou le groupe dominant d'une société, à un moment de son histoire[50] ».

---

48. *Ibid.*, p. 366.
49. *Ibid.*, p. 367-368.
50. *Ibid.*, p. 369.

La criminologie clinique adoptant une perspective critique considère ainsi que les normes sur lesquelles s'appuient les théories de la personnalité sont *politiques*, c'est-à-dire qu'elles s'inscrivent dans les rapports de pouvoir dans lesquels elles furent définies. À ce titre, les théories de la personnalité criminelle ont la faiblesse de prendre leur justification dans les normes pénales en place, les interdits dans le Code criminel, sans les remettre en question.

Les interdits dans le Code criminel

Les interdits dans le Code criminel reflètent-ils ce que les gens voudraient voir interdit ? Existe-t-il un consensus social – un contrat social – qui ferait en sorte que, même sans lire le Code criminel, les lois correspondraient aux normes en place dans la société ? Les lois évoluent-elles avec les changements sociaux ?

Bien que certains interdits correspondent à la morale dominante, c'est le cas par exemple du meurtre ou du vol, les gens participent peu à l'élaboration du contenu des lois et les connaissent peu. En d'autres termes, pour certains interdits très répandus, il y a une *conscience* de la loi, sans une *connaissance* juridique de celle-ci, *conscience* qui est acquise grâce à des apprentissages scolaires, familiaux, de travail ou de l'environnement, principalement par l'intermédiaire des différents médias[51]. Pour le reste, même si *nul n'est censé ignorer la loi* (art. 19 du Code criminel) et ne peut utiliser cet argument en tant que défense au Canada et dans plusieurs autres pays, on se rend compte que les gens connaissent peu le contenu du Code criminel. Cette fiction juridique, en fait, fut instaurée pour éviter qu'une personne poursuivie puisse invoquer

---

51. M. B. KUTCHINSKY, « Aspects sociologiques de la déviance et de la criminalité, aperçu des recherches empiriques », *La perception de la déviance et de la criminalité*, vol. 9, Strasbourg, Conseil de l'Europe, 1972.

son ignorance du texte de la loi pour échapper à la sanction ; dans la pratique, on ne s'attend pas à ce qu'une personne connaisse tous les textes de loi.

De plus, pour ce qui est de l'univers plus connu des crimes, les divergences dans la population quant à la peine qui devrait leur être attachée sont importantes, même si les enquêtes téléphoniques sans scénario précis d'une infraction montrent un tableau plus homogène. En effet, sans scénario précis, les personnes, lors de ces enquêtes, ont tendance à répondre à une peur abstraite, associant criminalité et violence, et ce qui en ressort est que le système pénal n'est pas suffisamment punitif. Toutefois, cette affirmation tient beaucoup moins la route lorsque l'on présente des scénarios plus détaillés d'infractions aux personnes pour connaître le suivi pénal désiré. Elles prennent alors davantage en compte les éléments qui ont pu donner naissance à une infraction[52]. Dans ces enquêtes plus qualitatives ressortent des différences entre les zones urbaines et rurales, les milieux socioéconomiques, ou encore des différences selon l'éducation, le sexe, l'âge, de même que l'orientation politique et religieuse des personnes. S'ajoute à ces facteurs l'environnement médiatique, politique et institutionnel qui peut accroître ou réduire le sentiment d'insécurité. Enfin, force est de constater que « le sentiment d'insécurité et l'inquiétude face à divers risques sont très inégalement répartis : moins les ressources sociales et économiques sont importantes, plus ils sont répandus[53] ».

Il ne s'agit pas ici d'expliquer toutes les raisons de ces différences et les multiples combinaisons possibles entre ces facteurs, mais bien de dire que ces différences existent, et qu'ainsi, *prétendre*

---

52. J.V. ROBERTS, N. CRUTCHER et P. VERBRUGGE, « Public attitudes to sentencing in Canada : Exploring recent findings », *Canadian Journal of Criminology and Criminal Justice*, vol. 49, n° 1, 2007.

53. E. WINDMER, « Du sentiment d'insécurité aux représentations de la délinquance », *Déviance et Société*, vol. 28, n° 2, 2004, p. 141.

que le droit représente un consensus social est faux. En fait, c'est impossible. Le consensus sur ce qui doit être puni et sur la manière de le punir n'existe pas[54]. Mais si ce consensus n'est pas là et que les gens connaissent peu les lois, comment se fait-il alors que la clientèle et le type de crimes que reçoit le système pénal soient relativement homogènes ?

La clientèle du pénal

Les lois créent le crime en fixant des interdits relatifs à certains comportements. Peut-on dire que ce qui caractérise ces actes interdits dans le Code criminel est le fait qu'ils causent des préjudices à autrui ? Pour répondre à cette question, la Commission du droit du Canada (2003) examine à la fois l'acte posé et l'auteur de l'acte :

> La mort est sans doute le préjudice le plus grave qu'on puisse infliger à une personne. Les sanctions les plus sévères du droit pénal concernent le meurtre et l'homicide. Mais qu'en est-il des autres types de décès ? [...] chaque année, le nombre de décès qui se produisent en milieu de travail dépasse de beaucoup le nombre d'homicides au Canada. Bien des observateurs soutiennent que même quand on peut prouver qu'il y a eu négligence, les décès survenus au travail sont rarement traités comme des évènements criminels[55].

Ainsi, la négligence criminelle causant la mort, si elle est le fait d'individus dont le profil correspond à l'activité policière et qu'elle est commise dans un contexte qui ne relève pas des

---

54. N. CARRIER, « Sociologies anglo-saxonnes du virage punitif : timidité critique, perspectives totalisantes et réductrices », *Champ pénal/Penal Field*, vol. VII, 2010 [champpenal.revues.org/7818] (24 avril 2014). Et J.B. SPROTT, C.M. WEBSTER et A. DOOB, « Punishment Severity and Confidence in the criminal Justice System », *Canadian Journal of Criminology and Criminal Justice*, vol. 55, n° 2, 2013.

55. COMMISSION DU DROIT DU CANADA, *Qu'est-ce qu'un crime ? Des défis et des choix. Document de discussion*, Ottawa, CDC, 2003, p. 15-16.

pratiques économiques en place, sera prise en charge par la justice pénale si l'acte est signalé. Le même préjudice causé dans un contexte lié aux pratiques économiques en place sera traité par d'autres instances que le système pénal qui le considéreront comme un *accident de travail* ou même une pratique normale de système, et ce, même si le nombre de victimes des préjudices liés aux actions en cause est beaucoup plus important.

> Les chercheurs qui étudient la conduite préjudiciable de certaines entreprises proposent un certain nombre d'explications du fait que les autorités n'arrivent pas à poursuivre ces contrevenants, bien que les écarts de conduite des entreprises touchent beaucoup plus de gens et coûtent probablement plus cher que les crimes de rue. La difficulté de réussir la poursuite, les problèmes de détection, la croyance selon laquelle les organismes de réglementation arrivent avec plus d'efficacité à modifier le comportement des personnes morales et la nécessité de protéger le marché d'un trop grand nombre de restrictions sont au nombre des explications offertes[56].

Ce qu'il faut comprendre ici est que si la loi constitue un outil pour l'action policière, elle n'en définit pas les cibles, définition qui nécessite la traduction d'un évènement dans une catégorie légale. La police effectue un tri des affaires qui entreront dans l'appareil pénal. Dans ce processus de tri, l'action policière inscrit ses signalements dans les rapports de force socioéconomiques qui fondent l'ordre social : « Bien sûr, ce n'est pas le mandat de la police de créer un nouvel ordre. Au contraire, ses actions sont destinées à reproduire l'ordre existant[57]. »

---

56. *Ibid.*, p. 22.
57. R.V. ERICSON, *Reproducing Order : A Study of Police Patrol Work*, Toronto, University of Toronto Press, 1992, p. 167. Notre traduction. On reviendra dans la deuxième partie sur l'action policière.

Mais bien avant la police, la population a déjà elle aussi effectué un tri par sa décision ou non de faire un signalement. En effet, si tous les comportements *criminalisables* se retrouvaient devant le système de justice pénale, à peu près tout le monde s'y retrouverait :

> Contrairement à nos notions stéréotypées sur l'identité des criminels, des études réalisées à partir de données d'auto-évaluation révèlent un portrait différent du contrevenant. Au moyen de techniques d'entrevues et de questionnaires confidentiels, des chercheurs ont demandé à des gens s'ils avaient déjà commis un acte criminel. Les résultats indiquent que presque tout le monde a déjà commis un crime. Cela soulève des questions intéressantes à savoir pourquoi nous criminalisons certains membres de la société pour un comportement que nous pouvons tous avoir déjà eu[58].

La *réaction prépénale au crime* fait en sorte qu'un nombre *minime* d'évènements *criminalisables* sont signalés à la police. Saisir les critères nécessaires à l'entrée d'un évènement dans le pénal permettra de comprendre « les mécanismes prépénaux qui contribuent à la (re) production de l'inégalité avant même que l'appareil pénal n'intervienne concrètement[59] ».

Tout d'abord, cet évènement doit être *visible*, condition essentielle, même si insuffisante dans la plupart des cas. La première distinction importante ici est la différence de signalements entre les évènements qui se produisent dans des lieux privés, moins visibles aux institutions de contrôle, et ceux qui se produisent dans les lieux publics.

---

58. COMMISSION DU DROIT DU CANADA, *op. cit.*, p. 21.
59. A. PIRES, P. LANDREVILLE et V. BLANKEVOORT, « Système pénal et trajectoire sociale », *Déviance et société*, vol. 5, n° 4, 1981, p. 132.

Un exemple classique en la matière est celui des voies de fait. En effet, un coup de poing assené dans un bar où se trouvent attablées des dizaines de clients, desservis par un personnel nombreux, sera certes plus facilement constaté qu'une « correction » infligée à un conjoint dans l'intimité de la chambre à coucher. Surtout si, dans ce dernier cas, la victime, afin de cacher son désarroi, sa honte, sa peur, choisit de se terrer chez elle[60].

L'attitude et le pouvoir des victimes vont pareillement influencer les décisions de signaler ou pas une infraction. L'apparence de l'acteur constitue un critère également important, les pauvres étant plus aisément soupçonnés que les riches. La présence de témoins joue aussi un rôle, car, dans bien des infractions, ce sont eux qui font le signalement aux policiers. Enfin, la *gestion différentielle des illégalismes* doit être prise en compte, c'est-à-dire le fait que certains d'entre eux, même très visibles, n'entrent pas dans le système pénal parce qu'ils participent à la structure économique : pollution industrielle, morts liés à la négligence des mesures de sécurité au travail, fraudes fiscales de compagnies, etc.

Ensuite, la manière de définir la situation contribue à la faire apparaître, ou non, comme un crime. Prenons l'exemple d'un fonctionnaire qui vole de la papeterie, au bureau. Pour que ce vol entre dans le système pénal, il faudrait que quelqu'un définisse l'évènement comme un vol nécessitant l'appel de la police, ce qui n'est généralement pas le cas dans cette catégorie sociale. De même, le renvoi est moins probable si les conflits surviennent entre gens qui se connaissent. Par exemple, une bagarre entre deux frères dans une *fête* familiale arrosée qui tourne mal, même si des blessures graves s'ensuivent, ne sera probablement pas déclarée

---

60. M.-M. Cousineau, « De la naissance d'une affaire pénale », *Revue du Grapp*, vol. 1, n° 1, Montréal, Université de Montréal, Centre international de criminologie comparée, 1996, p. 3.

à la police, contrairement à des conflits entre étrangers. Ou encore, une personne âgée qui se fait voler par son fils aura peu tendance à appeler la police. Il peut aussi y avoir une interprétation de la situation amenée par des témoins, un spécialiste ou autre qui, considérant le motif invoqué pour le comportement, modifiera la définition de l'acte qui ne sera plus considéré comme devant être confié au système pénal. Enfin, pour les actes où tout un pan de la société est atteint, la définition de ces préjudices comme un crime relevant de la justice pénale n'est généralement pas adoptée : produits dangereux mis sur le marché par des compagnies, fraude de professionnels dans les services rendus, etc.

Finalement, il faut que le renvoi au pénal apparaisse comme une solution au problème, ce qui dépendra cette fois non seulement de la victime, qui peut juger que ce renvoi au pénal ne servira à rien, mais également de la police qui opère un tri des affaires jugées *criminalisables*.

Crimes et médias

Selon les données du Centre canadien de la statistique juridique, dans les affaires pénales des tribunaux pour adultes, 76 % sont des infractions sans violence, et cette donnée est encore plus élevée chez les jeunes. De plus, les crimes avec violence référés au système pénal sont en baisse, ces dernières années, tant chez les adultes[61] que chez les jeunes[62]. Cette tendance à la baisse est particulièrement flagrante

---

61. J. BOYCE, « Statistiques sur les tribunaux de juridiction criminelle pour adultes au Canada, 2011-2012 », *Juristat*, Ottawa, Centre canadien de la statistique juridique, Statistique Canada, 2013.

62. M. DAUVERGNE, *Statistiques sur les tribunaux de la jeunesse au Canada, 2011-2012*, Ottawa, Statistique Canada, 2013 [statcan.gc.ca/pub/85-002-x/2013001/article/11803-fra.pdf] (25 avril 2014).

dans le nombre d'homicides et de tentatives de meurtre déclarés par la police, atteignant son point le plus bas depuis 1966 (Graphique 1).

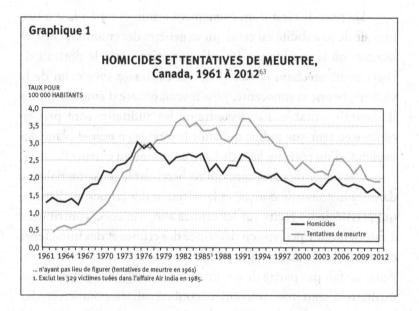

Graphique 1

HOMICIDES ET TENTATIVES DE MEURTRE,
Canada, 1961 À 2012[63]

TAUX POUR
100 000 HABITANTS

... n'ayant pas lieu de figurer (tentatives de meurtre en 1961)
1. Exclut les 329 victimes tuées dans l'affaire Air India en 1985.

Comme ce ne sont pas tous les crimes rapportés par la police qui ont la cote médiatique, cela contribue à déformer la réalité de la clientèle pénale dans la perception populaire, qui la croit composée essentiellement de crimes avec violence.

Entre le téléviseur, les films, les journaux et Internet, on nous bombarde régulièrement de messages variés sur la nature du crime et les moyens de le contrôler. Les médias, la télévision en particulier, tendent à mettre l'accent sur les crimes violents, ce qui, selon bien des observateurs, crée une perception inexacte du nombre de crimes violents au Canada. Ainsi,

---

63. Statistique Canada, Centre canadien de la statistique juridique, *Enquête sur les l'homicide* et *Programme de déclaration uniforme de la criminalité.*

les médias contribuent pour beaucoup à entretenir l'appui à des solutions punitives en renforçant la crainte de la criminalité par la représentation de crimes violents[64].

De plus, le récit d'un évènement criminel répondant à une logique de rentabilité est celui qui va générer des émotions chez les lecteurs ou les auditeurs. Plus l'opposition entre le portrait de l'agresseur, méchant et horrible, fait contraste avec celui de la victime, bonne et innocente, plus le récit génère d'émotions, plus il apparaît rentable. Les lecteurs ou les auditeurs sont pris en compte en tant que public qui aime le monde en noir et blanc, les *méchants* d'un côté, les *bons* de l'autre, comme au cinéma[65].

Ces règles de narration, qui recherchent le sensationnalisme dans les histoires de crimes, et la sélection des crimes médiatisés, qui privilégie les récits sur les crimes avec violence, contribuent à entretenir une perception déformée des crimes et des infracteurs qui font l'objet du système pénal. La majorité de la clientèle du pénal ne fait pas partie de ces histoires médiatiques et les crimes médiatisés sont très souvent décontextualisés pour créer des émotions chez le lecteur. De plus, la version des faits qui y est rapportée est généralement la version policière de l'évènement. En effet, même si les médias se présentent comme un instrument de surveillance du pouvoir, sur la question des crimes, leur posture réactive les amène à s'alimenter abondamment aux sources policières. Ainsi, les histoires de crimes touchent davantage les personnes de milieux défavorisés. Les médias, d'une part, moulent les crimes rapportés sur l'activité policière, d'autre part, dans ces milieux, ils sont moins susceptibles d'être poursuivis en cas d'erreur ou encore pour atteinte à la réputation.

---

64. COMMISSION DU DROIT DU CANADA, *op. cit.*, p. 13.
65. P.K. MANNING, *Policing Contingencies*, Chicago, The University of Chicago Press, 2003.

Presse écrite et radio

Jusqu'aux années 1960, une relation d'autant plus étroite lie la police et les médias que les journalistes spécialisés dans les faits divers travaillent généralement dans les bureaux de la police plutôt qu'au sein de leur journal. Le contrôle de ce type de nouvelles par la police est d'autant plus aisé que la presse écrite et la radio sont les seuls médias grand public. Les policiers s'assurent alors que ces journalistes aient suffisamment de faits divers à se mettre sous la dent tous les jours et détournent l'attention de certains autres journalistes qui voudraient présenter une autre version des faits, parfois plus critique envers la police. Ainsi, historiquement, la police et ces médias sont de vieux complices qui alimentent mutuellement leur bureaucratie.

> Plus les policiers se sont fait les croisés de la lutte au crime plus les journalistes ont découvert là un merveilleux filon, une matière première idéale pour la vente des journaux. Plus les journaux ont couvert le crime, plus les policiers ont pu obtenir d'effectifs et de pouvoir… et plus les policiers sont devenus nombreux et puissants, plus ils ont pu produire de crimes… et plus les lecteurs de journaux ont craint le crime, plus on a pu vendre de journaux[66].

L'arrivée de la télévision

L'arrivée de la télévision et de nouvelles technologies visuelles au cours des années 1960 va changer la donne. Désormais, n'importe quel journaliste avec une caméra à l'épaule peut se rendre sur les lieux d'un crime après interception de la nouvelle sur les ondes radio. Ce nouveau média produira un impact d'autant plus grand dans la population que les canaux de diffusion sont encore peu

---

66. G.A. Parent, « Presse et corps policiers : complicité et conflit », *Criminologie*, vol. 20, n° 1, p. 100.

nombreux et tout le monde regarde les mêmes images. Le mécontentement populaire se fera particulièrement sentir à la suite de la diffusion d'images d'interventions policières violentes lors de manifestations de nombreux groupes militant pour leurs droits (voir encadré).

Télévision/médias/police

Manifestations de Noirs, d'étudiants, de contestataires de toutes étiquettes. Aux États-Unis, ce fut Kennedy, le Viet Nam, le *peace and love*, la ségrégation ; au Québec : les premiers grands conflits dans la fonction publique, la contestation étudiante, les manifestations nationalistes, la première vague felquiste, la multiplication des grèves.

Au même moment, les médias électroniques ont fait leur entrée dans le décor, fracassant toutes les petites règles non écrites, ces petites ententes tacites qui avaient défini jusque-là les relations police-journalistes. Dans ce domaine, la concurrence était sauvage. C'était plus que jamais la course aux *primeurs*. [...]

Stations de télévision et de radio se sont mises à équiper leurs jeunes journalistes de voitures à la James Bond, dotées de scanneurs, de longues antennes et de gyrophares, qui se précipitaient sur les lieux des accidents, des incendies et des meurtres, en même temps que les policiers. Être sur les lieux, c'était le nouveau mot d'ordre. On ne s'embarrassait plus d'obtenir la version policière ou la permission de ces messieurs pour interviewer un témoin ou une victime. Les policiers venaient de perdre littéralement le contrôle de l'information. [...]

Au même moment, les caméras de télévision, avec cette lunette déformante qu'est le zoom, projetaient au téléjournal des images de policiers matraquant de jeunes contestataires. Des journalistes ont aussi été matraqués, arrêtés. C'était la guerre ouverte[67].

---

67. *Ibid.*, p. 102-103

En réaction à cette détérioration de leur image et à la perte de contrôle de la nouvelle de faits divers, les services de police vont créer une unité spéciale dans leurs bureaux : le service des relations publiques, comme s'il s'agissait d'une entreprise privée. Désormais, un policier ne peut plus développer une relation privilégiée avec un journaliste concernant une affaire pour promouvoir sa carrière ou encaisser de petits surplus financiers : il doit passer par ce service. Bien sûr, il y avait auparavant quelques agents qui occupaient cette fonction. Mais là, c'est différent, car un investissement majeur en ce secteur servira à alimenter les journalistes non seulement en nouvelles, mais en images et en primeurs[68]. Toutefois, pour recevoir ces primeurs, ces images tant appréciées, les médias devront se montrer plus dociles. Comme la rentabilité de la nouvelle criminelle l'amène à occuper une place très importante dans tous les médias, du bulletin télévisé des grandes chaînes au journal imprimé à sensations, ils vont jouer le jeu. On ne peut se mettre à dos le pourvoyeur principal de cette nouvelle demandée par le public. La complicité médias-police sera rétablie :

> En dépit du point de vue soutenu par maints policiers, selon lequel ils sont les victimes constantes de la manipulation et de la malveillance des médias, une revue globale des nouvelles ayant trait au crime et à la police montre que la police y est décrite de manière très positive en tant qu'institution et dépeint les policiers comme des *combattants du crime* efficaces et dynamiques[69].

---

68. D. FORCESE, N. LEWIS-HORNE, « Managing Information », *Police : selected issues in Canadian Law enforcement*, Ottawa, The Golden Dog Press, 2002. Et R.C. MAWBY, *Policing Images, Policing, communication and legitimacy*, États-Unis/Canada, Willan Publishing, 2002.

69. F. LEISHMAN, P. MASON, *Policing and the Media, Facts, fictions and factions*, États-Unis/Canada, Willan Publishing, 2003, p. 17. Notre traduction.

Les *vagues de crimes* constituent également un exemple de *construit* médias-police qui utilise cette fois la victime pour augmenter les tirages[70], ce qui contribue à alimenter le sentiment d'insécurité et à justifier de nouveaux contrôles sociaux (voir encadré).

Une vague de criminalité fictive

Les résultats de recherche publiés à la fin des années 1970 par Mark Fishman révèlent la façon dont les médias ont construit une panique morale concernant les « crimes contre les personnes âgées » à New York. Fishman illustre l'émergence d'une vague de criminalité après que les médias ont commencé à donner la priorité aux nouvelles concernant des crimes contre les personnes âgées. La police a réagi à cette augmentation du nombre de reportages en donnant aux médias des renseignements sur tous les crimes contre des personnes âgées. Il s'ensuivit une panique morale où l'on avait la perception que le nombre de crimes contre les personnes âgées avait augmenté et que celles-ci couraient un risque de victimisation accru.

Une unité spéciale d'application de la loi fut mise sur pied en réponse aux citoyens du troisième âge qui réclamaient une protection accrue de la police. Ce que Fishman révèle, cependant, c'est que les médias et les responsables de la police ont effectivement orchestré cette vague de criminalité par leur signalement de l'évènement. Dans la réalité, aucune annonce officielle n'indiquait de hausse du nombre de crimes contre les personnes âgées.

Cette préoccupation découlait donc d'une vague de criminalité fictive[71].

---

70. Nombre d'exemplaires imprimés.
71. COMMISSION DU DROIT DU CANADA, *op. cit.* 2003, p. 13.

L'été est plus propice à la création de ces vagues de crimes par les médias, car l'activité politique parlementaire est généralement moins intense, et ainsi ouvre davantage la porte à ce type de nouvelles pour combler les pages du journal ou les bulletins de nouvelles locales.

Dans le construit de ces vagues de crimes, les stéréotypes médiatiques concernant les victimes, par l'*identification* que l'on cherche à créer pour faire appel aux émotions du lecteur, alimentent la peur du crime. En effet, on y projette la possibilité que n'importe qui puisse être victime de cette violence pour accroître le sentiment de panique, créant ainsi une augmentation de signalements à la police, ce qui vient du coup accroître la perception de l'ampleur de cette vague de crimes.

L'arrivée des nouveaux médias sociaux

De nouveaux *médias sociaux* se multiplient depuis une quinzaine d'années et regroupent

> sous la même enseigne une grande variété de dispositifs, tels les blogues (indépendants, Blogger, Tumblr), les wikis (Wikipédia, WikiTravel), les sites de réseaux socionumériques (Facebook, LinkedIn), les microblogues (Twitter, Jaiku), le *bookmarking* collectif (del.icio.us, Diigo), le partage de contenus médiatiques comme la musique (Blip.fm, Last. fm), les photos (Flickr, Instagram) et les vidéos (YouTube, Vimeo)[72].

Leur particularité est que le journaliste n'y est plus maître du jeu, car un grand nombre de gens de tous les milieux et de toutes les allégeances en sont les acteurs par la facilité de plus en plus grande de leur usage. Ils interviennent en continu dans

---

72. S. PROULX, M. MILLETTE et L. HEATON (dir.), *Médias sociaux. Enjeux pour la communication*, Québec, Les presses de l'Université du Québec, 2012, p. 4.

l'information qui y circule, et le partage de cette information peut aisément être planétaire, multipliant non seulement les récepteurs de celle-ci, mais les réactions qu'elle suscite. Toutefois, la qualité de cette information peut être fort variable, *qualité* entendue au sens d'amener les interlocuteurs à une meilleure analyse de leur environnement. En fait, pour une majorité d'usagers de ces médias, le but recherché est davantage *l'autodévoilement de soi*, ou encore les échanges pour des activités spécifiques[73].

Tout comme ce fut le cas pour la télévision, la présence soudaine dans le décor de ces nouveaux médias sociaux fut difficile pour la police, rendant plus visibles certaines pratiques jusque-là plus discrètes. Toutefois, des stratégies policières se sont instaurées rapidement pour se réapproprier la nouvelle de faits divers. À cette fin, principalement par l'intermédiaire de Facebook et de Twitter – pour le moment – sur leur site Internet, les services policiers vont *sensibiliser la population aux différentes activités criminelles à surveiller* et solliciter son *aide* pour une meilleure *prévention du crime*. Cette réponse peut aisément se traduire par des dénonciations, délations et suspicions sur certains individus ou groupes, correspondant aux perceptions des *activités criminelles à surveiller*. De plus, grâce à ces nouveaux médias, il devient encore plus aisé de le faire dans un certain anonymat.

Ainsi, même si tous ces nouveaux médias présentent à première vue plus de risques pour la police, ils peuvent également renforcer les stéréotypes sur les crimes et leurs auteurs, de même que la pertinence de la police et du système pénal pour y répondre. Ces *activités criminelles à surveiller* sont d'autant moins contestées par la population comme catégories prioritaires de menaces, qu'elles trouvent toujours leur écho dans les médias traditionnels. Aux États-Unis, les 2/3 des bulletins d'information

---

73. S. PROULX, « L'irruption des médias sociaux », *Enjeux pour la communication*, Québec, Les presses de l'Université du Québec, 2012.

sont maintenant consacrés à des crimes locaux, tellement le crime représente un *spectacle* médiatique rentable[74]. On en vient à *hyper dramatiser* des interventions policières relativement conventionnelles pour gonfler l'apparence de dangerosité des situations en cause et améliorer le *spectacle*[75].

Les fictions télévisées

Des séries télévisées policières, principalement américaines, diffusées mondialement à cause de leur popularité, contribuent également à maintenir les perceptions du crime et de la clientèle du système pénal comme étant des crimes avec violence et commis principalement par certaines couches défavorisées de la société.

Ce qui distingue les séries télévisées actuelles de celles du passé, c'est que les enquêtes policières se font grâce à une technologie de haut niveau jumelée à des banques de données qui se multiplient, privilégiant des stratégies d'intervention de type militaire. L'environnement socioéconomique y est bien sûr évacué et la solution proposée est toujours la répression par le système pénal pour s'assurer que les *méchants* subiront le châtiment qu'ils *méritent*[76]. Toute réflexion est aussi évacuée sur la multiplication des technologies de surveillance à distance et des banques de données, pourtant bien réelle[77]; comme les gens visés par l'usage policier de ces technologies dans ces séries sont les *méchants*, les gens réagissent très peu à cette atteinte au droit à la vie privée.

Le plus inquiétant est le « fait que les pouvoirs publics accordent une importance démesurée à la mythologie populaire, qui tient lieu d'opinion publique, lorsqu'ils déterminent les

---

74. S. BODY-GENDROT, « La politisation du thème de la criminalité aux États-Unis », *Déviance et Société*, vol. 23, n° 1, 1999.
75. E. McLAUGHLIN, *The New Policing*, London (Californie), SAGE Publications Inc., 2007, p. 106.
76. *Ibid.*
77. Voir à cet effet le chapitre XIII.

politiques et les priorités dans le domaine de la répression du crime[78]. » En conséquence de ce qui est projeté dans les différents médias et séries télévisées, soit la dangerosité d'une clientèle pénale en tant que principale source d'insécurité, le durcissement de la peine en tant que *solution* au crime demeure politiquement très rentable.

Perception et finalités des peines

La perception des peines

Dans le Code criminel, les infractions sont sommairement décrites. Cela conduit à ce que, sous une même définition, peuvent être inclus des comportements aux conséquences des plus bénignes aux plus graves. Pour ce qui est de la peine, le libellé d'une loi indique le maximum que l'on peut donner à la suite d'une déclaration de culpâbilité pour un délit dans les cas exceptionnellement graves – sept ans, quatorze ans, vingt ans, etc. Cette peine maximale ne reflète en rien les pratiques de détermination de la peine dans les tribunaux puisqu'elle renvoie aux cas exceptionnels et non à la routine des affaires pénales. Au Canada, on constate que « les écarts sont si considérables » entre les peines prononcées et ces maxima « que l'on pourrait réduire des deux tiers tous les maxima [...] en affectant de façon presque imperceptible la pratique des tribunaux[79] ». De plus, au Canada, les peines sont rarement cumulatives ; elles sont concurrentes, ce qui signifie que c'est la peine pour le délit jugé le plus grave qui est retenue. Enfin, comme nous venons de le voir, la majorité des affaires référées au pénal ont trait à des infractions sans violence.

---

78. J.-P. BRODEUR, *Les visages de la police, pratiques et perceptions*, Montréal, Les presses de l'Université de Montréal, 2003, p. 114.

79. J.-P. BRODEUR, *Une note sur les problèmes du* sentencing, Conférence, Ottawa, Département de criminologie, Université d'Ottawa, 1986, p. 6. Inédit.

Toutefois, même s'il y a un *durcissement* des peines ces dernières années[80], le public y est peu sensible puisque non seulement sa perception de ce qui constitue les crimes référés au pénal est déformée par les médias, mais également la perception des peines qui leur sont généralement attribuées.

En effet, pour alimenter le sensationnalisme de l'évènement criminel, les médias ont tendance non seulement à contraster les portraits de l'infracteur et de la victime, mais également, pour confirmer l'ampleur du drame, ils présentent continuellement les maxima des sentences auxquels sont passibles les auteurs des infractions en cause. Combien de fois pouvons-nous lire ou entendre : « Cet homme a commis un crime qui est passible de vingt ans de prison ! De quatorze ans de prison ! Ou encore de trente-quatre ans de prison ! » par cumul des deux précédents maxima de sentences. Comme nous l'avons mentionné, ces maxima ne sont là que pour des situations jugées exceptionnellement graves et qui sont rarement attribués ; de plus, au Canada, les sentences ne sont généralement pas cumulatives. Alors, quand une personne reçoit une sentence de trois ans de prison, par exemple, pour une infraction passible de quatorze ans, même si cette sentence de trois ans est le reflet ou est même plus sévère que celle qui est habituellement donnée pour cette infraction, la population a l'impression que justice n'a pas été rendue, et ce, surtout si la violence de l'infraction a été amplifiée par les médias, et décontextualisée. De plus, comme ce scénario sur le décalage entre les peines attendues, projetées dans les médias, et celles reçues se répète continuellement, si quelqu'un se fait prendre à nouveau pour un crime, il est aisé d'en simplement attribuer la cause au fait qu'on ne lui pas donné une peine suffisamment sévère, la première

---

80. Nous le verrons dans les chapitres suivants.

fois. Cela évite de s'interroger sur les interventions autres qui ont échoué, ou encore sur le contexte des situations où la personne s'est retrouvée.

Ainsi, cette sélection des histoires de crimes dans les médias, de même que ces maxima des sentences continuellement mis de l'avant pour présenter la peine possible pour un infracteur projettent sur la population une activité du système pénal œuvrant auprès d'une clientèle violente pour laquelle les peines données sont généralement trop douces.

De plus, les règles de narration dans les histoires de crimes, en cherchant à faire des infracteurs des êtres à part particulièrement odieux, créent une *distance* envers ces personnes, *brisent l'identification* nécessaire à la compréhension et à la compassion qui feraient envisager autre chose que la peine comme *solution*. Elles amènent également à ne pas s'interroger sur le sens de la souffrance non seulement de la personne judiciarisée, mais également de sa famille et de ses proches, souffrance dont on parle rarement[81]. Ceci fait écho aux célèbres expériences de Milgram[82] sur la soumission à l'autorité dans l'administration de la peine, expériences ayant eu lieu de 1960 à 1963 et répétées plusieurs fois dans d'autres recherches.

Au lendemain de la Deuxième Guerre mondiale, considérant les atrocités qui avaient eu lieu, la question de Milgram était la suivante : à quel point un individu est-il prêt à se rendre pour causer du mal sans se questionner, par obéissance à l'autorité ? Pour ce faire, il demanda à des personnes d'administrer des décharges électriques à d'autres personnes, des acteurs, quand elles faisaient des erreurs de mémorisation sur des listes de mots qui leur étaient présentées par les expérimentateurs, également des

---

81. C. TOURAUT, *La famille à l'épreuve de la prison*, Paris, PUF, 2012.
82. S. MILGRAM, *Soumission à l'autorité : un point de vue expérimental*, Paris, Calmann-Lévy, 1974.

acteurs. Les personnes qui recevaient les décharges en mimaient les effets au fur et à mesure que celles-ci s'amplifiaient sur le compteur jusqu'à une possibilité de 450 volts – la mort. On expliqua aux personnes venues pour cette expérience qu'elles étaient payées pour participer à une étude scientifique sur l'efficacité de la punition sur la mémorisation. En fait, les sujets de l'expérience étaient ces personnes qui administraient les décharges électriques afin de voir jusqu'à quel point elles allaient *obéir* aux expérimentateurs quand ils demanderaient de les augmenter après de mauvaises réponses. Jusqu'à quel point se soumettraient-elles à leur autorité sans cesser la violence exercée, parce que jugée immorale, inacceptable ? Elles étaient même familiarisées à l'effet de ces décharges – en recevant 45 volts –, avant le début de l'expérience ; on leur racontait en effet qu'un tirage au sort déterminerait si elles recevraient les décharges ou les donneraient. Milgram désirait ainsi que les personnes qui administraient les décharges électriques soient très conscientes de la souffrance infligée, qu'elles ne soient pas là par désir de causer cette souffrance, et qu'elles ne se doutent pas des buts réels de l'expérience en cours. Celle-ci, qui fut reprise plusieurs fois, indiqua un pourcentage élevé d'obéissance à l'autorité dans l'administration de la peine : environ 65 % des sujets allèrent jusqu'à 360 volts avant de refuser de continuer. Certains firent même mourir, fictivement, les personnes. Une minorité de sujets stoppèrent l'expérience très tôt, la jugeant moralement inadmissible. Milgram expliqua que ces résultats *inattendus et inquiétants* n'avaient rien à voir avec la plus ou moins grande agressivité des personnes qui administraient les décharges, mais plutôt avec leur rapport à l'autorité ; plus l'autorité était perçue comme légitime – ici, les expérimentateurs –, plus la souffrance que cette autorité décidait serait également perçue comme légitime, et ce, surtout si les personnes souffrantes n'avaient aucune signification particulière pour la personne qui les administrait – *pas d'identification*[83].

Ce détour par l'expérience de Milgram montre qu'une population, qui considère comme légitime l'usage de la réponse pénale par les autorités politiques, s'interroge peu sur la nécessité des peines. De plus, elle ne s'inquiète pas davantage de leur sévérité, car elle ne *s'identifie pas aux infracteurs*. Enfin, elle ne les administre pas elle-même pour décider à un certain point de cesser les souffrances qui en découlent pour ces derniers, leur famille et leurs proches.

Les principales finalités de la peine mises de l'avant pour en justifier la nécessité sont qu'elles servent à prévenir le crime, qu'elles sont un juste prix à payer par les infracteurs, étant proportionnelles à la gravité des crimes commis, et qu'elles servent à les réhabiliter. Voyons la valeur de ces arguments.

Les finalités des peines

Le public connaît peu les infractions au Code criminel, comme nous l'avons souligné. Il connaît encore moins les peines qui y sont rattachées. Par exemple, en ce qui a trait à l'alcool au volant, dont des campagnes et débats publics publicisent depuis longtemps le fait qu'il s'agit d'un comportement criminel, peu de citoyens seraient capables de dire où commence l'action de la justice pénale, quelles sont les conséquences des diverses infractions liées à ce

---

83. Le protocole de cette expérience fut grandement critiqué dans les milieux universitaires, à la fois sur le plan moral et scientifique. En résumé, une expérience fondée sur la tromperie – pas de consentement éclairé – est-elle scientifiquement et moralement acceptable ? De plus, le fait même de participer à cette expérience dans cette situation expérimentale peut avoir influencé le comportement, la soumission à l'autorité, comme le souligne Stengers (1992). La polémique est vive à ce propos. Il n'est pas question ici de trancher ce débat éthique ni de valider les données de Milgram. Plus modestement, il s'agit de montrer que la soumission à l'autorité est d'autant plus grande si celle-ci apparaît légitime et que l'identification avec la victime est faible, résultat qui n'est pas contesté.

comportement, ou même de déterminer en quoi consistent ces infractions. Ce premier constat amène une remise en question des théories de la peine fondées sur la finalité de *dissuasion générale*, c'est-à-dire que la *connaissance* de la peine et sa *certitude*[84] serviraient de mécanisme de dissuasion à commettre un délit chez l'ensemble des citoyens. Et même si les gens connaissaient les peines, ces théories présupposent qu'avant d'enfreindre la loi, les gens fassent un calcul rationnel des coûts/bénéfices pour évaluer s'il est avantageux ou non de commettre un délit, considérant la peine qui y est attachée. Les résultats des recherches produites à ce sujet mettent en doute cette thèse[85]. En fait, si le fonctionnement du système pénal peut avoir un effet dissuasif, ce n'est pas au moyen de la peine, mais par l'évaluation que les gens font du risque d'être pris par la police. Que ce soit ceux qui ont tendance à faire de la vitesse au volant, à conduire avec les facultés affaiblies par l'alcool ou la fatigue, qui font du travail au noir, de la fraude fiscale, du téléchargement illégal de musique, du vol dans les magasins où ils travaillent, qui fument du cannabis, ou encore qui sont responsables de violence conjugale, d'agression sexuelle, etc., leur calcul, *s'il y en a un*, repose non pas sur l'évaluation de la peine au regard des bénéfices du délit, mais bien davantage sur leur impression du risque d'être pris.

Et qu'en est-il des autres grandes finalités de la peine, soit la rétribution : paiement moral par une peine proportionnelle à la gravité du délit, telle que prônée par Kant, et la réhabilitation ?

---

84. Ce terme est repris de BECCARIA : « Ce n'est pas la rigueur du supplice qui prévient le plus sûrement les crimes, c'est la certitude du châtiment, c'est le zèle vigilant du magistrat, et cette sévérité inflexible, qui n'est une vertu dans un juge, que lorsque les lois sont douces. La perspective d'un châtiment modéré, mais inévitable, fera toujours une impression plus forte que la crainte vague d'un supplice terrible, auprès duquel se présente quelque espoir d'impunité » (*Des délits et des peines*, 1764, p. 69 dans une réédition de 2002).

85. R. DUBÉ, « La théorie de la dissuasion remise en question par la rationalité du risque », *Canadian Journal of Law and Society*, vol. 27, n° 1, 2012.

Pour ceux qui soutiennent une *finalité rétributive* de la peine, encore faudrait-il qu'il y ait une homogénéité des critères de cette gravité dans le système pénal qui permette de justifier en quoi une peine y serait proportionnelle :

> Or, cette évaluation pose des difficultés insurmontables. Ne sera-t-on pas, par exemple, amené à dire que celui qui vole cinquante dollars à un vieillard nécessiteux commet une infraction plus grave (moralement) que celui qui dévalise plusieurs milliers de dollars dans une banque ? Comment prendra-t-on en compte l'opinion publique dans cette évaluation[86] ?

Comme nous l'avons vu, il n'y a pas d'homogénéité quant à la perception de la gravité d'un délit dans la population. Mais tentons des critères. Considérons que le montant d'argent en soit un, alors les compagnies qui fraudent des milliers de personnes devraient être au-devant de la scène, et non le voleur dans un petit commerce. Considérons la récidive comme un critère, alors celui qui consomme du cannabis à répétition est le pire des multirécidivistes. Sans parler du fonctionnaire, qui vole régulièrement de la papeterie de bureau, dont nous avons déjà parlé. Et si l'on répond qu'il faut qu'il y ait menace à la vie de personnes, alors celle qui revient de longues heures de travail et manque de sommeil, conduisant son véhicule avec les facultés affaiblies par la fatigue, risquant de tuer quelqu'un, figure en haut de la liste. Ou la personne âgée qui, depuis un certain nombre d'années, ne devrait plus conduire un véhicule moteur et persiste à le faire. Et si l'on dit qu'il faut qu'il y ait plusieurs personnes menacées et de manière réelle, alors on revient à la pollution industrielle et aux fraudes de compagnies. Et si l'on dit que c'est le préjudice causé... En somme,

---

86. P. LANDREVILLE, « Finalités et fonctions du système de justice pénale : quelques réflexions », *Philosophie et droit*, Montréal, Bellarmin, 1979, p. 195.

en arriver à une homogénéité de critères de gravité qui créerait une proportionnalité des peines en regard de la gravité du délit représente un projet impossible.

Pour ceux qui soutiennent que la finalité de la peine est la *réhabilitation*, c'est-à-dire la possibilité de réformer le coupable, c'est, d'une part, négliger que la grande majorité des sentences n'impliquent aucun suivi de réhabilitation et ne sont pas construites à cette fin. Ce qui alimente en grande partie le système pénal, ce sont de *simples infractions* réglementaires, c'est-à-dire qui n'impliquent pas de recherche d'intention criminelle et reposent simplement sur le constat d'une désobéissance à un règlement. D'autre part, pour la minorité dont la réhabilitation est mise de l'avant pour justifier la peine, et qui se voit *offrir* des programmes à l'intérieur de la prison ou dans la communauté, la mesure trop souvent utilisée pour évaluer leur efficacité est la récidive, considérée comme un échec de réhabilitation.

Utiliser les taux de récidive pour mesurer l'efficacité des peines est problématique, d'autant plus que cela sert généralement de justificatif au durcissement des peines.

Le taux de récidive : sa signification

On se sert souvent du taux de récidive pour mesurer l'efficacité du système pénal dans sa capacité de prévenir le crime chez les personnes judiciarisées (prévention spécifique).

Toutefois, selon ce que l'on veut faire dire au taux de récidive, on peut le mesurer de bien des manières. Par exemple, d'après les études utilisées, le taux de récidive des femmes judiciarisées au Canada varie de 4 % à 47 %[87]. Pourquoi une telle variation ? Quand on examine les études qui utilisent le taux de récidive

---

87. SERVICE CORRECTIONNEL DU CANADA, *Taux de récidives des délinquantes*, Ottawa, SCC, 2008. [csc-scc.gc.ca/research/r192-fra.shtml] (22 octobre 2012)

pour mesurer l'efficacité du recours au système pénal, on se rend compte que l'on ne peut les comparer entre elles, car « il y a autant de définitions de la récidive que d'études sur la récidive[88] ».

Si une personne sort de prison à la suite d'une peine prononcée pour violence conjugale et qu'elle se fait accuser de nouveau, mais cette fois pour possession simple[89] de marijuana, est-ce une récidive ?

Si une personne accusée de vol de biens se fait reprendre pour un non-respect des conditions qui lui interdisaient de fréquenter un débit de boissons alcoolisées, est-ce une récidive ?

Si une personne est arrêtée à plusieurs reprises pour possession simple de drogues illégales, sommes-nous en présence d'une multirécidiviste envers laquelle aucune clémence n'est désormais possible ?

Si une personne se fait prendre pour un vol de biens à dix-huit ans et pour fraude de l'impôt à quarante ans, cela manifeste-t-il une récidive qui montre l'échec de la réaction pénale à dix-huit ans ?

Afin de contourner ces problèmes, plusieurs études utilisent le critère de l'enfermement pour calculer le taux de récidive. Même dans ces études, selon les critères d'enfermement utilisés, les résultats peuvent varier grandement. Certaines incluent tous les établissements d'enfermement, d'autres uniquement les sentences de longue durée. Selon les pays, cette distinction entre les établissements d'enfermement de courte durée et de longue durée varie. Au Canada, les prisons provinciales sont destinées aux sentences de deux ans et moins, et les pénitenciers fédéraux aux sentences de deux ans et plus. Aux États-Unis, la prison (*jail*) est généralement réservée aux sentences de moins d'un an et le pénitencier (*prison*) aux peines d'un an ou plus. D'autres études tiennent compte de

---

88. P. LANDREVILLE, « La récidive dans l'évaluation des mesures pénales », *Déviance et Société*, vol. 6. n° 4, 1982, p. 378.

89. La possession simple, accusation la plus courante en matière de drogues, signifie la possession sans but d'en faire le trafic.

toutes les sentences d'enfermement, sauf de celles pour non-respect de conditions. Certaines les incluent partiellement, selon la durée de la sentence, d'autres, totalement. Ces variations dans la compilation des données pour calculer le taux de récidive deviennent encore plus grandes lorsque l'on compare différents pays. En effet, les peines attribuées aux différents délits et les sentences alternatives à la prison ne sont pas les mêmes.

Ainsi, le taux de récidive, selon que l'on veut le présenter comme élevé ou pas, englobera un éventail plus ou moins large d'infractions ou de sentences. De plus, quels que soient les critères utilisés, il ne dit rien sur l'efficacité du système pénal en matière de prévention spécifique, pas plus que les statistiques sur la criminalité rendent compte de la situation globale relative à la commission des crimes. Comme nous l'avons vu, une toute petite partie des évènements criminalisables entre dans le système pénal. De même,

> pour qu'une infraction, qu'une récidive soit prise en considération par le système pénal, il faut qu'elle soit visible. Cette visibilité de l'infraction varie sensiblement selon la sorte d'infraction, les circonstances de sa commission et la position sociale de l'infracteur. Dans le cas où la police est proactive [drogues, circulation, mœurs], la constitution d'une récidive dépend [...] directement de l'activité de la police alors que, dans les cas où elle est réactive, le renvoi au système pénal (et la constitution d'une récidive) dépend d'un renvoyant : la victime, des témoins ou une agence parapénale tels les services privés de sécurité. Ici aussi, le type d'infraction et surtout le type d'infracteur peuvent avoir un très grand rôle pour déterminer si l'affaire sera renvoyée ou non au système pénal. Les moyens pécuniaires de l'infracteur, ses possibilités de rembourser, de dédommager la victime d'une façon informelle ou suite à une poursuite civile, peuvent jouer un rôle prépondérant à ce stade[90].

---

90. P. LANDREVILLE, *op. cit.*, p. 380.

En somme, cette mesure si grandement utilisée pour justifier un durcissement des peines rend essentiellement compte des clientèles les plus visibles au pénal et vulnérables à son activité. Tout comme les taux de criminalité reflètent l'activité policière et les signalements reçus, les taux de récidive indiquent simplement la clientèle qui alimente le système pénal, « le pourcentage des clients du système qui sont repris par le système. Aussi, nous croyons qu'il faut logiquement substituer l'expression *taux de reprise* par le système pénal à l'expression traditionnelle *taux de récidive*[91] ».

Ces clarifications sur le caractère problématique de certaines notions comme la personnalité criminelle, le taux de récidive, la capacité dissuasive de la peine, etc., et sur la perception déformée dans la population quant aux crimes qui alimentent le système pénal ainsi que sur la méconnaissance des peines vont faciliter la suite de ce parcours sur les grandes questions de la criminologie. Le Canada servira de terrain à cet examen des différents rouages du système pénal.

---

91. *Ibid.*, p. 444.

Questions de révision

1. Quel changement de questionnement marquera une rupture dans l'activité de connaissance en criminologie? En quoi ce changement modifiera-t-il la définition de ce qu'est un crime?

2. La criminologie clinique sera particulièrement affectée par ce changement de questionnement. Pourquoi?

3. De quelle manière la criminologie clinique, adoptant une perspective critique, considère-t-elle les normes sur lesquelles s'appuient les théories de la personnalité, et plus particulièrement les théories de la personnalité criminelle?

4. Les interdits figurant dans la loi pénale et les peines qui y sont rattachées reflètent-ils un consensus social? Pourquoi?

5. « Ce qui caractérise les actes qui sont criminalisés est le fait qu'ils causent un préjudice à autrui. » Expliquez pourquoi cette affirmation est fausse et donnez un exemple.

6. La police effectue un tri des affaires qui entreront dans l'appareil pénal. Expliquez.

7. Identifiez les principaux éléments de la réaction prépénale au crime qui font que peu d'évènements criminalisables sont signalés.

8. Qu'est-ce qui caractérise les affaires pénales amenées devant les tribunaux et en quoi cela contraste-t-il avec la perception populaire de ce qui constitue l'essentiel de la clientèle pénale?

9. En quoi la presse écrite et la télévision contribuent-elles à déformer la perception populaire sur les crimes et les infracteurs qui sont l'objet du pénal ?

10. Comment s'est maintenue la complicité média-police sur la nouvelle de faits divers au fil des années (avant les années 1960, arrivée de la télévision, présence des nouveaux médias sociaux) ?

11. En quoi les séries télévisées policières, principalement américaines, contribuent-elles à maintenir des perceptions déformées du crime et de la clientèle du pénal ?

12. Pourquoi la population est-elle peu sensible au durcissement des peines, ces dernières années ?

13. Que conclut Milgram de ses expériences sur la soumission à l'autorité et quel lien peut-on faire avec la perception populaire concernant les sanctions pénales ?

14. Que signifie « attribuer une finalité dissuasive à la peine » et en quoi les études mettent-elles en doute cette finalité ?

15. Que signifie « attribuer une finalité rétributive à la peine » et quelle difficulté d'application cette finalité présente-t-elle ?

16. Le taux de récidive ne peut servir à mesurer l'efficacité du système pénal en matière de prévention spécifique. Expliquez.

17. On ne peut comparer entre eux les résultats des études qui utilisent le taux de récidive. Expliquez.

18. Qu'indique, en fait, le taux de récidive ?

Questions de réflexion

1. La réaction prépénale au crime

Croyez-vous qu'une école devrait pouvoir signaler à la police les noms d'auteurs de courriels ayant tenu des propos offensants en matière sexuelle considérant que cela constitue une infraction à l'article 168 du Code criminel : « Commet une infraction quiconque se sert de la poste pour transmettre ou livrer quelque chose d'obscène, indécent, immoral, injurieux ou grossier. » Justifiez votre réponse et spécifiez si elle s'applique à tous les propos de la même manière et pourquoi.

Exemples de propos injurieux :

a. « Ne sois pas surprise d'être violée, tu cours après, de la manière dont tu es habillée. » – Jessica V

b. « Évite d'être seule, on attend que ça pour te violer. » – Jacques Y

c. « On a bien bandé en regardant tes photos sur Facebook. » – Michel X

d. « Michel et les autres ont dit, lors de la dernière soirée chez Jessica, que tu étais vraiment une fille facile. Est-ce que ça peut être mon tour d'en profiter ? » – Philippe Z

2. La dissuasion par la peine

Devant l'inefficacité des peines actuelles pour faire diminuer la consommation de cannabis, le gouvernement décide d'imposer une peine minimale de six mois de prison pour possession simple (sans but de trafic). Croyez-vous que cette nouvelle sentence diminuera la consommation de cannabis ? Justifiez votre réponse en utilisant les résultats des recherches sur la dissuasion par la peine.

3. La récidive et la peine

Votre ami connaît quelqu'un qui, lors d'une bagarre dans un bar alors qu'il était ivre, a blessé une personne. Il a reçu une sentence de douze mois de prison.

Vous : La victime a été blessée gravement ? Qu'a-t-il fait pour mériter une sentence pareille ?

Votre ami : Non, elle est vite sortie de l'hôpital. Il a été puni sévèrement, selon les médias, car il s'agissait d'un récidiviste, donc d'un criminel endurci.

Vous : Qu'avait-il fait de si grave auparavant ?

Votre ami : Les journaux ne le disent pas.

Vous : Si cela avait été grave, ils se seraient fait un plaisir d'en parler.

Votre ami : Si c'est un récidiviste, c'est déjà un signe qu'il se fout de la loi et qu'il faut le punir sévèrement.

Expliquez comment les choses ne sont pas aussi simples, en utilisant vos connaissances de la signification du taux de récidive.

Discussion de cas

La question de l'égalité devant la loi

CONDUITE AVEC FACULTÉS AFFAIBLIES :
quatre inculpés

1) L'inculpé est un industriel prospère, père de famille, jouissant d'une excellente réputation dans sa communauté. Après une semaine de travail particulièrement chargée, il s'est rendu à une réception, où il a consommé beaucoup d'alcool. Ayant choisi de rentrer chez lui en conduisant lui-même son véhicule, il s'est endormi au volant et a tué une personne qui traversait la rue. Il n'avait jamais eu de problème d'alcool ni aucun accident de la route causé par l'ivresse, et son comportement après l'accident fut caractérisé par un remords évident.

2) L'inculpé est une homme âgé de soixante-dix-neuf ans vivant à la campagne. Il conserve sa voiture malgré une médication créant de la somnolence et des réflexes réduits par l'âge et la maladie. Même si sa fille lui a expliqué clairement de ne pas conduire à cause de sa médication, il décide tout de même d'aller voir sa femme hospitalisée en ville. Il s'endort au volant et tue une personne qui traversait la rue. Il n'avait jamais eu de problème connu de conduite avec facultés affaiblies auparavant, et son comportement après l'accident fut caractérisé par un remords évident.

3) L'inculpée est une infirmière de trente et un ans, mère de deux jeunes enfants. Comme cela arrive trop souvent à l'hôpital, après son quart de travail de huit heures, elle a dû faire des heures supplémentaires obligatoires à cause d'un manque d'infirmières disponibles. Cela fait trois fois cette semaine que ces durées de travail de seize heures se produisent. En quittant son travail au matin, malgré la fatigue, elle décide de prendre sa voiture pour retourner chez elle, comme le font tous ses collègues en pareille situation, dont un médecin qui vient de faire trente-six heures de garde, qui furent fort occupées. En retournant chez elle, elle s'endort au volant et tue une personne qui traversait la rue. Elle n'avait jamais eu de problème de conduite avec facultés affaiblies auparavant bien que ce ne soit pas la première fois qu'elle conduisait dans cet état de fatigue, comme d'autres personnes le font à son travail. Son comportement après l'accident fut caractérisé par un remords évident.

4) L'inculpé est un policier de vingt-six ans, père de deux jeunes enfants. Comme cela arrive trop souvent au service de police, après son quart de nuit de douze heures, il doit se rendre en cour pour une affaire qui l'accaparera une bonne partie de la journée. En quittant le palais de justice en fin d'après-midi, épuisé par une journée qui a été difficile, il décide tout de même d'aller prendre une bière avec ses collègues pour relaxer avant de rentrer. En retournant chez lui, il s'endort au volant et tue une personne qui traversait la rue. Il n'avait jamais eu de problème de conduite avec facultés affaiblies auparavant bien que ce ne soit pas la première fois qu'il conduisait

dans cet état de fatigue, comme d'autres personnes le font à son travail. Son comportement après l'accident fut caractérisé par un remords évident.

Puisque ce sont quatre cas similaires de personnes qui, en connaissance de cause, ont fait le choix d'une conduite avec facultés affaiblies, **donnez-leur la même sentence et justifiez-la avec cohérence** en répondant aux trois questions sur la détermination de la peine :

— On punit quoi ?

— On punit comment ?

— En quoi votre sentence contribuera-t-elle à une meilleure sécurité routière ?

(Ne pas oublier que le mot sentence signifie « décision rendue » et n'implique pas nécessairement une sanction pénale. Ne pas oublier l'objectif de la loi, soit la sécurité routière par la prévention de la conduite avec facultés affaiblies, quelles qu'en soient les raisons. Enfin, ne pas oublier l'équité des citoyens devant la loi.)

Criminologie :
le système pénal

CHAPITRE IV

Le Code criminel

L'historique de l'implantation du système de justice pénale au Canada permettra d'en tracer les principales caractéristiques qui en fondent aujourd'hui l'organisation, de même que de se familiariser avec l'évolution des délits et des peines. Nous verrons d'abord les premiers éléments de la procédure pénale en Nouvelle-France et sa transformation majeure par le Régime britannique, en 1760. Par la suite, nous aborderons la réforme pénitentiaire au Canada au XIXe siècle et les choix d'administration de la justice qui seront opérés à la naissance de la Confédération canadienne. Nous verrons également les principales commissions d'enquête qui se sont penchées sur le système correctionnel, leurs critiques, et les réponses politiques qui leur ont été données. Nous terminerons ce parcours par la présentation d'un tableau des délits et des peines chez les adultes et les jeunes, offrant ainsi un premier regard sur ce qui constitue la routine des affaires du système pénal à l'heure actuelle.

Sous le Régime français (1608-1760)

Au XVIIe siècle, le roi Louis XIV, voulant renforcer la monarchie et unifier le royaume de France, rassemblera en un seul droit français la multitude de coutumes féodales qui variaient selon les divers territoires du pays. Cette volonté d'unification du droit s'étendra aux colonies, dont la Nouvelle-France, qui ne pourra développer un droit propre à ses coutumes sur son territoire. C'est ainsi qu'en « Nouvelle-France, durant la plus grande partie de l'histoire de la colonie, on appliqua le même droit pénal que celui en vigueur en France[92] ».

Lors d'une dérogation aux lois, le roi, symbolisant l'État, était considéré comme celui qui était lésé dans la procédure pénale, la victime en étant écartée. Le droit pénal servait à punir une infraction aux lois établies par l'autorité afin de maintenir l'ordre social, et enfreindre une de ses lois était considéré comme une agression à l'autorité, garante de cet ordre social et représentant l'ensemble de la société. Ainsi, dans le droit pénal, encore aujourd'hui, le roi, la reine ou l'État jouent le rôle de *victime symbolique* dans la procédure. À cette époque, donc, c'était le roi de France qui était lésé dans la procédure pénale ; depuis la conquête britannique, c'est la reine d'Angleterre qui est lésée, et ce, encore aujourd'hui.

À partir de 1760, une ordonnance royale fixera la procédure pour juger les crimes et, au fil des années, des édits royaux viendront préciser les actes interdits et les peines qui leur sont attachées. La procédure française est fondée sur la méthode inquisitoire, soit une procédure dans laquelle un juge ou d'autres fonctionnaires cherchent à obtenir des aveux de culpabilité dans un système où l'accusé est présumé coupable jusqu'à preuve de son innocence. Pour *accélérer* la procédure, l'accusé, à l'époque, pouvait être torturé pour produire des aveux et, contrairement à la peine, le procès n'était pas public, ce qui permettait une justice expéditive, si tel était le vœu des autorités. La sentence pouvait même être exécutée dans la journée où le procès avait lieu.

---

92. A. CELLARD, « Punir, enfermer et réformer au Canada, de la Nouvelle-France à nos jours », *Brochure historique*, nº 60, Ottawa, La société historique du Canada, 2000, p. 2.

Cette justice pénale n'était pas *aveugle* : un tri de sa clientèle s'opérait non seulement en fonction de l'origine sociale de l'accusé, mais également de son utilité pour survivre aux dures conditions en Nouvelle-France. Par exemple, les Autochtones, alliés essentiels, étaient rarement traduits en justice, même lorsqu'on les savait réellement coupables de crimes.

Tel que nous l'avons déjà mentionné, les prisons au XVIIe siècle n'étaient pas encore des lieux où exécuter des peines disciplinaires, mais plutôt des lieux d'attente pour être jugés, ou encore pour recevoir la *vraie* peine, celle qui sera publique, « véritable spectacle destiné à frapper les imaginations et à susciter l'horreur[93] ». On désirait que la peine soit exemplaire, pour dissuader la population de désobéir aux lois, et stigmatiser l'accusé, le rendre honteux d'avoir désobéi à l'ordre royal :

> Puni devant les siens, dût-il avouer ses torts en public ou être exposé sur la place du marché, le coupable voyait l'infamie de sa punition le suivre toute sa vie. Sachant que l'honneur constituait bien souvent à l'époque le seul bien d'un individu, on comprend que la punition faisait plus que meurtrir les chairs du coupable ; elle le souillait socialement. Pour la personne marquée au fer rouge, le stigmate, bien concret celui-là, le suivrait toute sa vie ; où qu'elle aille, son « casier judiciaire » l'accompagnerait[94].

Toutefois, peu de personnes tombaient entre les mains de la *justice* à cette époque. L'appareil gouvernemental était bien peu équipé pour trouver ou rechercher des personnes soupçonnées d'avoir désobéi à la loi, et la population signalait peu les délits.

---

93. *Ibid.*, p. 4.
94. *Ibid.*, p. 7.

Sous le Régime britannique (1760-1867)

En 1760, avec la conquête britannique, c'est l'adoption de la *Common Law* en droit pénal[95]. La *Common Law* est un droit qui évolue à partir des décisions des tribunaux qui établissent des précédents pour les affaires ultérieures similaires. Ces précédents peuvent toutefois être annulés par de nouvelles lois ou amendements apportés par le Parlement. La procédure pénale britannique, qui accompagne l'arrivée de la *Common Law*, apportera d'importants changements vers une plus grande protection des droits des accusés[96].

La procédure pénale

L'*habeas corpus*, premier de ces changements, vise à protéger un individu d'une arrestation sans raison valable et d'être emprisonné sans jugement pendant une longue durée. C'est en 1679 que l'Acte d'*habeas corpus* est adopté en Angleterre[97] signifiant que, désormais, toute personne arrêtée a le droit d'en savoir les raisons et de connaître les accusations qui seront portées contre elle. On doit, dans les jours qui suivent son arrestation, amener cette personne devant un juge qui décidera si elle peut être relâchée sous caution ou être maintenue en détention, selon les preuves contre elle et la nature du crime, ou encore si elle doit être relâchée en l'absence de charges réelles. Ce droit, aujourd'hui garanti à l'article 10 de la *Charte canadienne des droits et libertés* se lit comme suit :

> 10. Chacun a le droit, en cas d'arrestation ou de détention :

---

95. Plus précisément, c'est en 1764 que le droit criminel anglais fut introduit, soit à la fin du Régime militaire britannique.
96. Jusqu'en 1949, les modifications à la procédure pénale du droit anglais seront généralement incorporées dans la procédure pénale canadienne.
97. Même si les prémisses de ce droit remontent à la *Magna Carta* du 15 juin 1215.

a) d'être informé dans les plus brefs délais des motifs de son arrestation ou de sa détention;

b) d'avoir recours sans délai à l'assistance d'un avocat et d'être informé de ce droit;

c) de faire contrôler, par *habeas corpus*, la légalité de sa détention et d'obtenir, le cas échéant, sa libération.

Ce *droit pour l'accusé à l'assistance d'un avocat* fait également partie des changements amenés par la conquête britannique. Toutefois, l'obligation d'informer l'accusé de ce droit fait suite à un arrêt de la Cour suprême, en 1978 (Hogan c. La Reine); quant au droit d'être informé de l'existence des avocats de service et de la manière d'y avoir accès – téléphone gratuit par exemple –, il est encore plus récent, faisant suite à un arrêt de la Cour suprême, en 1994 (Bartle c. La Reine). L'avocat de la Couronne, le procureur, est ainsi celui qui représente l'autorité politique, et l'avocat de la défense, celui qui représente l'accusé.

Les *procès* au criminel sont désormais *publics* pour s'assurer que l'accusé a eu droit à une défense pleine et entière. Certains sont même avec *jury*, histoire de se protéger de l'arbitraire du juge dans les cas de crimes jugés les plus graves[98]. On présume ici que le jury est impartial et représente la volonté collective, ce qui prête à de nombreux débats, particulièrement aux États-Unis, où les procès avec jury sont beaucoup plus usuels qu'au Canada[99].

---

98. Cette tradition remonte également à la *Magna Carta* de 1215, où les barons avaient exigé du roi qu'un citoyen anglais puisse être jugé par ses pairs, s'il le désirait.

99. « En effet, si le critère suprême est l'impartialité, il est acceptable de postuler qu'un Noir manquera d'objectivité pour juger un Blanc ayant agressé un Noir, l'inverse avec un Blanc s'appliquant aussi. Raisonnement douteux qui s'appuie sur des résultats d'études psychologiques validant la persistance de préjugés catégoriels. L'argument se veut subtil : il est interdit de rejeter une personne intrinsèquement à cause de sa race, sexe ou religion, mais parfaitement acceptable de la rejeter à cause d'attitudes mentales qu'on aura détectées en elle. Une vaste industrie de consultants en sélection

L'usage de même que les règles régissant les pouvoirs et devoirs du jury sont assez variables selon les pays. Au Canada, tout accusé a droit à un procès devant jury dans le cas des infractions passibles d'une peine de plus de cinq ans d'emprisonnement ; cette procédure est utilisée s'il a plaidé non coupable aux audiences préliminaires, son avocat jugeant les preuves apportées par la Couronne insuffisantes. Le rôle du jury, après l'examen des faits, est de rendre un verdict de culpabilité ou d'innocence. Pour que le verdict soit recevable, il faut que la décision des 12 membres qui le composent soit unanime. Si aucune entente n'est possible, le juge peut ordonner la constitution d'un nouveau jury en vue d'un nouveau procès. S'il y a entente, le juge est lié par la décision des jurés, même s'il estime que le verdict est mal fondé. Après un procès, aucun juré n'a le droit de révéler à d'autres personnes le contenu des délibérations qui ont mené à la décision ou à la division des membres du jury. Cette procédure est longue et très coûteuse, car jusqu'à 150 citoyens peuvent être appelés pour en arriver à la sélection des membres du jury. Pendant le procès, ils ont droit à une allocation de transport et de dépenses pour leurs repas, plus certaines autres allocations selon les situations. Pendant les délibérations, ils sont isolés dans un hôtel, car ils ne peuvent avoir de contacts avec l'extérieur. La durée des procès avec jury et ses coûts font que la Couronne tente généralement d'éviter cette procédure. Il en est de même pour la défense, car cette procédure nécessite une grande préparation ; de plus, la décision du jury peut être fort incertaine si l'argumentaire de l'avocat de la défense repose

---

de jurys a ainsi vu le jour, véhiculant des catalogues de stéréotypes à l'usage des avocats en mal de prétextes pour récuser à leur guise. » (E. LIDDELL, « Représentativité et impartialité aux États-Unis. L'exemple de la sélection des jurys de procès », *Revue de recherche en civilisation américaine*, 2009, par. 37) [rrca.revues.org/index255.html] (13 août 2012).

principalement sur des technicités juridiques ou autres auxquelles le jury risque d'être peu sensible. Résultat : les procès avec jury sont peu fréquents au Canada.

Le principe de base de l'accusation a également changé avec l'arrivée de la *Common Law* ; *l'accusé est présumé innocent jusqu'à ce qu'il ait été jugé coupable.* Dans cette procédure, *le juge n'a plus une fonction d'inquisition* pour aller chercher la preuve, comme dans le droit français. Il a comme fonction d'écouter les deux parties, la Couronne et la défense, afin, par la suite, de rendre sa sentence avec *impartialité.* Il en est toujours de même aujourd'hui, comme il est inscrit à l'article 11 d) de la *Charte canadienne des droits et libertés* : « Tout inculpé a droit d'être présumé innocent tant qu'il n'est pas déclaré coupable, conformément à la loi, par un tribunal indépendant et impartial à l'issue d'un procès public et équitable. »

Le domaine des infractions et le durcissement de la peine

Si la procédure pénale devint plus équitable, le domaine des infractions pénales britanniques était plus étendu qu'en Nouvelle-France et les peines attachées aux crimes, plus dures. Ce Code criminel instauré après la Conquête fut qualifié de code « sanglant », *Bloody Code*, en raison du nombre élevé de crimes passibles de la peine de mort par pendaison, principalement des crimes contre la propriété :

> De simples écarts de conduite tels que voler des navets, dérober un *schelling* ou endommager un étang poissonneux pouvaient conduire tout droit à la pendaison. Dès les débuts des établissements permanents à Halifax, en 1751, deux hommes furent par exemple pendus pour le simple motif d'être entrés par effraction. En 1792, un sort identique fut réservé à J. Cuton du Haut-Canada pour avoir dérobé quelques articles chez un commerçant et, en 1815, à deux Noirs de l'Île-du-Prince-Édouard pour avoir volé du pain

dans une maison. Au Bas-Canada, en 1813, un enfant de treize ans fut mis à mort pour le vol d'une vache et, en 1829, trois hommes furent pendus pour avoir volé un bœuf. [...]

En fait, la peine capitale était préconisée avec tant de dureté que les jurés hésitaient parfois à reconnaître la culpabilité d'individus contre qui les preuves étaient pourtant accablantes[100].

Également, plusieurs autres peines cruelles pouvaient remplacer la pendaison, ou encore la précéder : fouet, exposition publique sur un pilori pendant un certain nombre de jours, etc.

Ces peines de mort pour des actes bénins, de même que les cruautés physiques et les tortures publiques seront remises en question dans la foulée des réflexions *sur les délits et les peines* dans la deuxième moitié du XVIIIᵉ en Europe. Cette mouvance pour une réforme de l'appareil pénal en vue d'une peine *juste* et *utile* aura ses échos en Angleterre et, du coup, dans ses colonies. Dès les années 1840, la peine de mort n'est plus réservée qu'à trois crimes : le meurtre, le viol et la trahison.

La réforme pénitentiaire au Canada au début du XIXᵉ siècle

Tout comme en Europe, les réflexions nouvelles sur le rôle de la peine, de même que l'industrialisation et l'urbanisation qui amenèrent l'élargissement du rôle de la police dans le maintien de l'ordre, eurent comme impact direct la transformation du rôle de la prison ; de prisons communes servant de lieu de mise à l'écart préventif de certaines clientèles, lieu d'attente d'un procès ou d'une peine, les prisons deviendront des lieux de sanction

---

100. A. CELLARD, *op. cit.*, p. 9.

disciplinaire. La construction du pénitencier de Kingston, qui ouvrira ses portes en 1835[101], marque ce changement, optant pour un modèle architectural s'inspirant du Panoptique :

> La discipline était très stricte dans le pénitencier. Levés à l'aube, les détenus travaillaient durement jusqu'au soir en échange d'une nourriture de mauvaise qualité. Ceux qui ne respectaient pas la consigne du silence, qui ne mettaient pas assez d'ardeur au travail, ou qui souriaient ou fixaient quelqu'un, étaient punis avec grande sévérité ; on leur assenait des coups de chat à neuf queues ou de nerf de bœuf, ou ils étaient reclus au pain et à l'eau dans une cellule sombre[102].

À partir de 1843, on stipula que seuls les détenus purgeant des peines de deux ans et plus iraient au pénitencier, les autres allant dans les prisons communes.

À la fin des années 1850, les enfants de sept à seize ans, qui jusqu'alors étaient dans les pénitenciers ou les prisons communes, furent envoyés dans de nouveaux établissements spécialement conçus pour eux, les écoles de réforme.

Les femmes, quant à elles, furent cloisonnées dans une aile du pénitencier de Kingston ou dans les prisons communes sans que l'on s'occupe vraiment d'elles. L'enjeu était essentiellement qu'elles ne côtoient pas les hommes, histoire de préserver leur vertu[103].

Quant aux aliénés, ils furent désormais envoyés dans les asiles.

Ainsi commençait le mouvement de classification des personnes judiciarisées. Selon l'évaluation de leur degré de dangerosité, leur âge, leur sexe, la durée de leur peine, ces personnes correspondaient à un type d'établissement, ou à un secteur particulier dans un établissement.

---

101. Il sera fermé en septembre 2013.
102. A. Cellard, *op., cit.*, p. 12-13.
103. Nous verrons plus en détail leur situation au chapitre IX.

Depuis la Confédération

Les délits et les peines

À la suite du pacte de la Confédération, en 1867, le premier ministre John A. Macdonald voulut s'assurer que le droit pénal serait uniforme dans ce pays nouvellement formé. Il mit fin au développement du droit pénal dans chaque province où la jurisprudence avait commencé à dessiner des différences territoriales importantes :

> On décréta donc que le droit criminel relèverait désormais du gouvernement fédéral, mais que l'administration de la justice, en ce qui a trait aux arrestations et au fonctionnement des cours, serait sous la responsabilité des provinces. (Les provinces gardèrent cependant le droit de légiférer en matière d'infractions aux lois provinciales, et les municipalités, le droit de punir les infractions aux règlements municipaux.) La plupart des provinces canadiennes optèrent pour un système de cours de justice à deux ou trois paliers : un palier inférieur souvent appelé cour provinciale, destiné à l'exécution de la justice sommaire, une cour supérieure habilitée à traiter les crimes plus graves, et une cour d'appel. Pour l'ensemble des provinces, le gouvernement fédéral institua une cour d'appel finale, la Cour suprême du Canada[104].

En 1892, le premier Code criminel canadien vit le jour. En ce qui a trait à la sévérité des peines, dans la mouvance générale des codes pénaux de l'époque, où la protection de la propriété et le respect des règles de commerce sont importants, « 60 % des peines

---

104. A. CELLARD, *op. cit.*, p. 15.

plus sévères se retrouvent dans la catégorie des crimes contre la propriété [*Crimes contre le droit de propriété, des droits résultant des contrats et crimes se rattachant au commerce*] [105] ».

Au cours des trente-cinq premières années d'existence de ce Code criminel, soit jusqu'à la révision des statuts du Canada, en 1927, « la question de la moralité fut [...] au cœur des changements qui influencèrent l'ordre pénal canadien [106] ». Durant cette période d'immigration et d'urbanisation très forte, des groupes moraux protestants anglo-saxons appuyés par des associations de femmes militantes en provenance des classes aisées vont activement lutter contre les *amusements jugés immoraux* qui se multiplient dans les villes – débits d'alcool, bordels, maisons de jeu, etc. –, de même que contre la violence faite aux femmes et leur *défloration illégale*. D'autres lois relèvent de la peur de l'immigrant « facilement perçu comme plus dangereux [107] », entre autres celles reliées au port d'arme [108]. Cette période d'industrialisation aux conditions de vie très dures pour les ouvriers, où le coût de la vie augmente en même temps que les salaires restent dérisoires et que les emplois demeurent précaires, amène également les premières grandes grèves. Certaines lois relèvent clairement du « désir du gouvernement de casser la force du militantisme syndical dont les effectifs ont grimpé en flèche durant la [Grande] guerre [109] ».

Ce qui est à retenir de l'ensemble de ces modifications du Code criminel est que

105. F. ACOSTA, « Récit de voyage à l'intérieur du Code criminel de 1892 », *Criminologie*, vol. 28, n° 1, 1995, p. 93.

106. A. CELLARD, G. PELLETIER, « La construction de l'ordre pénal au Canada, 1892-1927 : approches méthodologiques et acteurs sociaux », *Déviance et Société*, vol. 23, 1999, p. 377.

107. *Ibid.*, p. 382.

108. G. PELLETIER, « Le Code criminel canadien, 1892-1939 : le contrôle des armes à feu », *Crime, Histoire & Sociétés/Crime, History & Societies*, vol. 6 n° 2, 2002.

109. A. CELLARD, G. PELLETIER, *op. cit.*, p. 381.

96,4 % vont dans le sens de l'élargissement de l'incrimination ou de la pénalisation. En d'autres termes, on assiste entre les années 1892 et 1927 à un durcissement très marqué du Code criminel canadien : d'une part, l'horizon de l'incrimination s'élargit, la liste des activités humaines qui sont interdites s'allonge et, par conséquent, davantage d'individus sont susceptibles d'être étiquetés comme « criminels »; d'autre part et en parallèle, les peines infligées aux « coupables » sont marquées au sceau d'une plus grande sévérité[110].

Ainsi, différents groupes comme les entrepreneurs moraux, les regroupements d'Églises, les procureurs de la Couronne, les milieux policiers, les gens d'affaires et autres croient pouvoir régler les conduites et les problèmes sociaux à l'aide du droit criminel et articulent à cet effet des demandes pour plus de peines, le pouvoir politique acquiesçant positivement à cette demande de répression[111].

Cet accroissement *des délits et des peines* se répercutera sur l'administration des peines.

La gestion de la peine

Depuis la Confédération, en matière d'administration des peines, les sentences de deux ans et plus sont de responsabilité fédérale dans les pénitenciers, et les autres, de la responsabilité des provinces dans les prisons pour les sentences d'enfermement de deux ans et moins et les sentences dans la communauté.

Le système carcéral disciplinaire, tel qu'implanté à Kingston, fit rapidement l'objet de nombreuses critiques. En fait, dès 1845, la commission Brown fut créée à la suite de rumeurs relatives à de multiples violences dont seraient victimes les détenus, y incluant

---

110. *Ibid.*, p. 377-378.
111. A. CELLARD, G. PELLETIER, « Le Code criminel canadien 1892-1927 : Étude des acteurs sociaux », *The Canadian Historical Review*, vol. 79, 1998.

des enfants qui, à cette époque, étaient encore au pénitencier. Elle confirma la situation dans son rapport en 1849 : les conditions de vie des détenus sont pitoyables et, pour les *discipliner*, l'usage du fouet est courant, et ce, même pour des infractions mineures comme rire ou parler. Elle dénonça vivement cette situation qui ne pouvait moralement réhabiliter des personnes :

> Cette commission démontra que pour la seule année 1847, les quelques centaines de détenus reçurent plus de 6 000 punitions allant du fouet collectif de 30 à 40 prisonniers fouettés devant les autres, jusqu'à la correction d'enfants de huit à dix ans également fustigés pour avoir ri ou fixé d'autres personnes. De telles conditions, il va sans dire, n'aidaient en rien un individu à devenir meilleur et à réintégrer la société[112].

Cela n'empêcha en rien le gouvernement fédéral, dans les années suivantes, de mettre en place un réseau de pénitenciers à travers tout le Canada. Il fallait absorber l'augmentation de détenus générée par l'élargissement des crimes et le durcissement des peines.

Au provincial, à partir de 1889, on instaura des possibilités de *probation*, soit de suspendre une sentence inférieure à deux ans, particulièrement pour les jeunes, en échange d'une promesse de *bon* comportement et d'une mise à la disponibilité de la cour. La *probation* fut inscrite en tant que possibilité de sentence[113] à de nombreuses infractions du Code criminel de 1892.

En 1899, les premières libérations conditionnelles furent autorisées pour terminer les sentences dans la communauté. Toutefois, elles n'avaient pas de visée de réhabilitation, à cette

---

112. A. Cellard, *op. cit.*, p. 16.
113. Une sentence ne signifie pas nécessairement une peine. Une sentence est une décision rendue.

époque ; pour y avoir droit, il fallait avoir eu un *bon* comportement en détention, ce qui pouvait conduire à un *pardon* du gouverneur général se traduisant par une libération précoce.

En 1921, le Code criminel fut amendé pour y ajouter la possibilité d'une surveillance dans la communauté, par des *agents de probation*, en respectant certaines conditions, de même que des possibilités de restitution et de réparation, dans certains cas. Toutefois, ces mesures de rechange à la prison furent peu utilisées avant la multiplication des rapports et études remettant en question l'usage même de la prison en tant que sentence de réhabilitation.

> Pendant la crise économique du tournant des années 1930, il y eut une augmentation de 66 % du nombre de détenus. Les conditions de vie infectes et la surpopulation dans les pénitenciers fédéraux générèrent alors une série d'émeutes qui forcèrent « les autorités à améliorer quelque peu les conditions de détention et à assouplir les règlements [114] ».

En 1934, le gouvernement institua une commission royale d'enquête, la commission Archambault, dont le mandat portait non seulement sur l'examen des conditions de vie dans les pénitenciers, mais également sur leur administration, leur capacité à prévenir le crime – une grande partie des détenus étant des *récidivistes* – et la réhabilitation. Dans son rapport, en 1938, la commission rejette le système disciplinaire sur lequel furent fondés Kingston et d'autres pénitenciers pour *réformer* les détenus ; elle recommande l'embauche de spécialistes dont la mission serait de travailler à leur réhabilitation, l'implantation de programmes d'apprentissages et de loisirs à l'intérieur des murs, et encourage l'usage plus systématique des libérations conditionnelles pour une

---

114. A. CELLARD, *op. cit.*, p. 17.

réintégration sociale des détenus par des suivis dans la communauté[115]. L'entrée en guerre de l'Europe mettra en veilleuse une bonne partie de ces réformes.

En 1947, la direction des pénitenciers fut modifiée, et Ralph B. Gibson fut le premier commissaire des pénitenciers. Quelques changements auront lieu : une formation est offerte au personnel des établissements, certaines règles disciplinaires et certains règlements sont adoucis et quelques loisirs sont permis aux détenus comme les sports, les journaux et la radio. Des groupes de soutien se forment un peu partout au pays pour améliorer les conditions de détention – par exemple, les Sociétés John Howard et Elisabeth Fry. Les premiers professionnels commencent à faire leur entrée dans les pénitenciers.

Le rapport Fauteux, publié en 1956, réitère les recommandations du rapport Archambault, particulièrement la nécessité de mesures de réhabilitation dans la communauté. En suivi de cette recommandation, une nouvelle *Loi sur la libération conditionnelle* est votée, en 1959, qui affirme clairement sa visée de réadaptation dans la communauté. Les décisions en matière de libération conditionnelle sont régies par un organisme indépendant, la Commission des libérations conditionnelles du Canada (CLCC). Toutefois, la prison demeure la peine privilégiée au lendemain de la Deuxième Guerre mondiale. La construction de nouveaux pénitenciers fédéraux se poursuit et la population de ceux-ci doublera au Canada entre 1947 et 1960, passant de 3 300 à 6 300 détenus.

En 1969, le rapport du Comité canadien de la réforme pénale et correctionnelle – rapport Ouimet – remettra en question l'usage même de la prison en ce qu'elle favorise la récidive plutôt que la réhabilitation sociale :

---

115. *Rapport de la Commission royale d'enquête sur le système pénal du Canada*, 1938.

La prison classique arrache l'individu à ses devoirs envers sa famille, son milieu, son éducation et son travail et elle l'isole dans une société anormale où il est exposé à un code de valeurs établi par des criminels. Les occasions de prendre des décisions, facteur si important en réadaptation sociale, sont extrêmement rares. Il est difficile de concevoir un dispositif qui prépare plus mal à la vie en société que la prison classique[116].

À cet effet, le rapport remet en question la rationalité pénale moderne qui fonde le droit criminel ; il recommande de « redéfinir ses objectifs, diversifier ses moyens [afin de] concevoir une tout autre manière de faire justice au Canada[117] ».

Pour ce faire, explique ce rapport, le détenu doit d'abord être considéré comme *un membre de la société*, afin de trouver des voies de réhabilitation qui ne se fondent pas sur l'exclusion sociale, la prison, mais sur l'inclusion sociale dans la communauté :

À ce titre, le Comité privilégie notamment le recours à des sanctions plus positives telles que la restitution, la réparation et le dédommagement. Ces sanctions qui avaient traditionnellement été associées au droit civil et jugées inacceptables en droit criminel sont ici valorisées[118].

Quelques années plus tard, un rapport de la Commission de réforme du droit du Canada, en 1976, viendra répéter que la prison n'est ni un lieu de réhabilitation ni un lieu qui protège la société.

Ces rapports eurent peu d'effets concrets, en ce sens que la prison demeure toujours une peine privilégiée.

---

116. COMITÉ CANADIEN DE LA RÉFORME PÉNALE ET CORRECTIONNELLE, Roger Ouimet (prés.), *Rapport*, Ottawa, Imprimeur de la Reine, 1969, p. 330 [goo.gl/QnBebp](25 juin 2013).

117. R. DUBÉ, « Éléments de théorie sur les commissions de réforme du droit et l'innovation cognitive en matière de justice pénale : contributions conceptuelles de Michel Foucault et de Niklas Luhmann », *Champ pénal/Penal Field*, Séminaire et Innovations Pénales, 2007, par. 3 [champpenal.revues.org/694] (17 août 2012).

118. *Ibid.*, par. 17.

Pour les gouvernements, cette remise en question de la peine, en particulier de la prison, au profit d'autres stratégies de réhabilitation, de réconciliation et de réparation n'est pas politiquement rentable, au regard d'un discours sécuritaire leur permettant de jouer un rôle de protecteur en identifiant certaines cibles sur lesquelles ils peuvent faire semblant d'agir à l'aide du pénal. Ce discours sécuritaire constitue d'autant plus une voie attirante à l'heure actuelle pour les gouvernements, qu'elle détourne l'attention de leur désinvestissement social lié aux politiques néolibérales. C'est ainsi que « l'État et les administrations pénitentiaires s'épargnent tout questionnement sur la raison d'être des prisons en privilégiant le débat sur les manières d'être de la prison[119] ».

Voyons ce qui en est de la situation actuelle des délits et des peines dans le système de justice pénale.

Des délits et des peines au Canada : données 2011-2012

Des délits et des peines : les adultes

En 2011-2012, les tribunaux de juridiction criminelle pour adultes ont réglé un peu moins de 386 500 causes « qui visaient près de 1,2 million d'infractions au Code criminel et à d'autres lois fédérales, notamment des infractions relatives aux drogues[120] ». Comme nous l'avons déjà souligné, la majorité de ces causes sont pour des infractions sans violence et les cinq infractions les plus fréquentes – constituant près de la moitié des causes – sont « la conduite avec facultés affaiblies

119. S. LEHALLE, *La prison sous l'œil de la société? Contrôle du respect de l'état de droit en détention en France et au Canada*, Paris, L'Harmattan, 2013, p. 346.

120. J. BOYCE, « Statistiques sur les tribunaux de juridiction criminelle pour adultes au Canada, 2011-2012 », *Juristat*, Ottawa, Centre canadien de la statistique juridique, Statistique Canada, 2013 [statcan.gc.ca/pub/85-002-x/2013001/article/11804-fra.pdf] (24 avril 2014).

(11 %), le vol (10 %), les voies de fait simples (9 %), le défaut de se conformer à une ordonnance du tribunal (9 %) et le manquement aux conditions de la probation (8 %)[121] » (Graphique 2).

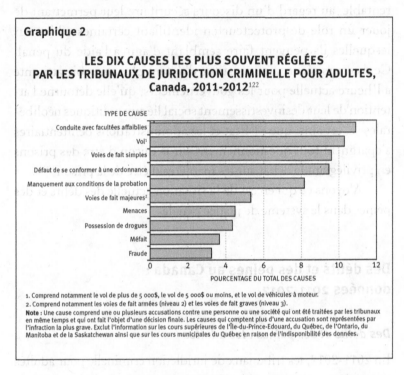

Graphique 2

LES DIX CAUSES LES PLUS SOUVENT RÉGLÉES PAR LES TRIBUNAUX DE JURIDICTION CRIMINELLE POUR ADULTES, Canada, 2011-2012[122]

TYPE DE CAUSE

- Conduite avec facultés affaiblies
- Vol[1]
- Voies de fait simples
- Défaut de se conformer à une ordonnance
- Manquement aux conditions de la probation
- Voies de fait majeures[2]
- Menaces
- Possession de drogues
- Méfait
- Fraude

POURCENTAGE DU TOTAL DES CAUSES

1. Comprend notamment le vol de plus de 5 000$, le vol de 5 000$ ou moins, et le vol de véhicules à moteur.
2. Comprend notamment les voies de fait armées (niveau 2) et les voies de fait graves (niveau 3).
Note : Une cause comprend une ou plusieurs accusations contre une personne ou une société qui ont été traitées par les tribunaux en même temps et qui ont fait l'objet d'une décision finale. Les causes qui comptent plus d'une accusation sont représentées par l'infraction la plus grave. Exclut l'information sur les cours supérieures de l'Île-du-Prince-Edouard, du Québec, de l'Ontario, du Manitoba et de la Saskatchewan ainsi que sur les cours municipales du Québec en raison de l'indisponibilité des données.

Les deux tiers des causes entraînent un verdict de culpabilité, proportion assez stable depuis une dizaine d'années, les causes pour délit de la route ayant le plus fort pourcentage de condamnations (83 %), suivies des infractions contre l'administration de la justice (72 %) et des infractions contre les biens (61 %). Les crimes contre la personne ont un taux de condamnation de 50 %.

---

121. *Ibid.*
122. Statistique Canada, Centre canadien de la statistique juridique, *Enquête intégrée sur les tribunaux de juridiction criminelle.*

Quant à la peine qui est donnée, la probation est la plus fréquente, infligée dans 45 % de toutes les causes avec condamnation. Suivent l'emprisonnement (35 %), l'amende (29 %), la condamnation avec sursis (4 %) et la restitution (3 %) (Graphique 3).

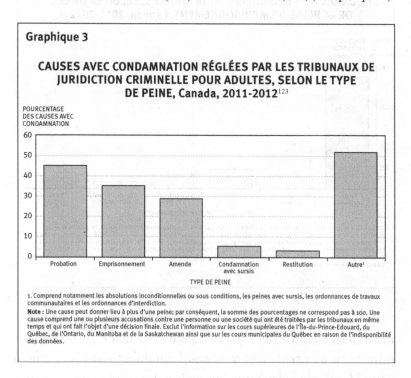

Graphique 3

CAUSES AVEC CONDAMNATION RÉGLÉES PAR LES TRIBUNAUX DE JURIDICTION CRIMINELLE POUR ADULTES, SELON LE TYPE DE PEINE, Canada, 2011-2012[123]

POURCENTAGE
DES CAUSES AVEC
CONDAMNATION

TYPE DE PEINE

1. Comprend notamment les absolutions inconditionnelles ou sous conditions, les peines avec sursis, les ordonnances de travaux communautaires et les ordonnances d'interdiction.

Note : Une cause peut donner lieu à plus d'une peine; par conséquent, la somme des pourcentages ne correspond pas à 100. Une cause comprend une ou plusieurs accusations contre une personne ou une société qui ont été traitées par les tribunaux en même temps et qui ont fait l'objet d'une décision finale. Exclut l'information sur les cours supérieures de l'Île-du-Prince-Edouard, du Québec, de l'Ontario, du Manitoba et de la Saskatchewan ainsi que sur les cours municipales du Québec en raison de l'indisponibilité des données.

Sur près de 87 000 causes ayant entraîné une détention, 49 % avaient trait aux infractions contre l'administration de la justice – non-respect de conditions, défaut de comparaître, etc. –, 40 % aux délits contre les biens, 34 % aux délits contre la personne. La plupart des peines d'emprisonnement sont inférieures à six mois. Pour ce qui est des sentences dans les pénitenciers, elles constituent environ 5 % des peines, signifiant environ 3 500 nouvelles entrées dans ces établissements (Graphique 4).

---

123. STATISTIQUE CANADA, CENTRE CANADIEN DE LA STATISTIQUE JURIDIQUE, *op. cit.*

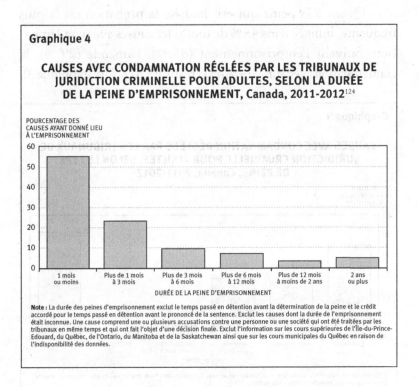

Graphique 4

CAUSES AVEC CONDAMNATION RÉGLÉES PAR LES TRIBUNAUX DE JURIDICTION CRIMINELLE POUR ADULTES, SELON LA DURÉE DE LA PEINE D'EMPRISONNEMENT, Canada, 2011-2012[124]

POURCENTAGE DES
CAUSES AYANT DONNÉ LIEU
À L'EMPRISONNEMENT

DURÉE DE LA PEINE D'EMPRISONNEMENT

Note : La durée des peines d'emprisonnement exclut le temps passé en détention avant la détermination de la peine et le crédit accordé pour le temps passé en détention avant le prononcé de la sentence. Exclut les causes dont la durée de l'emprisonnement était inconnue. Une cause comprend une ou plusieurs accusations contre une personne ou une société qui ont été traitées par les tribunaux en même temps et qui ont fait l'objet d'une décision finale. Exclut l'information sur les cours supérieures de l'Île-du-Prince-Edouard, du Québec, de l'Ontario, du Manitoba et de la Saskatchewan ainsi que sur les cours municipales du Québec en raison de l'indisponibilité des données.

Pour avoir un meilleur aperçu des sentences en fonction des infractions en cause, le Tableau 1 permet de relier 247 000 de ces infractions aux sentences données. Le nombre total des peines, 430 073, est plus élevé que le nombre des infractions, puisque plusieurs d'entre elles ont des peines combinées.

---

124. STATISTIQUE CANADA, CENTRE CANADIEN DE LA STATISTIQUE JURIDIQUE, *op. cit.*

Tableau 1

CAUSES AVEC CONDAMNATION RÉGLÉES PAR LES TRIBUNAUX DE JURIDICTION CRIMINELLE POUR ADULTES, SELON LE TYPE D'INFRACTION ET CERTAINES PEINES, CANADA, 2011-2012[125]

Type d'infraction Note 1	Total des causes avec condam- nation	Emprisonnement			Probation			Amende		
		nombre	%	Durée médiane (jours) Note 2	nombre	%	Durée médiane (jours) Note 3	nombre	%	Montant médian ($) Note 4
Crimes violents	**46 255**	**15 677**	**34**	**75**	**34 796**	**75**	**365**	**3 083**	**7**	**400**
Homicide	132	109	83	1 825	14	11	730	6	5	1 100
Tentative de meurtre	40	32	80	1 733	8	20	730	0	0	Note...
Vols qualifié	2 391	1 917	80	440	1 233	52	730	16	1	375
Agressions sexuelle	1 610	873	54	360	1 059	66	730	39	2	500
Autres infractions d'ordre sexuel Note 5	1 551	1 008	65	150	1 147	74	730	58	4	500
Voies de fait majeures Note 6	10 986	5 076	46	90	7 677	70	365	662	6	500
Voies de fait simples	17 791	2 626	15	30	14 276	80	365	1 411	8	400
Menaces	8 948	2 987	33	30	7 058	79	365	767	9	300
Harcèlement criminel	1 609	483	30	45	1 446	90	545	65	4	400
Autres crimes violents	1 197	566	47	154	878	73	540	59	5	300
Crimes contre les biens	**54 561**	**21 605**	**40**	**45**	**32 572**	**60**	**365**	**7 226**	**13**	**250**
Vol Note 7	24 918	9 896	40	30	13 492	54	365	4 275	17	250
Introduction par effraction	7 477	4 412	59	161	4 946	66	540	213	3	500
Fraude	8 101	2 804	35	60	5 294	65	365	806	10	300
Méfait	7 857	1 555	20	17	5 545	71	365	1 095	14	300

125. STATISTIQUE CANADA, CENTRE CANADIEN DE LA STATISTIQUE JURIDIQUE, *Enquête intégrée sur les tribunaux de juridiction criminelle.*

Possession de biens volés	5 047	2 258	45	45	2 583	51	365	780	15	400
Autres crimes contre les biens	1 161	680	59	82	712	61	540	57	5	250
Infractions contre l'administration de la justice	**60 723**	**29 904**	**49**	**15**	**20 449**	**34**	**365**	**13 420**	**22**	**250**
Défaut de comparaître	2 243	889	40	8	587	26	365	731	33	200
Manquement aux conditions de la probation	25 353	14 092	56	20	9 394	37	365	4 713	19	250
Fait de se trouver en liberté sans excuse	2 144	1 833	85	20	450	21	365	118	6	300
Défaut de se conformer à une ordonnance	24 887	11 109	45	10	7 496	30	365	6 175	25	200
Autres infractions contre l'administration de la justice	**6 096**	**1 981**	**32**	**18**	**2 522**	**41**	**365**	**1 683**	**28**	**300**
Autres infractions au Code criminel	9 866	3 886	39	90	5 307	54	365	1 854	19	250
Infractions relatives aux armes	5 901	2 292	39	69	3 076	52	365	1 132	19	250
Prostitution	313	79	25	30	175	56	365	81	26	250
Fait de troubler la paix	868	160	18	10	391	45	365	278	32	250
Infractions restantes au Code criminel	2 784	1 355	49	124	1 665	60	540	363	13	300
Total des infractions au Code criminel (sauf les délits de la route)	**171 405**	**71 072**	**41**	**30**	**93 124**	**54**	**365**	**25 583**	**15**	**250**

Délits de la route prévus au Code criminel	43 420	7 313	17	34	6 801	16	365	33 670	78	1 100
Conduite avec facultés affaiblies	34 780	3 235	9	30	3 752	11	365	30 633	88	1 200
Autres délits de la route prévus au Code criminel	8 640	4 078	47	45	3 049	35	365	3 037	35	900
Total des infractions au Code criminel	**214 825**	**78 385**	**36**	**30**	**99 925**	**47**	**365**	**59 253**	**28**	**1 000**
Infractions aux autres lois fédérales	32 159	8 276	26	90	10 960	34	365	12 951	40	300
Possession de drogues	7 582	828	11	9	2 588	34	365	3 726	49	300
Autres infractions relatives aux drogues[8]	6 478	2 600	40	180	1 942	30	365	492	8	1 000
Infractions à la Loi sur le système de justice pénale pour les adolescents	979	313	32	9	347	35	365	282	29	230
Infractions restantes aux autres lois fédérales	17 120	4 535	26	90	6 083	36	365	8 451	49	250
Total	**246 984**	**86 661**	**35**	**30**	**110 885**	**45**	**365**	**72 204**	**29**	**800**

... n'ayant pas lieu de figurer

Note 1. Les causes qui comptent plus d'une accusation sont représentées par l'infraction la plus grave.

Note 2. Exclut le temps passé en détention avant la détermination de la peine et le crédit accordé pour le temps passé en détention avant le prononcé de la sentence. Exclut également les causes dont la durée de l'emprisonnement était inconnue ou indéterminée.

Note 3. Exclut les causes dont la durée de la probation était inconnue ou supérieure à trois ans.

Note 4. Exclut les causes dont le montant de l'amende était inconnu.

Note 5. Comprend notamment les contacts sexuels, l'incitation à des contacts sexuels, la pornographie juvénile, le leurre d'enfants au moyen d'un ordinateur et l'exploitation sexuelle.

Note 6. Comprend notamment les voies de fait armées (niveau 2) et les voies de fait graves (niveau 3).

Note 7. Comprend notamment le vol de plus de 5 000 $, le vol de 5 000 $ ou moins, et le vol de véhicules à moteur.

Note 8. Comprend le trafic, la production, l'importation et l'exportation de drogues.

Note : Une cause peut donner lieu à plus d'une peine ou à une autre peine non indiquée ; par conséquent, la somme des pourcentages ne correspond pas à 100. Une cause comprend une ou plusieurs accusations contre une personne ou une société qui ont été traitées par les tribunaux en même temps et qui ont fait l'objet d'une décision finale. La médiane est le point central d'une série de valeurs, la moitié de la durée des peines d'emprisonnement étant supérieure à ce point et l'autre moitié y étant inférieure. Exclut l'information sur les cours supérieures de l'Île-du-Prince-Édouard, du Québec, de l'Ontario, du Manitoba et de la Saskatchewan ainsi que sur les cours municipales du Québec en raison de l'indisponibilité des données.

Des délits et des peines : les jeunes

La *Loi sur le système de justice pénale pour les adolescents* (LSJPA) s'applique actuellement aux jeunes de douze à dix-sept ans.

En 2011-2012, les tribunaux de la jeunesse du Canada ont réglé un peu plus de 48 000 causes comportant environ 166 000 infractions au Code criminel et à d'autres lois fédérales, notamment à la LSJPA. Il s'agit d'un recul de 10 % par rapport à l'année précédente – près de 5 300 causes de moins – et d'une troisième baisse annuelle consécutive. La diminution observée en 2011-2012 marque le plus faible nombre de causes réglées par les tribunaux de la jeunesse depuis 1991-1992, lorsque Statistique Canada a recueilli ces données pour la première fois[126] (Graphique 5).

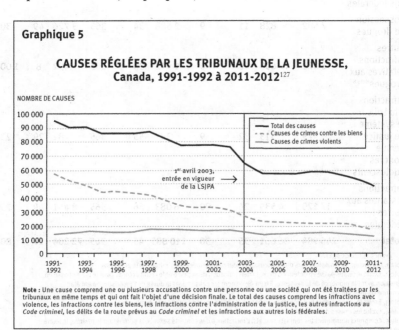

Graphique 5

CAUSES RÉGLÉES PAR LES TRIBUNAUX DE LA JEUNESSE, Canada, 1991-1992 à 2011-2012[127]

NOMBRE DE CAUSES

Légende :
— Total des causes
- - Causes de crimes contre les biens
— Causes de crimes violents

1er avril 2003, entrée en vigueur de la LSJPA →

Note : Une cause comprend une ou plusieurs accusations contre une personne ou une société qui ont été traitées par les tribunaux en même temps et qui ont fait l'objet d'une décision finale. Le total des causes comprend les infractions avec violence, les infractions contre les biens, les infractions contre l'administration de la justice, les autres infractions au *Code criminel*, les délits de la route prévus au *Code criminel* et les infractions aux autres lois fédérales.

---

126. M. DAUVERGNE, *Statistiques sur les tribunaux de la jeunesse au Canada*, 2011-2012, Ottawa, Statistique Canada, 2013 [statcan.gc.ca/pub/85-002-x/2013001/article/11803-fra.pdf] (25 avril 2014).

127. STATISTIQUE CANADA, CENTRE CANADIEN DE LA STATISTIQUE JURIDIQUE, *op. cit.*

Dauvergne[128] explique cette baisse par certains changements dans les pratiques de mise en accusation et la possibilité que l'on recoure davantage à d'autres mesures « telles que les avertissements, les mises en garde, les renvois et les mesures extrajudiciaires ». Il faut sans doute y *ajouter* le vieillissement de la population. Si l'on tient compte des données démographiques au Canada de 1 982 à 2 012, la baisse des causes aux tribunaux de la jeunesse apparaît moins comme un *grand* virage vers des mesures extrajudiciaires qu'une diminution de certaines infractions propres à cette couche d'âge, n'excluant pas ici que certaines pratiques judiciaires puissent avoir changé (Graphique 6).

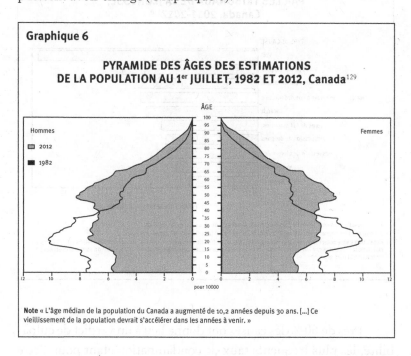

Graphique 6

PYRAMIDE DES ÂGES DES ESTIMATIONS DE LA POPULATION AU 1er JUILLET, 1982 ET 2012, Canada[129]

ÂGE

Hommes

☐ 2012

■ 1982

Femmes

pour 10000

Note « L'âge médian de la population du Canada a augmenté de 10,2 années depuis 30 ans. [...] Ce vieillissement de la population devrait s'accélérer dans les années à venir. »

---

128. M. Dauvergne, *op. cit.*
129. Statistique Canada, 91-215-X. Date de modification : 19-06-2013.

Presque toutes les catégories d'infractions connaissent une diminution au regard de l'année précédente à l'exception de celles relatives aux drogues. Les causes pour possession simple ont augmenté de 7 % et celles pour les autres infractions de 2 %. Soixante pour cent des causes visent des jeunes de seize et dix-sept ans et 77 % des infracteurs présumés sont des garçons (Graphique 7).

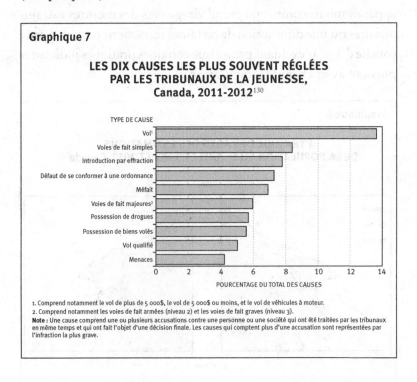

Graphique 7

LES DIX CAUSES LES PLUS SOUVENT RÉGLÉES PAR LES TRIBUNAUX DE LA JEUNESSE, Canada, 2011-2012[130]

1. Comprend notamment le vol de plus de 5 000$, le vol de 5 000$ ou moins, et le vol de véhicules à moteur.
2. Comprend notamment les voies de fait armées (niveau 2) et les voies de fait graves (niveau 3).
Note : Une cause comprend une ou plusieurs accusations contre une personne ou une société qui ont été traitées par les tribunaux en même temps et qui ont fait l'objet d'une décision finale. Les causes qui comptent plus d'une accusation sont représentées par l'infraction la plus grave.

Près de 60 % des causes ont donné lieu à un verdict de culpabilité, les plus fréquents taux de condamnation étant pour s'être retrouvé en liberté sans excuse (90 %) et la conduite avec facultés affaiblies (88 %). La probation, seule ou combinée à une autre

---

130. STATISTIQUE CANADA, CENTRE CANADIEN DE LA STATISTIQUE JURIDIQUE, *op. cit.*

peine, est la peine la plus fréquente (58 %), et viennent ensuite les sentences de travaux communautaires (25 %). Les placements sous garde – le jeune est détenu dans un établissement correctionnel ou un centre de justice pour les jeunes –, peine la plus sévère, « affichent un recul comparativement à il y a 10 ans », constituant 15 % des peines alors que dans les années 1990, les pourcentages variaient entre 24 % et 29 %[131] (Graphique 8 et Tableau 2).

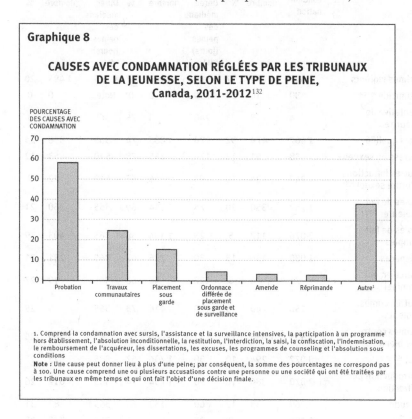

Graphique 8

CAUSES AVEC CONDAMNATION RÉGLÉES PAR LES TRIBUNAUX DE LA JEUNESSE, SELON LE TYPE DE PEINE, Canada, 2011-2012[132]

POURCENTAGE DES CAUSES AVEC CONDAMNATION

1. Comprend la condamnation avec sursis, l'assistance et la surveillance intensives, la participation à un programme hors établissement, l'absolution inconditionnelle, la restitution, l'interdiction, la saisi, la confiscation, l'indemnisation, le remboursement de l'acquéreur, les dissertations, les excuses, les programmes de counseling et l'absolution sous conditions

Note : Une cause peut donner lieu à plus d'une peine; par conséquent, la somme des pourcentages ne correspond pas à 100. Une cause comprend une ou plusieurs accusations contre une personne ou une société qui ont été traitées par les tribunaux en même temps et qui ont fait l'objet d'une décision finale.

131. M. Dauvergne, *op. cit.*

132. Statistique Canada, Centre canadien de la statistique juridique, *op. cit.*

Tableau 2

CAUSES AVEC CONDAMNATION RÉGLÉES PAR LES TRIBUNAUX DE LA JEUNESSE, SELON LE TYPE D'INFRACTION ET CERTAINES PEINES, CANADA, 2011-2012[133]

Type d'infraction[Note 1]	Nombre total de causes avec condamnation	Placement sous garde			Probation			Ordonnance de travaux communautaires	
		nombre	%	Durée médiane des peines (jours) [Note 2]	nombre	%	Durée médiane des peines (jours) [Note 3]	nombre	%
Crimes violents	**7 345**	**1 220**	**17**	**80**	**4 907**	**67**	**365**	**1 485**	**20**
Homicide [Note 4]	30	16	53	730	0	0	Note...	0	0
Tentative de meurtre	4	3	75	240	3	75	365	0	0
Vols qualifié	1 467	474	32	120	1 085	74	365	358	24
Agression sexuelle	458	61	13	176	355	78	540	53	12
Autres infractions d'ordre sexuel [Note 5]	249	24	10	93	166	67	540	22	9
Voies de fait majeures [Note 6]	1 752	350	20	75	1 214	69	365	360	21
Voies de fait simples	2 076	112	5	23	1 194	58	365	403	19
Menaces	1 080	136	13	30	726	67	365	231	21
Harcèlement criminel	71	4	6	127	48	68	365	19	27
Autres crimes violents	158	40	25	120	116	73	365	39	25
Crimes contre les biens	**8 535**	**1 036**	**12**	**52**	**5 440**	**64**	**365**	**2 260**	**26**
Vol [Note 7]	3 072	294	10	30	1 736	57	365	825	27
Introduction par effraction	2 370	386	16	90	1 754	74	365	612	26
Fraude	269	33	12	60	183	68	365	83	31
Méfait	1 484	132	9	22	916	62	365	377	25
Possession de biens volés	1 110	161	15	30	697	63	365	296	27

---

133. *Ibid.*

Autres crimes contre les biens	230	30	13	74	154	67	365	67	29
Infractions contre l'administration de la justice	**3 296**	**649**	**20**	**20**	**1 534**	**47**	**365**	**628**	**19**
Défaut de comparaître	110	7	6	7	41	37	315	27	25
Manquement aux conditions de la probation	83	12	14	22	42	51	365	21	25
Fait de se trouver en liberté sans excuse	300	202	67	20	63	21	365	38	13
Défaut de se conformer à une ordonnance	2 141	318	15	16	1 030	48	365	401	19
Autres infractions contre l'administration de la justice	662	110	17	28	358	54	365	141	21
Autres infractions au Code criminel	**1 383**	**189**	**14**	**60**	**914**	**66**	**365**	**396**	**29**
Infractions relatives aux armes	967	154	16	46	623	64	365	200	21
Fait de troubler la paix	44	0	0	Note...	23	52	360	9	20
Infractions restantes au Code criminel	372	35	9	74	268	72	360	187	50
Total des infractions au Code criminel (sauf les délits de la route)	**20 559**	**3 094**	**15**	**50**	**12 795**	**62**	**365**	**4 769**	**23**
Délits de la route prévus au Code criminel	**697**	**50**	**7**	**80**	**298**	**43**	**365**	**143**	**21**
Conduite avec facultés affaiblies	399	2	1	Note x	119	30	360	80	20
Autres délits de la route prévus au Code criminel	298	48	16	80	179	60	365	63	21
Total des infractions au Code criminel (incluant les délits de la route)	**21 256**	**3 144**	**15**	**51**	**13 093**	**62**	**365**	**4 912**	**23**
Infractions aux autres lois fédérales	**6 015**	**1 000**	**17**	**20**	**2 767**	**46**	**360**	**1 847**	**31**

Possession de drogues	902	10	1	7	412	46	270	296	33
Autres infractions relatives aux drogues Note 8	728	53	7	90	563	77	360	285	39
Infractions à la *Loi sur le système de justice pénale pour les adolescents*	4 341	932	21	19	1 777	41	360	1 257	29
Infractions restantes aux autres lois fédérales	44	5	11	60	15	34	360	9	20
Total des infractions	**27 271**	**4 144**	**15**	**39**	**15 860**	**58**	**365**	**6 759**	**25**

... n'ayant pas lieu de figurer

Note x : confidentiel en vertu des dispositions de la *Loi sur la statistique*

Note 1. Les causes qui comptent plus d'une accusation sont représentées par l'infraction la plus grave.

Note 2. Exclut le temps passé en détention avant la détermination de la peine ou le crédit accordé pour le temps passé en détention avant le prononcé de la sentence. Exclut également les causes dont la durée du placement sous garde était inconnue.

Note 3. Exclut les causes dont la durée de la probation était inconnue ou dépassait 3 ans.

Note 4. Le nombre de peines de placement sous garde imposées dans les causes d'homicide pourrait être sous-déclaré en raison du manque d'information concernant le crédit accordé pour le temps passé en détention avant le prononcé de la sentence.

Note 5. Comprend notamment les contacts sexuels, l'incitation à des contacts sexuels, la pornographie juvénile, le leurre d'enfants au moyen d'un ordinateur et l'exploitation sexuelle.

Note 6. Comprend notamment les voies de fait armées (niveau 2) et les voies de fait graves (niveau 3).

Note 7. Comprend notamment le vol de plus de 5 000 $, le vol de 5 000 $ ou moins, et le vol de véhicules à moteur.

Note 8. Comprend le trafic, la production, l'importation et l'exportation de drogues.

Note : Une cause peut donner lieu à plus d'une peine ou à une autre peine non indiquée (p. ex. placement sous garde et surveillance différées, amende, réprimande, assistance et surveillance intensives) ; par conséquent, la somme des pourcentages ne correspond pas à 100. Une cause comprend une ou plusieurs accusations contre une personne ou une société qui ont été traitées par les tribunaux en même temps et qui ont fait l'objet d'une décision finale.

Les routines du pénal

Ces données montrent une activité pénale dont le lot quotidien est majoritairement pour de petits délits qui se traduisent en centaines de milliers de personnes sous surveillance correctionnelle. De plus, chaque année, environ 3 500 *nouveaux* détenus rejoignent les pénitenciers fédéraux et près de 300 000 personnes reçoivent un casier judiciaire ou des ajouts à celui-ci, sans compter leur enregistrement dans les banques de données policières.

Dans les prochains chapitres, nous verrons ce qui amène certaines clientèles à faire davantage partie de cette surveillance correctionnelle et les raisons pour lesquelles les décisions sur les peines, pour un grand nombre d'infractions, sont davantage liées à leur circulation rapide dans le système plutôt qu'à une analyse au cas par cas en vue d'un objectif personnalisé de la sentence. En fait, l'établissement de critères homogènes vers une certaine finalité des peines est impossible dans le système pénal. La bureaucratie et les routines de travail, de même que la dépendance des sous-systèmes – police, tribunaux, gestion des peines – les uns des autres sans communication réelle, créent un ensemble qui ne permet pas une cohérence de finalités dans leur travail de punir[134].

---

134. G. LEMIRE, P. NOREAU, C. LANGLOIS, *Le pénal en action. Le point de vue des acteurs*, Québec, Les presses de l'Université Laval, 2004.

Questions de révision

1) Pourquoi, lors d'infractions aux lois, le roi ou la reine sont-ils considérés devant les tribunaux comme étant ceux qui ont été lésés dans la procédure pénale ?

2) Quelle était la finalité de la peine en Nouvelle-France et, à cette fin, comment s'opérait l'exécution de la peine ?

3) Expliquez les quatre principaux changements de la procédure pénale apportés par le régime britannique au Canada afin de mieux protéger le droit des accusés, changements encore présents aujourd'hui.

4) Quelles sont les caractéristiques du *Bloody Code* ? Pourquoi prend-il fin au début du XIXe siècle ?

5) Quel modèle architectural caractérise le pénitencier de Kingston et en quelle année a-t-il ouvert ses portes ?

6) En quelle année le premier code canadien vit-il le jour, et dans quelle catégorie d'infractions se retrouvent les peines les plus sévères ?

7) Quelles sont les principales caractéristiques des modifications du Code criminel canadien dans ses trente-cinq premières années d'existence ?

8) Qu'est-ce qui amena la création de la commission Brown et quels furent ses constats dans son rapport en 1849 ?

9) Quel fut le mandat de la commission Archambault ? Que conclut-elle dans son rapport en 1938 ? Quelles furent ses principales recommandations pour corriger la situation ?

10) En 1969, le rapport Ouimet ira encore plus loin que les commissions précédentes dans ses conclusions. Quelles sont-elles et que privilégie-t-il à cette fin?

11) Quel suivi politique sera apporté à la conclusion du rapport Ouimet, en 1969, conclusion réaffirmée par la Commission de réforme du droit du Canada en 1976? Pourquoi?

12) Quel portrait des délits et des peines les données statistiques des années 2011-2012 au Canada permettent-elles de tracer sur ce qui caractérise l'activité pénale?

Discussion de cas

PREMIER CAS

L'impartialité du jury

Un enfant de huit ans en retard à l'école traverse en courant la rue dans une zone scolaire. Un jeune de dix-neuf ans se rendant à l'université répond à un appel sur son cellulaire en tournant à cette intersection scolaire. Il heurte l'enfant qui meurt des suites de l'accident. Le jeune est accusé au criminel pour conduite dangereuse ayant causé la mort. Le procureur demande une peine exemplaire afin de répondre à la médiatisation du cas et aux réactions populaires où les gens se sont montrés outrés de l'usage, par les jeunes, du cellulaire au volant. L'avocat de la défense conseille au jeune homme de plaider non coupable afin d'obtenir un procès avec jury, espérant ainsi pouvoir plaider la cause autrement.

Vous êtes l'avocat de la défense, et c'est le moment des entrevues avec des citoyens afin de sélectionner les membres du jury. Sur quels critères accepterez-vous certaines personnes et en refuserez-vous d'autres? Pourquoi?

Vous êtes le procureur, sur quels critères accepterez-vous certaines personnes et en refuserez-vous d'autres? Pourquoi?

En tenant compte de vos réponses concernant les critères de sélection de l'avocat de la défense et du procureur, expliquez en quoi le jury constitue une protection, ou pas, pour l'accusé. Justifiez votre réponse.

DEUXIÈME CAS

La prison comme peine

Un nouveau rapport vient de paraître à propos de la situation dans les pénitenciers fédéraux, répétant dans ses conclusions les affirmations de plusieurs rapports passés selon lesquels la prison n'est ni un lieu de réhabilitation ni un lieu qui protège la société, comme en témoignent les taux de récidive. Ce rapport souligne également qu'il est aberrant que la clientèle pénale augmente sans cesse au Canada, quand les statistiques criminelles montrent que, depuis au moins dix ans, les crimes avec violence diminuent d'année en année. Le rapport est très médiatisé et les débats sur le sujet vont bon train dans la population. Vous êtes le fonctionnaire chargé d'implanter un projet gouvernemental fort coûteux, soit celui de construire cinq nouveaux pénitenciers. Le gouvernement vous demande d'écrire une réponse à ce rapport qui aidera ses députés à expliquer au public les raisons qui nécessitent tout de même de continuer l'implantation de ces pénitenciers. Quels arguments avancerez-vous?

CHAPITRE V

Le combattant du crime : la police[135]

L'État joue un rôle clé dans les directions prises par la police. À l'instar d'autres institutions gouvernementales, celle-ci maintient l'ordre social perçu comme nécessaire au développement économique dans le cadre des rapports de pouvoir en place[136]. Durant les périodes de crise, les activités de la police rendent encore plus visible de quel côté penche les rapports de forces dans l'ordre social[137]. Il n'est pas étonnant, dès lors, que devant une perte de légitimité de l'institution policière, nous assistions à des pressions du pouvoir politique pour des réformes dans la manière d'intervenir de la police afin d'assurer sa propre survie. Une institution de maintien de l'ordre qui n'est plus respectée de la population signifie un pouvoir politique dans lequel on ne croit plus en la bonne gouvernance.

Ce chapitre débutera par l'importante crise de légitimité de l'institution policière au début du XXe siècle, au Canada comme ailleurs, lors de l'industrialisation et de l'urbanisation. Cette crise amènera les États à dessiner les grands traits de la *police moderne.*

---

135. Ce chapitre est tiré en grande partie de L. BEAUCHESNE, *La police communautaire : un écran de fumée*, Montréal, Bayard Canada Livres, 2010.

136. D'ailleurs, jusqu'au XVIIe siècle, le terme «police» désignait l'activité du gouvernement, «polis» signifiant la «cité». Par la suite, la police commence à se constituer en institution distincte du gouvernement et, au XVIIIe siècle, devient une institution dans le système de justice.

137. D. MONJARDET, *Ce que fait la police*, Paris, La Découverte, 1996.

Nous verrons, dans un premier temps, les choix faits au Canada pour promouvoir l'image du policier en tant que *combattant du crime* à qui la population peut faire confiance. Par la suite, nous montrerons à quel point cette image de combattant du crime, armé pour faire face à tous les dangers, est en décalage avec la réalité des pratiques au quotidien dans les fonctions municipales de cette profession[138], celles en contact avec les citoyens. Enfin, nous terminerons par ce qui constitue la visée politique centrale des activités de cette institution, le maintien de l'ordre social en place.

La crise de légitimité

Entre 1910 et 1930, au Canada comme en d'autres pays qui vivent l'industrialisation et l'urbanisation[139], l'organisation policière fait l'objet de nombreuses critiques. Du côté des classes populaires, on lui reproche surtout son inefficacité et sa corruption issue d'une collusion avec le pouvoir politique et les industriels. Du côté des industriels, on la juge particulièrement inefficace pour les protéger des délits contre la propriété, des vols de banque et des agitateurs dans la classe ouvrière. La police doit redevenir crédible tant aux yeux de ceux à l'égard desquels elle applique la loi, essentiellement les classes populaires, que pour les industriels, dont elle assure la sécurité des biens. La situation est d'autant plus tendue que les conflits majeurs à gérer par la police dans les villes se définissent de

---

138. Le 15 mai 2013, elles sont celles des 2/3 des 69 000 agents de police selon le Centre canadien de la statistique juridique (H. HUTCHINS, *Les ressources policières au Canada, 2013*, Ottawa, Statistique Canada, 2014 [statcan.gc.ca/pub/85-002-x/2014001/article/11914-fra.htm#a1] (1ᵉʳ mai 2014). Ce nombre comprend les membres des corps de police municipaux ou régionaux de même que ceux qui, par contrat avec les municipalités, sont membres de la Gendarmerie royale du Canada (GRC), ou encore, en Ontario et au Québec, membres des corps de police provinciaux, soit la Police provinciale de l'Ontario (PPO) et la Sûreté du Québec (SQ).

139. En 1921, la population urbaine commence à dépasser la population rurale au Canada.

plus en plus en termes de classes sociales, les ouvriers ou les gens dans la misère protestant de diverses manières contre la richesse des biens nantis.

Les autorités politiques, pour lesquelles la légitimité de la police constitue un enjeu majeur pour leur propre légitimité, travailleront activement à sa transformation institutionnelle. Comme d'autres pays, le Canada instituera des commissions pour résoudre ces problèmes[140]. Leur suivi mènera à une série de stratégies qui traceront les pourtours de ce qui sera désigné comme la *professionnalisation* de cette fonction. Son but premier consiste à redonner une *apparence de neutralité* à ses interventions, c'est-à-dire qu'elles doivent paraître indépendantes des politiciens locaux et des nantis, afin que ce qui constitue un désordre social à réprimer soit reconnu comme tel dans la population. À cette fin, la notion même de profession facilite cette perception, car elle renvoie à des groupes de personnes qui possèdent une expertise et une autonomie décisionnelle grâce à une formation appropriée. Les agents seront également mieux payés pour diminuer la corruption qui en ternit la réputation et pour augmenter la stabilité du personnel. Enfin, pour rassurer les industriels sur l'efficacité de la police à contrôler les émeutes ouvrières et à protéger leurs immeubles des actes de sabotage, le pouvoir politique va privilégier une police armée sous une gestion paramilitaire. Ceci permettra au pouvoir politique d'exiger la disparition des milices privées des industries dont la violence lors de manifestations avait entraîné beaucoup de grogne dans la population.

---

140. B. DUPONT, « La gouvernance et la sécurité », *Traité de sécurité intérieure*, Montréal, Éditions Hurtubise, 2007.

Formation et gestion paramilitaires

Cette nouvelle formation porte d'abord sur l'apprentissage des cibles de l'action policière. Elle amène les futurs policiers à établir qui sont les *déviants* et les *victimes* sur lesquels porteront leurs interventions, déviants et victimes qui, globalement, reflètent l'ordre social en place plutôt que l'ensemble des personnes commettant des crimes ou pouvant en être victimes[141]. À cette époque, l'apprentissage des interventions de lutte contre ces *déviants* repose essentiellement sur des changements technologiques en vue d'une plus grande répression ; il en découle que les exigences de formation des policiers sont perçues comme l'acquisition d'habiletés techniques et opérationnelles en vue de bien jouer leur rôle de *combattants du crime.*

Le contenu de cette formation inclut également l'apprentissage d'un comportement plus neutre et impersonnel dans les relations avec les citoyens, comportement qui doit projeter une *apparence* d'impartialité dans leurs interventions.

Enfin, composante indispensable de la formation pour répondre aux besoins de l'industrie, l'apprentissage du contrôle des foules afin d'éviter les *débordements* lors des manifestations ouvrières ou autres. Plusieurs services policiers des grandes villes se doteront à cet effet d'escouades spécialisées[142].

Le Canada fait le choix d'une gestion paramilitaire des corps policiers à l'instar de la majorité des pays et, dès les premières formations, on valorise l'esprit de corps et la discipline militaire chez les policiers. Ce choix de gestion et cette intégration des policiers à l'esprit de corps et à la discipline militaire ne sont pas un

---

141. C.D. SHEARING, « Subterranean Processes in the Maintenance of Power : An Examination of the Mechanisms Coordinating Police Action», *The Canadian Review of Sociology and Anthropology*, vol 18, n° 3, 1981, p. 283-398.

142. J.P. BRODEUR, «Les organisations policières en Europe continentale de l'Ouest», *Traité de sécurité intérieure*, Montréal, Éditions Hurtubise, 2007, p. 81-88. Et F. DIEU, « Manifestation et maintien de l'ordre », *ibid.*, p. 612-624.

enjeu de terrain ; en dehors de certaines escouades spécialisées, les interventions policières ont rarement à voir avec un militaire au combat. L'enjeu pour le politique est que les gestionnaires puissent encadrer le pouvoir discrétionnaire des policiers sur le terrain en sachant se faire obéir, diminuant les initiatives *inappropriées* des policiers. Il faut s'assurer que leurs interventions ne mettent pas en jeu la légitimité politique en prenant de mauvaises décisions tant sur les cibles que sur les manières d'intervenir[143].

Ce nouveau rôle de la police que l'on met de l'avant modifie aussi le rôle du citoyen en matière de contrôle de la criminalité. Celui-ci ne doit plus régler lui-même les conflits, mais faire confiance au *combattant du crime* qui le protégera désormais des menaces.

> La police redéfinit le rôle du citoyen à une époque où la croyance en la capacité des professionnels de gérer les problèmes physiques et sociaux est à son sommet. Les médecins prennent soin des problèmes de santé, les dentistes des problèmes dentaires, les enseignants des problèmes d'éducation, les travailleurs sociaux des problèmes d'adaptation sociale et la police des problèmes de criminalité. Le rôle adéquat des citoyens en matière de contrôle de la criminalité deviendra celui de récepteurs passifs des services professionnels dans le contrôle du crime. Les pratiques des citoyens pour se défendre eux-mêmes ou leur communauté sont devenues inappropriées. Les citoyens assument leurs responsabilités quand un crime arrive en appelant la police, en la laissant agir et en apportant leur témoignage lorsque celui-ci est requis pour la preuve. La métaphore traduisant cette orientation est que la police constitue *a thin blue line*. Cela postule l'existence de menaces extérieures dangereuses pour

---

143. R.V. ERICSON, « The Police as Reproducers of Order », *Understanding Policing*, Toronto, Canadian Scholars Press, 1992, p. 163-208. Et F. JOBARD, « La militarisation du maintien de l'ordre, entre sociologie et histoire », *Déviance et Société*, vol. 32, n° 1, 2008, p. 101-109.

les communautés, projette l'image d'un policier debout, entre ces dangers et des bons citoyens et sous-entend l'héroïsme et la solitude de la police[144].

Le succès politique de la *professionnalisation* de la police sera d'autant plus grand que les médias vendront au public une certaine conception de ce qui constitue le crime et les motifs d'insécurité, soit ce qui correspond à l'activité de la police. De plus, ces dernières années, les médias, nourris par la popularité de séries policières, principalement américaines, contribueront à renforcer une image grandement fictive de ce *combattant du crime*.

Quand la fiction dépasse la réalité

Cette image du *combattant du crime*, affrontant tous les dangers et soutenu par des enquêteurs utilisant ruse et technologie pour trouver le coupable, a reçu une telle caution médiatique qu'elle constitue encore aujourd'hui la raison pour laquelle nombre de jeunes gens désirent entrer dans la police. Pourtant, particulièrement dans les fonctions municipales, les patrouilleurs passent très peu de temps à faire respecter le Code criminel – entre 10 à 20 % selon les études – et même dans le cadre de ce travail, « les patrouilleurs sont surtout appelés pour régler des cas de désordres mineurs, de circulation automobile et de querelles entre proches et voisins[145] ». Les 80 à 90 % restant sont divisés entre différentes tâches administratives, la patrouille préventive et la réponse à des appels de nature non criminelle[146]. Tout en connaissant cette

---

144. G. KELLING, M.H. MOORE, « The evolving strategy of policing », *Perspectives on Policing*, vol. 4, 1988, p. 8. Notre traduction.

145. R.V. ERICSON, *Reproducing Order : A Study of Police Patrol Work*, Toronto, University of Toronto Press, 1982, p. 127. Notre traduction.

146. « Par exemple, les citoyens peuvent communiquer avec la police pour des plaintes relatives aux règlements municipaux, de fausses alarmes, des accidents de la route et des signalements de personnes malades, blessées, suspectes, en état d'ébriété ou aux

réalité de leur travail, nombre de policiers d'expérience, de même que plusieurs gestionnaires, tiennent à cette image paramilitaire de *combattant du crime* :

> Plusieurs gestionnaires désirent la stricte uniformité, le respect de la chaîne de commande, et l'apparence de force de frappe que procurent les parades de soldats projetant la discipline militaire. Les policiers eux-mêmes tirent une fierté de cette apparence de statut et de prestige procurée par cette association traditionnelle avec l'élite guerrière de la société. Les partisans de ce modèle utilisent fréquemment la rhétorique de la « guerre contre le crime » pour justifier la rigide chaîne de commandement du haut vers le bas, tant pour leur mandat de lutte contre le crime que pour contrôler adéquatement des policiers armés[147].

Pour cette raison, le port de l'arme en tout temps et en tout lieu, symbole par excellence de ce *combattant du crime*, ne peut être remis en question.

L'importance du port de l'arme

Les enquêtes auprès des recrues sur leurs motivations à entrer dans la police indiquent leur attrait pour cette image paramilitaire de *combattant du crime*. Les armes, en particulier, les fascinent. D'ailleurs, « ce sont les policiers les plus jeunes (ou les moins expérimentés) qui sont les plus prompts à user de leur arme[148] ».

> La plupart des descriptions du travail de la police dans les fictions montrent des détectives conduisant des enquêtes criminelles complexes sur de *grands* criminels, justifiant des

---

prises avec des problèmes de santé mentale. » (H. HUTCHINS, *Les ressources policières au Canada, 2013*, Ottawa, Statistique Canada, 2014.)

147. H. TOCH, « Police officers as change agents in police reform », *Policing and Society*, vol. 18, n° 1, 2008, p. 62. Notre traduction.

148. F. JOBARD, « L'usage de la force par la police », *Traité de sécurité intérieure*, Montréal, Éditions Hurtubise, 2007, p. 533.

poursuites automobiles dangereuses, des coups de feu et de la violence gratuite contre des citoyens. Cette manière *Dirty Harry* de concevoir la police avec cette attitude « *make my day* » non seulement s'ancre dans le public, mais chez les policiers eux-mêmes. Plusieurs nouvelles recrues dans la police arrivent avec cette attitude macho et cette image de dur qui peut se répercuter dans leurs premiers contacts avec les citoyens[149].

Il n'y a pas de loi au Canada qui oblige les policiers à porter une arme dans le cadre de leurs fonctions, il n'y a que des directives opérationnelles sur son usage. Toutefois, l'article 25 (4) du Code criminel sous-entend indirectement que le port d'une arme est inhérent à la fonction policière en spécifiant que l'utilisation d'une force susceptible de causer la mort doit être un dernier recours[150].

L'argument principal évoqué par les policiers pour justifier encore aujourd'hui le port de l'arme en tout temps et en tout lieu, et ce, même dans les fonctions municipales, est que les criminels sont partout, dangereux, et que pour protéger adéquatement la population et se protéger eux-mêmes, il leur faut être armés. Pourtant, trois éléments remettent en cause l'affirmation qu'un policier ne peut jamais être sans son arme de service.

---

149. J.F. HODGSON, « Police violence in Canada and the USA : analysis and management », *International Journal of Police Strategies & Management*, vol. 24, n° 4, 2001, p. 533. Notre traduction.

150. « L'agent de la paix, ainsi que toute personne qui l'aide légalement, est fondé à employer contre une personne à arrêter une force qui est soit susceptible de causer la mort de celle-ci ou des lésions corporelles graves, soit employée dans l'intention de les causer, si les conditions suivantes sont réunies :
a) Il procède légalement à l'arrestation avec ou sans mandat ;
b) Il s'agit d'une infraction pour laquelle cette personne peut être arrêtée sans mandat ;
c) Cette personne s'enfuit afin d'éviter l'arrestation ;
d) Lui-même ou la personne qui emploie la force estiment pour des motifs raisonnables, cette force nécessaire pour leur propre protection ou celle de toute autre personne contre la mort ou des lésions corporelles graves – imminentes ou futures ;
e) La fuite ne peut être empêchée par des moyens raisonnables d'une façon moins violente » (*Code criminel*, article 25 (4)).

Premièrement, on constate que la grande majorité des incidents où interviennent les policiers ne comportent pas de menace potentielle contre la personne. En fait, 4 % des appels reçus par la police, au Canada, concernent ce type de menaces, pourcentage en baisse ces dernières années selon les données du Centre canadien de la statistique juridique.

Deuxièmement, il y a la nécessité d'examiner les données sur les citoyens tués ou blessés par les policiers afin de se demander si ces situations auraient pu être évitées sans une arme. Toutefois, ces données sont difficiles à obtenir et l'évaluation de ces situations n'est pas aisée, car elle repose le plus souvent sur l'interprétation policière des évènements à la suite d'une enquête de la police sur la police. De nombreuses études et commissions reprochent aux enquêtes de la police sur la police le fait que la solidarité policière viendrait à certaines occasions biaiser l'interprétation des faits[151]. Même en Ontario, où existe l'Unité d'enquête spéciale civile (UES) sur ces incidents, depuis 1990, son travail est entravé par de multiples résistances policières. En 2008, le protecteur du citoyen de l'Ontario, André Marin, publiait un rapport accablant citant de multiples exemples où l'UES n'a pu mener correctement son enquête sur des citoyens qui avaient été blessés ou tués par la police pour cette raison, et où pouvait planer le doute que cette violence policière était abusive[152]. À cet effet, il faisait de nombreuses recommandations au gouvernement de l'Ontario pour corriger cette situation par des changements législatifs et plus de soutien à l'UES. En 2011, dans un rapport intitulé *Le sabotage de la surveillance*, il montrait que la

---

151. PROTECTEUR DU CITOYEN, *Pour un processus crédible, transparent et impartial qui inspire confiance et respect, Rapport spécial sur la procédure d'enquête appliquée au Québec lors d'incidents impliquant des policiers*, Québec, Assemblée nationale, 2010 [goo.gl/CrBDcO] (20 octobre 2012).

152. A. MARIN, *Surveillance de la police : Une surveillance imperceptible. L'Unité des enquêtes spéciales (UES)*, Ontario, Ombudsman de l'Ontario, 2008 [goo.gl/vufkCq] (20 octobre 2012).

situation persistait, et ce, essentiellement parce que les appuis politiques allaient aux services policiers et non à l'UES dans ces affaires, même quand il y avait des obstructions ou des irrégularités évidentes de la part des policiers lors des enquêtes[153]. Ainsi, il est facile de reconnaître qu'il y a un problème d'abus dans certaines situations où des citoyens furent tués ou blessés par la police, mais difficile d'en faire l'analyse sans données adéquates après des enquêtes indépendantes.

Troisièmement, on constate que, dans plusieurs pays où les policiers en première ligne ne sont pas armés, le nombre de policiers et de personnes tuées par la police est plus bas, même si les problèmes de violence et de criminalité urbaines que doit affronter la police dans ces pays, notamment en Angleterre[154], ne sont pas moindres[155]. En fait, le port de l'arme en tout temps et en tout lieu, tout comme le pistolet à décharge électrique (*Taser*) aujourd'hui, fait oublier à certains policiers que l'on peut régler de nombreux conflits autrement que par la force et l'intimidation d'une arme.

Cet attachement profond des policiers au port de l'arme pour maintenir leur image paramilitaire et l'article 25 (4) du Code criminel, qui permet de faire usage de la force lors d'une intervention, signifient-ils que ceux-ci se sentent le droit et la liberté de blesser ou de tuer des citoyens en toute impunité quand bon leur semble? Bien sûr que non.

---

153. A. Marin, *Le sabotage de la surveillance*, Ontario, Ombudsman de l'Ontario, 2011 [ombudsman.on.ca/Files/sitemedia/Documents/Investigations/SORT%20 Investigations/SIU2-Final-FR-with-covers.pdf] (20 octobre 2012).

154. Toutefois, cette tendance s'est érodée en Angleterre depuis les manifestations multiples sous le gouvernement Thatcher où il est apparu nécessaire de placer une arme à feu dans le coffre des voitures. Mais la politique pour que le policier municipal de première ligne soit désarmé est maintenue par le Home Office, en 2003.

155. S. Arcand, J.-P. Brodeur, «Sur les objectifs de la police, Mémoire présenté au Conseil de sécurité de la CUM», *Les Cahiers de l'École de criminologie,* n° 4, 1979, p. 7.

D'abord, la peur devant le risque causée par certaines situations amène le policier à se retirer pour protéger son intégrité physique. L'image du policier héros sans peur de mourir et d'être blessé ne correspond pas du tout à la réalité du policier avec une famille et une carrière qu'il ne tient pas à mettre en jeu aussi facilement en étant blessé. Ensuite, le policier, au Canada et en d'autres pays, doit maintenant justifier l'usage de la force *a posteriori* pour éviter les sanctions administratives et judiciaires. Cela signifie qu'il doit entrer dans un processus de justification qui peut être long et risqué. Pour cette raison, plusieurs policiers évitent de recourir à la force. Enfin, des raisons morales font en sorte que, pour de nombreux policiers, risquer de blesser ou de tuer quelqu'un représente une charge émotionnelle trop lourde qui leur fera éviter ce type de situation. Toutes ces raisons amènent beaucoup de policiers à s'abstenir d'un usage de la force plus que nécessaire[156], raisons bien plus déterminantes que la loi elle-même qui l'interdit. De toute manière, la représentation de la loi que symbolise le policier en uniforme suffit à gérer bien des situations sans usage de la force[157].

En fait, cet attachement des policiers au port de l'arme à feu n'est pas tant lié à l'usage qui peut en être fait à tout moment qu'à un attachement profond à l'image professionnelle de dangerosité de la profession projetée par cette arme et à l'uniforme de soldat avec grade à l'épaule.

---

156. Un bémol. Dans l'ensemble des études consultées, les armes dites non létales ou moins létales, comme les divers gaz lacrymogènes, et surtout les armes à effet paralysant, comme les pistolets à décharge électrique (*Taser*) ne semblent pas être incluses dans la définition de l'usage de la force. On ne peut donc dire ce qu'il en est au regard de ces armes.

157. B. Dupont, « Technologie, défense nationale et sécurité intérieure : un ménage à trois dysfonctionnel », *La militarisation des appareils policiers*, Québec, Les presses de l'Université Laval, 2005, p. 135-136.

« Mort au combat » : le mythe de la dangerosité

Selon nombre d'études dont celles de Brodeur et de Leishman et Mason[158], les policiers se retrouvent rarement dans des situations qui ont un potentiel de dangerosité élevée, particulièrement dans les fonctions municipales, ce qui renvoie à tout le contraire de ce que montrent les séries télévisées.

Afin de déterminer les causes de lésions professionnelles des policiers, Parent[159] s'est penché sur les statistiques de la Commission de la santé et sécurité du travail (CSST) au Québec puisque les blessures les plus graves y étaient nécessairement enregistrées pour que les policiers blessés puissent recevoir des compensations. Dans l'ordre, les causes de lésions professionnelles propres au travail de policier, de 1979 à 1982, étaient les suivantes :

- Les accidents de la circulation ;

- Les conditions climatiques (engelures, coups de chaleur, etc.) ;

- Les accidents dus aux armes utilisées (au cours de l'entraînement ou du nettoyage) ;

- Le contact avec des substances chimiques dangereuses ;

- Le stress et la fatigue physique ;

- Les piqûres d'insectes, morsures d'animaux et chocs électriques (décharges électriques).

---

158. J.-P. BRODEUR, *Les visages de la police, pratiques et perceptions*, Montréal, Les presses de l'Université de Montréal, 2003. Et F. LEISHMAN, P. MASON, *Policing and the Media, Facts, fictions and factions, USA/Canada*, New York, Willan Publishing, 2003.

159. G.-A. PARENT, *Policiers : danger ou en danger ?*, Montréal, Les éditions du Méridien, 1993.

Les blessures subies au cours d'agressions, on le voit, ne figurent même pas dans les causes les plus usuelles de lésions professionnelles chez les policiers[160].

Des statistiques de la CSST, en 2002, placent le métier de policier « en septième position de la liste des dix métiers les plus dangereux[161] ». Pour ce qui est du risque de mourir en service, selon Statistique Canada, entre 1961 et 2009, 133 policiers ont été victimes d'un homicide alors qu'ils étaient en service. Cette situation va en diminuant, puisque la majorité d'entre eux ont eu lieu entre 1961 et 1984 (Graphique 9). Dans les dernières 25 années à l'étude, 46 policiers en furent victimes au Canada[162]. Cette diminution est d'autant plus importante si l'on tient compte que, durant cette même période, le nombre de policiers a presque triplé, passant de 26 000 à 70 000. On attribue cette diminution au fait qu'il y a aujourd'hui un meilleur encadrement opérationnel des policiers engagés dans des situations considérées comme potentiellement violentes, et que l'on n'hésite pas à faire appel à des escouades tactiques mieux entraînées et mieux équipées sur le plan technique, si la situation l'exige[163].

---

160. *Ibid.*, p. 53, 55.

161. S. BERTHOMET, *Enquête sur la police*, Québec, VLB éditeur, 2013, p. 85.

162. S. DUNN, « Les policiers tués dans l'exercice de leurs fonctions, 1961 à 2009 », *Juristat*, Ottawa, Statistique Canada, 2010 [statcan.gc.ca/pub/85-002-x/2010003/article/11354-fra.htm] (10 octobre 2013).

163. M. ST-YVES, « La négociation de crise », *Traité de sécurité intérieure*, Montréal, Éditions Hurtubise, 2007, p. 625-633.

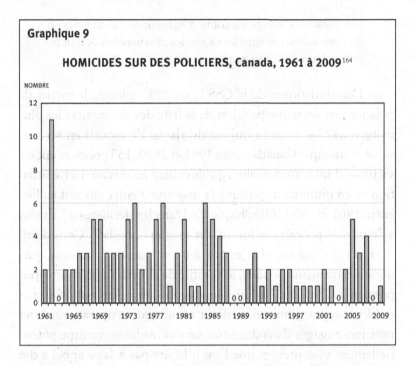

Graphique 9

HOMICIDES SUR DES POLICIERS, Canada, 1961 à 2009[164]

Même dans la période la plus élevée des homicides sur des policiers, soit de 1961 à 1973, les risques d'être tués au travail sont beaucoup moins élevés chez les policiers que chez les mineurs ou les travailleurs de la construction[165]. Encore aujourd'hui, pour ce qui est de l'acte d'homicide comme tel, les chauffeurs de taxi courent plus de risques d'être tués que les policiers, selon Statistique Canada[166].

Même si la mortalité au travail des policiers est plus rare que dans nombre d'autres professions, ces morts, contrairement à celles survenant dans d'autres métiers, reçoivent une grande

---

164. STATISTIQUE CANADA, CENTRE CANADIEN DE LA STATISTIQUE JURIDIQUE, *Enquête sur les homicides*. [statcan.gc.ca/pub/85-002-x/2010003/article/11354-fra.htm] (26 août 2014)

165. G.-A. PARENT, *op. cit.*

166. S. DUNN, *op. cit.*

publicité et sont présentées comme des *morts au combat*, des *morts en devoir*. Les corps policiers, et surtout leurs syndicats, s'empressent de dépêcher des représentants à ces funérailles publiques, car elles constituent une occasion importante de maintenir la crédibilité de cette image de *combattant du crime* dans une profession où domine le danger, justifiant ainsi l'amélioration des conditions de travail[167].

Ce décalage entre l'image de dangerosité de la profession et la réalité des pratiques se traduit essentiellement en quatre phases, dans la carrière du policier, phases qui sont plus accentuées aux échelons inférieurs de la hiérarchie policière, là où se trouve plus de 80 % des policiers dans les fonctions municipales.

Il y a tout d'abord la phase d'alarme, 0 à 5 ans de service, où le policier a été préparé à voir du danger partout. Il demeure très alerte à chaque intervention pour faire face à ce potentiel de danger dont on lui a parlé. Puis arrive la phase de désillusion, 6 à 13 ans de service, où l'espérance de modifier les choses disparaît, car les illusions sont tombées en ce qui a trait au travail de *combattant du crime*. C'est la phase à risque au travail, car comme la routine s'installe, qu'il arrive peu d'incidents potentiellement dangereux, il y a des probabilités plus grandes que l'on néglige les protections élémentaires quand survient une intervention, et des accidents peuvent arriver. Arrive ensuite la phase de personnalisation, 14 à 20 ans de service, où le policier commence à centrer ses intérêts premiers non plus sur sa profession, mais sur sa famille. Le travail vient en second lieu. Enfin arrive la phase d'introspection, 20 ans et plus de service, où, approchant de la retraite, les policiers ont pris une distance vis-à-vis de leur métier, et se demandent ce qu'ils feront après leur carrière[168].

---

167. D. FORCESE, *Policing Canadian Society*, Toronto, Prentice-Hall Canada, 1999.

168. J. DUCHESNEAU, *Les réalités du stress en milieu policier – Une étude effectuée au Service de police de la Communauté urbaine de Montréal*, Mémoire présenté à l'École nationale d'administration publique (ENAP), Montréal, 1988. Et A. NIEDERHOFFER, *Behind the*

Cette information aidera à comprendre certains éléments d'une étude de Parent[169], en 1993, sur les circonstances entourant les 38 homicides de policiers au cours de 36 incidents – deux d'entre eux ont été marqués par la mort de deux policiers – enregistrés sur le territoire québécois entre 1950 et 1989, quel que soit le corps policier, afin de voir s'ils s'expliquent par la dangerosité de la profession.

Quels sont les constats de sa recherche? La majorité des incidents ont eu lieu dans la deuxième étape de la carrière, soit la phase de désillusion, là où le policier peut devenir moins alerte dans ses interventions, ou encore au début de la troisième étape. La moyenne d'années de service des policiers tués est de douze années. Dans la majorité des cas, un gilet pare-balles n'aurait servi à rien puisque 45 % des victimes ont été abattues à moins de 10 pieds, et plusieurs l'ont été de plus loin par des carabines pouvant facilement transpercer ces vestes protectrices. Enfin, l'un d'entre eux a été heurté par une voiture.

Parent voulait déterminer dans quelle mesure le policier savait ou pouvait savoir le potentiel de dangerosité de la situation sur laquelle il intervenait. Il a bénéficié d'informations suffisantes pour répondre à cette question dans 33 des 38 cas étudiés qu'il répartit ainsi :

> 11 policiers auraient dû savoir ou savaient que le tueur était dangereux ; 11 auraient pu ou pouvaient le savoir, 11 n'avaient aucun moyen ou aucune raison de le savoir [...] Nous avons posé ce jugement à partir de critères très explicites, tel le fait de savoir le suspect armé, ou de connaître son identité et ses antécédents judiciaires, ou de savoir qu'une fusillade était en cours[170].

Shield : The Police in Urban Society, New York, Doubleday, 1967.

169. G.-A. PARENT, *op. cit.*

170. *Ibid.*, p. 92.

La situation la plus fréquente avec un potentiel de dangerosité, selon l'ensemble des études y compris au Canada, est le vol en cours[171]. Cela signifie que lorsqu'on soupçonne des suspects d'être encore sur les lieux d'un vol, la vigilance doit être constante, l'information adéquate et les directives opérationnelles resserrées de manière à ce que les policiers ne se mettent pas inutilement en danger. Dans les cas étudiés par Parent, certains comportements policiers relèvent d'erreurs qui rappellent l'étape de la carrière dans laquelle ils se trouvent, celle de la *désillusion*, qui les amène à trop baisser leurs gardes même quand il y a des signes évidents d'un potentiel élevé de dangerosité, ou encore lorsqu'ils se soucient de répondre à l'image médiatique de leurs fonctions, faisant des choix opérationnels inadéquats en prenant des risques inutiles.

Seuls cinq homicidaires connaissaient leur victime pour avoir déjà fait l'objet d'une enquête policière de leur part, et trois policiers connaissaient leur agresseur. Cela contraste avec les homicides en général où, dans la majorité des cas, les gens se connaissent. Cela signifie que la situation de l'homicidaire a davantage suscité l'acte que la relation avec des policiers en particulier. Quelle situation ? Des 52 individus accusés pour 35 des cas à l'étude, les trois quarts avaient déjà été condamnés pour une infraction au criminel au moment de l'évènement, dont 30 pour des crimes avec violence, incluant trois pour meurtre et neuf pour voie de fait sur des policiers. Le tiers d'entre eux avaient déjà été condamnés à plus de dix ans de pénitencier et plusieurs étaient en probation, au moment de l'affaire. Ainsi, pour la majorité d'entre eux, considérant leurs antécédents judiciaires et le fait d'être en probation, la mort du policier dans le feu de l'action pourrait être apparue préférable à une arrestation qui aurait certainement amené un long séjour en prison, ce qui représente la situation de 70 % des homicidaires,

---

171. Suivent les situations de violence familiale lorsque la situation est en cours. S. Dunn, *op.cit.*

et qui expliquerait certains évènements tout à fait imprévisibles au regard de l'infraction. De plus, considérant la peine qu'ils encouraient à la suite du meurtre d'un policier, soit une peine automatique de vingt-cinq ans d'emprisonnement[172], cela étonne peu que six d'entre eux se soient suicidés après l'évènement, surtout que plusieurs de ces homicides ont eu lieu devant témoins, d'autres policiers, dans près de 70 % des cas.

Si l'on dresse le bilan des causes de lésions professionnelles chez les policiers et que l'on considère les circonstances entourant les meurtres de policiers au regard de notre questionnement sur la dangerosité de la profession, l'utilisation de la mort d'un policier pour montrer dans les médias, à l'aide de funérailles de style militaire, une *mort au combat*, qui symbolise la dangerosité constante de la profession, est abusive. Les situations potentiellement violentes demeurent rares, et le meurtre d'un policier encore plus. Mais chose plus importante encore, ces morts, pour les deux tiers, auraient pu être évitées avec de l'information adéquate, des règles opérationnelles plus serrées et une vigilance accrue. En cela, les services policiers ont fait d'importants correctifs qui ont grandement diminué le nombre de policiers tués dans le cadre de leurs fonctions.

La littérature policière et les séries populaires de fiction contribuent également à la mystification du travail des enquêteurs dans les fonctions municipales.

---

172. En 1967, le Code criminel qualifiait automatiquement le meurtre d'un officier ou d'un agent de police dans l'exercice de ses fonctions de meurtre au premier degré (avec préméditation), ce qui valait à son auteur la peine capitale. L'abolition de la peine de mort, en 1976, a amené son remplacement par une sentence automatique de 25 ans ferme d'emprisonnement, c'est-à-dire sans possibilité de sortie (article 231 (4) du Code criminel)

L'enquête criminelle

Les séries policières télévisées ou les romans policiers font apparaître l'enquête criminelle, particulièrement en matière d'homicide, comme reposant sur une expertise longue et complexe qui permettra à la police d'élucider une affaire. Mais la réalité est tout autre comme le montre l'ensemble des recherches réalisées à ce sujet : la majorité des affaires résolues le sont par les patrouilleurs, et une bonne partie du travail des enquêteurs se révèle inefficace pour résoudre une affaire, même en matière de meurtre.

Brodeur s'est penché sur le rôle de l'enquête criminelle dans 153 homicides rattachés à 131 affaires au Québec, de 2002 à 2005. Il a voulu savoir ce qui avait déterminé la résolution de l'enquête, soit l'arrestation des inculpés, de même que le rôle de l'expertise, c'est-à-dire du savoir scientifique dans la résolution de ces enquêtes, puisque toute la fiction des dernières années la met en évidence dans la résolution des homicides. À cette fin, il a divisé ce type d'enquête criminelle en trois étapes, car chacune d'entre elles ne requiert pas la même expertise :

L'enquête d'identification. C'est la première partie du processus. Elle consiste à identifier l'auteur d'un crime. C'est cette seule variante de l'enquête qui fait l'objet de presque toute la fiction policière.

L'enquête de localisation. Il arrive que le suspect principal d'un crime prenne la fuite ou qu'on ne sache pas où il se trouve. On effectuera alors une enquête de localisation pour tenter de le retrouver. Les enquêtes de localisation utilisent des moyens qui diffèrent grandement de l'enquête d'identification.

La structuration de la preuve. Une fois que l'auteur d'un crime a été identifié, localisé et mis en état d'arrestation, il est traduit devant les tribunaux. Intervient alors la troisième phase de l'enquête policière : la structuration et la présentation d'une preuve au-delà de tout doute raisonnable, qui conduira à la condamnation du suspect ou qui l'amènera à déposer un plaidoyer de culpabilité. On verra par la suite que cette troisième phase est fréquemment celle qui requiert le plus de travail de la part des enquêteurs. Elle est la plus méconnue[173].

L'étape d'identification

En général, comme le suspect se livre lui-même ou est dénoncé par un proche ou un informateur de la police, ce sont les patrouilleurs qui effectuent cette étape. Dans les affaires d'homicides étudiées par Brodeur, le suspect a été identifié dans 71 % des affaires en moins de 24 heures. Plus précisément, dans 62 affaires, l'identification fut opérée à l'arrivée des patrouilleurs, 10 en moins d'une heure, 13 en moins de 5 heures et 8 en moins de 24 heures. Une enquête scientifique a eu lieu à cette étape dans 2 % des enquêtes uniquement.

L'étape de localisation

Comme, dans la moitié des affaires, le meurtrier est découvert en même temps que le meurtre, les patrouilleurs effectuent généralement ce travail. Quand on utilise d'autres moyens pour localiser les meurtriers, il s'agit essentiellement de la surveillance physique habituelle, ou parfois de l'écoute électronique quand plusieurs personnes sont impliquées. Il n'y a à peu près aucun usage du renseignement criminel, de banques de données ou encore d'analyse scientifique de matériel. De plus, dans 15 des 40 affaires, où l'on a utilisé des données scientifiques, celles-ci ont servi à disculper quelqu'un et non à l'incriminer. Enfin, Brodeur note

---

173. J.-P. BRODEUR, « L'enquête criminelle », *Criminologie*, vol. 38, n° 2, 2005, p. 48.

que l'enquête sur les lieux du crime, qui occupe une grande place dans les séries policières télévisées et les polars, n'a joué un rôle dans aucune affaire.

Les temps très courts pour élucider une affaire expliquent que ce sont essentiellement les policiers patrouilleurs, sans l'intervention des enquêteurs, qui résolvent la majorité d'entre elles.

L'étape de la structuration de la preuve

C'est là le principal travail des enquêteurs : la préparation de la preuve pour les tribunaux. Ceci constitue un travail technique, mais pas une enquête scientifique :

> [...] la constitution d'une preuve suppose tout un ensemble de tâches, la protection physique des indices matériels, celle des témoins, le transport de ces derniers, la gestion des délateurs, qui ne relèvent pas de la collecte d'information ou d'un travail du savoir[174].

Ainsi, le travail des enquêteurs en matière d'homicide consiste essentiellement à préparer la preuve, déjà là, pour le tribunal. Quand ils interviennent davantage, ce sont généralement pour les affaires non résolues, qui le demeurent habituellement. Les affaires résolues sont le fait, dans la très grande majorité des cas, des policiers patrouilleurs, sans enquête scientifique ni usage de technologie. Cela vient ainsi confirmer le contenu d'autres études similaires[175].

En somme, la distorsion entre l'image professionnelle de *combattant du crime* et la réalité des pratiques au quotidien dans les fonctions municipales est énorme. Cette image professionnelle paramilitaire de *combattant du crime* valorisant un héros armé

---

174. *Ibid.*, p. 61.
175. J.-P. BRODEUR, B. DUPONT, *The role of knowledge and Networks in Policing, Handbook of knowledge-based policing : current conceptions and future directions*, Londres, Wiley, 2008, p. 9-33.

affrontant le danger, paravent entre les *bons* citoyens et le *mal*, est renforcée par la diffusion médiatique de faits divers et les séries de fiction. Encore aujourd'hui, de nombreuses recrues entrent dans la police pour devenir ce *combattant du crime* ou ce *détective CSI* :

> [...] les recrues de la police, comme les autres jeunes, sont profondément influencées dans leurs représentations et dans leurs attentes par la désinformation à laquelle se livrent les médias. Dans les représentations médiatiques – films, séries télévisées, etc. –, la figure du policier est plus proche de celle du samouraï que de celle du prêtre-ouvrier [176].

Police et alimentation du système pénal

Il faut montrer au public l'efficacité de ces *combattants du crime*, ce à quoi répond la publication des taux de criminalité et de crimes résolus – taux d'affaires classées. Au Canada, en 1962, entrait en vigueur le programme de *Déclaration uniforme de la criminalité* (DUC) auquel s'est ajouté, en 2009, *l'indice de gravité de la criminalité*[177]. Les catégories de crime qui y sont consignées de même que la qualification de leur gravité renvoient aux catégories inégalitaires du Code criminel, aux cibles dans l'application de la loi et aux réactions prépénales au crime qui amènent ou non un signalement ; comme nous l'avons vu, celles-ci se réfèrent à des actes plus visibles dans certaines classes sociales avec peu d'autres ressources que la police pour gérer les conflits, ou encore, tout simplement, à des actes plus accessibles à la police que les catégories de crimes des classes plus favorisées.

---

176. J.-P. BRODEUR, *Les visages de la police, pratiques et perceptions*, Montréal, Les presses de l'Université de Montréal, 2003, p. 104.

177. M. WALLACE ET COLLAB., *La mesure de la criminalité au Canada : présentation de l'Indice de gravité de la criminalité et des améliorations au programme de DUC*, Ottawa, Statistique Canada, 2012, 85-004-x [goo.gl/xOSOJW] (1er mai 2014).

Par exemple, plusieurs enquêtes auprès d'adolescents montrent que la très grande majorité d'entre eux ont commis des actes illégaux criminalisables. Toutefois, pour ceux en provenance de milieu aisé, comme les familles disposent de plus de ressources pour corriger les problèmes, on fait peu appel à la police ou encore on peut

> résoudre les problèmes en dédommageant les victimes et en les dissuadant de porter des accusations et en trouvant d'autres solutions pour leurs enfants. Le fait que les gens des quartiers pauvres sont plus dépendants des services policiers a pour conséquence qu'ils sont plus susceptibles d'appeler la police que les résidents des quartiers à l'aise quand surgit un problème[178].

Le pouvoir discrétionnaire des policiers dans la décision ou non de porter des accusations s'inscrit aussi dans les inégalités sociales et économiques en place : « Comparativement à toutes les politiques et pratiques en matière d'application de la loi qui s'appliquent aux crimes de la rue, les efforts de répression visant à découvrir et à punir les infractions des cols blancs et des entreprises sont minimes. » Il est vrai que « les infractions des cols blancs et des entreprises risquent beaucoup moins d'être signalées aux autorités que les crimes de droit commun comme les vols, les cambriolages et les voies de fait[179] ». Et même pour un délit similaire que l'on retrouve dans diverses classes sociales, la consommation de cannabis, les données sur les arrestations sont éloquentes à cet effet (voir encadré).

---

178. Conseil national du bien-être social (CNBS), *La justice et les pauvres*, Ottawa, 2000, p. 12-14.
179. *Ibid.*, p. 28-29.

Arrestations pour consommation de marijuana[180]

Une importante étude sur la probabilité que des consommateurs de marijuana âgés de 18 ans ou plus soient arrêtés dans trois zones métropolitaines des États-Unis a bien illustré le problème. Lorsqu'on a demandé aux participants s'ils consommaient cette drogue, les étudiants étaient de loin les plus susceptibles de répondre « oui », suivis des cols blancs et, loin derrière, des travailleurs manuels. Après avoir comparé ces données aux dossiers où les arrestations pour possession de marijuana étaient la seule accusation, les chercheurs ont constaté que les travailleurs manuels affichaient de loin les taux d'arrestation les plus élevés, suivis des étudiants et, loin derrière, des cols blancs. De plus, dans chacune des trois catégories, les jeunes utilisateurs de toutes les races, les consommateurs noirs de plus de 25 ans et les usagers qui avaient déjà été arrêtés étaient largement surreprésentés.

En examinant les circonstances de ces arrestations, on a constaté que la plupart étaient spontanées et provenaient de fouilles « proactives » de patrouilleurs qui avaient trouvé moins d'une once de marijuana. Les personnes qui risquaient le plus d'être arrêtées faisaient partie des groupes qui avaient le moins de possibilités d'avoir une vie privée et dont l'arrestation avait souvent lieu dans un endroit public.

Ainsi, les statistiques sur la criminalité indiquent le travail répressif de la police dans certaines catégories sociales, sur certaines catégories de crime et

même si ses interventions sont parfaitement légales, la police renforce des biais sociaux et des inégalités. [...] Les lois elles-mêmes sont le reflet de ces clivages sociaux et de ces inégalités ; elles ont été écrites, interprétées et implantées par des gens qui appartiennent aux couches privilégiées de la société.

---

180. *Ibid.*, p. 17-18.

Plusieurs policiers se plaignent de la grande différence dans la manière de punir les délits des classes plus favorisées et moins favorisées[181].

La source des crimes visés par la police est à réinscrire dans les rapports de pouvoir en place et la gouvernance privilégiée dans le maintien de l'ordre ; la police doit maintenir la paix dans cet ordre défini en grande partie en dehors d'elle. La question relève alors des moyens qu'on lui donne pour maintenir l'ordre, moyens que l'on inscrit dans sa gouvernance, ses ressources, mais également dans la loi. À ce titre, elle demeure un *écran de fumée* qui camoufle les choix privilégiés par le politique dans le maintien de l'ordre social.

Ainsi, l'alimentation du pénal par la police renvoie l'image très forte que les pauvres, les Autochtones, certains groupes ethniques discriminés sont plus criminels que les riches, quand, en fait, ce qui les caractérise est davantage leur vulnérabilité et leur visibilité au regard des activités policières. Cette inégalité de traitement se prolongera dans la trajectoire pénale, comme nous le verrons dans les chapitres qui suivent.

---

181. D. Forcese, *op. cit.*, p. 50.

Questions de révision

1. Entre 1910 et 1930, au Canada comme en d'autres pays qui vivent l'industrialisation et l'urbanisation, émerge une critique profonde de l'organisation policière. Que lui reproche-t-on ?

2. En réponse à cette perte de légitimité de la police, le gouvernement canadien entreprendra une grande réforme de la police dans les années 1930-1940 afin de la professionnaliser. Quel est le but essentiel de cette professionnalisation pour le pouvoir politique ?

3. Qu'est-ce qui amènera le pouvoir politique à armer tous les policiers au Canada, même ceux situés en première ligne ?

4. Quels sont les principaux contenus de cette formation ?

5. Quel est le but de la gestion militaire de la police et de l'apprentissage de la discipline militaire lors de la formation des policiers ?

6. Qu'en est-il des obligations juridiques du port d'arme à feu chez les policiers au Canada et quelle est la justification des policiers dans les fonctions municipales sur la nécessité du port d'arme en tout temps et en tout lieu ? Précisez les principaux arguments des études qui remettent en question cette légitimation du port d'arme en tout temps et en tout lieu chez les policiers qui occupent des fonctions municipales.

7. L'attachement profond des policiers au port d'arme à feu pour maintenir leur image paramilitaire signifie-t-il que ces derniers se sentent le droit et la liberté de blesser ou tuer des citoyens en toute impunité quand bon leur semble ? Justifiez votre réponse.

8. Les blessures subies au cours d'agressions sont-elles fréquentes chez les policiers ? Justifiez votre réponse.

9. La profession policière se caractérise-t-elle par des risques très importants pour le policier de mourir en service ? Justifiez votre réponse.

10. Pourquoi les syndicats tiennent-ils particulièrement à des funérailles publiques grandioses lorsqu'un policier meurt en service ?

11. À quelle étape de la carrière les homicides de policier ont-ils principalement lieu, et quel lien Parent (1993) fait-il à cet effet ?

12. Quelles sont les trois étapes de l'enquête criminelle en matière d'homicide ? Expliquez le travail principal des patrouilleurs et des enquêteurs au regard de ces trois étapes, de même que le rôle de la technologie et des banques de données.

13. Que nous disent les statistiques sur la criminalité ? Justifiez votre réponse.

Questions de réflexion

La dangerosité de la profession policière

Votre copain vous dit qu'il a vu à la télévision, la semaine dernière, des funérailles d'un policier tué en service et que leur style militaire et solennel faisait honneur aux policiers qui meurent au combat. Il trouve important que l'on souligne la dangerosité de cette profession. Comment nuanceriez-vous son propos ?

L'enquête criminelle

Votre ami vous explique qu'il rêve d'être enquêteur dans la police, influencé par les séries de télévision américaines. Identifier et localiser les malfaiteurs est son grand rêve, et surtout avoir accès aux multiples banques de données pour y arriver. Comment nuanceriez-vous son propos ?

Discussion de cas

Formation et port d'arme à feu chez les policiers

À la suite de plusieurs bavures commises par de jeunes policiers, qui furent très médiatisées, un rapport du gouvernement fait plusieurs recommandations. Le gouvernement entend donner un suivi à trois d'entre elles :

- Que désormais le minimum de scolarité pour entrer dans la police soit un baccalauréat en sciences sociales.

- Que désormais aucun policier ne puisse porter une arme à feu avant une période de probation de trois ans dans la police, après laquelle on évaluera sa capacité à en porter une. S'il n'est pas jugé apte à porter une arme à feu, son cas sera réévalué dans trois ans, après qu'on lui aura expliqué les correctifs à apporter à son comportement.

- Dès qu'un incident de violence jugé abusif à l'égard d'un citoyen se produit, le policier responsable perd automatiquement son arme à feu et s'inscrit dans la politique d'évaluation tous les trois ans.

Expliquez les raisons pour lesquelles vous êtes, ou non, favorables à ces recommandations. Précisez les difficultés d'implantation de ces politiques auxquelles vous vous attendez, que vous soyez ou non favorables à ces recommandations.

CHAPITRE VI

La trajectoire pénale : avant le procès

Après son arrestation, une personne peut être libérée immédiatement par la police jusqu'à son audience au tribunal qui décidera des suites à donner. La police peut également recommander sa détention provisoire dans l'attente du procès, ce qui, dans ce cas, demande d'amener rapidement la personne devant un juge pour présenter la requête. Le juge peut obtempérer à cette recommandation, ou encore opter pour une mise en liberté, avec ou sans conditions, jusqu'à la tenue du procès. Cette mesure s'applique tant aux jeunes qu'aux adultes. Ces dernières années, il y a eu une hausse spectaculaire des détentions provisoires et leur durée a augmenté. Nous en verrons les raisons. Puis nous aborderons les conséquences négatives importantes de cette détention sur les personnes qui la subissent, tant sur le plan personnel, que dans la suite de leur trajectoire pénale.

Toutefois, avant d'aborder cette entrée formelle dans le pénal, nous verrons une procédure nouvelle qui s'instaure dans la pratique policière ces dernières années, sans qu'aucune loi en encadre la pratique : la détention pour enquête.

La détention pour enquête

Le pouvoir de détention aux fins d'enquête est utilisé depuis une quinzaine d'années au Canada. Sa légitimité juridique a été confirmée par l'arrêt *Mann* de la Cour suprême du Canada, en juillet 2004, lorsque les policiers ont des *motifs raisonnables* de croire qu'une personne est impliquée dans une activité criminelle. À cette étape, la personne n'est pas formellement accusée ; ainsi, la reconnaissance de la légitimité de cette procédure de détention par la Cour suprême représente « un développement fondamental en matière de pouvoirs policiers au Canada[182] ».

La particularité de ce droit de détention est qu'il n'a pas été discuté au Parlement afin d'être encadré par une législation qui en tracerait clairement les contours ; en fait, la Cour suprême a simplement entériné une pratique déjà existante, ce qui est théoriquement autorisé par la *Common Law*, mais qui n'est plus coutume depuis longtemps. Cette situation inquiète de nombreux juristes, car l'arrêt *Mann* a laissé plusieurs questions en suspens :

> Qu'est-ce qu'une détention ? Combien de temps peut-on détenir une personne qui fait l'objet d'une enquête ? Peut-on déplacer cette personne du lieu de son interception ? Peut-on détenir un individu sur la base de son profil personnel ? Qu'en est-il de la fouille incidente d'une personne que l'on détient légalement suivant ce principe ? Qu'advient-il du droit à l'assistance d'un avocat prévu à l'article 10 b) de la *Charte canadienne des droits et libertés* ? De celui de la personne détenue de garder le silence[183] ?

---

182. A. BOUCHER, F. LACASSE et T. NADON, « La création de la détention pour enquête en *common law* : dérive jurisprudentielle ou évolution nécessaire ? Un point de vue pragmatique », *Les cahiers de Droit*, vol. 50, nᵒˢ 3-4, 2009, p. 773.

183. M. GRENIER, *La détention à des fins d'enquête en droit criminel canadien et son impact sur les droits constitutionnels*, Thèse de maîtrise, Montréal, Faculté de droit, Université de Montréal, 2008 [papyrus.bib.montreal.ca/jspui/handle/1866/3528] (13 octobre 2012).

La personne en détention, qui fait l'objet d'une enquête, est fort vulnérable, surtout si elle a peu de ressources vers lesquelles se tourner, la police n'étant pas tenue d'offrir aux personnes détenues sans accusation les services juridiques comme stipulé par la *Charte* pour une personne accusée. Par exemple, si la personne détenue se croit victime de profilage racial ou autre, c'est à elle de prouver que la police a agi ainsi. Comment le faire sans ressources ? Considérant cette lacune de règles législatives combinée « à une quasi-absence de mesures punitives envers les policiers qui abusent de cette technique d'enquête, le risque de voir le temps de détention du suspect s'allonger n'est pas négligeable[184] », tout comme le risque d'une « tendance des forces de l'ordre à une appréciation généreuse de l'étendue de leurs pouvoirs[185] ».

Malheureusement, des données sur l'usage actuel de la détention pour enquête n'ont pas été compilées pour en analyser la fréquence, la durée, les personnes visées, le déroulement, permettant d'en saisir le tableau, et le Parlement ne semble toujours pas pressé de légiférer en la matière. Il laisse les tribunaux réagir au fur et à mesure des causes qui, à grands frais, ont été portées devant eux : « Il en résulte un risque que la détention pour enquête serve de prétexte à une forme de contrôle social par les agents de l'État, particulièrement envers certains individus plus marginaux ou certains segments de la population[186]. »

---

184. *Ibid.*, p. 122.
185. A. BOUCHER ET COLLAB., *op. cit.*, p. 799.
186. *Ibid.*, p. 800.

La détention provisoire

Son usage accru

Après l'arrestation et les formalités qui suivent l'accusation, le policier doit prendre une décision : la personne sera-t-elle remise en liberté – si oui, elle doit l'être immédiatement –, ou y a-t-il un motif valable de la maintenir en détention jusqu'à son audience au tribunal pour décider du suivi à donner ? La libération peut être refusée quand les policiers estiment que l'infraction est très grave et que l'accusé est jugé dangereux, c'est-à-dire susceptible de commettre d'autres infractions avant son procès. Elle peut égale-ment être refusée s'ils ont des raisons de croire que la personne ne se présentera pas à son procès. Ces personnes doivent alors

être conduites devant un juge dans un délai de 24 heures ou dès qu'un juge devient disponible pendant les week-ends ou dans des circonstances particulières. Au cours de cette première comparution, l'accusé peut plaider coupable ou non coupable et il peut demander au juge de le libérer sous caution, c'est-à-dire de lui accorder une « mise en liberté provisoire », jusqu'à la tenue du procès (dans le cas des accusés qui plaident non coupables) ou jusqu'à la détermina-tion de la peine si celle-ci n'est pas infligée sur-le-champ (dans le cas des accusés qui plaident coupables). Si la libéra-tion sous caution est refusée, les accusés en attente de procès, dont un grand nombre sont acquittés par la suite, sont détenus sous garde jusqu'à leur procès pendant des périodes allant de quelques jours à six mois ou plus[187].

---

187. Conseil national du bien-être social (CNBS), *La justice et les pauvres*, Ottawa, CNBS, 2000, p. 31.

Cette dernière option est ce que l'on désigne par la *détention provisoire*, soit une personne détenue dans l'attente de son procès si elle a plaidé non coupable, ou encore dans l'attente du prononcé de sa sentence à la suite d'une déclaration de culpabilité.

Le nombre d'adultes admis en détention provisoire a presque doublé de 1986-1987 à 1991-1992, passant de 68 000 à 110 000, mais s'est stabilisé par la suite[188]. Depuis 1999-2000, ce nombre augmente à nouveau pour atteindre en 2009-2010 près de 140 000 personnes/année. Plus précisément, le nombre d'adultes en détention provisoire a augmenté de 84 % entre 2000-2001 et 2009-2010[189]. Il a augmenté à un point tel que, depuis 2005, pour une même période, le nombre d'adultes en détention provisoire, soit 13 600 en 2009-2010 – 1 sur 5 étant autochtone –, dépasse le nombre d'adultes en détention après condamnation, soit 58 % en détention provisoire et 42 % en détention après condamnation. « Il y a 10 ans, les proportions étaient inversées, avec respectivement 40 % et 60 %[190] » (Graphique 10).

---

188. S. JOHNSON, « La détention provisoire au Canada, 1986-1987 à 2000-2001 », *Juristat*, Ottawa, Statistique Canada, vol. 23, n° 7 [statcan.gc.ca/pub/85-002-x/85-002-x2003007-fra.pdf] (13 octobre 2012).

189. L. PORTER, D. CALVERLEY, « Tendances de l'utilisation de la détention provisoire au Canada », *Juristat*, Ottawa, Statistique Canada, 2011 [statcan.gc.ca/pub/85-002-x/2011001/article/11440-fra.pdf] (13 octobre 2012).

190. *Ibid.*, p. 7.

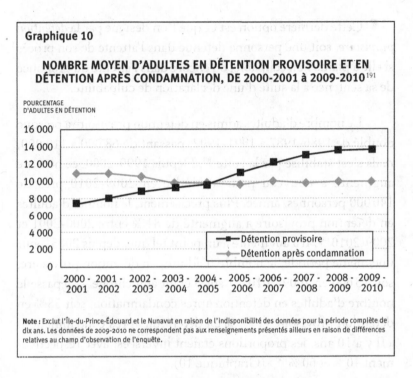

Graphique 10

NOMBRE MOYEN D'ADULTES EN DÉTENTION PROVISOIRE ET EN DÉTENTION APRÈS CONDAMNATION, DE 2000-2001 à 2009-2010[191]

POURCENTAGE D'ADULTES EN DÉTENTION

Note : Exclut l'Île-du-Prince-Édouard et le Nunavut en raison de l'indisponibilité des données pour la période complète de dix ans. Les données de 2009-2010 ne correspondent pas aux renseignements présentés ailleurs en raison de différences relatives au champ d'observation de l'enquête.

Cette hausse s'explique statistiquement par deux facteurs : l'augmentation du nombre de personnes à qui on l'attribue et la plus grande durée de ces détentions, qui font que plus de gens dans une même période sont en détention provisoire. Elle s'explique sur le terrain par le fait que cette procédure, qui devrait être essentiellement réservée aux personnes représentant un danger pour autrui ou risquant de ne pas se présenter à leur procès, est de plus en plus la réponse au non-respect des conditions de mise en liberté ou au manquement à une ordonnance de probation : « [...] environ sept adultes sur dix ont été admis en détention provisoire pour des

191. STATISTIQUE CANADA, CENTRE CANADIEN DE LA STATISTIQUE JURIDIQUE, *Rapport sur les indicateurs clés pour adultes.*

infractions non violentes, dont les plus courantes étaient le défaut de se conformer [aux conditions de mise en liberté] et le manquement à une ordonnance de probation[192]. »

Selon le Comité directeur du ministère de la Justice du Canada (MJC[193]), depuis les années 1990, le traitement des causes s'est allongé et explique en partie ces non-respects des conditions, car

> plus les comparutions sont nombreuses, plus grand est le risque que le prévenu libéré sous caution ne se présente pas à la cour tel que requis ou enfreigne les conditions de sa mise en liberté [...] L'extension des délais de traitement a aussi pour conséquence de prolonger la détention des prévenus qui attendent leur procès. [...] Le nombre moyen de comparutions par cause est de 5,5. La durée médiane de traitement des causes est de 150 jours.

De plus, souligne le Comité, la personne en non-respect des conditions risque d'être punie deux fois, ce qui leur semble excessif eu égard aux infractions en cause. La première fois, par son retour en détention provisoire, la seconde fois, parce qu'un non-respect des conditions est une infraction au criminel. Cela fait ainsi de la personne une *récidiviste*, si le juge décide d'aller dans cette voie, et ce, pour un comportement qui, en soi, n'est souvent pas criminel ou menaçant pour qui que ce soit. Enfin, la disposition d'inversion du fardeau de la preuve, lors des audiences menant à ces décisions, dans la *Loi sur la mise en liberté provisoire par voie judiciaire* (article 515 du Code criminel) lui paraît abusive.

---

192. *Ibid.*

193. Ministère de la Justice du Canada, *Rapport final sur l'examen prioritaire des dossiers du comité directeur sur l'efficacité et l'accès en matière de justice*, Ottawa, Comité directeur du MJC, 2012 [justice.gc.ca/fra/pr-rp/sjc-csj/cde-esc/epd-ecc/p13.html] (26 octobre 2012).

Lorsqu'un prévenu est accusé : 1) de défaut de comparaître en cour conformément aux conditions de sa promesse ou son engagement ou à une ordonnance de la cour, 2) de défaut de se conformer aux conditions de sa promesse ou son engagement ou à une instruction du tribunal, 3) de défaut de se conformer à une citation à comparaître, ou 4) de défaut de se conformer à un avis de comparution ou à une promesse de comparution, le juge ordonnera que le prévenu soit détenu sous garde jusqu'à ce qu'il soit traité selon la loi, à moins que celui-ci, ayant eu la possibilité de le faire, ne fasse valoir l'absence de fondement de cette mesure. La disposition d'« inversion du fardeau de la preuve » a l'effet suivant : un prévenu accusé d'une infraction relativement mineure qui, à l'origine, aurait été remis en liberté par la police ou aurait bénéficié d'une mise en liberté provisoire, et qui enfreint ne fût-ce qu'une condition mineure de sa mise en liberté, sera détenu sous garde à moins qu'il ne puisse démontrer que sa détention n'est pas justifiée. Si le prévenu est incapable de s'acquitter du fardeau de la preuve imposé par l'alinéa 515 (6) c), il sera placé sous garde et pourra passer plus de temps en détention provisoire que ne l'exigerait la peine correspondant à l'infraction originale et au défaut subséquent de se conformer. Le Comité directeur se demande si deux infractions mineures consécutives justifient une telle augmentation du risque de détention avant le procès[194].

Ainsi, cette hausse de la détention provisoire dans l'ensemble des provinces et territoires ne relève pas d'un signalement accru de crimes violents ou d'un plus grand nombre de personnes risquant de ne pas se présenter à leur procès, mais des lenteurs du système pénal. Le gouvernement, en réponse à cette situation, explique que ces détentions demeurent nécessaires « pour ne pas miner la confiance du public envers l'administration de la justice », comme

---

194. *Ibid.*, recommandation 10.

mentionné dans cette même loi[195]. Effectivement, la *Loi sur la mise en liberté provisoire* souligne une possibilité de détention provisoire pour ce motif. Reste à savoir si l'esprit de la loi avait pour but de répondre aux conséquences des lenteurs actuelles du système pénal quand on en examine le libellé :

> Il est démontré une autre juste cause et, sans préjudice de ce qui précède [les motifs de détention fondés sur le fait que la personne puisse représenter un danger pour autrui ou risque de ne pas se présenter à son procès], sa détention est nécessaire pour ne pas miner la confiance du public envers l'administration de la justice, compte tenu de toutes les circonstances, notamment le fait que l'accusation paraît fondée, la gravité de l'infraction, les circonstances entourant sa perpétration et le fait que le prévenu encourt, en cas de condamnation, une longue peine d'emprisonnement[196].

En 2008-2009, 68 % des détentions provisoires ne concernaient pas des crimes violents et, selon les données de quatre provinces, Nouvelle-Écosse, Nouveau-Brunswick, Ontario et Saskatchewan, « au moment de leur mise en liberté, près de la moitié (45 %) des adultes ont réintégré la collectivité sans aucune autre surveillance par les services correctionnels[197] ». De plus, dans 24 % des autres cas, une libération dans la communauté avec conditions à suivre a remplacé la détention (Tableau 3).

---

195. L. Porter, D. Calverley, *op.cit.*
196. *Code criminel*, article 515 (10) c).
197. L. Porter, D. Calverley, *op.cit.*

Tableau 3

LIBÉRATIONS D'ADULTES DE LA DÉTENTION PROVISOIRE, SELON LE STATUT JUDICIAIRE SUBSÉQUENT, CERTAINES PROVINCES, 2008-2009[198]

Province	Libérations de la détention provisoire en 2008-2009 [Note 1]	Statut judiciaire subséquent [Note 2]			
		Détention dans un établissement fédéral (2 ans ou plus)	Détention après condamnation dans un établissement provincial (moins de 2 ans)	Programme de surveillance communautaire	Fin de la période de surveillance correctionnelle
	nombre	pourcentage			
Nouvelle-Écosse	2 916	6	20	29	43
Nouveau-Brunswick	1 905	7	34	19	38
Ontario	59 359	2	26	22	47
Saskatchewan	5 882	3	26	36	35
Total	70 062	3	26	24	45
Nombre médian de jours passés en détention provisoire	8	84	21	9	4

Note 1. Le statut judiciaire subséquent désigne le statut judiciaire de la personne dans les 24 heures suivant sa libération de la détention provisoire.

Note 2. Le nombre de libérations qui figure dans ce tableau ne correspond pas à celui d'autres publications, puisqu'aux fins de la présente analyse, le nombre maximum de libérations au cours d'une même période de surveillance correctionnelle se limitait à cinq.

Note : Les peines discontinues et les autres types de détention temporaire (comme la détention aux fins de l'immigration) ne sont pas indiqués et ils représentent environ 2 % du total. Sont exclus l'Île-du-Prince-Édouard, le Québec, le Manitoba, l'Alberta, la Colombie-Britannique, le Yukon, les Territoires du Nord-Ouest et le Nunavut faute de données. Les admissions en détention provisoire à Terre-Neuve-et-Labrador qui comportent de brèves périodes d'incarcération sont gérées par la Gendarmerie royale du Canada (GRC) et ne sont pas déclarées à Statistique Canada. C'est pourquoi Terre-Neuve-et-Labrador est exclue.

Cet usage accru de la détention provisoire touche aussi les jeunes de douze à dix-sept ans. Au cours d'une journée typique en 2010-2011, environ 820 jeunes étaient en détention provisoire comparativement à 669 jeunes placés sous garde à la suite d'une condamnation. Soixante-neuf pour cent de ces admissions étaient pour des infractions non violentes, et le quart étaient reliées au défaut

---

198. STATISTIQUE CANADA, CENTRE CANADIEN DE LA STATISTIQUE JURIDIQUE, *Enquête intégrée sur les services correctionnels.*

de se conformer aux conditions de mise en liberté et au manquement à une ordonnance de probation. Les deux différences avec la situation des adultes sont que les Autochtones constituent le quart de cette population plutôt que le cinquième, et que la durée de cette détention est demeurée stable dans les dernières années. En 2010-2011, plus de la moitié (56 %) des jeunes libérés de la détention provisoire y avait passé moins d'une semaine, alors que 25 % y avaient passé entre une semaine et un mois, et 17 %, d'un à six mois. Les autres (2 %) ont passé plus de six mois en détention provisoire[199] (Graphique 11).

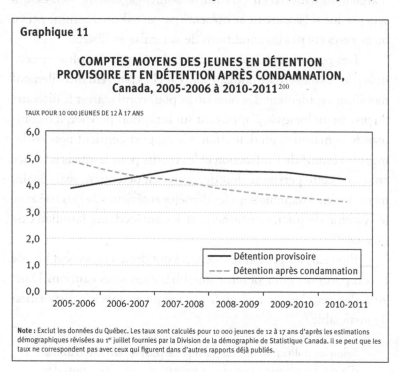

Graphique 11

COMPTES MOYENS DES JEUNES EN DÉTENTION PROVISOIRE ET EN DÉTENTION APRÈS CONDAMNATION, Canada, 2005-2006 à 2010-2011[200]

TAUX POUR 10 000 JEUNES DE 12 À 17 ANS

Détention provisoire
Détention après condamnation

2005-2006 2006-2007 2007-2008 2008-2009 2009-2010 2010-2011

Note : Exclut les données du Québec. Les taux sont calculés pour 10 000 jeunes de 12 à 17 ans d'après les estimations démographiques révisées au 1er juillet fournies par la Division de la démographie de Statistique Canada. Il se peut que les taux ne correspondent pas avec ceux qui figurent dans d'autres rapports déjà publiés.

---

199. L. PORTER, D. CALVERLEY, *op.cit.*

200. STATISTIQUE CANADA, CENTRE CANADIEN DE LA STATISTIQUE JURIDIQUE, *Rapport sur les indicateurs clés des services correctionnels pour les jeunes.*

Les refus de libération sous caution

Comme mentionné ci-haut, la personne en détention provisoire comparaît rapidement devant un juge qui évaluera si sa libération sous caution est possible ou si elle doit demeurer en détention. La caution est la personne qui s'engagera devant la cour à ce que l'accusé comparaisse au tribunal à l'heure et aux dates prévues. S'il y a des conditions à la remise en liberté, elle doit s'assurer que l'accusé les respecte. Enfin, elle peut avoir à verser une somme d'argent au tribunal en garantie de son engagement, somme qui sera perdue si l'accusé ne se présente pas au tribunal comme prévu ou ne respecte pas les conditions de sa remise en liberté.

Les personnes les plus pauvres demeurent les plus susceptibles de se voir refuser une caution, car elles peuvent difficilement mobiliser rapidement des ressources pour contrecarrer le discours du procureur lorsque, s'appuyant sur le rapport policier, il recommande le maintien en détention. Ce rapport contient non seulement le résumé de l'infraction et les motifs pour lesquels la police croit que cette personne doit demeurer en détention, mais également des informations sur « les démêlés antérieurs de l'accusé avec le système de justice criminelle et les antécédents familiaux de l'accusé[201] ».

Bien sûr, les personnes accusées ont droit à un avocat lors de la comparution pour obtenir une libération sous caution. Dans 90 % des cas, c'est un *avocat de service* qui est mis à la disposition du justiciable :

> Selon les politiques de chaque régime provincial ou territorial d'aide juridique, certains avocats de service sont des employés du régime d'aide juridique tandis que d'autres sont des avocats du secteur privé engagés à temps partiel par le régime d'aide juridique contre des honoraires déterminés au

---

201. CONSEIL NATIONAL DU BIEN-ÊTRE SOCIAL (CNBS), *op.cit.*, p. 41.

préalable, habituellement à la journée. [...] Le principal problème [de l'embauche d'avocats de service à temps partiel] tient au fait que la plupart des accusés n'ont pas la possibilité de préparer leur demande de libération sous caution tant qu'ils ne se sont pas entretenus avec l'avocat de service pendant la courte séance de libération sous caution le matin de leur enquête sur le cautionnement. [...] Une autre préoccupation au sujet de la représentation par un avocat à l'enquête sur le cautionnement concerne les piètres qualifications d'un grand nombre d'avocats de service à temps partiel. [...] Dans le pire scénario possible, les accusés peuvent être représentés à leur enquête sur le cautionnement par de jeunes avocats sans expérience qui connaissent peu le droit criminel et qui ne s'y intéressent pas beaucoup, mais qui acceptent des causes criminelles dans le cadre de l'aide juridique simplement parce qu'ils n'ont pas assez de clients dans leur domaine d'intérêts et qu'ils ont besoin de travail supplémentaire pour gagner leur vie[202].

Ainsi, d'un côté, il y a le procureur qui bénéficie du rapport de police pour asseoir ses recommandations de détention, et de l'autre, un accusé avec souvent peu de ressources pour faire valoir qu'il peut être libéré, ce qui fait aisément pencher la balance en faveur du procureur de la Couronne. Il faut ajouter aux conditions de ces audiences qu'elles se déroulent « généralement en quelques minutes, tellement vite que la plupart des accusés ne peuvent suivre ce qui se passe[203] ». Tellement vite également « que les jugements sont [...] souvent sur la base de renseignements non vérifiés ou incomplets[204] ». Enfin, comme l'a constaté la Commission sur le racisme systémique dans le système de justice pénale en Ontario, en 1995, les critères pour refuser une caution ne sont pas tant la dangerosité de la personne pour la société ou la violence de ses

---

202. *Ibid.*, p. 43-44.
203. *Ibid.*, p. 46.
204. *Ibid.*, p. 48.

crimes, que liés à sa pauvreté qui l'empêche de faire valoir un *lien avec la collectivité* par un emploi, un domicile fixe, des études à temps plein, critères qui, à dossier judiciaire égal, amènent le refus de la libération sous caution.

La population en détention provisoire est composée non seulement de ceux à qui l'on a refusé une libération sous caution, mais également des accusés qui l'ont obtenue sans pouvoir répondre à la caution demandée.

D'une part, il y a pour certains la difficulté de pouvoir fournir une caution financière, soit une personne s'engageant à payer ou à garantir le paiement d'une somme précise en cas de non-respect par l'accusé des conditions de libération. Cette détention maintenue pour cette raison va à l'encontre de la *Charte canadienne des droits et libertés* à l'article 11 e) qui se lit comme suit : « [...] tout inculpé a le droit de ne pas être privé *sans juste cause* d'une mise en liberté assortie d'un cautionnement raisonnable. »

> Les experts conviennent que le fait d'imposer une condition dont on sait qu'elle est impossible à respecter équivaut à refuser *sans juste cause* la libération sous caution. La Commission de réforme du droit a souscrit à ce point de vue. Elle a recommandé d'abolir ou de restreindre considérablement les dépôts en espèces. Dans les cas où les accusés ne peuvent pas sortir de prison parce qu'ils sont incapables de fournir la caution requise, la Commission a recommandé de procéder à une réévaluation rapide afin d'éviter que leur incarcération soit attribuable à leur pauvreté.
>
> Lorsque le personnel de la Commission sur le racisme en Ontario a visité des prisons au milieu des années 1990, il a constaté que nombre de détenus, surtout des jeunes qui

étaient membres de groupes minoritaires, avaient été admis à caution, mais qu'ils attendaient que leur garantie soit confirmée ou que d'autres cautions soient obtenues[205].

D'autre part, même sans caution financière, plusieurs prévenus, surtout chez les jeunes, sont dans l'incapacité de trouver une personne responsable qui réponde de la surveillance des conditions de mise en liberté, comme exigé par le juge :

> La définition de ce qu'est une *personne responsable* favorise les jeunes dont le père est bien nanti et défavorise les jeunes issus d'une famille monoparentale pauvre. Les jeunes Autochtones dont les parents se trouvent à des milliers de milles de distance dans une réserve n'ont aucune chance[206].

De plus, la plupart des programmes de surveillance communautaire des personnes en liberté sous caution sans *lien avec la collectivité* sont le fait d'organismes à but non lucratif et ils ont subi des compressions budgétaires importantes ces dernières années[207], diminuant d'autant l'ouverture des juges vers la liberté sous conditions pour ces personnes.

Cette situation est alarmante compte tenu des effets négatifs importants de la détention provisoire sur la suite du parcours pénal et sur la personne elle-même et ses proches.

Les conséquences négatives de la détention provisoire

Le principal effet négatif de la détention provisoire est d'influer sur l'issue même du procès, cette personne étant davantage perçue *à risque* par les intervenants du système de justice, faisant pencher la balance pour un verdict de culpabilité. De plus, en détention provisoire, l'accusé

---

205. *Ibid.*, p. 51-52.
206. *Ibid.*, p. 52.
207. MINISTÈRE DE LA JUSTICE DU CANADA, *op. cit.*

fait l'objet de beaucoup plus de pressions pour plaider coupable. Devant la possibilité de passer des semaines ou des mois en prison avant leur procès, les personnes accusées d'une première infraction mineure, qui se solde normalement par une condamnation avec sursis, peuvent décider de plaider coupable même si elles sont innocentes. Ceux qui ont un emploi peuvent décider de plaider coupables afin d'éviter de perdre leur revenu ou de se faire congédier pendant leur incarcération[208].

Cette détention rend également plus difficile pour l'accusé d'organiser sa défense :

> Ils ont plus de difficulté à se trouver un avocat, à lui exposer leur cas et à trouver des preuves et des témoins qui pourraient leur fournir un alibi ou se porter garants de leur bonne réputation. En outre, leur incarcération les empêche de prendre diverses mesures qui feraient bonne impression sur le tribunal comme trouver un emploi, rembourser l'argent qu'ils ont volé ou s'adonner à des activités de bénévolat[209].

La détention provisoire peut aussi avoir de lourdes conséquences personnelles pour les personnes détenues :

> Les jeunes hommes de 18 à 25 ans qui attendaient leur procès dans un centre de détention provisoire en Ontario ont parlé à un chercheur de la détresse que causait à leurs parents le fait qu'ils soient en prison, de l'emploi et de l'appartement qu'ils craignaient de perdre et de la situation de leur femme et de leurs enfants obligés de recourir à l'aide sociale. Certains se sont battus en prison et certains ont été victimes d'autres détenus[210].

---

208. CONSEIL NATIONAL DU BIEN-ÊTRE SOCIAL (CNBS), *op.cit.*, p. 33-34.
209. *Ibid.*, p. 34.
210. *Ibid.*, p. 34-35.

La situation est particulièrement tragique pour les jeunes Autochtones du Nord qui sont souvent déracinés loin de chez eux par cette détention, « jeunes suspects dont la plupart sont accusés d'infractions contre les biens. Dans certains cas, les parents ne savent même pas où se trouvent leurs enfants et il n'y a personne pour discuter de leur cas avec eux[211] ».

En fait, la détention provisoire se révèle une mesure très discriminatoire à l'égard de certains groupes plus démunis, situation depuis longtemps décriée par les chercheurs d'ici comme en d'autres pays[212].

Cette augmentation de la détention provisoire n'accroît en rien la protection sociale. Au contraire. L'enfermement d'un jeune pour un délit relativement mineur peut faire en sorte que sa révolte contre le système s'accroisse et que de tout perdre – son emploi, son lien avec sa famille – l'amène à se rapprocher de personnes qui ont des passés plus lourds en matière d'infractions et qui ont des *solutions* à ses problèmes et des *réponses* à sa révolte qui n'augmenteront pas du tout la sécurité de la population.

Crédit accordé pour cette sanction provisoire

Un *crédit* sur la peine lors du prononcé de la sentence peut être donné par les juges en prenant en compte le temps passé en détention provisoire. Cette mesure est permise par le paragraphe 719 (3) du Code criminel : « Pour fixer la peine à infliger à une personne déclarée coupable d'une infraction, le tribunal peut prendre en compte toute période que la personne a passée sous garde par suite de l'infraction […]. »

---

211. *Ibid.*, p. 35.
212. M.-M. Cousineau, « La détention provisoire », *Criminologie*, vol. 28, n° 2, 1995, p. 5-26. M.-L. Garceau, « La détention provisoire : une mesure discriminatoire », Montréal, Centre international de criminologie comparée, Université de Montréal, *Les cahiers du GRAPP*, n° 5, 1990. P. Robert, *Entre l'ordre et la liberté : la détention provisoire : deux siècles de débats*, Paris, L'Harmattan, 1992.

Avant l'entrée en vigueur du projet de loi C-25 en octobre 2009, *Loi restreignant le crédit de détention provisoire au nom de l'adéquation de la peine et du crime*, le juge pouvait même considérer que le temps passé en détention provisoire était une peine suffisante et ne rien ajouter. La décision de ce crédit était laissée à sa discrétion, et il n'avait pas à la justifier. Cette décision d'accorder un *crédit* pour le temps déjà passé en détention provisoire était généralement basée sur le ratio de réduction 2/1, soit deux mois de réduction sur la peine pour chaque mois passé en détention provisoire. La Cour suprême, dans l'arrêt R. c. Wust, en 2000, a confirmé que ce rapport de 2 pour 1 utilisé par les juges était approprié considérant

> que ce crédit offrirait une certaine compensation pour les conditions plus rigoureuses et plus difficiles de la détention provisoire qui existent en raison du niveau de sécurité élevé, des problèmes de surpeuplement et de l'absence de programmes d'éducation et de traitement dans plusieurs établissements[213].

Elle maintenait également qu'il fallait laisser la détermination du ratio à la discrétion des juges afin qu'ils puissent avoir une marge de manœuvre dans les cas où ce rapport de 2/1 pourrait ne pas convenir pour des raisons particulières. Selon les données de 2008-2009 d'une étude du ministère de la Justice portant sur 5 tribunaux canadiens, ce crédit de 2 pour 1 était la décision de la majorité des juges lorsqu'un crédit était accordé (95 % des cas). Dans leur échantillon portant sur 994 cas de détention provisoire, « la majorité des contrevenants ont été condamnés à passer un mois

---

213. L. CASAVANT, L. et D. VALIQUET, *Résumé législatif du projet de loi C-25 : Loi sur l'adéquation de la peine et du crime*, Ottawa, Parlement du Canada, 2009 [goo.gl/2HrUhN] (21 octobre 2012).

additionnel ou moins en détention[214] ». Ces données soulignent une fois de plus que les contrevenants ayant subi la détention provisoire ne sont pas, pour la majorité, considérés comme une menace pour la société ou ayant commis un crime grave.

L'entrée en vigueur de la loi C-25 en 2009 est venue changer en profondeur cette pratique du crédit de détention provisoire, durcissant la peine. Essentiellement, cette loi a plafonné le ratio à 1/1 quand un juge décide d'accorder un crédit et a obligé le juge qui désirait majorer ce ratio à se justifier. Cette majoration du ratio ne pouvait pas dépasser 1,5/1. Enfin, il était impossible pour un juge de décider de majorer le ratio de 1/1 dans les cas de personnes qui ont déjà violé les conditions d'une liberté sous caution, ou qui se sont vu refuser une mise en liberté sous caution en raison de leur casier judiciaire.

La Cour suprême du Canada, dans un jugement unanime rendu le 11 avril 2014, est venue modifier en partie cette loi, soulignant qu'il revient aux juges de déterminer les circonstances permettant à certains prévenus de bénéficier d'un crédit majoré sur la peine pour le temps passé en détention provisoire. Ce crédit majoré demeure toutefois à 1,5/1 quand les juges décident de l'utiliser. Il est encore trop tôt pour connaître les effets de cette décision sur les pratiques des tribunaux.

Ainsi, ce tableau sur les éléments qui entrent en ligne de compte dans les décisions d'une détention provisoire, de même que les conséquences négatives de cette détention sur les personnes qui la subissent, indique déjà que certaines clientèles sont beaucoup plus vulnérables lors de leur passage dans le système pénal. La hausse des détentions provisoires, liée en partie aux lenteurs du système pénal, vient également montrer l'impact de

---

214. K.E. Morton Bourgon, D. Grech, *Le crédit de détention provisoire : Données de cinq tribunaux canadiens*, Ottawa, Ministère de la Justice du Canada, 2010, p. 34 [parl. gc.ca/Content/Sen/Chamber/411/Debates/app/030db_app-f.pdf] (14 octobre 2012).

certains rouages des pratiques judiciaires sur la trajectoire pénale des personnes judiciarisées. Quant à la *Loi restreignant le crédit de détention provisoire* au nom de l'adéquation de la peine et du crime, elle constitue un exemple des multiples lois, ces dernières années, qui sont venues durcir la peine au Canada.

Questions de révision

1. Quelle est la particularité du droit de détention pour enquête par la police et quels sont les risques liés à cette situation ?

2. Que désigne la détention provisoire et comment s'explique statistiquement et sur le terrain la forte hausse de l'usage de cette détention au Canada ?

3. Selon le comité directeur du ministère de la Justice du Canada, à quoi peut-on attribuer l'augmentation du nombre de détentions provisoires pour non-respect de conditions sur l'ensemble des provinces et territoires depuis les années 1990 ? Pourquoi juge-t-il la peine excessive en cas de non-respect de conditions ? Quelle disposition de la *Loi sur la mise en liberté provisoire* par voie judiciaire juge-t-il abusive lors des audiences à la suite d'un non-respect de conditions ?

4. Expliquez les raisons pour lesquelles les personnes les plus pauvres sont dans une situation vulnérable lors des audiences devant un juge à la suite d'une recommandation de la police pour une détention provisoire.

5. Expliquez les deux principales raisons qui font que certains inculpés pour lesquels une libération sous caution a été acceptée demeurent tout de même en détention provisoire.

6. Expliquez les principales conséquences négatives de la détention provisoire.

7. Cette augmentation de la détention provisoire n'accroît en rien la protection sociale. Expliquez.

8. Pourquoi la Cour suprême, en 2000, a-t-elle jugé que le rapport de 2/1 utilisé par les juges en tant que crédit pour la détention provisoire était approprié, et qu'en est-il à ce sujet depuis l'entrée en vigueur de la loi C 25, en 2009 ? Qu'est venu modifier le récent jugement de la Cour suprême du 11 avril 2014 ?

Question de réflexion

La détention provisoire

Votre ami s'est fait prendre pour trafic de haschich. Niant son implication en tant que trafiquant dans le réseau démantelé, il plaide non coupable et ira en procès. Il est alors libéré sous caution avec, entre autres, une condition de couvre-feu à 23 heures et l'interdiction de consommer des drogues illégales. Deux mois plus tard, il se fait prendre à une fête chez des amis à une 1 h alors qu'il consommait du cannabis. Il est alors envoyé en détention provisoire pour non-respect de conditions. Deux semaines plus tard, vous apprenez son suicide en détention.

Expliquez en quoi les conditions de détention provisoire ont pu jouer un rôle dans cette tragédie. Qu'en concluez-vous sur l'usage qui est fait actuellement de la détention provisoire ?

Discussion de cas

La caution

Jeune, votre fils était un sportif enjoué qui réussissait bien à l'école. Il faisait parfois de fortes colères, mais vous saviez rapidement les maîtriser. La situation commença à changer à l'adolescence quand ses colères devinrent plus fréquentes. À dix-huit ans, il vécut une période intense de révolte qui se traduisit par des querelles continuelles à la maison. Quand il buvait beaucoup, il pouvait même devenir très agressant avec les gens qui l'entouraient sans que l'on sache très bien l'origine de sa colère.

Un soir, la police reçut des appels pour faire cesser le bruit dans un appartement où avait lieu une soirée bien arrosée entre amis. Votre fils s'y trouvait et il avait beaucoup bu. Lorsque les policiers se présentèrent sur les lieux, il manifesta un comportement très agressif, verbalement, à l'égard des policiers, proférant même des menaces, et il bouscula violemment ses amis qui tentaient de le faire taire. Les policiers, à la suite de son identification, constatèrent qu'ils avaient déjà son signalement pour une bagarre à l'école qui avait dégénéré et nécessité leur intervention, deux mois auparavant. À ce moment-là, grâce à votre intervention auprès des policiers de même qu'auprès des jeunes qui avaient subi la situation ainsi que leurs parents, aucune accusation ne fut portée contre lui.

Cette fois, les policiers décidèrent non seulement de porter des accusations pour avoir résisté violemment à son arrestation – voies de fait contre un agent de la paix –, mais recommandèrent sa détention provisoire parce qu'il avait un problème de violence – à preuve le précédent incident – et pour avoir proféré des menaces de s'en prendre physiquement à des personnes, donc susceptible de causer de la violence – nouvelles infractions.

En tant que parents, demanderez-vous au juge une liberté sous caution ? Si oui, accepterez-vous d'être le garant de ces conditions et du respect des comparutions ultérieures en cour de votre fils ?

Justifiez votre réponse.

CHAPITRE VII

La trajectoire pénale : la détermination et l'administration de la peine

Dans ce chapitre, nous verrons, dans une première partie, la procédure de détermination de la peine qui domine la pratique des tribunaux, soit la négociation du plaidoyer de culpabilité entre les avocats de la Couronne et de la défense, pour comprendre son déroulement dans les routines du pénal et les questions que cette procédure soulève. Dans une deuxième partie, nous aborderons la gestion de cette peine qui fait qu'une partie des personnes judiciarisées sont en détention et d'autres sous surveillance correctionnelle dans la collectivité, montrant les difficultés pour la Commission nationale des libérations conditionnelles d'assumer pleinement son rôle. Nous terminerons par les facteurs qui amènent la détérioration des conditions de détention dans les établissements fédéraux, et les multiples conséquences de cette situation.

La loi et les tribunaux

Les tentatives de réforme du droit pénal, dans les années 1970 et 1980, devaient, entre autres, préciser les objectifs de la peine afin que les sentences soient moins diversifiées pour des délits similaires, particulièrement entre les provinces. La Commission de réforme du droit du Canada[215] avait à cet effet suggéré que la prison devienne un dernier recours et que le juge soit obligé de justifier d'en faire usage parce qu'aucune autre mesure ne pouvait convenir à la réhabilitation, qui devrait être le premier objectif des sentences.

L'article 718 du Code criminel, pourtant issu de cette réforme, n'est pas allé dans cette direction. Il préserve le flou antérieur sur les objectifs de la peine et n'institue pas la prison en tant que dernier recours.

> Le prononcé des peines a pour objectif essentiel de contribuer, parallèlement à d'autres initiatives de prévention du crime, au respect de la loi et au maintien d'une société juste, paisible et sûre par l'infliction de sanctions justes visant un ou plusieurs des objectifs suivants :
>
> a) Dénoncer le comportement illégal [dénonciation] ;
>
> b) Dissuader les délinquants, et quiconque, de commettre des infractions [prévention spécifique et générale] ;
>
> c) Isoler, au besoin, les délinquants du reste de la société [neutralisation] ;
>
> d) Favoriser la réinsertion sociale des délinquants [réhabilitation] ;
>
> e) Assurer la réparation des torts causés aux victimes ou à la collectivité [réparation] ;
>
> f) Susciter la conscience de leurs responsabilités chez les délinquants, notamment par la reconnaissance du tort qu'ils ont causé aux victimes et à la collectivité[216] [responsabilisation].

---

215. COMMISSION DE RÉFORME DU DROIT DU CANADA, *Notre droit pénal*, Ottawa, CRD, 1976.
216. *Code criminel*, article 718.

Cette liste d'objectifs, dans laquelle les juges peuvent trouver au besoin un justificatif à la sentence donnée, ne change en rien la disparité des décisions que l'on voulait corriger. Bien sûr, les cours d'appel provinciales balisent quelque peu certaines directions de la peine dans des cas précis ; contrairement aux juges de première instance, elles sont tenues de justifier le maintien ou le renversement d'une décision d'une cour de première instance. Comme les juges n'aiment pas voir leurs décisions renversées en cour d'appel, ils se plient à cette jurisprudence énoncée par ces cours d'appel. Par exemple, un juge de première instance ne songerait pas à donner quatre années de prison pour possession simple de 40 grammes de cannabis même si, selon la loi, c'est permis – le maximum étant 5 ans moins 1 jour pour possession simple de plus de 30 grammes. Il sait qu'il risque de faire renverser son jugement si l'accusé fait appel à une cour supérieure. À la cour d'appel, la peine serait assurément jugée disproportionnelle à l'acte posé, principe fondamental énoncé à l'article 718.1 du Code criminel : « La peine est proportionnelle à la gravité de l'infraction et au degré de responsabilité du délinquant. »

Toutefois, comme on l'a vu, des critères de proportionnalité selon la *gravité* du délit ne sont pas possibles à déterminer dès qu'une cause est minimalement complexe. L'énoncé de multiples objectifs de même que ce vague principe de proportionnalité laissent ainsi un jeu important pour déterminer la sentence, et ce, d'autant plus que les lois n'indiquent que des maxima extrêmement élevés pour les infractions punissables par voie de mise en accusation ; ces maxima sont réservés pour des cas exceptionnellement graves, très loin de la routine du système pénal.

En fait, qu'il s'agisse de la question des sentences ou des comportements visés, les lois ne sont pas très claires :

> Le contenu de la loi pénale est si foisonnant, si bigarré et si imprécis qu'il constitue une contrainte vide par rapport à la pratique des tribunaux. [...] Loin de régir la pratique, la loi constitue une dérive dont le sens est arbitrairement figé par la pratique. En fait, seuls les initiés – juges, procureurs de la défense ou de la Couronne – savent approximativement quels sont les comportements qui sont visés par ces articles du Code. Ce n'est plus la loi qui contraint la pratique, mais celle-ci qui dicte la signification de la lettre molle du texte législatif[217].

Cette façon de faire des tribunaux qui, dans ses routines de travail, vient délimiter les comportements visés par les articles du Code criminel, en précise également les peines. La pratique centrale à cet égard est la négociation de plaidoyer.

La négociation de plaidoyer

La procédure

L'image médiatique de la détermination de la peine renvoie à un procès où le procureur de la Couronne et l'avocat de la défense font entendre des témoins et discutent de la validité plus ou moins grande des preuves présentées, terminant chacun par un plaidoyer recommandant une peine sévère pour l'un, clamant l'innocence de l'accusé pour l'autre, souvent devant jury. La réalité est tout autre. La détermination de la peine dans les affaires pénales est issue, dans plus de 90 % des cas, d'une négociation de plaidoyer entre le

---

217. J.-P. BRODEUR, *Une note sur les problèmes du* sentencing. *Conférence donnée à l'Université d'Ottawa*, 1986, p. 4-5. Inédit.

procureur de la Couronne et l'avocat de la défense, où participe parfois la police lorsqu'il y a besoin d'informations[218]. En 2008-2009, 91 % des causes au criminel furent réglées *sans procès*[219].

En échange d'un plaidoyer de culpabilité, on promettra à l'accusé une réduction des accusations, de la peine ou le silence sur certains faits liés à l'accusation ou au passé de l'accusé qui pourraient aggraver son cas (voir encadré).

218. M.-P. Piccinato, *La reconnaissance préalable de culpabilité*, Ottawa, Ministère de la Justice du Canada, 2004 [justice.gc.ca/fra/apd-abt/gci-icg/rpc-pb/tdm-toc.html] (4 mai 2014).

219. J. Thomas, « Statistiques sur les tribunaux de juridiction criminelle pour adultes », 2008-2009, *Juristat*, 85-002-X, Ottawa, Statistique Canada, 2010 [statcan.gc.ca/pub/85-002-x/2010002/article/11293-fra.htm#a27] (19 août 2012).

Les ententes de plaidoyers de culpabilité [220]

Les ententes sur le plaidoyer de culpabilité peuvent se regrouper en trois catégories de promesses du procureur de la Couronne.

1. Entente sur les accusations

- accusation ramenée à une infraction moindre et incluse ;
- retrait ou suspension d'autres accusations ou promesse de ne pas porter d'autres accusations ;
- promesse de ne pas porter d'accusation contre les amis ou les membres de la famille de l'accusé ;
- promesse de retirer une accusation si l'accusé s'engage à ne pas troubler l'ordre public.

2. Entente sur la peine

- promesse de procéder par voie de procédure sommaire [221] et non par voie d'acte d'accusation ;
- promesse de recommander une peine donnée ;
- promesse de ne pas s'opposer à la recommandation que l'avocat de la défense présentera au sujet de la peine ;
- promesse de ne pas interjeter appel de la sentence infligée par le tribunal ;
- promesse de ne pas demander une peine plus sévère (par exemple, en ne donnant pas l'avis de demande de peine plus sévère fondée sur les condamnations antérieures de l'accusé – art. 727 du Code criminel) ;
- promesse de ne pas demander au tribunal de déclarer que l'accusé est un délinquant dangereux (art. 753 du Code criminel) ou un délinquant à contrôler (art. 753.1 du Code criminel)
- promesse de recommander au juge un lieu de détention, un type de traitement, etc. ;
- promesse de confier l'enquête sur sentence à un juge particulier.

3. Entente sur les faits

- promesse de ne pas fournir de renseignements susceptibles de nuire à l'accusé pendant l'enquête sur sentence ;
- promesse de ne pas mentionner une circonstance ayant entouré la perpétration de l'infraction que le juge pourrait interpréter comme une circonstance aggravante (voir, par exemple, les circonstances aggravantes énumérées à l'art. 718.2 a) du Code criminel.)

L'entente de plaidoyer, si la routine des peines est respectée et si l'argument apparaît adéquat aux juges, sera généralement entérinée par le tribunal sans présentation de la preuve ni audience de témoins[222].

Jusqu'aux débats des années 1970/1980 sur la réforme du système pénal au Canada, la négociation de plaidoyer était presque passée sous silence. Aujourd'hui, les tribunaux la reconnaissent comme faisant partie intégrante de la procédure pénale et elle est même encouragée pour réduire les dépenses du système de justice : « En évitant un procès ou en l'abrégeant, la reconnaissance préalable de culpabilité permet de réduire les dépenses de façon appréciable[223]. »

La reconnaissance de cette négociation entre les avocats pour déterminer la peine en échange d'un plaidoyer de culpabilité par l'accusé a été suivie de deux recommandations majeures émises par la Commission canadienne sur la détermination de la peine, en 1987, et la Commission de réforme du droit du Canada, en 1989. Il faut qu'elle soit encadrée par des règles précises considérant son importance dans le fonctionnement de la justice pénale et qu'elle devienne plus transparente. Ces recommandations visaient à ce que les droits des accusés soient respectés, c'est-à-dire que ceux-ci soient consultés et comprennent les conséquences de l'entente avant de l'accepter, et que les intérêts des parties concernées – Couronne, défense, victime(s) – soient protégés. Ces recommandations ne furent pas suivies et nous

---

220. S.N. Verdun-Jones, A.A. Tijerino, « La négociation de plaidoyer au Canada », *Participation de la victime à la négociation de plaidoyer au Canada : Analyse de la recherche et de quatre modèles en vue d'une réforme éventuelle*, Ottawa, Centre de la politique concernant les victimes et Division de la recherche statistique, 2004, p. 3.1 [justice.gc.ca/fra/pr-rp/jp-cj/victim/rr02_5/index.html] (24 octobre 2012).

221. La procédure sommaire se restreint à une audience devant un juge (pas d'enquête préliminaire pour valider la preuve ni de jury) et les peines sont moindres que dans la procédure complète par voie d'acte d'accusation au criminel, généralement réservée aux délits plus graves assortis de peines plus lourdes.

222. M.-P. Piccinato, *op. cit.*.

223. *Ibid.*, p. 6.

en verrons les conséquences un peu plus loin. Le seul changement est survenu en 2002 quand l'article 606 du Code criminel fut modifié pour « obliger le tribunal à examiner si l'accusé a conclu une telle entente de façon volontaire et en pleine connaissance des répercussions possibles[224] ». Cette obligation demande que le juge soit au courant de cette entente ; toutefois, « il n'existe aucun mécanisme formel obligeant les procureurs à révéler l'existence d'une entente relative au plaidoyer[225] ». Enfin, même si « les victimes ont maintenant le droit de présenter des déclarations à l'étape de la détermination de la peine[226] [...] l'issue de l'affaire est souvent déterminée par l'entente relative au plaidoyer qui a été conclue bien avant que les victimes puissent se faire entendre devant le tribunal[227] ».

224. S.N. VERDUN-JONES, A.A. TIJERINO, *op. cit.*, p. 3.3.

225. *Ibid.*

226. « Le Parlement du Canada a récemment adopté un certain nombre de dispositions essentielles qui ont pour but de renforcer la participation des victimes d'actes criminels au processus décisionnel du système pénal. Aucune de ces dispositions ne touche la question de la négociation de plaidoyer, mais il est évident qu'elles reflètent la tendance internationale générale qui va vers un renforcement du statut des victimes, en qualité de principales intéressées du système de justice pénale. Dès 1988, le Code criminel a été modifié pour permettre la présentation, au cours de l'enquête sur sentence, d'une déclaration écrite de la victime : cependant le tribunal n'était pas tenu de tenir compte de cet élément d'information. Le Code criminel a été modifié en 1995 (L.C. 1995, ch. 22, art. 6) de façon à obliger le tribunal à prendre en considération la déclaration écrite de la victime (article 722 (1)). Toutefois, cette modification accordait encore aux victimes un rôle relativement passif dans le processus de détermination de la peine et le Code criminel a été modifié à nouveau (article 722.2 (1)) de façon à remédier à cette situation en vue d'accorder aux victimes le droit de lire personnellement à haute voix leur déclaration ou celui d'en faire la présentation de toute autre façon qu'il [le tribunal] juge indiqué (L.C. 1999, ch. 25, art. 17). En même temps, une nouvelle disposition a été ajoutée au Code criminel (art. 722.2), qui oblige le tribunal à demander si la victime a été informée de la possibilité de rédiger une déclaration et lui donne le pouvoir d'ajourner l'instance pour permettre à la victime de rédiger sa déclaration ou de présenter des éléments de preuve au tribunal (L.C. 1999, ch. 25, art. 18). » (S.N. VERDUN-JONES, A.A. TIJERINO : « Les mesures législatives fédérales ».) Très peu de victimes utilisent cette possibilité dans la pratique de détermination de la peine depuis cette dernière disposition.

227. S.N. VERDUN-JONES, A.A. TIJERINO, *op. cit.*, p. 3.3.

Cette participation de la victime dans la procédure pénale suscite encore bien des débats. Ceux-ci reposent en grande partie sur la diversité des points de vue quant au rôle que l'on veut lui faire jouer et les résultats attendus de cette participation[228]. Dans une procédure qui peut encore être fondée sur la *juste* peine, la peine *méritée*, comment intégrer la victime si l'on ne veut pas transformer la détermination de la peine en un outil de vengeance au détriment de mesures de réhabilitation, d'aide et de soutien plus susceptibles de la protéger et de protéger la société ? L'enjeu doit être de rassurer la victime que les mesures prises vont dans le sens de modifier le comportement problématique de l'accusé pour qu'elle, et la société en général, ne soient plus menacées – faire suivre un traitement à un conjoint agressif, par exemple. À ce titre, la prison est loin d'être la première mesure à considérer, comme nous le verrons un peu plus loin.

La pratique

Quels sont les facteurs qui influenceront la pratique de négociation de plaidoyers, lui donneront certaines directions ?

Une étude de Gravel[229] sur les pratiques de négociation de plaidoyers au palais de justice de Montréal détermine deux grandes tendances qui méritent d'être soulignées pour aborder cette question.

Plus un délit est jugé *mineur*[230] et s'inscrit dans les stéréotypes des affaires pénales courantes, plus le temps de négociation sera court entre l'avocat de la défense et le procureur de la Couronne

---

228. *Ibid.*

229. S. GRAVEL, « La négociation de plaidoyers de culpabilité : une pratique hétérogène », *Criminologie*, vol. 24, n° 2, 1991, p. 5-29.

230. « Les délits mineurs pour lesquels nous avons assisté à une négociation sont très majoritairement ceux contre les biens : vol, introduction par effraction, fraude, méfait. Les délits sans victime relatifs à la possession et au trafic de stupéfiants, à la conduite d'un véhicule moteur avec les facultés affaiblies et au bris de condition, bien que d'une incidence moindre, sont également nombreux » (*Ibid.*, p. 7).

pour arriver à une entente. En fait, quelques minutes peuvent suffire, histoire de s'assurer d'une même perception du délit et de son contexte ; alors, ils appliqueront de façon routinière des sentences relativement standard pour ce type de délits, soit celles qui se dégagent dans le traitement des causes similaires : « Dans la majorité des négociations, il s'avère donc très facile pour les deux parties de s'entendre sur une suggestion commune de sentence. Les conflits, de même que les compromis de part et d'autre, sont extrêmement rares[231]. » S'il y en a, l'avocat de la défense peut attendre le *bon* procureur, car, sauf dans les causes jugées particulièrement graves – meurtres, agressions sexuelles –, « les procureurs de la Couronne ne suivent pas la cause du début jusqu'à la fin des procédures. La plupart des procureurs sont plutôt assignés à une salle d'audience et sont saisis du dossier à une étape particulière du processus[232] ».

A contrario, plus un délit est jugé *majeur*, sortant de la routine pénale, plus le déroulement des négociations reposera sur un rapport de forces entre le procureur de la Couronne et l'avocat de la défense en ce qui a trait à la validité de la preuve, aux circonstances aggravantes ou atténuantes, auxquelles s'ajoutent les relations interpersonnelles entre l'avocat de la défense et le procureur et leur compétence professionnelle respective. Peuvent aussi jouer dans ces négociations les pressions policières et médiatiques, et une plus grande participation du juge est fréquente pour valider l'entente de plaidoyer. Enfin, la menace de la tenue du procès, dans l'éventualité d'un désaccord, plane au-dessus des discussions. La contestation de l'accusation constitue la conséquence immédiate de l'échec des négociations. Or, les procès pour meurtre exigent des avocats un travail de préparation considérable et peuvent se prolonger pendant plusieurs semaines, selon la preuve

---

231. *Ibid.*, p. 9.
232. *Ibid.*, p. 11.

et la contre-preuve qui y sont présentées. En outre, ils se tiennent devant jury, et les avocats rencontrés s'entendent pour affirmer que les jurés rendent des décisions tellement imprévisibles qu'ils préfèrent le plus souvent négocier plutôt que de s'engager dans une contestation de l'accusation. L'imminence du procès oblige les deux parties à mettre un terme à leurs tergiversations : c'est fréquemment quelques jours avant la tenue de celui-ci, parfois le matin même, que les deux parties finissent par trouver un terrain d'entente[233].

Cette étude sur la négociation de plaidoyer, quoique restreinte et datant de plusieurs années, met la table pour un certain nombre de questions sur son déroulement dans les routines de travail des tribunaux.

La première a trait à la possibilité que les conditions de cette négociation amènent un accusé, qui est en fait innocent, à plaider coupable. Le devoir d'un avocat de la défense dans la procédure criminelle est de protéger le client le plus possible d'une accusation au criminel excepté si des preuves suffisantes viennent la soutenir. Toutefois, plusieurs éléments peuvent faire en sorte que cela se passe autrement.

> Certains accusés sont vulnérables et s'en remettent dans une très large mesure aux conseils de leur avocat. Celui-ci est, en principe, tenu de suivre les instructions de son client, mais, en réalité, les choses se passent parfois différemment. Il arrive que l'avocat prenne toutes les décisions et force le client à faire le contraire de ce que celui-ci souhaiterait. Il ne faut pas non plus sous-estimer l'influence des considérations financières. Il est en effet plus facile et plus rentable pour un avocat de régler plusieurs dossiers par voie de reconnaissance préalable de culpabilité que d'épuiser tous les recours judiciaires disponibles. Par ailleurs, le succès d'un défenseur dépend en grande partie des relations qu'il entretient avec la

---

233. *Ibid.*, p. 16.

police, les autorités de poursuite et les juges. Il peut donc être tenté de se préoccuper davantage de ses intérêts que de ceux de son client. Encourager un client à reconnaître sa culpabilité afin de permettre à l'avocat de maintenir de bonnes relations avec les autres acteurs du système constitue un acte moralement répréhensible devant lequel certains pourraient néanmoins ne pas reculer[234].

La seconde a trait au pouvoir différentiel des accusés dans le cadre de cette négociation. Brodeur[235] fait remarquer que, dans les cas où l'accusé détient des informations sur une affaire plus complexe, il possède un pouvoir plus grand de négociation, souvent fondé sur de la délation. Ainsi, fait-il remarquer, il est particulièrement étrange de constater que l'accusé, qui a commis un petit délit isolé, qui n'a rien à échanger, est plus vulnérable dans cette négociation de plaidoyer que celui qui peut échanger des informations contre une réduction de sa sentence, de l'accusation, ou encore un silence sur certains éléments aggravant son dossier. L'exemple le plus médiatisé de cette situation ces dernières années fut sans doute l'affaire Karla Homolka et Paul Bernardo, en 1993. Celle-ci était considérée comme complice et victime de son mari, Paul Bernardo, dans trois meurtres et plusieurs agressions sexuelles. Comme la police avait des preuves insuffisantes pour relier Bernardo à ces meurtres, le témoignage de Karla Homolka devenait crucial pour l'inculper. C'est ainsi qu'en échange de son témoignage, « la Couronne a accepté un plaidoyer de culpabilité à une accusation d'homicide involontaire coupable[236] et accepté de présenter une recommandation conjointe au sujet de la peine proposant une peine d'emprisonnement de 12 ans[237] ». Toutefois,

---

234. M.-P. PICCINATO, *op. cit.*, p. 4-5.
235. J.-P. BRODEUR, *op. cit.*
236. L'homicide involontaire coupable est le fait de causer la mort même si celle-ci n'était pas souhaitée.
237. S.N. VERDUN-JONES, A.A. TIJERINO, *op. cit.*, p. 3.12.

un an plus tard, la police découvrit des bandes vidéo enregistrées par Bernardo les montrant tous les deux exerçant des violences sexuelles sur plusieurs victimes, dont les trois femmes assassinées. L'entente conclue avec Karla Homolka choqua profondément le public. Même s'il s'agit de situations criminelles exceptionnelles, c'est le plus souvent lors de ces cas hors de l'ordinaire que la négociation de plaidoyer devient visible au public. Dans ces situations, la justice apparaît mal et cela fait en sorte que la population est généralement fort critique de cette pratique.

Une troisième question touche cette fois le rapport de forces entre l'avocat de la défense et le procureur de la Couronne. Si l'accusé provient d'un milieu aisé et retient les services d'avocats spécialisés dans le type de cause sur laquelle porte l'accusation – fraude fiscale, trafic de stupéfiants, facultés affaiblies, etc. –, ce rapport de forces changera considérablement, généralement en faveur de la défense, car le procureur est souvent surchargé et moins à même d'opérer un suivi des causes du début à la fin. Cela peut signifier un refus de plaider coupable, car « ces avocats peuvent aussi s'occuper d'offrir un dédommagement généreux aux victimes et de repérer les témoins qui peuvent établir votre innocence, se porter garants de votre caractère honorable », ou encore, dans le cas d'un plaidoyer de culpabilité, aller chercher l'entente la plus favorable en considération de la cause. « Une personne pauvre représentée par un avocat de l'aide juridique ne peut pas s'attendre à bénéficier d'autant d'attentions. Nombre d'avocats de l'aide juridique sont très compétents, mais ils font face à des contraintes de temps et de revenu beaucoup plus rigoureuses[238]. »

---

238. CONSEIL NATIONAL DU BIEN-ÊTRE SOCIAL (CNBS), *La justice et les pauvres*, Ottawa, CNBS, 2000, p. 63-64.

Enfin, il y a le produit de cette négociation, qui répond à certaines routines du pénal. Les avocats les connaissent et s'y inscrivent généralement, ce qui permet de sauver temps et argent pour le système de justice pénale. Toutefois, les taux très bas d'admissibilités à l'aide juridique et les coûts élevés des avocats de la pratique privée font en sorte que des accusés comparaissent devant les tribunaux sans avocat[239], réduisant leurs possibilités d'une réduction de peine, d'une mesure alternative ou même d'une reconnaissance de non-culpabilité[240].

La peine donnée et la peine reçue

En cette période où est promue par le politique la nécessité de longues peines d'emprisonnement et de sentences minimales pour « assurer la sécurité de la population », la pratique des libérations conditionnelles est présentée comme venant diminuer outrageusement la peine donnée initialement par les juges[241]. Pour faire écho à ce discours, les médias ont la partie facile. Il suffit de « sortir quelques histoires d'horreur : quand on sait que les commissions québécoise et nationale [de libérations conditionnelles] prennent plus de 15 000 décisions par année, il n'est pas difficile de trouver quelques échecs, et d'ainsi, susciter la condamnation de la mesure à partir de cas d'espèce[242]. » Même en isolant la clientèle qui préoccupe davantage le public, soit la clientèle fédérale des pénitenciers – les détenus qui ont reçu une sentence de deux ans et plus –, les données couvrant la période 2001-2011 indiquent que les trois

---

239. Il est impossible d'avoir un nombre précis de ces situations. (Dupuis et Kelly, 2014)
240. CONSEIL NATIONAL DU BIEN-ÊTRE SOCIAL (CNBS), *op. cit.*
241. I. ZINGER, « Conditional Release and Human Rights in Canada : A Commentary », *Canadian Journal of Criminology and Criminal Justice*, vol. 54 n° 1, 2012, p. 117-135.
242. G. LEMIRE, S. DURAND, J. VALLÉE, « La libération conditionnelle à l'heure des règlements de comptes », *Le Devoir*, 6 février 2000, Lettres ouvertes [societecrimino. qc.ca/lettres_liberation_conditionnelle.php] (22 octobre 2012).

quarts des personnes à qui l'on a accordé une semi-liberté ou une libération conditionnelle totale n'ont pas été judiciarisés à nouveau pendant la période de libération conditionnelle. Parmi celles qui l'ont été, pour une première moitié, il s'agissait de non-respect de conditions, sans nouveau délit, et pour le reste, il s'agissait d'un nouveau délit, mais dans plus de 90 % des cas, sans violence[243].

Afin de comprendre l'importance de cette procédure et les pratiques qui en découlent, notre présentation se limitera au travail de la Commission des libérations conditionnelles du Canada (CLCC) touchant la clientèle des pénitenciers fédéraux et des provinces, à l'exception du Québec et de l'Ontario qui ont leur propre commission provinciale des libérations conditionnelles. Il s'agira de comprendre son rôle, ses décisions et l'importance des programmes de soutien dans la communauté. Par la suite, nous verrons les facteurs qui, à l'heure actuelle, viennent en partie miner ce travail.

Le rôle des libérations conditionnelles

La procédure de libération conditionnelle a pour but d'assurer une libération graduelle et contrôlée, assortie de conditions et de mesures de soutien, afin que le contexte du retour en société n'amène pas la personne libérée à se retrouver dans les mêmes situations problématiques qui l'ont amenée en prison, protégeant ainsi la population par cet accompagnement.

Pour réussir cette visée de réinsertion sociale, les programmes qui accompagnent cette surveillance correctionnelle dans la communauté sont essentiels, car une bonne partie de la clientèle en libération conditionnelle connaît des problèmes importants de toutes sortes et a peu de ressources lors de sa sortie de prison (voir encadré).

---

243. Commission des libérations conditionnelles du Canada, *Pour la sécurité du public*, 2011 [pbc-clcc.gc.ca/infocntr/parolec/2011-08-02/intro-fra.shtml] (29 octobre 2012).

Vulnérabilité de la clientèle en libération conditionnelle

Parmi ces problèmes, certains relèvent des expériences passées du délinquant, d'autres sont directement associés aux conséquences de l'incarcération et aux difficultés du retour dans la communauté. Certains détenus ont un passé fait d'isolement social et de marginalité, d'abus physiques et psychiques, d'emplois précaires ou de chômage, voire d'un mode de vie criminel adopté dès leur plus jeune âge. D'autres sont affectés par des handicaps physiques et psychiques, par des problèmes de santé reliés à l'abus de substances et à la toxicomanie. Nombre d'entre eux doivent composer avec des déficits comme les difficultés dans les relations sociales, un niveau de scolarisation insuffisant, l'analphabétisme et l'incapacité de calculer, un fonctionnement cognitif et émotionnel déficitaire ou l'incapacité de planifier et de gérer un budget : difficultés qui réduisent d'emblée leurs chances de réussir dans une société compétitive. Par ailleurs, la mise en liberté peut poser plusieurs problèmes concrets, comme trouver un logement convenable avec très peu de moyens, s'en sortir financièrement en attendant un emploi légitime et sans avoir d'économies, se procurer des biens de première nécessité, accéder à des services et à de l'assistance couvrant des besoins spécifiques[244].

Aux difficultés du passage de l'emprisonnement à la vie en liberté s'ajoute le stress inhérent à la surveillance au sein de la communauté. Le temps passé en prison n'est pas sans avoir des « effets collatéraux » sur les anciens détenus. Certains parmi eux ont perdu leurs moyens de subsistance et ce qu'ils possédaient, d'autres n'ont plus de logement pour eux-mêmes et pour leur famille, d'autres encore ont perdu contact avec leurs amis et connaissances à cause de leur incarcération[245].

En fait, le coût de bons programmes dans la communauté pour apporter aide et soutien aux personnes judiciarisées demeure minime quand on le compare aux coûts des problèmes sociaux qui peuvent résulter d'un accompagnement inadéquat, ou encore de la détention, telles que le montrent les données de 2009 à ce sujet de Sécurité publique Canada : la surveillance dans la collectivité coûte en moyenne de 29 476 $ par année comparativement à 109 699 $ par année pour l'enfermement (Tableau 4).

---

244. Dans les établissements fédéraux, en 2013, l'indemnité qui est versée pour le travail et la participation des détenus à des programmes carcéraux varie entre 5,25 $ et 6,90 $/jour. « Il incombe à chaque détenu d'établir un budget de manière à disposer des fonds nécessaires pour subvenir à ses besoins lors de sa mise en liberté sous condition et pour payer ses dépenses courantes en établissement, par exemple, ses achats à la cantine, ses appels téléphoniques et ses achats d'effets personnels. » Une partie de cet argent sert également « à cotiser à un fonds appelé "Caisse de bienfaisance" et qui sert entre autres à défrayer des activités sociales, éducatives et récréatives. » (ALTER JUSTICE, *Travail, activités et salaires en détention, Groupe d'aide et d'information aux personnes judiciarisées*, 2013 [alterjustice.org/u9/travail_activites.html] (6 mai 2014). Ces taux sont demeurés inchangés depuis 1981. Ainsi, à sa sortie, les économies du détenu représentent un montant d'argent de plus en plus petit au regard du coût de la vie.

245. Y. DANDURAND ET COLLAB., *Violation des conditions de la mise en liberté, suspension et révocation de la mise en liberté sous condition : analyse comparée*, Vancouver, Centre international pour la réforme du droit criminel et la politique en matière de justice pénale, 2008.

Tableau 4

LE COÛT DU MAINTIEN EN INCARCÉRATION D'UN DÉTENU COMPARATIVEMENT À LA SURVEILLANCE CORRECTIONNELLE DANS LA COLLECTIVITÉ[246]

Catégories	Coût annuel moyen par délinquant ($ courants)				
	2004-2005	2005-2006	2006-2007	2007-2008	2008-2009
Sécurité maximale (hommes seulement)	113 591	113 645	121 294	135 870	147 135
Sécurité moyenne (hommes seulement)	75 661	75 251	80 545	87 498	93 782
Sécurité minimale (hommes seulement)	83 643	82 676	83 297	89 377	93 492
Établissements pour femmes	166 642	170 684	166 830	182 506	203 061
Accords d'échange de services	65 632	71 605	77 428	77 762	87 866
Moyenne	87 919	88 067	93 030	101 664	109 699
Délinquants dans la collectivité	21 343	23 105	23 076	24 825	29 476

Notes :

- Le coût quotidien moyen d'un détenu inclut les frais de fonctionnement des établissements, comme les salaires et les contributions aux régimes d'avantages sociaux des employés, mais non les dépenses en capital et les dépenses liées à CORCAN (un organisme de service spécial qui mène des activités industrielles dans les pénitenciers).

- En 2001-2002, la méthode de répartition des coûts a été perfectionnée afin de mieux refléter les dépenses directement liées aux délinquants. En outre, le coût de détention d'une femme dans un pénitencier inclut maintenant le coût des unités à sécurité maximale pour femmes, qui sont situées dans des établissements pour hommes.

- Les accords d'échange de services sont des ententes que le Service correctionnel du Canada conclut avec les provinces et les territoires pour leur rembourser les coûts que leur occasionne la prestation de services à des délinquants sous responsabilité fédérale. On calcule le coût moyen par délinquant en divisant le coût total pour l'année par le nombre moyen de délinquants incarcérés dans les établissements pendant cette période. Le coût total comprend l'argent reçu des provinces pour garder des délinquants sous responsabilité provinciale dans des établissements fédéraux. Le nombre moyen de délinquants comprend les délinquants sous responsabilité provinciale détenus dans des établissements fédéraux.

---

246. SERVICE CORRECTIONNEL DU CANADA, *Comptes publics du Canada*.

Ainsi, le rôle de la CLCC est de permettre au détenu de purger une partie de sa peine dans la communauté en s'assurant que les conditions mises à cette liberté et les mesures de réinsertion sociale feront en sorte de réduire les problématiques qui ont amené sa judiciarisation. À ce titre, la CLCC ne réduit pas les peines ; elle change la forme d'une partie de cette peine, quand elle le juge possible, pour viser cet objectif. Et ce n'est pas toujours jugé possible par les commissaires, car la libération conditionnelle totale est refusée à environ six détenus sur dix lors du premier examen de leur cas. Ils auront peut-être droit à d'autres mesures, toutefois. Parmi celles-ci, il y a les *permissions de sortie*, avec ou sans escorte, selon les cas, qui peuvent être accordées pour des raisons médicales, participer à des projets communautaires, suivre des programmes ou encore entretenir des rapports familiaux. Il y a la *semi-liberté* qui permet au détenu de participer à des activités dans la collectivité et de préparer sa libération totale ; dans ce cas, il doit rentrer chaque soir dans un établissement résidentiel communautaire ou un foyer de transition, et un certain nombre de conditions sont liées à sa période de liberté. La plupart des *libérations totales* – toujours avec conditions, le mot *total* signifiant qu'ils vont désormais se référer à un agent pour un suivi sans retourner en détention le soir – sont précédées d'une période de semi-liberté qui doit s'être terminée avec succès. Le détenu n'est admissible à la libération totale qu'au tiers de la peine ou sept ans, selon la période la plus courte. Quant à la *semi-liberté*, le détenu n'y est admissible que six mois avant la date d'admissibilité à la libération totale.

Enfin, il y a la *libération d'office*[247], prévue par la loi aux 2/3 de la sentence, qui, pour cette raison, *ne demande pas de décision de la CLCC*. Comme pour la libération totale, des conditions automatiques sont à respecter, conformément à la loi 133, article 2, auxquelles peuvent s'ajouter des conditions particulières au cas du détenu : ne pas fréquenter tel type de lieu, ne pas boire d'alcool, suivre jusqu'à la fin tel ou tel programme, etc. Le Service correctionnel peut toutefois soumettre à la CLCC des cas où elle considère qu'il y a lieu de maintenir certaines personnes en détention jusqu'à la fin de leur peine.

Les principaux critères de décision qu'utilisent les commissaires sont les antécédents judiciaires, le résultat du suivi des programmes et le comportement en établissement présenté par certains membres du personnel du service correctionnel, de même que *le plan de libération*, soit les stratégies que le détenu prévoit adopter pour que cela se passe bien dans la communauté. Également, la victime peut faire une *déclaration* aux audiences de la Commission qui peut influencer la décision des commissaires.

---

247. Elle n'est pas accessible aux condamnés à perpétuité ou à une sentence indéterminée. « Ce mode de mise en liberté depuis un pénitencier prend une importance accrue d'année en année et totalise maintenant près de 6 000 cas annuellement. L'élimination de cette mesure aurait pour effet de prolonger la période d'incarcération de nombreux détenus et de faire grimper les coûts à un niveau inacceptable pour un gouvernement s'efforçant de combler les nombreux besoins urgents de ses citoyens. En outre, il est indéniable qu'une période de surveillance et d'aide dans la collectivité à la suite d'une incarcération contribue à protéger la société. Les résultats démontrent invariablement que 60 % des détenus bénéficiant d'une libération d'office parviennent à compléter les derniers mois de leur peine sans commettre de crime ou enfreindre les conditions de leur libération. » (ASSOCIATION CANADIENNE DE JUSTICE PÉNALE, *La libération conditionnelle. Énoncé de principe*, 2014. [ccja-acjp.ca/fr/ep/ep_liberation_conditionnelle.html] (5 mai 2014). Pour mieux comprendre les éléments d'une libération d'office réussie, voir M. VACHERET, M.-M. COUSINEAU, «Quelques éléments de compréhension des libérations d'office réussies », *Canadian Journal of Criminology and Criminal Justice*, vol. 45, n° 1, 2003, p. 99-123.

La remise en question des libérations conditionnelles

En dépit de ce rôle des libérations conditionnelles, inscrit dans la *Loi sur le système correctionnel et la mise en liberté sous condition* de 1992, toutes les initiatives législatives en matière de justice pénale depuis cette période demandent davantage d'enfermement. Aucune n'est venue renforcer les procédures de soutien à la réinsertion sociale des infracteurs durant leur surveillance dans la collectivité[248]. Même l'accès à la libération conditionnelle a été restreint par des mesures législatives. En 2011, les sections 125 et 126 de la *Loi sur les libérations conditionnelles* qui permettaient une libération conditionnelle après le sixième de la sentence, s'il s'agissait d'un crime non violent, ont été abrogées. De plus, à la suite d'un refus de libération par la CLCC, le détenu ne peut faire une nouvelle demande avant un an au lieu de six mois comme auparavant. L'environnement politique de plus en plus négatif à l'égard du rôle de la CLCC, ces dernières années, s'est reflété dans la nomination des commissaires, où se retrouve maintenant un fort pourcentage d'anciens policiers.

> Même s'il n'y a pas de doute que les personnes nommées au Bureau des libérations conditionnelles ont toutes les qualifications nécessaires, le fait que ceux qui autrefois arrêtaient et témoignaient contre les accusés sont maintenant ceux qui décident de leur libération soulève des inquiétudes[249].

Le discours politique qui justifie ces lois répressives, vient, d'une part, renforcer dans la population l'idée que l'enfermement est le meilleur moyen pour prévenir le crime, et que les libérations conditionnelles viennent, d'autre part, diminuer la peine donnée

---

248. I. Zinger, *op. cit.*
249. *Ibid.*, p. 121. Notre traduction.

par les juges au détriment de la protection sociale quand, en fait, c'est la modalité de la peine qui change, non sa durée, afin de maximiser la réinsertion sociale.

Cette remise en question de la pertinence du rôle de la CLCC a contribué à une diminution des octrois de libérations conditionnelles ces dernières années :

> [...] les statistiques récentes continuent de montrer une baisse du taux d'octroi de la libération conditionnelle. De 2009 à 2010, le taux d'octroi d'une libération conditionnelle totale a chuté de 44 % à 40,8 %, alors que celui de la semi-liberté passait de 68,9 % à 66,3 %. Cette tendance à la baisse s'est poursuivie en 2011-2012, ces taux étant respectivement de 38 % et 64 %[250].

S'ajoute à cette montée des refus, une multiplication des conditions à respecter quand elles sont accordées, ce qui accroît les possibilités de non-respect de conditions. Réagissant à cet environnement qui les pointe du doigt chaque fois qu'un incident se produit, les commissaires pêchent par

> excès de prudence plutôt que d'encourir le risque de l'attention des médias qui pourrait entourer la récidive d'un délinquant qui fait l'objet d'une mise en liberté anticipée. Toutefois, cet excès de prudence peut simplement diriger les délinquants vers un échec une fois qu'ils sont mis en liberté sous conditions. [...] Les conditions ne constituent pas toujours des attentes raisonnables. Parfois, des conditions spéciales imposées ne peuvent pas être respectées malgré toute la meilleure volonté d'un délinquant. Il peut aussi s'agir de conditions qui ne correspondent pas précisément aux risques des délinquants ou à leurs besoins. L'autorité compétente peut par exemple imposer une condition

---

250. ASSOCIATION CANADIENNE DE JUSTICE PÉNALE, *op. cit.*

interdisant la consommation d'alcool même si le comportement antérieur du délinquant ne justifie pas l'imposition d'une telle condition[251].

Le débat actuel autour des libérations conditionnelles est vraiment lié à une méconnaissance du rôle joué par cette procédure, du fait qu'il y a des conditions de mise en liberté et de l'importance des programmes de soutien pour une réinsertion sociale réussie. Cette incompréhension de la population est alimentée par une rhétorique politique électoraliste qui a dominé ces dernières années dans le discours du gouvernement conservateur[252], de même que par le sensationnalisme médiatique et les séries télévisées qui déforment la réalité sur les crimes et leurs auteurs. Les études indiquent que lorsque les gens sont mieux informés, que l'on soumet des cas concrets à leur analyse, ils comprennent que des peines plus sévères ne sont pas un moyen efficace pour éliminer la violence et la commission d'infractions et privilégient d'investir dans des sanctions autres que la prison de même que dans la prévention par des programmes sociaux adéquats[253].

---

251. Y. DANDURAND ET COLLAB., *op. cit.*, p. 27.

252. A.N. DOOB, « Principes de détermination de la peine, politiques publiques et modération en matière de recours à l'incarcération : la rupture du Canada avec son histoire », *Champ pénal/Penal field*, vol. 9, 2012 [champpenal.revues.org/8327] (4 octobre 2012).

253. A.N. DOOB, « Transforming the punishment environment : Understanding public views of what should be accomplished at sentencing », *Revue canadienne de criminologie*, vol. 42, 2000, p. 323-340. Et C. LECLERC, « Explorer et comprendre l'insatisfaction du public face à la "clémence" des tribunaux. Une analyse du cas canadien », *Champ pénal/Penal field*, vol. 9, 2012 [goo.gl/mgxZvT] (30 octobre 2012).

Aujourd'hui, non seulement l'information n'est pas là, mais un discours politique soutenant un durcissement de la peine amène des conditions de détention de plus en plus difficiles, particulièrement du fait de la surpopulation croissante des établissements carcéraux et de la diminution des services dans ces établissements.

La détention

Même si le Canada a un taux d'enfermement moindre qu'aux États-Unis, qui demeurent en tête du peloton à cet égard, il se situe au-dessus de la plupart des pays d'Europe (Graphique 12). De plus, les projets de législation de plus en plus répressifs adoptés ces dernières années se traduisent par une hausse des admissions dans les pénitenciers fédéraux (Graphique 13). Si l'on prolonge les données du graphique 13 : « Entre mars 2010 et mars 2013, la population carcérale fédérale s'est accrue de 8,4 % (1 213 détenus) [254] ». Service correctionnel Canada (SCC) doit gérer cette population croissante, et cela se fait souvent au prix d'entorses aux directives établies sur les conditions de détention.

---

254. BUREAU DE L'ENQUÊTEUR CORRECTIONNEL, *Rapport annuel 2012-2013*, Ottawa, Bureau de l'enquêteur correctionnel, 2013, p. 25. [oci-bec.gc.ca/cnt/rpt/pdf/annrpt/annrpt20122013-fra.pdf] (13 avril 2014) Le Bureau de l'enquêteur correctionnel agit à titre d'ombudsman pour les personnes sous surveillance correctionnelle fédérale.

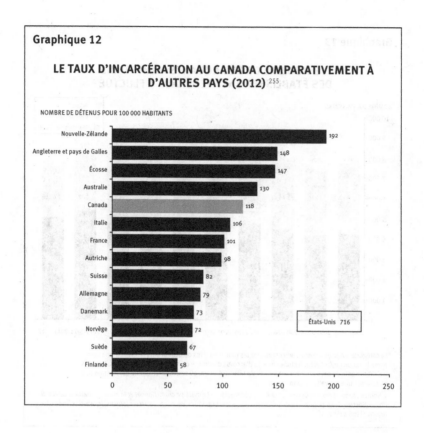

Graphique 12

LE TAUX D'INCARCÉRATION AU CANADA COMPARATIVEMENT À D'AUTRES PAYS (2012) [255]

NOMBRE DE DÉTENUS POUR 100 000 HABITANTS

Nouvelle-Zélande	192
Angleterre et pays de Galles	148
Écosse	147
Australie	130
Canada	118
Italie	106
France	101
Autriche	98
Suisse	82
Allemagne	79
Danemark	73
Norvège	72
Suède	67
Finlande	58

États-Unis 716

255. *World Prison Population List.* Données tirées le 20 novembre 2013 de [prisonstudies. org/info/world%20brief/index.php]. Les pays utilisent des pratiques diverses et ne mesurent pas tous de la même façon ces taux, ce qui limite la comparabilité de l'information. Tableau provenant du site de Sécurité publique Canada (2013) établi à partir des données cumulées par l'International Centre for Prison Studies au cours de l'année 2012 [goo.gl/mgxZvT].

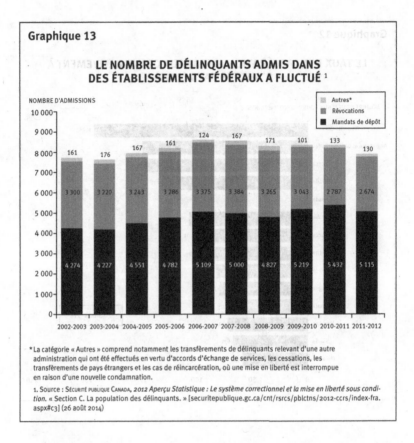

Graphique 13

LE NOMBRE DE DÉLINQUANTS ADMIS DANS DES ÉTABLISSEMENTS FÉDÉRAUX A FLUCTUÉ [1]

NOMBRE D'ADMISSIONS

Légende :
- Autres*
- Révocations
- Mandats de dépôt

Année	Mandats de dépôt	Révocations	Autres*
2002-2003	4 274	3 300	161
2003-2004	4 227	3 220	176
2004-2005	4 551	3 243	167
2005-2006	4 782	3 286	161
2006-2007	5 109	3 375	124
2007-2008	5 000	3 384	167
2008-2009	4 827	3 265	171
2009-2010	5 219	3 043	101
2010-2011	5 432	2 787	133
2011-2012	5 115	2 674	130

*La catégorie « Autres » comprend notamment les transfèrements de délinquants relevant d'une autre administration qui ont été effectués en vertu d'accords d'échange de services, les cessations, les transfèrements de pays étrangers et les cas de réincarcération, où une mise en liberté est interrompue en raison d'une nouvelle condamnation.

1. Source : Sécurité publique Canada, *2012 Aperçu Statistique : Le système correctionnel et la mise en liberté sous condition*. « Section C. La population des délinquants. » [securitepublique.gc.ca/cnt/rsrcs/pblctns/2012-ccrs/index-fra. aspx#c3] (26 août 2014)

Selon le rapport du Bureau de l'enquêteur correctionnel[256], au 31 mars 2013, 1 cellule sur 5 est en occupation double, même si elle fut conçue pour une seule personne[257]. Ce qui devrait être une situation d'exception devient de plus en plus la norme. Cette situation accroît les tensions et les incidents violents :

> Être enfermé dans un espace d'environ la taille d'une salle de bain moyenne avec une autre personne se traduit inévitablement par une intimité plus limitée et moins de dignité, et cela

---

256. Bureau de l'enquêteur correctionnel, *op. cit.*

257. L'occupation double est différente des « logements partagés » conçus pour deux détenus ou plus.

augmente la possibilité de tensions et de violences. […] Ces incidents violents causent souvent des perturbations aux activités quotidiennes de l'établissement, ce qui entraîne beaucoup d'isolements cellulaires, de fouilles, de temps passé en cellule et de refus du personnel de travailler pour des motifs liés à la santé ou à la sécurité[258] (voir encadré).

Quelques indicateurs des conditions de détention

Le recours à l'isolement peut aussi être un bon indicateur des conditions de détention. Les délinquants en isolement sont enfermés dans leur cellule 23 heures par jour. En 2011-2012, sur un nombre moyen de 15 200 détenus, il y a eu 8 708 placements en isolement (une augmentation de plus de 700 au cours des cinq dernières années). En tout temps, il y a environ 850 détenus en isolement. De plus, bon nombre de détenus sont hébergés dans des conditions semblables à l'isolement (ex. : unités de transition ou de besoins spéciaux, et unités de garde en milieu fermé, en milieu de vie structuré ou à encadrement renforcé).

Le nombre de voies de fait à l'intérieur des murs des pénitenciers peut servir d'indicateur pour évaluer la sécurité des détenus. En 2011-2012, le SCC a rapporté 1 342 voies de fait contre des détenus et bagarres entre détenus, ce qui représente une hausse de 42 % par rapport à il y a cinq ans. Les blessures infligées à des détenus découlant de bagarres et de voies de fait sont aussi à la hausse.

Le nombre d'incidents de recours à la force constitue aussi un bon indicateur qui fait ressortir les préoccupations en matière de santé et sécurité dans les établissements fédéraux. Le SCC a signalé 1 336 incidents de recours à la force en 2011-2012, une augmentation de 37 % par rapport à il y a cinq ans. L'utilisation d'un neutralisant en aérosol à base d'oléorésine (communément appelé vaporisateur de poivre de Cayenne) a augmenté dramatiquement depuis que les agents de correction ont été autorisés à porter un petit pulvérisateur OC à leur ceinture, une hausse de 142 % au cours des cinq dernières années[259].

---

258. BUREAU DE L'ENQUÊTEUR CORRECTIONNEL, *op. cit.*, p. 26-28.

Cette détérioration des conditions de vie rend difficile le recrutement ou la rétention des professionnels pour répondre aux besoins des détenus : « En 2011-2012, le taux de postes de soins de santé vacants au SCC atteignait un peu plus de 8,5 %. Le taux de postes de psychologue vacants était de 16 % (51 postes). » De plus, 50 des 329 postes occupés par des titulaires le sont par des employés « de niveau inférieur » pour tenter de combler le personnel manquant[260]. Les personnes en détresse, de plus en plus nombreuses avec la surpopulation, subissent des lacunes de personnel, son roulement élevé, ou encore un personnel en place débordé qui va au plus pressant. C'est ainsi que cette détresse, pour tenter de calmer le jeu à l'intérieur des murs, est trop souvent gérée par la force, les mesures de contrôle, les envois en unités d'isolement ou la médication visant à *neutraliser* les personnes qui *dérangent* par leurs comportements.

Il y a également de plus en plus de mortalités à l'intérieur des murs des établissements fédéraux, tant liées à cette détresse – des suicides –, à cette tension – des meurtres –, qu'aux longues sentences de détention « qui font qu'un plus grand nombre de personnes vieillissent et meurent derrière les barreaux[261] » (Graphique 14).

---

259. I. ZINGER, *op. cit.*, p. 7.
260. BUREAU DE L'ENQUÊTEUR CORRECTIONNEL, *op. cit.*, p. 19-20.
261. *Ibid.*, p. 23.

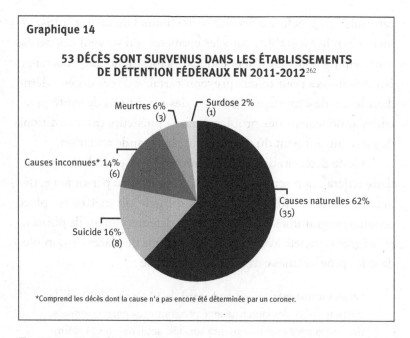

Graphique 14

53 DÉCÈS SONT SURVENUS DANS LES ÉTABLISSEMENTS DE DÉTENTION FÉDÉRAUX EN 2011-2012[262]

Meurtres 6% (3)
Surdose 2% (1)
Causes inconnues* 14% (6)
Causes naturelles 62% (35)
Suicide 16% (8)

*Comprend les décès dont la cause n'a pas encore été déterminée par un coroner.

En 2011, 20 % de la population carcérale est âgée de 50 ans et plus. Les pénitenciers n'ont pas été conçus physiquement pour répondre au nombre croissant de ces détenus qui sont atteints de déficiences physiques ou mentales – maladie d'Alzheimer, démence, etc. –, ou encore dont les multiples problèmes de santé se multiplient avec l'âge et les conditions de vie en prison. De plus, dans cette situation de tensions croissante, ces détenus âgés « sont plus susceptibles d'être victimes d'intimidation par des détenus qui sont plus jeunes, plus forts et plus agressifs qu'eux[263] ». L'enquêteur correctionnel, dans un récent rapport d'enquête sur les décès en milieu

---

262. Scc Radar-Prime (12 mai 2013).
263. Bureau de l'enquêteur correctionnel, *Rapport annuel 2010-2011*, Ottawa, Bureau de l'enquêteur correctionnel, 2011, p. 22 [oci-bec.gc.ca/cnt/rpt/pdf/annrpt/annrpt20102011-fra.pdf] (5 mai 2014).

carcéral[264], reproche au Service correctionnel de ne pas suffisamment chercher à établir, dans les enquêtes qui suivent ces décès, comment les politiques ou pratiques organisationnelles pourraient être améliorées pour mieux prévenir certains de ces décès. Même dans le cas de « morts naturelles », des conditions de santé préalables annonçaient des problèmes dans plusieurs cas, conditions de santé qui auraient dû mériter une plus grande attention.

Cette détérioration des conditions de vie en milieu pénitentiaire fédéral, non seulement réduit la sécurité du personnel et des détenus, mais rend d'autant plus difficile de mettre en place certains programmes visant à aider les détenus afin qu'ils puissent réintégrer la société avec succès. Le manque de places disponibles dans les programmes carcéraux en témoigne :

> Selon un instantané pris au hasard, le 1er février 2012, de la participation des détenus aux programmes correctionnels, parmi les sept établissements sondés, seulement 324 délinquants (12,5 %) sur un total de 2 594 étaient inscrits à un programme correctionnel de base. Dans ces mêmes établissements, le nombre de délinquants figurant sur une liste d'attente était supérieur à 35 %. Le SCC consacre moins de 2 % de son budget de trois milliards de dollars aux programmes de base[265].

La formation professionnelle, plus particulièrement, est une des mesures les plus positives pour aider à la réinsertion sociale :

---

264. BUREAU DE L'ENQUÊTEUR CORRECTIONNEL, *Enquête sur le processus d'examen des cas de décès du Service correctionnel du Canada*, *Rapport final*, Ottawa, Bureau de l'enquêteur correctionnel, 2014 [oci-bec.gc.ca/cnt/rpt/oth-aut/oth-aut20131218-fra.aspx] (13 mai 2014).

265. I. ZINGER, « Réflexions sur les conditions de détention et les services correctionnels fédéraux », *Porte ouverte*, *Association des services de réhabilitation sociale du Québec*, vol. XXV, n° 3, 2013, p. 7.

Environ trois délinquants sur cinq ont des besoins associés à l'emploi lorsqu'ils sont admis en établissement correctionnel. [...] Le plus grand obstacle à une participation active aux programmes d'emploi et de formation professionnelle n'est pas le manque d'intérêt du détenu, mais plutôt le manque de possibilités d'emploi et de formation valorisantes[266].

Comme les incidents de violence dans les murs de la prison sont pris en considération par les commissaires des libérations conditionnelles, et que ces incidents se multiplient, que le suivi de programmes est également important et que ceux-ci manquent de place, cela amoindrit les chances des détenus de recevoir des permissions de sortie. De plus, ils risquent d'avoir subi des dommages collatéraux importants qui les suivront à leur sortie, soit l'aggravation de problèmes de santé mentale, la désocialisation, et le vécu d'une violence entre les détenus et le personnel, ou entre détenus, qui peuvent les mener à ne plus savoir comment gérer des conflits autrement. En matière de protection sociale, cet enfermement ne devient pas très utile.

Quant aux adultes détenus dans un établissement provincial ou territorial, la plupart le sont pour des crimes sans violence comme l'ont illustré les tableaux au chapitre IV. Alors pourquoi la détention ? Des programmes sociocommunautaires propres aux besoins des personnes judiciarisées seraient d'une plus grande aide pour corriger un comportement problématique.

Enfin, *on l'oublie trop souvent*, l'enfermement ne touche pas que les personnes détenues, mais également leurs familles et leurs proches. Ainsi, les vies happées par le système pénal et les

---

266. BUREAU DE L'ENQUÊTEUR CORRECTIONNEL, *Rapport annuel 2012-2013*, Ottawa, Bureau de l'enquêteur correctionnel, 2013, p. 37 [oci-bec.gc.ca/cnt/rpt/pdf/annrpt/annrpt20122013-fra.pdf] (13 avril 2014).

conséquences de ses pratiques s'étendent à un nombre incalculable de personnes qui vivent de multiples problèmes liés au fait que leur père, leur mère, leur enfant, ou encore leur ami est en détention.

Fonction idéologique du système pénal

Considérant que le système pénal ne touche pas à ceux qui causent les préjudices les plus graves, que des programmes de soutien dans la collectivité seraient plus appropriés pour la majorité des personnes judiciarisées, et que les conditions d'enfermement pour les longues peines se détériorent plutôt que de préparer adéquatement et le plus rapidement possible à la réinsertion sociale en communauté, pourquoi les autorités politiques continuent-elles de durcir les peines, surtout considérant les coûts astronomiques du système pénal ?

> En constatant que le système met l'accent sur les affaires mineures (petits vols, petites fraudes, infractions aux lois des alcools, voies de fait, actes de violence banals entre individus) [contrairement à ce qu'on voit dans les séries télé] et qu'il ne traite en fait que d'une très faible partie des incidents dits criminels, l'on est naturellement porté à élaborer des hypothèses sur sa fonction réelle qui est probablement d'ordre idéologique[267].

Une idéologie est un ensemble d'idées, d'explications, de représentations mentales qui guident les perceptions et, si elle est efficace, les actions également. La fonction idéologique du système pénal est de faire croire à la population que ce qui la menace le plus, ce sont les *illégalismes populaires* qui forment la matière

---

267. P. LANDREVILLE, « Finalités et fonctions du système de justice pénale : quelques réflexions », *Philosophie et droit*, Montréal, Bellarmin, 1979, p. 203.

pénale, détournant « ainsi l'attention de certains types d'incidents plus graves et plus dangereux[268] ». L'État peut ainsi affirmer qu'il joue efficacement son rôle de protection sociale pour minimiser la violence en annonçant toujours plus de lois criminelles et toujours plus de peines, sans que soit pointée du doigt son inaction à l'égard des véritables causes de nombreux problèmes sociaux comme la pauvreté, le manque de ressources communautaires, etc[269].

De plus, nous avons vu que le droit pénal ne reflète pas un consensus social. Sa prétention à le faire, toutefois, permet à travers les règles du droit d'imposer des normes de vie à certains groupes sociaux plus visés par ces lois.

Enfin, l'acceptation par la population de la peine comme mode de règlement de conflit, et en particulier du recours à la prison, constitue, en retour, une *preuve* de légitimité donnée à l'autorité politique quant à ses solutions à l'égard de ces menaces. C'est pourquoi, malgré les coûts astronomiques du système pénal et son efficacité douteuse par rapport à nombre des fonctions attribuées à la peine, l'État est prêt à payer le prix.

Allons maintenant sur le terrain pour analyser de quelle manière la pratique des criminologues qui font de la surveillance correctionnelle est affectée non seulement par ce durcissement des peines et la diminution des programmes de soutien, mais également par les changements, ces dernières années, des critères sur lesquels doit s'appuyer la justification de leurs décisions à l'égard de leur clientèle.

---

268. *Ibid.*, p. 204.
269. I. WALLER, *Smarter Crime control, A guide to a safer future for citizens, communities and politicians*, New York City, Rowman and Littlefield, 2013.

Questions de révision

1. Brodeur (1986) souligne que ce «n'est plus la loi qui contraint la pratique [des tribunaux], mais celle-ci qui dicte la signification de la lettre molle du texte législatif». Expliquez.

2. En quoi l'entente de plaidoyer à la suite d'une négociation contraste-t-elle avec l'image médiatique de l'obtention du plaidoyer de culpabilité et de la détermination de la peine? Quel pourcentage des affaires pénales se gère avec ces ententes?

3. Il y a trois catégories de promesses du procureur dans le cadre de ces ententes. Lesquelles?

4. Quelles sont les deux recommandations de la Commission de détermination de la peine (1987) et de la Commission de réforme du droit du Canada (1989) quant à la négociation de plaidoyer? Quel est leur but? Quel en fut le suivi?

5. Sur quoi reposent les débats quant à la manière d'intégrer la victime dans la procédure pénale?

6. Quelles sont les deux grandes tendances de la pratique de négociation de plaidoyer constatées par l'étude de Gravel (1991)?

7. Quelles sont les trois grandes questions soulevées par les études quant aux pratiques de négociation de plaidoyer?

8. Quel est le but de la procédure de libération conditionnelle et qu'est-ce qui est essentiel pour que cette période de libération soit réussie? Pourquoi?

9. Distinguez la semi-liberté, de la libération totale et de la libération d'office.

10. De quelles manières les initiatives juridiques, ces dernières années, viennent-elles miner le travail des commissaires aux libérations conditionnelles et quelles en sont les conséquences?

11. Quelles sont les principales conséquences de la montée de l'enfermement dans les établissements fédéraux?

12. Quelle est la fonction idéologique du système pénal? En quoi cela bénéficie-t-il à l'État?

Questions de réflexion

La négociation de plaidoyer

L'oncle d'un de vos amis vient d'être nommé juge en cour pénale et votre ami trouve que cela doit être passionnant comme fonction, particulièrement de décider d'une peine à la suite d'une audition de témoins et d'avocats, et au vu de la preuve. Et cela doit être encore plus excitant lorsque c'est un procès avec jury, comme on les voit à la télévision. Expliquez-lui la réalité la plus courante de la pratique des tribunaux dans laquelle la sentence se décide.

La libération conditionnelle

Un individu sous libération conditionnelle a commis un vol, hier soir, dans une pharmacie. Dans le journal, on explique que ce n'est pas la première fois qu'un individu en libération conditionnelle commet un délit, et qu'il faudrait sérieusement songer à abolir la

Commission des libérations conditionnelles pour que les détenus purgent la totalité des sentences données par les juges, car cela préviendrait bien mieux le crime. Vous répondez à cet article par un courriel que vous désirez faire apparaître dans la section « Lettre des lecteurs ». Quels arguments feriez-vous valoir pour soutenir le maintien de la Commission ?

La détention

Le premier ministre explique que l'on sera mieux protégé avec des sentences plus longues pour les crimes. Commentez son affirmation.

Discussion de cas

Les médias viennent vous interroger sur vos décisions sentencielles pour les quatre cas qui suivent. Répondez-leur en montrant la cohérence de vos décisions, considérant que ce sont quatre cas similaires de personnes qui, en connaissance de cause, ont fait le choix de voler autrui.

Affaire à juger : vol de 600 $

- L'inculpé est un jeune de vingt et un ans qui a un casier judiciaire pour possession de cannabis en vue d'en faire le trafic. Cette fois, il est inculpé pour intrusion par effraction. L'infraction a été préméditée et s'est traduite par l'intrusion de l'inculpé dans une maison, sans recours à la force puisque personne n'était là. Il n'y a eu ni vandalisme, ni confrontation personnelle, ni violence. Le produit du vol s'est élevé à moins de 600 $, espèces et objets compris. L'inculpé est resté poli, s'est montré préoccupé par son acte et a plaidé coupable. Il vient d'une famille unie et n'a pas de problème de drogues illicites ou d'alcool. Il a peu de compétences professionnelles exploitables et est actuellement au chômage. Lorsqu'il a eu des emplois, il était considéré comme un bon employé. Il prétend avoir commis cette infraction pour obtenir de l'argent.

- L'inculpé est un jeune étudiant de vingt-deux ans qui, pour satisfaire ses goûts musicaux et cinématographiques, télécharge illégalement des pièces musicales et des films. Il vole ainsi 600 $ en droits d'auteur aux personnes qui ont créé ces pièces. La police a intercepté ses transactions d'ordinateur. Le jeune ne montre aucun remords et proteste vivement contre son arrestation en disant que tout le monde le fait.

- L'inculpée est une jeune fille qui, pour satisfaire ses goûts de luxe en vêtements et en parfums, achète pour 600 $ de biens volés, encourageant ainsi ce marché. Elle a été prise lors d'une transaction avec une personne qui avait l'habitude de voler dans les magasins pour satisfaire les commandes de jeunes qui désirent porter des vêtements de grandes marques. Elle ne montre aucun remords et proteste vivement contre son arrestation en disant que tout le monde le fait.

- L'inculpé est un jeune qui a l'habitude de voler des vêtements sur son lieu de travail, vêtements qu'il revend à ses amis. La valeur des vêtements volés lorsqu'il fut pris sur le fait est de 600 $. Il se défend en disant que d'autres employés le font, qu'il n'est pas pire que les autres. Le magasin n'a qu'à répartir ses pertes sur le coût des marchandises s'il ne veut pas perdre de profits.

CHAPITRE VIII

Le rôle des criminologues et la surveillance correctionnelle

Les criminologues ont une variété de pratiques dans différents milieux. Certains ont peu d'interventions directes avec les justiciables – travaillant généralement dans divers ministères et centres de recherche en milieu policier ou ailleurs. D'autres travaillent dans des organismes communautaires dont le mandat n'est pas défini par le système correctionnel, exerçant en prévention, avec des victimes ou des justiciables. Leurs interventions s'inscrivent alors dans le mandat de l'organisme communautaire qu'il soit en santé mentale, en toxicomanies, spécialisées dans l'aide aux jeunes, etc. Dans ces milieux, les criminologues ont généralement la possibilité de prendre en considération dans leurs interventions les programmes sociaux en place, les inégalités sociales, les liens sociaux, et de mettre à profit une relation d'aide qui est porteuse de changement social[270].

D'autres pratiques en contact direct avec les justiciables s'inscrivent dans un mandat de surveillance correctionnelle. Elles feront l'objet de ce chapitre, que l'accompagnement se déroule en détention ou dans la collectivité, avec les jeunes ou les adultes.

---

270. A. ARCHAMBAULT, « Le criminologue en action communautaire : une autre criminologie ? », *Questions de criminologie* (dir. Jean Poupart, Denis Lafortune, Samuel Tanner), Montréal, Les presses de l'Université de Montréal, 2010, p. 135-145.

Nous ferons d'abord un portrait statistique de cette clientèle. Puis nous examinerons le rôle des criminologues à leur égard qui englobe deux fonctions, dont la conciliation n'est pas aisée : l'aide et le contrôle. Enfin, nous verrons que cette conciliation est de moins en moins facile avec l'arrivée des nouveaux outils actuariels au cours des années 1990, outils avec lesquels ils doivent désormais justifier leurs décisions.

La clientèle

« Au cours d'une journée typique en 2010-2011, il y avait en moyenne 163 000 contrevenants adultes sous la surveillance du système correctionnel au Canada. De ce nombre, 77 % se trouvaient dans la collectivité et 23 % étaient incarcérés[271]. » Il y a eu diminution de ce nombre depuis dix ans (-7 %) ; celle-ci est essentiellement liée à la baisse du taux d'adultes sous surveillance dans la collectivité (-10 %), le taux d'adultes en détention ayant augmenté de 5 % au cours de cette période (Tableau 5).

---

271. Le Québec affiche le plus bas taux de surveillance correctionnelle adulte au Canada (la moitié de la moyenne globale). M. DAUVERGNE, *Statistiques sur les services correctionnels pour les adultes au Canada, 2010-2011*, Ottawa, Statistique Canada, 2012 [statcan.gc.ca/pub/85-002-x/2012001/article/11715-fra.htm] (11 mai 2014).

Tableau 5

COMPTES MOYENS DES ADULTES SOUS SURVEILLANCE CORRECTIONNELLE, SELON LE TYPE DE SURVEILLANCE, CANADA, 2012-2013 [272]

Type de surveillance	2012-2013		
	nombre	pourcentage	taux [1]
Détention			
Détention sous responsabilité fédérale [2]	14 471	9	52
Détention sous responsabilité provinciale ou territoriale	25 208	16	90
Détention après condamnation	11 151	7	40
Détention provisoire	13 739	9	49
Autre	318	0	1
Total de la détention	**39 679**	**25**	**142**

272. STATISTIQUE CANADA, CENTRE CANADIEN DE LA STATISTIQUE JURIDIQUE, *Rapport sur les indicateurs clés des services correctionnels pour adultes.* [statcan.gc.ca/pub/85-002-x/2014001/article/14007/tbl/tbl02-fra.htm] (modifié le 12 mai 2014).

Surveillance dans la collectivité			
Probation [3]	98 051	61	361
Condamnation avec sursis [3]	12 528	8	46
Libération conditionnelle totale	3 603	2	13
Libération d'office	3 447	2	12
Semi-liberté [2]	1 346	1	5
Surveillance à long terme [2]	350	0	1
Libération conditionnelle provinciale [4]	626	0	2
Total de la surveillance dans la collectivité [5]	119 952	75	429
Total des services correctionnels [5]	159 631	100	571

1. Les taux sont calculés pour 100 000 adultes de 18 ans et plus.

2. Il faut faire preuve de prudence lorsque l'on interprète la variation du taux en pourcentage de 2003-2004 à 2012-2013, car les données de 2003-2004 sur la surveillance dans la collectivité fournies par Service correctionnel Canada excluent les personnes qui étaient placées sous garde temporaire au moment du dénombrement.

3. Les comptes et les taux excluent la Nouvelle-Écosse en raison de l'indisponibilité des données. Le calcul de la variation du taux en pourcentage de 2003-2004 à 2012-2013 exclut la Nouvelle-Écosse et les Territoires du Nord-Ouest en raison de l'indisponibilité des données pour une partie de la période couverte.

4. Reflète les données pour le Québec et l'Ontario seulement, soit les seules provinces disposant actuellement de leur propre commission des libérations conditionnelles. Dans les autres provinces et territoires, Service correctionnel Canada assure la surveillance des contrevenants bénéficiant d'une libération conditionnelle d'un établissement provincial ou territorial. Les comptes de 2003-2004 de la Colombie-Britannique sont exclus, puisque ce secteur de compétence n'a plus sa propre commission des libérations conditionnelles. L'ensemble de la population adulte a servi au calcul des taux.

5. Le calcul de la variation du taux en pourcentage par rapport à 2003-2004 exclut la surveillance à long terme de détenus sous responsabilité fédérale. Les comptes et les calculs de la variation du taux en pourcentage excluent les données sur la surveillance dans la collectivité pour la Nouvelle-Écosse en raison de l'indisponibilité des données. Le calcul de la variation du taux en pourcentage de 2003-2004 à 2012-2013 exclut les données sur la surveillance dans la collectivité pour les Territoires du Nord-Ouest. Les taux sont calculés pour l'ensemble de la population adulte.

Note : En raison de l'arrondissement, il se peut que la somme des chiffres ne corresponde pas au total. Les pourcentages et les taux sont calculés à partir des nombres non arrondis. En raison des différentes populations utilisées pour le calcul des taux vu l'indisponibilité des données de certains secteurs de compétence pour certains types de surveillance, la somme des taux ne correspond pas au taux total qui est calculé pour l'ensemble de la population adulte.

Pour ce qui est des jeunes, « au cours d'une journée typique », 14 800 jeunes de 12-17 ans se trouvaient sous la surveillance du système correctionnel en 2010-2011, dont 90 % dans la collectivité. Ces données excluent le Québec (environ 1 000 jeunes)[273] (Tableau 6).

Tableau 6

COMPTES MOYENS DES JEUNES SOUS SURVEILLANCE CORRECTIONNELLE, SELON LE TYPE DE SURVEILLANCE, CANADA, 2012-2013 [274]

Type de surveillance	2012-2013		
	nombre	pourcentage	Taux [1]
Placement sous garde			
Détention après condamnation	638	5	34
Placement sous garde en milieu fermé	351	3	19
Placement sous garde en milieu ouvert	287	2	15
Détention avant procès	707	5	38
Détention provisoire sous la surveillance du directeur provincial	26	0	1
Total pour la détention	**1 371**	**11**	**73**
Surveillance dans la collectivité [2]			
Probation	10 498	81	577
Partie communautaire d'une ordonnance de garde et de surveillance	404	3	22
Ordonnance différée de placement sous garde et de surveillance [2]	327	3	18
Programme d'assistance et de surveillance intensives [2]	305	2	17
Total pour la surveillance dans la collectivité [3]	**11 534**	**89**	**634**
Total pour les services correctionnels [4]	**12 904**	**100**	**685**

1. Les taux sont calculés pour 100 000 jeunes de 12 à 17 ans.
2. Les ordonnances différées de placement sous garde et de surveillance et les programmes d'assistance et de surveillance intensives sont des programmes de surveillance dans la collectivité ayant fait leur apparition avec la mise en œuvre de la Loi sur le système de justice pénale pour les adolescents en avril 2003.
3. Les comptes et les taux excluent la Nouvelle-Écosse en raison de l'indisponibilité des données. Le calcul de la variation du taux en pourcentage de 2003-2004 à 2012-2013 exclut la Nouvelle-Écosse et les Territoires du Nord-Ouest en raison de l'indisponibilité des données pour une partie de la période couverte.
4. Les comptes excluent les données sur la surveillance dans la collectivité de la Nouvelle-Écosse. La variation du taux en pourcentage de 2003-2004 à 2012-2013 exclut également les données sur la surveillance dans la collectivité des Territoires du Nord-Ouest. En raison des différentes populations utilisées pour le calcul des taux vu l'indisponibilité des données de certains secteurs de compétence pour certains types de surveillance, la somme des taux ne correspond pas au taux total qui est calculé pour l'ensemble de la population des jeunes de 12 à 17 ans (excluant le Québec).

Note : Exclut le Québec en raison de l'indisponibilité des données. En raison de l'arrondissement, il se peut que la somme des chiffres ne corresponde pas au total. Les pourcentages et les taux sont calculés à partir des nombres non arrondis.

---

273. M. DAUVERGNE, *Statistiques sur les tribunaux de la jeunesse au Canada, 2011-2012*, Ottawa, Statistique Canada, 2013 [statcan.gc.ca/pub/85-002-x/2013001/article/11803-fra.pdf] (25 avril 2014).

274. STATISTIQUE CANADA, CENTRE CANADIEN DE LA STATISTIQUE JURIDIQUE, *Rapport sur les indicateurs clés des services correctionnels pour les jeunes*. [statcan.gc.ca/pub/85-002-x/2014001/article/14007/tbl/tbl04-fra.htm] (modifié le 12 mai 2014).

Au Québec, 16 centres jeunesse s'occupent des jeunes qui leur sont référés sous la *Loi sur le système de justice pénale pour les adolescents* (LSJPA). Une minorité est en détention, car la philosophie de ces centres d'intervention est davantage centrée sur l'aide plutôt que sur la punition (voir encadré).

Les Centres jeunesse au Québec[275]

La province de Québec a adopté une approche unique en matière de justice pour les jeunes. Bien plus que les autres provinces canadiennes, le Québec a favorisé une approche fondée sur la protection et le bien-être de l'enfance pour s'occuper des jeunes présentant un risque de récidive. Le Québec a toujours défendu le principe du développement social ; la réadaptation et la réinsertion étant les principaux objectifs. La province a recours à la déjudiciarisation des jeunes et aux peines autres que l'incarcération depuis la fin des années 1970, lorsque la Loi sur la protection de la jeunesse du Québec est entrée en vigueur.

Au Québec, les centres jeunesse, répartis dans la province, sont responsables des jeunes qui ont besoin de protection ainsi que des jeunes ayant des démêlés avec la justice, qui relèvent du mandat du directeur provincial (jeunes contrevenants). Ces organismes paragouvernementaux sont presque entièrement financés par le ministère de la Santé et des Services sociaux (MSSS). Ils fournissent un éventail de services aux enfants, aux jeunes et à leur famille, y compris aux jeunes de 18 ans et moins visés par la LSJPA et la Loi sur la protection de la jeunesse du Québec. En fait, les services aux jeunes sont fondés sur le principe suivant : il n'y a que très peu de différence entre les services fournis aux enfants et aux jeunes qui ont besoin de protection et ceux dont ont besoin les jeunes délinquants. Au Québec, on part donc du principe que les jeunes délinquants sont des enfants et des jeunes qui en sont à une étape de leur développement où ils ont besoin d'un soutien spécial. On considère qu'ils sont susceptibles de commettre des erreurs, qu'ils ont des besoins spéciaux et qu'il faut leur fournir un milieu structuré et des conseils pour qu'ils puissent grandir et acquérir de la maturité.

---

275. Sécurité publique Canada, *Pratiques exemplaires de travail auprès des jeunes délinquants multirécidivistes au Canada : Rapport sommaire*, 2010 [securitepublique. gc.ca/res/cp/res/bpcp-ptjd-fra.aspx] (25 juillet 2013).

Cette approche québécoise, utilisée même dans le cas des jeunes multirécidivistes, porte ses fruits.

> Le caractère unique de l'approche en matière de justice applicable aux jeunes utilisée au Québec se manifeste par le fait que [...] la province a obtenu le taux d'accusation des jeunes le moins élevé au pays et le taux d'accusation des jeunes le moins élevé dans le cas des crimes avec violence. Le taux de déjudiciarisation était déjà élevé dans la province lorsque la *Loi sur les jeunes contrevenants* était en vigueur, et le taux demeure élevé depuis l'entrée en vigueur de la LSJPA [*Loi sur le système de justice pénale pour adolescents*][276].

La volonté de maintenir cette approche avec les jeunes est ce qui a amené le Québec à se quereller vivement avec le fédéral qui désirait un durcissement de la LSJPA, en 2010.

Rôle des criminologues : aide et contrôle

Dans les milieux de détention, les criminologues ont la responsabilité d'évaluer les détenus au début de leur séjour pour décider de leur parcours correctionnel. Par la suite, cette évaluation sert à décider du plan correctionnel, des permissions de sortie, des conditions à cette sortie, des transferts d'un pénitencier à sécurité maximum vers un niveau moindre de sécurité ou l'inverse, de l'accès aux visites familiales, etc. En surveillance dans la collectivité, cette évaluation de la personne judiciarisée continue de décider du parcours de cette personne. Ainsi, ces évaluations sont au cœur du travail des criminologues. Comme nous le verrons, la manière de faire ces évaluations est ce qui modifiera le plus leur travail, au cours des années 1990.

---

276. *Ibid.*

Dans la collectivité, les personnes qui font l'objet d'une peine d'incarcération de deux ans et plus sont surveillées lors de leur libération par des agents de libération conditionnelle du fédéral. Les personnes qui font l'objet d'une sentence dans la collectivité ou qui terminent leurs peines dans la collectivité à la suite d'une incarcération de moins de deux ans sont gérées par les provinces à l'aide d'agents de probation.

Le travail du criminologue auprès des justiciables se définit dans une double fonction : déterminer les programmes et les soutiens les plus aptes à faciliter la réinsertion sociale (fonction d'aide), et demeurer un agent du système pénal pour veiller au respect des normes établies et des conditions ordonnées (fonction de contrôle).

À leur arrivée dans le système pénal, les criminologues tendent généralement à faire prédominer la fonction d'aide. Toutefois, avec les années, la fonction de contrôle prend de plus en plus de place et modifie leurs pratiques. Lalande[277] explique, dans une étude auprès d'agents de probation, les éléments qui mènent à ce passage vers la primauté du contrôle.

Comme tout employé, l'agent de probation reçoit dès son recrutement les documents officiels qui définissent ses fonctions, ses tâches. S'ajouteront à ces connaissances écrites les connaissances transmises par les autres agents dans leurs pratiques et les commentaires du superviseur qui le prend en charge, ayant la tâche de vérifier si son travail « s'effectue selon les normes, les visions établies et la pratique coutumière dans le lieu de travail[278] ». Cette prise en charge est d'autant plus aisée que la recrue est encore très anxieuse sur les manières d'opérer, qu'elle veut apprendre et *doit* apprendre, car les agents de probation sont généralement en

---

277. P. LALANDE, « Comment devient-on "réaliste" ? Une étude sur la trajectoire mentale des agents de probation », *Déviance et Société*, vol. 14, n° 1, 1990, p. 17-38.

278. *Ibid.*, p. 27.

période d'essai pour une année, histoire de savoir s'ils sauront répondre adéquatement à cette double fonction d'aide et de contrôle.

Le rapport présentenciel (RPS) joue un rôle clé dans le processus d'institutionnalisation où prime le contrôle sur l'aide, car la recrue apprendra rapidement que ce rapport n'a pas pour fonction première d'aider le justiciable, mais le juge dans sa décision à l'égard du justiciable. Ainsi, par ces rapports présentenciels, l'agent fera l'apprentissage des exigences de l'institution pénale. Et il n'a pas le choix. Ce rapport est visible et manipulé par d'autres que lui : juges, avocats, confrères, superviseur. Par ce rapport, il sera évalué sur la qualité de son travail et construira ainsi sa crédibilité comme agent, et il le sait :

> La visibilité engendre donc ici un souci *de bien vouloir faire son travail* et c'est à ce moment que l'on se soumet sans peine aux procédures d'apprentissage de construction des rapports présentenciels, procédures qui sont l'objet d'un contrôle très sévère[279].

Faire un *bon* rapport signifie apprendre à faire de bonnes enquêtes sur son *client* de manière à ce que les renseignements dans le rapport ne soient pas mis en doute. Cette crainte d'être mis en doute dans les renseignements à fournir modifie déjà son rapport avec le probationnaire, car l'agent de probation veut éviter d'être *berné* par lui. Le cumul de ces renseignements a un but précis, demandé par le juge, soit l'*évaluation de la possibilité de récidive*. Ainsi, dès qu'un risque de récidive est soupçonné, il vaut mieux jouer de prudence pour ne pas se faire dire que l'on s'est trompé dans cette évaluation, si une récidive survenait. Le superviseur aidera la nouvelle recrue à faire correctement son enquête en ce sens :

---

279. *Ibid.*, p. 30.

> [...] dans cette recherche méthodique, on prendra bien soin d'apprendre au nouveau venu à développer un esprit de soupçon et de distance au cours de son travail d'inquisition, et ce, pour pallier, d'une part, la naïveté du débutant et, de l'autre, la tendance qu'ont généralement les recrues à vouloir sauver les gens[280].

Ce processus d'enquête nécessaire à la rédaction du rapport et à l'évaluation de sa crédibilité professionnelle sur la capacité de prédiction de la récidive modifie profondément la relation entre l'agent et les probationnaires au fur et à mesure de la rédaction des rapports, et ce, d'autant plus rapidement que l'agent a connu des *échecs* dans sa volonté de donner la primauté à l'aide sur le contrôle. Le premier échec est bien sûr la récidive pendant la probation qui, dans le contexte pénal, est souvent perçue comme une erreur de jugement de l'agent. Le second est le *bris de complicité* d'un *contrat de tolérance* entre l'agent et le probationnaire, bris que l'agent ressent souvent comme une *trahison* de la relation d'aide.

> Nous allons illustrer maintenant l'échec du contrat de tolé-rance. Les agents de probation utilisent parfois une grille de questions lors des entrevues. Ces questions concernent, entre autres, les problématiques à propos de la consommation d'alcool ou [d'autres] drogues. Parfois, et pour diverses raisons, les clients vont avouer qu'ils consomment drogue [illicite] ou alcool. Dans certains cas, l'agent va juger que la consommation du client ne représente pas un problème sérieux et n'en tiendra pas compte ni dans son intervention ni dans son dossier. Le problème cependant peut émerger lorsque le justiciable se fait arrêter en possession de drogues illicites et dit aux policiers, ou pire encore au juge lors de sa comparution, que « mon agent de probation était au courant ». [...] À ses débuts, l'agent avait donc tendance à prendre

---

280. Ibid., p. 32.

l'évènement comme un échec de son intervention, alors qu'avec l'expérience, on mettra la responsabilité de cet échec sur le client[281].

Enfin, le troisième échec est le refus, ou du moins la *résistance passive* du probationnaire à l'égard de l'aide offerte par l'agent. En effet, pour le probationnaire, l'agent est une autre figure de contrôle du système pénal. Il sait que l'agent va écrire des renseignements dans son rapport qui auront un impact direct sur la suite de sa vie et que l'agent doit satisfaire le commanditaire pénal d'abord et avant tout : « Ce problème semble difficile à dépasser pour le praticien, car si, d'une part, il est naïf de croire que l'on ne sera pas dupé, il l'est tout autant de penser que l'aide se verra d'emblée acceptée[282]. »

En somme, la relation de confiance nécessaire à une bonne relation d'aide est déjà faussée au départ dans un contexte de surveillance correctionnelle par l'objectif de sortie du client, qui l'amène à vouloir bien paraître en fonction des attentes du système, et l'objectif de carrière du criminologue, qui se fonde essentiellement sur sa fonction de contrôle, où le probationnaire est objet d'enquête, d'abord et avant tout. Considérant cette double fonction du criminologue, Berlinguette[283] explique qu'il est important d'établir clairement, dès le départ, avec le probationnaire ou la personne libérée sous conditions, que cette fonction de contrôle n'est pas négociable au regard des exigences du système, que la relation d'aide doit s'inscrire à l'*intérieur* de ces contrôles. De cette manière, de part et d'autre, on connaît davantage les limites dans lesquelles on articule l'aide.

---

281. *Ibid.*, p. 36.
282. *Ibid.*, p. 36.
283. G. Berlinguette, « Comment concilier la gestion du risque et la prise en compte du contrevenant ? » *Questions de criminologie* (dir. Jean Poupart, Denis Lafortune, Samuel Tanner), Montréal, Les presses de l'Université de Montréal, 2010, p. 117-124.

La justification de ses décisions

Jusqu'aux années 1990 :
Évaluation de la dangerosité du justiciable

Au tournant du XXe siècle, la notion de dangerosité, comme nous l'avons vu, a servi au mouvement de Défense sociale à justifier les politiques criminelles sur la base que le système pénal avait pour fonction la protection de la société contre la dangerosité des criminels, modifiant ainsi la signification de la responsabilité pénale[284]. Sur le plan clinique, en prolongation des théories de la personnalité criminelle, la notion de dangerosité « a été conçue comme l'expression ou le reflet de failles de la personnalité ou du milieu de vie. Ces failles devaient permettre d'expliquer le passage à l'acte et de différencier le délinquant du non-délinquant[285] ». Ainsi, cette notion de *dangerosité* fait de la personne judiciarisée un être à part au regard des autres citoyens, *supposément non délinquants*. Cela s'est traduit sur le terrain, au fur et à mesure de la multiplication des intervenants dans le système pénal, en divers outils d'évaluation auxquels on a donné un statut scientifique permettant de justifier les diverses prises de décision sur un individu, selon sa plus ou moins grande *dangerosité*. Toutefois, la prétention scientifique de ces instruments de mesure fut grandement contestée par de nombreuses études[286]. C'est ce qui a amené Dozois et ses collaborateurs[287] à rencontrer des criminologues pour connaître l'usage qu'ils faisaient de cette notion dans le cadre de leurs pratiques en milieu adulte : probation, détention, libération conditionnelle.

---

284. J. DANET, « La dangerosité, une notion criminologique, séculaire et mutante », *Champ pénal/Penal Field*, vol. V, 2008 [champpenal.revues.org/6013] (11 mai 2014).

285. J. DOZOIS ET COLLAB., « Dangerosité et pratique criminologique en milieu adulte », *Criminologie*, vol. 17, no 2, 1984, p. 27-28.

286. J. POUPART ET COLLAB., « L'expertise de dangerosité », *Criminologie*, vol. 15, no 2, 1982, p. 7-25.

287. J. DOZOIS ET COLLAB., *op. cit.*

Selon les résultats de cette enquête, cette notion possède un double sens chez les criminologues travaillant dans le secteur de la détention : soit la *dangerosité carcérale,* à l'intérieur des murs, et la *dangerosité sociale,* à l'extérieur des murs :

> Pour illustrer la différence faite entre la dangerosité sociale et la dangerosité carcérale [...], le chef de la mafia ou le pédophile fonctionneraient relativement bien à l'intérieur des murs alors qu'ils constituent une menace à l'extérieur. À l'inverse, certains détenus, auteurs de délits mineurs, acceptent mal de faire du temps et à ce titre, présentent un potentiel de dangerosité [carcérale] plus grand[288].

Étonnamment, ils constatent que, quel que soit leur milieu de pratique, les criminologues sont conscients que cette notion ne repose pas sur certains actes ou individus en particulier, qu'elle est floue et *vague,* « qu'il n'existe pas d'instruments sûrs pour la mesurer » et qu'elle est ainsi « sujette à la subjectivité des praticiens[289] ». Cela ne les empêche pas, toutefois, de l'utiliser abondamment pour justifier leurs décisions, car ils doutent peu de leur capacité de faire cette évaluation. Les critères qu'ils utilisent pour qualifier un individu de plus ou moins dangereux relèvent de leurs préjugés, de leur évaluation de l'origine des actions illégales et des possibilités de changement de la personne, du contexte social et politique particulier par rapport à certains actes illégaux et enfin... de l'impact de leur décision sur leur carrière. En effet, cette évaluation de la dangerosité, tout comme le rapport présentenciel, sert de *prédicteur* à la récidive, et une évaluation erronée à cet égard diminue la crédibilité de la personne qui a fait l'évaluation. Cette situation fait qu'au fil de la carrière, l'évaluation de la dangerosité devient de plus en plus conservatrice. Il vaut mieux de faux

---

288. *Ibid.,* p. 39.
289. *Ibid.,* p. 40-41.

positifs, qui ne représentent aucune menace, mais qui ont été qualifiés de dangereux, que de faux négatifs, qui deviennent de nouveau visibles au système par la commission d'une infraction, et que le criminologue n'a pas su voir venir, ce qui viendra entacher sa crédibilité professionnelle.

Depuis les années 1990 :
les nouveaux outils actuariels d'évaluation

Depuis une trentaine d'années, l'usage de la notion de *dangerosité* est de plus en plus réservé à certains cas pénaux avec des problématiques jugées presque *incorrigibles*, et qui se traduisent par des sentences aux peines indéfinies parce que les personnes furent classées comme *délinquants dangereux*. Cette notion de *dangerosité* fut graduellement remplacée dans l'évaluation des criminologues par des outils actuariels d'*évaluation du risque*[290], « techniques prétendues plus scientifiques et objectives[291] ».

Est-ce que ces *tendances actuarielles* des dernières années, fondées sur la *gestion du risque*, ont amélioré les évaluations cliniques et facilité le travail des criminologues ? Au contraire. Elles font porter un poids supplémentaire sur la fonction de contrôle au détriment de la fonction d'aide[292]. En effet, ces outils actuariels évaluant le potentiel de risque, *à partir desquels ils*

---

290. À l'origine, ces outils actuariels étaient des méthodes mathématiques et statistiques d'évaluation du risque à long terme dans le milieu des assurances et de la finance. La nouveauté ici est d'utiliser ces modèles mathématiques dans les évaluations du risque en milieu correctionnel pour prédire le comportement futur d'un justiciable.

291. C. ADAM, « Observations critiques d'un clinicien criminologue autour du texte programmatique de Samuel Lézé », *Champ pénal/Penal Field*, vol. V., par. 27 [champpenal.revues.org/6333] (4 novembre 2012).

292. Y. DANDURAND ET COLLAB., *Violation des conditions de la mise en liberté, suspension et révocation de la mise en liberté sous condition : analyse comparée*, Vancouver, Centre international pour la réforme du droit criminel et la politique en matière de justice pénale, 2008. Et B. QUIRION, « Le détenu autonome et responsable : la nouvelle cible de l'intervention correctionnelle au Canada », *Revue de droit pénal et de criminologie*, p. 805-822.

doivent justifier leurs décisions, s'inscrivent de plus en plus dans des modèles où la réinsertion sociale réussie se réduit au respect des conditions de mise en liberté[293]. Ce discours masque ainsi les difficultés sociales et personnelles à l'origine de plusieurs des problématiques vécues par les justiciables et traduit en simple question de volonté leur capacité de changer. Comme il a été souligné par le Service correctionnel Canada[294], ces « outils objectifs fournissent aux détenus des critères de comportement précis et leur indiquent comment ils peuvent se voir attribuer une cote de sécurité moins élevée ».

Ces outils effectuent une évaluation non seulement sur les risques pour la sécurité, *facteurs de risque statiques*, mais portent sur la situation d'emploi, les relations conjugales et familiales, les fréquentations sociales, la toxicomanie, le comportement dans la collectivité, l'orientation personnelle et affective ou l'attitude pour les traduire en *besoins criminogènes, facteurs de risque dynamiques*, c'est-à-dire générateurs de risques s'ils ne correspondent pas aux normes. Ainsi, ils effacent la responsabilité institutionnelle de répondre à des besoins comme la santé mentale, la scolarisation, etc., et amènent la perte d'une interrogation sur l'environnement du justiciable, comme si les inégalités sociales et la plus ou moins grande présence de programmes sociaux n'avaient aucun rôle dans les comportements problématiques :

---

293. J.-F. CAUCHIE, « De l'usage du risque dans le gouvernement du crime », *Champ pénal/ Penal Field*, Vol. II, 2005, par. 21 [champpenal.revues.org/80] (5 novembre 2012). Et Y. DANDURAND ET COLLAB., *op. cit.* et M. VACHERET ET COLLAB., « Le système correctionnel canadien et la nouvelle pénologie : la notion de risque », *Déviance et Société*, vol. 22, n° 1, 1998, p. 37-50.

294. K. BLANCHETTE, « Réévaluation de la cote de sécurité des délinquants : augmentation du potentiel de réinsertion sociale », *Forum – Recherche sur l'actualité correctionnelle*, vol. 13, n° 1, Service correctionnel Canada, 2012 [csc-scc.gc.ca/publications/forum/ e131/131k_f.pdf] (26 juillet 2013).

en effet, le dispositif thérapeutique, tel qu'il se déploie aujourd'hui dans les institutions correctionnelles, considère le criminel avant tout comme un individu à risques et complètement déraciné de son contexte social. [...] En considérant désormais le délinquant comme formé d'un cumul de failles et de manquements cognitifs (désignés aussi en termes de facteurs de risque), on perd nécessairement de vue le processus plus général de la socialisation et les facteurs sociaux qui contribuent à rendre certains individus plus vulnérables en regard de la désaffiliation sociale[295].

La multiplication et le durcissement des conditions à respecter par le justiciable, comme nous l'avons vu, accroissent l'enfermement pour non-respect de conditions. De plus, ces conditions à respecter peuvent également se jumeler à des outils de contrôle comme l'analyse d'urine et la surveillance électronique. Quand des conditions brisées entraînent un retour dans les murs, cela peut interrompre un processus de réinsertion sociale qui, de manière générale, se déroulait assez bien. Toutefois, le criminologue a de moins en moins son mot à dire sur le processus de réinsertion du justiciable, ces outils et cette fonction de surveillance guidant les décisions.

Le résultat global est que la présence de cette technologie de surveillance et de ces « outils actuariels expose leurs utilisateurs à des évaluations de moindre qualité[296] ». Comme cette gestion actuarielle oblige à se justifier dans des schémas prédéterminés pour produire des normes nationales de rendement[297], la logique de l'uniformité prend le dessus sur l'intervention clinique individualisée auprès du justiciable pour mieux répondre à ses besoins :

---

295. B. QUIRION, « Traiter les délinquants ou contrôler les conduites : le dispositif thérapeutique à l'ère de la nouvelle pénologie », *Criminologie*, vol. 39 n° 2, 2006, p. 137-163.

296. F. BÉRARD, « La criminologie clinique à l'épreuve des politiques : une pratique en perte ou en quête d'identité ? », *Questions de criminologie* (dir. Jean Poupart, Denis Lafortune et Samuel Tanner), Montréal, Les presses de l'Université de Montréal, 2010, p. 125-134.

297. Y. DANDURAND ET COLLAB., *op. cit.*

L'approche technobureaucratique mise sur la *technique* et sur la *règle* pour faire face aux diverses situations qu'elle a à traiter. D'une part, elle fait appel tant à des technologies d'intervention (par exemple, des outils actuariels et des programmes préformatés) qu'à des technologies informatiques (par exemple, un système de gestion des détenus) pour encadrer le travail d'évaluation et d'intervention auprès des personnes contrevenantes. D'autre part, elle s'appuie sur un ensemble de normes et de procédures afin d'assurer une uniformisation des processus de travail. Dans cette approche, on vise à gérer la sentence de façon rationnelle. Malheureusement, l'accent est mis davantage sur les moyens que sur les fins, ce qui tend à induire des comportements ritualistes chez les intervenants, ces derniers se retrouvant confrontés à une logique essentiellement managériale plutôt que clinique. [...] cela fait en sorte que, peu importe la personne avec laquelle on transige, celle-ci va être traitée de façon similaire à une autre plutôt que de bénéficier d'un traitement personnalisé[298].

Cette justification de leurs interventions à l'intérieur de ces nouvelles grilles d'évaluation du risque accapare également beaucoup du temps des criminologues, autrefois consacré à l'aide au justiciable :

Au début des années 1980, on passait beaucoup de temps avec le contrevenant. On l'accompagnait, on l'aidait dans ses différentes démarches. On était très, très présent auprès de lui. On devait faire certains rapports qui confirmaient ou expliquaient les interventions qu'on avait faites. Aujourd'hui, on passe beaucoup plus de temps à justifier nos interventions, à dire pourquoi on a pris une orientation plutôt qu'une autre. Le temps passé à justifier nos actions, c'est du temps qui n'est pas disponible pour l'intervention[299].

---

298. F. BÉRARD, *op. cit.*
299. G. BERLINGUETTE, *op. cit.*, p. 123.

Malgré tout, les criminologues mettent de plus en plus ces outils au centre des justifications de leurs interventions, car, même s'ils sont conscients de leur faiblesse, ils les protègent professionnellement : « Entre un score statistique considéré comme infaillible et un jugement clinique qui pourrait être contesté, plusieurs feront le choix qui s'impose à eux "logiquement[300]" », soit se cacher derrière ces évaluations actuarielles pour justifier leurs décisions : « À cet égard, la tendance au managérialisme et à la gestion des risques qui caractérise l'intervention correctionnelle depuis le dernier quart du XXe siècle aurait aussi contribué à redéfinir le rôle et les responsabilités attribués aux professionnels de l'intervention[301]. » Cette tendance s'inscrit dans la *nouvelle pénologie*.

La nouvelle pénologie

L'intervention correctionnelle a toujours annoncé qu'elle voulait « protéger la société en se donnant pour objectif de réduire ou d'empêcher la récidive[302] ». Toutefois, la signification de la réhabilitation, dans cet objectif, a changé. Jusqu'aux années 1950, il s'agissait de réformer moralement l'individu par le travail. Par la suite, un discours de réinsertion sociale s'est ajouté, discours valorisant l'intégration à la communauté par la réponse à certaines déficiences et l'acquisition de certaines compétences nécessaires à cette intégration :

---

300. F. Bérard, *op. cit.*, p. 132.

301. B. Quirion et collab., « Le système pénal et la (dé) responsabilisation des acteurs », *Déviance et Société*, vol. 36, n° 3, 2012, p. 237.

302. B. Quirion, « Réformer, réadapter ou responsabiliser le détenu. Analyse des enjeux normatifs rattachés à l'intervention correctionnelle au Canada », *Déviance et Société*, vol. 36, n° 3, 2012, p. 342.

> Ce que l'on vise à travers la réadaptation [dans ce discours],
> c'est bien sûr de produire des individus respectueux de la loi ;
> mais au-delà de cet appel à la conformité, on retrouve aussi
> ce souci pour une meilleure intégration dans le milieu [...] de
> façon à ce qu'il [le justiciable] soit en mesure de retrouver sa
> place dans la société[303].

Puis, délaissant le modèle de réinsertion sociale vers cette *nouvelle pénologie*, au cours des années 1990, on assiste à une nouvelle manière de concevoir le crime et d'administrer la peine. Le crime est de moins en moins conçu comme un acte volontaire de passage à l'acte où il faut identifier les facteurs individuels et les conditions de l'environnement sur lesquels il faut agir afin d'éviter sa répétition. Il est défini

> comme une probabilité statistique plutôt que comme une
> transgression. La pénalité cherche non pas à répondre à des
> déviances individuelles ou à des problèmes sociaux, mais
> à réguler les niveaux de déviances, à minimiser les occur-
> rences et les conséquences négatives des crimes, à rendre le
> crime tolérable par une gestion systémique[304].

Ainsi, même si cette nouvelle pénologie a peu d'écho dans le discours médiatique et populaire sur le crime, elle transforme graduellement les discours et les pratiques des professionnels du système pénal par sa conception du crime et sa gestion des personnes judiciarisées, devenues des *profils de risque* à l'intérieur de sous-groupes identifiés par les outils actuariels. Avec l'usage de ces outils, les criminologues se retrouvent plus souvent confrontés à des injonctions de *rentabilité et de performance* au regard de cette

---

303. *Ibid.*, p. 347.
304. T. SLINGENEYER, « La nouvelle pénologie, une grille d'analyse des transformations des discours, des techniques et des objectifs dans la pénalité », *Champ pénal/Penal field*, vol. IV, 2007, par. 14 [champpenal.revues.org/2853] (12 décembre 2012).

gestion du risque[305]. Quant à la personne judiciarisée, elle devient responsable de trouver des solutions à ses problèmes, sans *dépendre de la communauté* pour bien fonctionner. En ce sens, les tendances actuelles de la *nouvelle pénologie* constituent une réponse politique au tournant néo-libéral des années 2000, où l'État désinvestit le secteur social.

Être criminologue avec une perspective critique signifie se positionner en tant qu'acteur qui, chaque fois que c'est *possible*, cherche à sortir de la logique de contrôle pour comprendre dans leur complexité les problèmes que vit la personne judiciarisée et qui l'ont rendue vulnérable, afin de mieux répondre à ses besoins. Toutefois, la nouvelle pénologie a rendu plus difficile cette capacité d'aide pour les criminologues travaillant sous mandat correctionnel. Les outils actuariels s'accompagnent d'une exigence de visibilité et d'uniformité, qui les mettent plus à risque lorsqu'ils veulent déroger de leurs résultats au profit d'une aide qu'ils perçoivent autrement[306].

---

305. M. JENDLY, « Performance, transparence et accountability : une équation responsabilisante des professionnels exerçant en prison », *Déviance et Société*, vol. 36, n° 3, 2012, p. 243-262.

306. T. SLINGENEYER, *op. cit.*

Questions de révision

1. Quelles sont les deux fonctions des criminologues auprès des justiciables ?

2. De quelle manière le rapport présenciel joue-t-il un rôle clé dans le processus d'institutionnalisation à l'idéologie pénale chez les agents de probation ? En quoi la rédaction de ces rapports modifie-t-elle la relation avec le probationnaire ?

3. Quels sont les « échecs » qui accélèrent chez l'agent de probation son intégration à la fonction de contrôle ?

4. Pourquoi la confiance, nécessaire à une bonne relation d'aide, est-elle déjà faussée dès le départ si celle-ci est inscrite dans une surveillance correctionnelle ? Que recommande Berlinguette (2010) à cet effet ?

5. Pourquoi au fur et à mesure de la carrière du criminologue, l'évaluation de la dangerosité d'un justiciable a-t-elle tendance à devenir de plus en plus conservatrice ?

6. Est-ce que les *tendances actuarielles* des dernières années fondées sur la *gestion du risque* ont amélioré les évaluations cliniques et facilité le travail des criminologues ? Justifiez votre réponse.

7. Pourquoi l'intervention individualisée auprès du justiciable pour mieux répondre à ses besoins a-t-elle diminué avec ces outils actuariels ?

8. Pourquoi de plus en plus de criminologues mettent-ils ces outils actuariels au centre des justifications de leurs interventions, même s'ils sont conscients de leur faiblesse ?

9. Quelles sont les trois grandes périodes de l'intervention correctionnelle selon Quirion (2012) ?

10. Que devient la personne judiciarisée à l'intérieur des pratiques issues de la nouvelle pénologie, et quelle est la principale conséquence de cette situation ?

Question de réflexion

La nouvelle pénologie rend plus difficile le travail du criminologue sur le terrain dans une perspective critique. Expliquez.

Discussion de cas

Aide/contrôle

Vous êtes agent de probation et M. Hulot, un de vos probationnaires (condamnation avec sursis et probation de deux ans) depuis six mois, va très bien. Nouveaux liens avec sa femme et ses deux jeunes enfants qui se montrent ravis de ce changement, travail stable qui assure un revenu et même un suivi de cours de perfectionnement deux soirs par semaine où il est présent sans faute. Vous faites une visite chez lui sans prévenir, un soir où il n'a pas de cours et où les enfants logent chez une amie, dont c'est l'anniversaire. Un joint de cannabis est sur la table avec un briquet et un cendrier et l'odeur est encore présente dans la pièce.

Écrirez-vous dans son dossier ce non-respect des conditions ?

Sinon, expliquez les risques que vous prenez.

Si oui, quelles recommandations inscrirez-vous, eu égard à sa sentence, et comment présenterez-vous le tout au tribunal ?

TROISIÈME PARTIE

Criminologie : problématiques contemporaines

CHAPITRE IX

Femmes et justice pénale

L a mouvance féministe s'est traduite dans les années 1970 « par l'introduction de productions criminologiques féministes qui s'alimentent à la fois aux réflexions et mouvement théoriques dans la discipline et aux apports féministes en dehors du champ criminologique[307] ».

Cette criminologie féministe s'est initialement préoccupée de la négligence des études en criminologie à considérer la situation des femmes pour y inclure les rapports sociaux de sexe dans la compréhension de leurs relations avec le pénal. Ainsi, la criminologie féministe n'est pas un ajout de données sur les femmes judiciarisées à l'intérieur d'une criminologie globalement pensée par et pour les hommes. Elle est un regard différent qui cherche, d'une part, à contextualiser la situation des femmes judiciarisées dans les rapports sociaux de sexe afin de renouveler les politiques à leur égard, et d'autre part, à prendre en compte la réaction du pénal à l'égard de la violence que les femmes subissent[308]. L'inclusion dans ce courant criminologique de facteurs politiques, économiques et sociaux à partir de l'univers social des femmes mène

---

307. C. PARENT, « La contribution féministe à l'étude de la déviance en criminologie », *Criminologie*, vol. 25, n° 2, 1992, p. 73.

308. H. JOHNSON, M. DAWSON, *Violence Against Women in Canada : Research and Policy Perspectives*, Toronto, Oxford University Press, 2011.

donc rapidement à « des propositions de réformes qui visent à donner du pouvoir aux femmes en général et aux femmes justiciables en particulier[309] ».

Toutefois, à l'image de la dissociation opérée par les socialistes du XIXᵉ siècle entre les conditions de vie des ouvriers et les conditions de production des définitions du crime[310], dans les années 1970 et 1980, cette criminologie féministe tendra à s'inscrire dans la criminologie traditionnelle *du passage à l'acte*, soit celle qui considère le crime comme une réalité objective. Cette criminologie féministe cherchera les causes de la criminalité des femmes dans leurs conditions de vie et les manières de la diminuer en améliorant leur situation de pouvoir.

Quand cette criminologie féministe s'articulera davantage autour d'une perspective critique en criminologie, de nombreuses recherches se pencheront sur le contrôle des femmes dans les définitions mêmes de la déviance féminine – les recherches sur les travailleuses de sexe[311], par exemple –, de la réaction sexiste du pénal à l'égard de la violence qu'elles subissent – les recherches sur le traitement pénal des agressions sexuelles, par exemple –, ou encore dénonceront le silence sur des violences que l'on considérait jusque-là relativement *privées* – les recherches sur la violence conjugale.

Cette criminologie féministe conduit ainsi à

des propositions pratiques de changement qui vont de la réorientation des recherches dans le champ criminologique, aux réformes du système de justice criminelle, aux directives

---

309. C. PARENT, *op. cit.*, p. 77.

310. Voir chapitre II.

311. Voir : C. PARENT ET COLLAB., *Mais oui c'est un travail !, Penser le travail du sexe au-delà de la victimisation*, Montréal, Les presses de l'Université du Québec, 2010.

pour renouveler le travail des professionnels auprès des femmes justiciables et à la redéfinition des structures de pouvoir dans nos sociétés[312].

Dans ce chapitre, à l'aide de cette criminologie féministe, nous examinerons plus particulièrement l'enfermement des femmes judiciarisées au Canada.

Les femmes en prison au Canada : histoire d'une discrimination

En Nouvelle-France, comme nous l'avons déjà souligné, les prisons étaient des lieux de détention des personnes marginalisées pour toutes sortes de raisons comme l'itinérance, l'alcoolisme, la santé mentale, et servaient également de lieux d'attente avant procès. Dans le cas des femmes, « cette institution servait à y garder *les femmes de mauvaise vie ou furieuses*[313] ». Différentes tentatives furent faites par des congrégations religieuses pour remettre les *femmes de mauvaise vie* dans le *droit chemin*, mais cela fut de courte durée. L'intendant François Bigot jugeait qu'elles ne méritaient pas d'être aidées et devaient demeurer dans les prisons communes. Au XIXe siècle, de nouvelles tentatives de *redressement* des femmes eurent lieu par les associations religieuses. Elles étaient essentiellement destinées aux *pénitentes*, soit celles qui désiraient entrer en religion, ou du moins orienter leur vie dans les valeurs chrétiennes.

Ce n'est qu'en 1876, dans la province de Québec, qu'une prison provinciale destinée exclusivement aux femmes ouvrit ses portes, rue Fullum à Montréal, à la suite de dénonciations de

---

312. C. PARENT, *op. cit.*, p. 84.
313. L. BERZINS, R. COLLETTE-CARRIÈRE, « La femme en prison : un inconvénient social ! », *Santé mentale au Québec*, vol. 4, n° 2, 1979, p. 88.

problèmes moraux liés à la mixité. Dans cette perspective morale, « les religieuses conservèrent la totale direction de cette prison de 1890 à 1960, date à laquelle les autorités du ministère québécois de la Justice en reprirent la direction[314] ». Ce fut alors la construction d'une nouvelle prison, la Maison Tanguay[315], qui ouvrit ses portes, en 1964, sur les terrains de la prison de Bordeaux[316].

La situation du Québec est similaire aux autres provinces canadiennes où, pendant longtemps, les seules visées des interventions dans les prisons pour les femmes judiciarisées à la suite de crimes mineurs sont leur *redressement moral*, elles qui ont perdu leur dignité en sortant de leur *rôle* de femmes pures et de mères dévouées à leur famille.

Au fédéral – sentence de deux ans et plus –, les femmes étaient détenues dans une aile du pénitencier de Kingston, y subissant des conditions de détention horribles. En effet, les femmes judiciarisées pour crimes avec violence étaient considérées comme *doublement* déviantes : par rapport à la loi, mais également à leur sexe, car elles ne répondaient plus à l'image de la femme douce et passive[317].

Les conditions que devaient endurer les femmes étaient semblables à celles que subissaient les hommes ou pires. Leurs quartiers étaient froids, humides et infestés de punaises. La punition pour les infractions aux règlements dans les premières années comportait des coups de fouet et le placement dans une « boîte », conteneur qui ressemblait à un cercueil et qui avait des trous d'air ; la femme était forcée de s'y tenir debout, le dos voûté, plusieurs heures d'affilée. Les femmes, tout comme les hommes détenus, pouvaient aussi

---

314. L. Berzins, R. Collette-Carrière, *op. cit.*, p. 89.

315. Qui songerait à appeler « maison » une prison pour hommes ?

316. Société Elisabeth Fry (La), *La justice pénale et les femmes*, Québec, Les Éditions du remue-ménage, 2011.

317. C. Cardi, G. Pruvost (dir.), *Penser la violence des femmes*, Paris, La Découverte, 2013.

être enchaînées, immergées dans l'eau glacée, mises dans une cellule noire ou nourries uniquement au pain et à l'eau. Telle fut la situation pendant de nombreuses années. Selon la surveillante Mary Leahy, en 1881, parmi la quinzaine de détenues, plusieurs ont passé un total de 14 jours en réclusion solitaire, nourries uniquement au pain et à l'eau.

Bien que leur nombre ait été comparativement petit, les prisonnières du pénitencier de Kingston avaient rarement assez d'espace ; au fur et à mesure que leur nombre augmentait, elles étaient déplacées plusieurs fois dans la prison. En 1858, le directeur a indiqué que, faute de cellules, huit femmes avaient été forcées de dormir dans le corridor. En 1867, dans son rapport annuel, l'inspecteur préconisait fermement la construction d'une prison adéquate pour les femmes à l'extérieur des murs du pénitencier de Kingston. [...]

En 1934, après 99 années, les femmes étaient enfin transférées du pénitencier de Kingston dans une institution distincte – de l'autre côté de la rue – (P4W – Prison for Women) derrière la résidence de la directrice et dans la nouvelle prison des femmes. Elles étaient toujours aussi loin de leur foyer et ce n'était certainement pas ce que plusieurs avaient espéré[318].

Jusqu'à la fermeture de P4W, en 2000, les détenues de cet établissement ne sont pas classées selon leurs besoins particuliers concernant la sécurité et les programmes, comme c'est le cas chez les hommes. Il n'y a qu'un seul établissement fédéral pour elles, comparativement aux 44 établissements pour les hommes, et l'on veut simplifier leur gestion ; les femmes y seront généralement

---

318. SERVICE CORRECTIONNEL DU CANADA, *La fermeture de la prison des femmes de Kingston le 6 juillet 2000*, 2008 [csc-scc.gc.ca/text/pblct/brochurep4w/index-fra.shtml] (22 octobre 2012).

surclassées en matière de sécurité et sans programme autre que de l'occupationnel, c'est-à-dire sans formation pour le marché du travail[319]. Ainsi, elles

> écoulent le temps à la buanderie, à la cuisine, au ménage, à la coiffure, à la couture ; certaines suivent des cours par correspondance. [...] [De toute manière,] l'éloignement géographique engendre de telles conséquences personnelles, sociales et légales qu'un programme même des plus enrichis ne saurait compenser ces inconvénients[320].

Deux tiers de ces détenues sont mères, dont près des trois quarts en situation monoparentale[321]. Cet éloignement lié à un établissement fédéral unique à Kingston rend extrêmement difficile le maintien de liens familiaux et suscite d'autant plus de stress chez les femmes qu'elles sont loin d'être dans la même situation que les hommes à cet égard : « Selon l'Enquête nationale sur les pénitenciers (1991), dans 81 % des cas de pères détenus, les enfants sont pris en charge par une conjointe, une ex-conjointe ou une compagne. En revanche, ceci ne se produit que dans 19 % des cas des mères détenues[322]. »

Malgré de nombreuses pressions pour que les femmes soient détenues dans leur province d'origine, ce ne furent que des cas d'exception qui purent en bénéficier jusqu'en 1974, année où des ententes fédérales-provinciales furent conclues sur cette question[323]. Même avec ces accords, les provinces ne reçoivent que

---

319. SOCIÉTÉ ELISABETH FRY (LA), *op. cit.*

320. L. BERZINS, R. COLLETTE-CARRIÈRE, *op. cit.*, p. 94-95.

321. Données de 1996 dans S. FRIGON, « La *création de choix* pour les femmes incarcérées : sur les traces du groupe d'étude sur les femmes purgeant une peine fédérale et de ses conséquences », *Criminologie*, vol. 35, n° 2, 2002, p. 15.

322. *Ibid.*, p. 15.

323. Le fédéral assurant le financement de la détention des détenues pour une peine de deux ans et plus, il fallait que les provinces s'assurent des financements du fédéral pour recevoir ces détenues dans les prisons provinciales.

la moitié des femmes emprisonnées. En fait, que ce soit au fédéral ou au provincial, « la femme incarcérée ne représente pas une entité numérique suffisamment importante pour que les autorités s'y attardent. Elle est plutôt un inconvénient bureaucratique dont il faut bien tenir compte, mais pour lequel il ne convient pas d'innover[324] ».

De 1938 à 1980, pas moins de 13 comités, commissions et groupes de travail nommés par le gouvernement ont recommandé la fermeture de P4W[325]. Ce n'est qu'en 1989, à la suite de pressions de groupes réformistes, féministes et autochtones qui ont reçu écho dans les médias, que le solliciteur général mandate un groupe d'étude afin de réfléchir à ce qui conviendrait le mieux pour corriger la situation de ces femmes judiciarisées à P4W.

> [Ce] Groupe d'étude, composé de quarante et un membres, était bien différent de tout autres comités gouvernementaux mis sur pied au Canada ou ailleurs. Le comité de direction était coprésidé par Bonnie Diamond, qui était à cette époque la directrice générale de l'Association canadienne des sociétés Elizabeth Fry, et James Phelps, un sous-commissaire des Programmes et opérations correctionnelles au Service correctionnel du Canada. Deux tiers des membres du Groupe d'étude étaient des femmes. Deux de ces femmes avaient purgé des peines fédérales ; plus de la moitié des membres venaient d'organisations bénévoles ou non gouvernementales. Jusqu'alors, aucune autre enquête gouvernementale portant sur l'incarcération des femmes n'avait autant été composée de représentants du secteur bénévole et des groupes minoritaires et autochtones[326].

---

324. L. Berzins, R. Collette-Carrière, *op. cit.*, p. 96.

325. K. Faith, « Femmes et enfermement au Canada : une décennie de réformes », *Criminologie*, vol. 35, n° 2, 2002, p. 115-134.

326. S. Frigon, *op. cit.*, p. 17-18.

Toutefois, ce groupe rassemble des visions féministes, qui ne sont pas toujours critiques de la nécessité de l'enfermement et de la punition, et des intervenants correctionnels, qui s'inscrivent sans problème dans la logique pénale. C'est ainsi que dans le rapport de ce groupe d'étude déposé en 1990 intitulé *La création de choix*[327], il n'y a pas de remise en question profonde de l'enfermement même de ces femmes. Pourtant, la majorité de ces femmes aurait pu bénéficier d'un encadrement communautaire plutôt que carcéral, car leurs besoins en sécurité n'étaient pas très élevés[328]. Ce n'est pas la direction prise par le rapport, qui recommande de créer quatre nouveaux centres régionaux de détention en plus de celui qui est déjà en activité, depuis 1991, en Colombie-Britannique[329]. À ces cinq centres régionaux de détention, on ajoute une loge de guérison autochtone afin de répondre à la réalité culturelle de cette population. Les nouveaux centres seront situés dans la réserve de Nekaneet, en Saskatchewan, pour les femmes autochtones (Pavillon de ressourcement); un autre à Edmonton, en Alberta; un à Joliette, au Québec; un à Kitchener, en Ontario et un à Truro, en Nouvelle-Écosse.

À l'exception du Pavillon de ressourcement, les établissements régionaux sont dotés de maisons individuelles dans lesquelles six à dix femmes ayant des cotes de sécurité minimale ou moyenne partagent une salle commune, une cuisine, une salle à manger, des salles de bains et une salle de rangement et de lavage. Dans chaque maison, les femmes

---

327. SERVICE CORRECTIONNEL DU CANADA, *La création de choix : rapport du groupe d'étude sur les femmes purgeant une peine fédérale*, Ottawa, Ministère des Approvisionnements et Services, 1990.

328. L. ARBOUR, *Rapport de la Commission d'enquête sur certains évènements survenus à la prison des femmes de Kingston*, Ottawa, Ministère des Approvisionnements et Services, 1996 [caefs.ca/wp-content/uploads/2013/05/inquiry_fr.pdf] (18 mars 2014).

329. En Colombie-Britannique, en vertu d'une entente d'échange de services conclue entre le fédéral et cette province, les femmes purgeant une peine du ressort fédéral étaient incarcérées au centre correctionnel pour femmes de Burnaby.

sont responsables de la préparation de leur repas, de leur ménage et de leur lavage. Chaque établissement régional est muni d'une clôture périphérique et d'un système de détection, et les portes et fenêtres des unités sont reliées à un système d'alarme.

Le Pavillon de ressourcement Okimaw Ohci est situé sur le territoire de la Première nation de Nekaneet, dans le sud de la Saskatchewan. Cet établissement de 30 places est composé d'unités résidentielles simples et familiales, ces dernières pouvant accueillir des enfants.

Le Pavillon de ressourcement a été conçu par et pour les Premières nations. La majorité du personnel, y compris le Kikawinaw (directeur de l'établissement), est de descendance autochtone[330].

Le 6 juillet 2000, après l'ouverture de tous ces centres régionaux de détention, la prison des femmes de Kingston a été fermée.

Les centres régionaux, selon le rapport *La création de choix*, permettront de réduire un grand nombre de problèmes de ces femmes liés à l'isolement – particulièrement les liens avec leur famille et surtout leurs enfants –, de même que de conserver des liens avec leur culture d'origine – surtout pour les Québécoises et les femmes autochtones. Également, par leur architecture constituée d'unités de type résidentiel et à l'aide de services appropriés en toxicomanie, santé mentale, soutien et intervention, ces centres régionaux, espérait le rapport, devraient améliorer grandement la réponse aux besoins des femmes, ceux-ci ayant été jusqu'alors grandement négligés.

---

330. COMMISSION CANADIENNE DES DROITS DE LA PERSONNE, *Protégeons leurs droits, Examen systémique des droits de la personne dans les services correctionnels destinés aux femmes purgeant une peine de ressort fédéral*, Ottawa, CCDP, 2003.

Outre les centres régionaux de détention, le rapport *La création de choix* recommandait l'ouverture de nombreux centres communautaires pour les femmes bénéficiant d'une mise en liberté, de maisons de transition administrées par des organismes communautaires et de centres pour Autochtones administrés par des groupes ou collectivités autochtones. « De plus, s'ajoutait une série d'options innovatrices afin de répondre aux besoins des femmes éloignées des grands centres urbains[331]. »

Les *solutions* correctionnelles ont prévalu. Plusieurs femmes sont toujours enfermées « dans des établissements où le niveau de sécurité est supérieur au niveau requis et où elles ont un accès restreint aux programmes correctionnels qui pourraient favoriser leur réadaptation et leur réinsertion sociale[332] ». L'implication des organismes communautaires est faible et les Autochtones participent peu à la loge de ressourcement qui « se transforme de plus en plus en une prison » où « les "idéaux autochtones" sont de plus en plus écartés ou compromis ». En fait, « beaucoup de ressources gouvernementales ont été déployées pour la construction des nouvelles prisons, mais rien n'a été débloqué afin d'implanter les stratégies communautaires tel qu'envisagé dans le rapport[333] ».

Considérant le coût annuel de plus de 211 000 $ par détenue incarcérée dans ces centres, en 2011, l'enfermement n'était pas le choix le plus économique comparativement à des encadrements plus communautaires[334]. Malgré cela, Service correctionnel du Canada (SCC) a préféré la logique pénale punitive plutôt que de transférer le plus possible en milieu communautaire plusieurs de ces femmes, dont la majorité ne nécessite pas une sécurité élevée[335]. Pour comprendre ce classement de sécurité, il faut se rappeler que,

---

331. S. Frigon, *op. cit.*, p. 19.
332. Commission canadienne des droits de la personne, *op. cit.*, p. 2.
333. S. Frigon, *op. cit.*, p. 21-22.
334. Voir chapitre VII.
335. Commission canadienne des droits de la personne, 2003.

dans la nouvelle pénologie, la notion de risque représentée par la personne prévaut sur toutes les autres considérations pour prendre des décisions, et que les besoins psychologiques et sociaux deviennent des potentiels de risques. Ainsi, les nouveaux outils actuariels du SCC, visant d'abord et avant tout l'uniformisation des critères d'évaluation du risque, pénalisent grandement les femmes détenues. Le résultat est que plusieurs de leurs besoins ne reçoivent pas encore de réponse par des programmes appropriés, que les relations avec leurs enfants sont encore problématiques et qu'il y a un «nombre élevé de tentatives de suicide et de suicides[336]».

Ainsi, même si l'on a fermé P4W et rapproché les femmes de chez elles par les centres régionaux et la loge autochtone, «l'institution n'est pas remise en question, ni la logique punitive ni l'industrie correctionnelle; au contraire, elles sont redéployées avec une force renouvelée[337]». Comme ces centres de régionaux ont signifié un plus grand nombre de places pour y recevoir des femmes, on constate une croissance importante du nombre de femmes judiciarisées.

Portrait et conditions actuelles des femmes judiciarisées

Interpellations policières

En 2009, selon Statistique Canada[338], la proportion de femmes dans les interpellations policières chez les jeunes était de 28 % et chez les adultes de 22 %, soit 233 000 auteures présumées sur

---

336. S. FRIGON, *op. cit.*, p. 26.

337. Ibid., p. 27. K. FAITH, *op.cit.* Et M. SHAW, Kelly HANNAH-MOFFAT, «La contrainte des choix : un regard rétrospectif», *Criminologie*, vol. 35, no 2, 2002, p. 53-72.

338. T. HOTTON MAHONY, *Les femmes et le système de justice pénale*, Ottawa, Statistique Canada, 2013 [statcan.gc.ca/pub/89-503-x/2010001/article/11416-fra.htm] (12 mai 2014).

776 000. Les infractions les plus fréquentes, dont elles sont accusées, sont les vols de moins de 5 000 $, le vol à l'étalage constituant les 2/3 des infractions, les voies de fait de niveau 1, proférer des menaces ou faire usage de la force sans arme et sans blessures graves chez la victime, ainsi que les infractions contre l'administration de la justice, le défaut de comparaître devant le tribunal ou le manquement à une ordonnance de probation, par exemple.

Les distinctions dans les interpellations policières, qui marquent le plus de différences entre les hommes et les femmes, renvoient au champ des infractions avec violence – vol qualifié, homicide, tentative de meurtre, agression sexuelle –, où les femmes sont en nombre négligeable par rapport aux hommes. Lorsqu'il s'agit d'infractions avec violence, la moitié concerne leur conjoint ou un autre partenaire intime.

Devant les tribunaux

Devant les tribunaux, les causes pour lesquelles les femmes comparaissent sont le plus souvent une première accusation sans autre délit associé. Comparativement, les hommes comparaissent plus souvent pour des accusations multiples et en situation de récidive. Cela peut constituer une partie de l'explication du fait que les femmes connaissent plus de retraits d'accusation, qu'elles sont moins souvent reconnues coupables, qu'elles bénéficient davantage des programmes de déjudiciarisation pour adultes et qu'elles connaissent de moins longues sentences d'emprisonnement que la population masculine pour des délits similaires[339].

Toutefois, il y a une tendance nettement à la hausse des sentences d'emprisonnement, ces dernières années. De mars 2003 à mars 2013, dans les établissements fédéraux, la population carcérale féminine a augmenté d'un peu plus de 60 %. Pour une grande proportion des femmes, il s'agit de leur première expérience dans

---

339. Société Elisabeth Fry (La), *op. cit.*

le système correctionnel. Cette croissance est encore plus marquée pour les détenues autochtones, 1 détenue sur 3, qui, dans la même période, ont connu une croissance de 83,7 %[340] (Graphique 15).

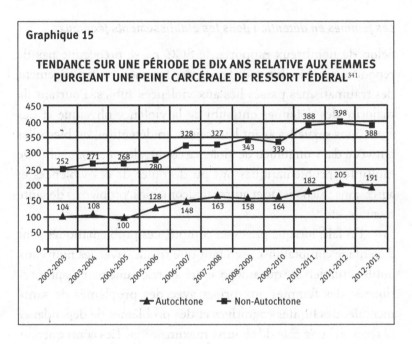

Graphique 15

TENDANCE SUR UNE PÉRIODE DE DIX ANS RELATIVE AUX FEMMES PURGEANT UNE PEINE CARCÉRALE DE RESSORT FÉDÉRAL[341]

Cette hausse ne se retrouve pas que dans les établissements fédéraux. En 2008-2009, 12 % étaient en détention dans un établissement provincial ou territorial contre 10 %, en 1999-2000[342]. Contrairement au fédéral, cette hausse n'est pas attribuable à plus

---

340. Bureau de l'enquêteur correctionnel, *Rapport annuel 2012-2013*, Ottawa, Bureau de l'enquêteur correctionnel, 2013, p. 39 [oci-bec.gc.ca/cnt/rpt/pdf/annrpt/annrpt20122013-fra.pdf] (13 avril 2014).

341. *Ibid.*, p. 40.

342. T. Hotton Mahony, *op.cit.*

de sentences d'enfermement, mais à la montée des détentions provisoires[343]. La même surreprésentation autochtone est présente dans ces établissements[344].

Les femmes en détention dans les établissements fédéraux

Selon de nombreux rapports, le SCC ne se préoccupe pas de répondre aux besoins spécifiques des femmes, particulièrement des traumatismes passés liés aux violences subies. Pourtant, la majorité des détenues ont subi de la violence physique et des agressions sexuelles avant leur séjour en détention, ou bien elles ont vécu dans un milieu de violence conjugale ou en ont subi. De multiples problématiques ont pu découler de ces violences et agressions : alcoolisme et autres toxicomanies, problèmes de santé mentale, etc[345].

En fait, lorsque prises en compte, ces problématiques sont davantage comptabilisées en tant que risques avec les nouveaux outils actuariels, ce qui amène, entre autres, « une part disproportionnée des femmes aux prises avec des problèmes de santé mentale, des limites cognitives et des problèmes de dépendance [à recevoir] une cote de sécurité maximale[346] ». Les conséquences négatives de cette cote de sécurité maximale sont chères payées par les détenues :

---

343. Voir chapitre VI. Gartner et collab., « Trends in the Imprisonment of Women in Canada », *Canadian Journal of Criminology and Criminal Justice*, vol. 51, n° 2, 2009, p. 169-198.

344. Société Elisabeth Fry (La), *op. cit.*

345. Bureau de l'enquêteur correctionnel, *Une question de spiritualité : les Autochtones et la Loi sur le système correctionnel et la mise en liberté sous condition*, Ottawa, Bureau de l'enquêteur correctionnel, 2012 [oci-bec.gc.ca/cnt/rpt/pdf/oth-aut/oth-aut20121022-fra.pdf] (22 février 2014).

346. Commission canadienne des droits de la personne, *op. cit.*, p. 31. Bureau de l'enquêteur correctionnel, *op. cit.*

[...] les détenues ayant une cote de sécurité maximale, contrairement à leurs homologues ayant des cotes minimale et moyenne, ne sont pas admissibles aux programmes de placement à l'extérieur, aux programmes de mise en liberté sous condition ou à d'autres programmes de soutien visant à accroître leurs chances de réinsertion sociale. De fait, la moitié des femmes ayant une cote de sécurité maximale sont remises en liberté après avoir purgé les deux tiers de leur peine, et passent directement du milieu carcéral à la collectivité sans tirer avantage de programmes préparatoires[347].

De plus, les femmes détenues, cotées à sécurité maximale, sont beaucoup moins libres que les détenus masculins ayant la même cote de sécurité. Ces derniers se trouvent généralement dans un établissement à un seul niveau de sécurité et peuvent donc circuler plus librement. Les femmes, dès qu'elles quittent leur unité de garde en milieu fermé, comme elles sont dans des centres de détention avec des cotes de sécurité variées, doivent toujours être accompagnées d'une escorte pour *gérer* leurs déplacements. Enfin, ces femmes subissent beaucoup plus de fouilles à nu, ce qui pour certaines d'entre elles peut aisément s'associer à de profondes expériences négatives d'agressions sexuelles[348].

Les Centres régionaux pour femmes font également face au surpeuplement. Il est même arrivé que certaines détenues, pour cette raison, soient « logées dans la salle d'entrevue de l'Unité de garde en milieu fermé (sécurité maximale), où il n'y avait ni eau courante ni toilettes[349] ». Cette surpopulation a pour conséquence une montée d'altercations violentes entre détenues, et entre le personnel et les détenues, ainsi qu'un manque d'accès aux

---

347. COMMISSION CANADIENNE DES DROITS DE LA PERSONNE, *op. cit.*, p. 31.
348. D. PARKES, K. PATE, « Time for Accountability : Effective Oversight of Women's Prisons », *Canadian Journal of Criminology and Criminal Justice*, vol. 48, n° 2, 2006, p. 251-285.
349. BUREAU DE L'ENQUÊTEUR CORRECTIONNEL, *op. cit.*, p. 41.

programmes qui aideraient leur dossier. De plus, la restriction aux programmes d'emploi est accentuée du fait que nombre de femmes ont une faible scolarité et peu de compétences à l'emploi.

S'ajoute au stress des conditions de la détention celui des soucis à l'égard des enfants. Les trois quarts des détenues ont des enfants et un grand nombre sont monoparentales et n'ont pas de membres de la famille pour s'en occuper, contrairement aux hommes. Le Bureau de l'enquêteur correctionnel[350] demande que l'on mette fin aux limitations relatives au programme mère-enfant pour les détenues cotées à faible risque.

La détresse psychologique des détenus et le manque de personnel pour répondre à leurs besoins se manifestent de diverses manières, la plus visible étant le nombre d'incidents d'automutilation[351] qui a plus que triplé au cours des cinq dernières années, passant d'environ 300 incidents consignés à 900[352]. Un nombre disproportionné de ces incidents concerne les femmes détenues et

---

350. *Ibid.*

351. Dans les politiques du SCC, l'automutilation est définie comme une « blessure intentionnelle que s'inflige une personne sans avoir l'intention de s'enlever la vie ». L'automutilation peut consister, par exemple, à se trancher la peau, à se frapper la tête (dans de rares cas, les délinquants peuvent se retrouver défigurés ou atteints de lésions cérébrales permanentes), à tenter de s'étrangler, à se brûler, à ingérer des objets dangereux ainsi que d'autres formes d'automutilation. La lacération est la forme la plus fréquente d'automutilation dans les établissements carcéraux. (BUREAU DE L'ENQUÊTEUR CORRECTIONNEL, « Une affaire risquée : Enquête sur le traitement et la gestion des cas d'automutilation chronique parmi les délinquantes sous responsabilité fédérale », *Rapport final*, Ottawa, Bureau de l'enquêteur correctionnel, 2013, par. 11) [oci-bec.gc.ca/cnt/rpt/oth-aut/oth-aut20130930-fra.aspx] (13 mai 2014).

352. Pour certaines femmes, l'automutilation est perçue comme une manière de reprendre le contrôle sur leur corps, le seul élément sur lequel elles ont encore l'impression d'avoir un certain pouvoir. En fait, le rapport au corps des femmes détenues et l'automutilation dans ce contexte méritent un développement bien plus complexe qu'il n'ait fait ici. Voir à ce sujet : D. ROBERT ET COLLAB., « Women, the embodiment of health and carceral space », *International Journal of Prisoner Health*, vol. 3, n° 3, 2007, p. 176-188.

17 d'entre elles cumulent 40 % des incidents, indiquant l'urgence des soins à leur égard. Parmi ces dernières, 9 sont autochtones[353] (Graphique 16).

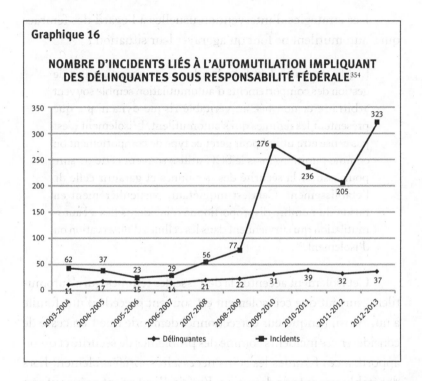

Graphique 16

NOMBRE D'INCIDENTS LIÉS À L'AUTOMUTILATION IMPLIQUANT DES DÉLINQUANTES SOUS RESPONSABILITÉ FÉDÉRALE[354]

Dans son rapport d'enquête sur ces incidents d'automutilation, le Bureau de l'enquêteur correctionnel en arrive à la conclusion que les cas les plus actifs

> ne devraient tout simplement pas se retrouver dans un pénitencier fédéral. Ces délinquantes devraient être transférées dans des établissements psychiatriques externes qui sont mieux équipés pour s'occuper des besoins pressants et

---

353. BUREAU DE L'ENQUÊTEUR CORRECTIONNEL, *op. cit.*
354. *Ibid.*

complexes en santé mentale sous-jacents à leurs comportements d'automutilation ainsi que pour leur offrir les soins
nécessaires[355].

Les stratégies d'intervention usuelles à l'égard des femmes
qui s'automutilent ne font qu'aggraver leur situation :

> [...] la tendance à utiliser l'isolement comme mesure de
> gestion des comportements d'automutilation semble souvent
> arbitraire et non liée au véritable risque dynamique que
> présentent les femmes qui s'automutilent. L'isolement n'est
> pas censé être utilisé pour gérer ce type de comportement ou
> comme punition, mais le SCC utilise souvent cette mesure
> pour assurer la sécurité des personnes et garantir celle de
> l'établissement. Cela est inquiétant, particulièrement en
> raison du nombre disproportionné d'incidents liés à l'auto-
> mutilation qui surviennent dans les cellules d'observation ou
> d'isolement[356].

Cet isolement accentue la détresse des femmes qui s'automutilent, surtout que cet isolement est souvent précédé d'une fouille
à nu. Ainsi, l'enquêteur correctionnel demande que l'on cesse de
considérer ces incidents comme des problèmes de sécurité et qu'on
apporte à ces femmes les soins nécessaires, préférablement hors
des établissements de détention. En fait, l'isolement préventif sert
à gérer bien des situations qui ne relèvent pas de la sécurité, mais
demandent des soins particuliers. De plus, quelle que soit la raison
de son usage, l'isolement carcéral, surtout de longue durée, peut
avoir des conséquences négatives importantes qui rendront difficile l'autonomie nécessaire à la réinsertion sociale[357].

---

355. *Ibid.*, par. 2.
356. *Ibid.*, par. 42.
357. J. MARTEL, « Les femmes et l'isolement cellulaire au Canada : un défi de l'esprit sur la
matière », *Canadian Journal of Criminology and Criminal Justice*, vol. 48, n° 5, 2006,
p. 781-801.

Il faut souligner le nombre élevé de femmes autochtones dans les pénitenciers fédéraux, soit une femme sur trois. Leur population a cru plus vite que celle des femmes en général dans ces établissements, soit une augmentation de près de 90 % entre 2000 et 2012. Leur proportion avec les femmes non autochtones est également plus élevée que celle des hommes autochtones détenus comparativement aux hommes détenus non autochtones. Cette double surreprésentation des femmes autochtones renvoie à une double discrimination : en tant que femme et en tant qu'autochtone[358]. Elles sont davantage victimes de violence que les femmes non autochtones et vont plus souvent en prison qu'elles[359]. Avec les nouveaux outils actuariels, cette situation particulière des femmes autochtones est davantage évaluée comme créant un risque élevé plutôt que nécessitant des réponses particulières à leurs besoins. Ces femmes autochtones considérées à haut risque, pour cette raison, n'ont pas accès à la loge autochtone, mais sont transférées aux centres régionaux qui ont des unités à sécurité maximale, ou s'il n'y a pas de places dans ces unités pour les femmes classées à sécurité maximale, elles sont transférées dans les établissements pour hommes. De plus, celles qui désirent se prévaloir de la possibilité de poursuivre leur peine sous la surveillance d'une communauté autochtone comme le permet l'article 81 de la *Loi sur le système correctionnel et la mise en liberté sous condition* s'en voient rarement accorder la permission par le SCC[360].

---

358. R. BRASSARD, M. JACCOUD, « L'enfermement des femmes autochtones : une reconstruction d'objet », *Criminologie*, vol. 35, n° 2, 2002, p. 73-90.

359. S. BRENNAN, « La victimisation avec violence chez les femmes autochtones dans les provinces canadiennes, 2009 », *Juristat*, Ottawa, Statistique Canada, 2011 [statcan.gc.ca/pub/85-002-x/2011001/article/11439-fra.pdf] (4 octobre 2012).
Et D. CAVERLEY, « Les services correctionnels pour adultes au Canada, 2008-2009 », *Juristat*, Ottawa, Statistique Canada, 2010. [statcan.gc.ca/pub/85-002-x/2010003/article/11353-fra.htm] (9 octobre 2013).

360. BUREAU DE L'ENQUÊTEUR CORRECTIONNEL, *op. cit.*

Un rapport de Sécurité publique Canada[361] montre également qu'elles doivent attendre plusieurs mois avant d'avoir accès à un programme pour Autochtones, qui insère leur modèle de *guérison* dans les interventions de réhabilitation[362] et que, de manière générale, les femmes autochtones sont marginalisées, souvent très vulnérables et avec peu de moyens pour s'en sortir.

En fait, leur situation renvoie non seulement à la réalité des femmes, mais à celle plus large des effets de la colonisation sur les communautés autochtones[363].

Les prisons dans la mire des féministes

Les féministes, qui s'inscrivent dans une perspective critique en criminologie, cherchent non seulement à améliorer les conditions d'enfermement des femmes, mais remettent en question l'enfermement lui-même en tant que stratégie pour aider les femmes[364]. Quel que soit le modèle, les prisons

> ne guériront pas les femmes des abus et des souffrances physiques et émotionnelles subies durant des années, ou de la pauvreté qu'elles ont généralement endurée avant l'emprisonnement. Les prisons n'offrent pas aux femmes les ressources qui les aideraient à rebâtir leurs vies et à prendre soin de leurs enfants, ni à apprendre comment résister de façon constructive à la discrimination raciale. Il est grand temps de parler de démantèlement des prisons et de transférer les fonds publics dans l'éducation et les systèmes de

---

361. SÉCURITÉ PUBLIQUE CANADA, *Marginalisées : L'expérience des femmes autochtones au sein des services correctionnels fédéraux*, Ottawa, SPC, 2012 [securitepublique.gc.ca/cnt/rsrcs/pblctns/mrgnlzd/index-fra.aspx] (16 mars 2014).

362. F. YUEN, « I've never been so free in all my life : healing through Aboriginal ceremonies in prison », *Leisure/Loisir*, vol. 35, n° 2, 2011, p. 97-113 [tandfonline.com/doi/pdf/10.1080/14927713.2011.567060] (13 mai 2014).

363. Voir chapitre suivant.

364. M. SHAW, K. HANNAH-MOFFAT, *op. cit.*, p. 53-72.

soutien communautaire en faveur des mères célibataires sans emploi et de leurs enfants. Tel est le profil démographique féminin le plus vulnérable à l'emprisonnement[365].

Comme nous le verrons au chapitre XII, cette remise en question des prisons n'est pas qu'un discours féministe. Mais avant d'aborder ce questionnement, examinons plus en profondeur la situation autochtone au regard de la justice pénale.

---

365. K. FAITH, « Femmes et enfermement au Canada : une décennie de réformes », *Criminologie*, vol. 35, n° 2, 2002, p. 130.

Questions de révision

1. La criminologie féministe apporte un regard différent sur les femmes en contact avec le système de justice pénale. Elle se penche essentiellement sur deux grandes questions. Lesquelles ?

2. Pendant longtemps, quelles furent les seules visées des interventions dans les prisons pour les femmes judiciarisées à la suite de crimes mineurs ?

3. Qu'en est-il de la question de la femme violente judiciarisée ?

4. Qu'est-ce qui caractérise la situation des femmes à P4W en matière de sécurité, de programmes et au regard de leur famille ?

5. En vue de la fermeture de P4W, un comité a été créé qui a rendu son rapport intitulé *La création de choix*, en 1990. Le fait que les membres de ce comité n'aient pas toujours été critiques à propos de la logique pénale a entraîné certaines recommandations qui, selon certaines féministes, ont eu quelles conséquences ?

6. Quelle est la différence majeure entre les hommes et les femmes pour ce qui est des interpellations policières ?

7. Quel est le grand problème posé par les outils actuariels d'évaluation du risque et quelle en est la conséquence pour les femmes détenues dans les établissements fédéraux ?

8. Quelles sont les conséquences pour les femmes détenues qui ont une cote de sécurité maximale ?

9. Quelle est la situation des mères détenues qui amplifie le stress sur la question de leurs enfants ?

10. Que constate le Bureau de l'enquêteur correctionnel sur la situation des incidents d'automutilation des femmes détenues et des interventions correctionnelles à leur égard ?

11. Quels sont les constats sur la situation des femmes détenues autochtones ? Comment certains auteurs expliquent-ils cette situation ?

12. Quelle est la position des féministes d'obédience critique en criminologie sur la question des femmes détenues ?

Question de réflexion

Faire un lien entre la nouvelle pénologie et la discrimination dont sont victimes les femmes détenues dans les établissements fédéraux, en particulier les femmes autochtones.

Discussion de cas

PREMIER CAS

Femme et justice

Un homme alcoolique bat régulièrement sa femme. Elle se retrouve à l'hôpital, gravement blessée à la suite de l'une de ces bagarres. La police porte des accusations contre cet homme.

Une femme alcoolique a des comportements violents à l'égard de ses enfants. Après l'une de ses manifestations de violence, un de ses enfants se retrouve à l'hôpital, gravement blessé. La police porte des accusations contre cette femme.

Quel suivi pénal feriez-vous de ces situations et sur quels arguments appuieriez-vous vos décisions? S'il y a une différence marquée dans votre décision entre ces deux cas, justifiez-la.

DEUXIÈME CAS

Femme et loi

Vous êtes membre d'un comité chargé de réfléchir à la réglementation sur le travail du sexe, que celui-ci se déroule dans la rue, dans des agences d'escorte ou ailleurs. Quelle serait selon vous la manière d'appréhender la réglementation ou la pénalisation des personnes travaillant dans le milieu, et pourquoi? (Légalisation, pénalisation, décriminalisation, etc., tout est ouvert.) Quel objectif espérez-vous atteindre et de quelle manière?

TROISIÈME CAS

Enfermement et besoins des détenu(e)s

Le rapport *La création de choix*, afin de mieux répondre aux besoins des femmes détenues, a proposé au gouvernement de créer des unités de vie selon un modèle de type résidentiel comportant des services appropriés (santé mentale, toxicomanie, etc.). Chaque unité résidentielle regroupe cinq ou six détenues, avec chacune sa chambre, ainsi qu'un salon et une cuisine commune, comme dans un appartement. La gestion du quotidien (faire les repas, le ménage, etc.) relève d'ententes entre les détenues. On considère que l'apprentissage de cette gestion fait partie de ceux de la vie en société. Considérez-vous que l'on doive offrir la même possibilité aux hommes ? Justifiez votre réponse.

CHAPITRE X

Autochtones
et justice pénale

Dans le système pénal, eu égard à leur population, les Autochtones sont nettement surreprésentés. Les peuples autochtones se composent d'environ 850 000 Amérindiens des Premières
Nations – dont la moitié vit sur une réserve, 450 000 Métis et
60 000 Inuits, soit une population de 1,4 million équivalant à 4,3 %
de la population canadienne, selon les données de 2012. Selon les
données de 2011-2012, chez les adultes, ils représentent 28 % des
admissions en détention après condamnation, 25 % en détention
provisoire et 21 % en probation et en condamnation avec sursis[366].
Chez les jeunes, bien que représentant 7 % de l'ensemble de la
population canadienne du même âge, ils constituent 39 % des admissions[367]. Cette surreprésentation est encore plus marquée chez
les femmes, tant pour les jeunes que pour les adultes.

Pour aborder la question de cette surreprésentation dans le
système de justice pénale et des facteurs qui ont amené leurs
conditions de vie plus précaires, nous ferons d'abord une brève
histoire de leur colonisation pour en comprendre les profondes
séquelles qui en découlent. Par la suite, nous aborderons la

---

366. S. PERREAULT, *Les admissions dans les services correctionnels pour adultes au Canada,*
2011-2012, Ottawa, Statistique Canada, 2014 [statcan.gc.ca/pub/85-002-x/2014001/
article/11918-fra.htm] (28 avril 2014).

367. S. PERREAULT, *Les admissions dans les services correctionnels pour les jeunes au Canada,*
2011-2012, Ottawa, Statistique Canada, 2014 [statcan.gc.ca/pub/85-002-x/2014001/
article/11917-fra.htm] (28 avril 2014).

différence entre deux modes de règlements des conflits, soit la recherche de *guérison* dans la communauté chez les Autochtones, et la justice occidentale fondée sur la punition. Enfin, nous verrons sur le terrain les conséquences de cette différence, soit dans l'implantation difficile de modèles de police autochtone, dans les tentatives d'implantation de cercles de guérison et de sentence, et dans la solution qui prédomine, le système pénal occidental, où les Autochtones sont surreprésentés depuis des années.

Un peu d'histoire

La colonisation européenne du territoire qui est aujourd'hui le Canada va bouleverser les modes de vie autochtones. Les Européens, en échange de fourrures, principalement, mais également du grand savoir autochtone et de leur aide pour assurer leur survie, leur ont apporté divers produits jusque-là inconnus dans leur culture. Certains de ces produits ont transformé leur manière de chasser et de cultiver. Mais, plus profondément encore, ces échanges ont amené un ordre économique nouveau dans ces communautés. Les Européens

> implantèrent des économies de production et encouragèrent les collectivités autochtones à exploiter leurs ressources en échange de biens d'origine européenne. [...] Ce fut la première étape vers l'abandon de leur mode de vie traditionnel et vers leur dépendance à l'égard de produits ne provenant pas de leur milieu naturel[368].

---

368. ASSOCIATION CANADIENNE DE JUSTICE PÉNALE (ACJP), «Les Autochtones et le système de justice pénale», *Bulletin*, Ottawa, 15 mai 2000, partie I [ccja-acjp.ca/fr/autoch.html] (3 octobre 2010).

Au milieu du XIXᵉ siècle, quand le commerce des fourrures commença à décliner, entraînant une grande perte de revenus dans plusieurs communautés autochtones, des collectivités vendirent leurs terres à bas prix au gouvernement pour s'assurer de revenus qui leur permettraient de continuer à acheter les produits européens, dont plusieurs étaient maintenant intégrés à leur mode de vie :

> Durant l'époque qui suivit la formation de la Confédération, le nouveau gouvernement fédéral joua un rôle de premier plan dans un grand nombre de transactions foncières douteuses. À maintes reprises, le gouvernement acheta des terres à des collectivités autochtones pour des sommes peu élevées et inéquitables[369].

Les traités conclus pour l'obtention de ces terres, au fil de la colonisation, réduisirent de plus en plus les territoires que les Autochtones pouvaient occuper et leurs droits, ce qui se traduisit concrètement par *l'Acte des Sauvages*, en 1868 : « Cette loi confiait au gouvernement fédéral la responsabilité de presque tous les aspects de la vie sociale, économique et politique des peuples autochtones[370]. »

Tant que les rapports entre Européens et Autochtones reposaient sur des échanges fondés sur un marché de la fourrure encore très rentable, chacun ne prenait de l'autre que ce qu'il voulait bien, pouvant poursuivre son mode de vie comme il l'entendait. Quand la donne a changé, les Autochtones se sont retrouvés de plus en plus dans un état de dépendance à l'égard des colonisateurs, dépendance non seulement économique, mais également culturelle et religieuse dans cette politique d'assimilation en vue de les *civiliser* :

---

369. *Ibid.*
370. *Ibid.*

Les pensionnats ont joué un rôle important dans cette opération. La loi canadienne obligeait les parents autochtones,
sous peine de poursuites, à envoyer leurs enfants dans ces
établissements, où l'on interdisait l'usage des langues
autochtones et la pratique des traditions et des coutumes
autochtones[371].

Plusieurs de ces pensionnats étaient sous-financés, mal
administrés, avec une formation scolaire médiocre, principalement ceux en région éloignée.

Souvent, les enfants étaient mal nourris et mal vêtus, et
plusieurs pensionnats étaient en fait des *camps de travail*, car
beaucoup d'enfants devaient manquer l'école pour accomplir
des travaux à la ferme de l'institution. La Commission royale
sur les peuples autochtones, en 1996, a signalé que les enfants
bénéficiaient probablement d'une meilleure alimentation et
d'une meilleure qualité de vie avant d'être placés dans les
pensionnats. À cause des sévices qu'ils subissaient, des
centaines d'enfants se sont enfuis ou sont morts en tentant de
s'enfuir et certains se sont même suicidés. [...] Beaucoup de
cas d'agressions sexuelles ont aussi été signalés[372].

Les communautés autochtones portent encore les traces des
sévices et de la discrimination subis dans ces pensionnats, dont le
dernier a été fermé en 1996. En fait, sur les 150 000 Autochtones
à y avoir séjourné, « environ 80 000 anciens pensionnaires sont
encore vivants[373] ». À la suite des résultats d'une poursuite judiciaire des Autochtones contre le gouvernement du Canada, en plus
d'une compensation financière aux anciens élèves, le « 11 juin 2008,
à la Chambre des communes, le premier ministre a présenté les

---

371. *Ibid.*
372. *Ibid.*
373. Commission de vérité et de réconciliation, *À propos de nous*, 2014 [trc.ca/websites/
trcinstitution/index.php?p=16] (14 mai 2014).

excuses officielles du gouvernement du Canada aux anciens élèves, à leurs familles et aux collectivités en raison du rôle du Canada dans l'exploitation des pensionnats ». De plus, la Commission de vérité et de réconciliation du Canada a été créée, s'inscrivant dans les processus de guérison holistiques autochtones. Certaines audiences sur les témoignages d'Autochtones ayant vécu les pensionnats sont publiques, quand les gens le désirent, afin de partager leurs expériences et d'aider leur *guérison*. La Commission s'occupe également de retrouver les sépultures d'enfants morts dans les pensionnats pour documenter les décès, permettant aux familles touchées par ces enfants disparus d'en savoir un peu plus.

> Jusqu'à présent, la Commission a identifié le nom ou a obtenu des renseignements sur plus de 4 100 enfants qui sont morts de maladie ou suite à un accident au pensionnat. Ces informations seront compilées dans un registre national qui rendra disponible tout ce qui est connu au sujet du décès ou de la disparition de ces enfants[374].

Les effets de cette colonisation se traduisirent également par l'imposition du système de justice pénale occidental. Prenons l'exemple des Inuits du Nunavik[375]. Ils ont vu arriver l'administration occidentale de la justice, au cours des années 1920, dans les personnes d'agents de la GRC – alors la Police à cheval du Nord-Ouest – venus asseoir l'autorité canadienne sur ce territoire. Plus d'argent y a été investi à cette fin que dans les services d'éducation et de santé[376].

Puis, quand les enjeux de souveraineté des Inuits se sont de plus en plus clairement jumelés à une volonté politique de contrôle des ressources naturelles sur leurs territoires, l'administration

---

374. *Ibid.*

375. Les Inuits du Nunavik sont répartis dans 14 villages nordiques formant le Kativik. Ils représentent 10 000 des 60 000 Inuits vivant au Canada.

376. M. JACCOUD, *Justice blanche au Nunavik*, Montréal, Éditions du Méridien, 1995.

occidentale de la justice s'est étendue, faisant disparaître plusieurs mécanismes traditionnels de résolutions de conflits que l'on jugeait *primitifs*[377].

C'est sur la base de cette *déculturation* forcée amenant la « déstabilisation, voire l'anéantissement des mécanismes internes de régulation sociale[378] », de cette discrimination et de cet appauvrissement de leurs conditions de vie amenés par la colonisation et la dépendance actuelle à l'État, qu'il faut comprendre plusieurs des problèmes que vivent aujourd'hui les peuples autochtones. Ces problèmes se traduisent, entre autres, par un taux de suicide de deux à trois fois plus élevé que la moyenne canadienne – chez les jeunes, il est de cinq à six fois plus élevé –, une grande situation de pauvreté, peu de scolarisation, des taux d'alcoolisme élevés, plus de violence domestique, de problèmes de santé physique et mentale de tout ordre, etc[379]. Les Autochtones rapportent également plus de victimisation d'actes criminels violents non conjugaux et d'incidents de violence conjugale selon les données de 2009[380].

L'effet paradoxal de cette imposition du système de justice occidental sera de rendre les Autochtones de plus en plus dépendants des *Blancs* pour maintenir l'ordre, même s'ils demeurent inconfortables avec leurs approches des conflits et leur *solution* par la peine au regard de leurs mécanismes traditionnels de régulation sociale.

---

377. J. MARTEL, R. BRASSARD et M. JACCOUD, « When two Worlds Collide : Aboriginal Risk Management in Canadian Corrections », *The British Journal of Criminology*, vol. 52, n° 2, 2011, p. 235-255.

378. M. JACCOUD, *op. cit.*, p. 81.

379. C.L. READING, F. WIEN, *Inégalités en matière de santé et déterminants sociaux de la santé des peuples autochtones*, Centre de collaboration nationale de la santé autochtone, Colombie-Britannique, 2009 [goo.gl/sJyToK] (22 mars 2014).

380. PERREAULT, S., (2011) *La victimisation avec violence chez les Autochtones dans les provinces canadiennes*, 2009 Ottawa : Statistique Canada. [statcan.gc.ca/pub/85-002-x/2011001/article/11415-fra.htm#a7]. Consulté le 22 février 2014.

Justice occidentale et gestion autochtone traditionnelle des conflits

Notre système de justice pénale est essentiellement basé sur l'antagonisme, l'opposition entre deux parties. Les crimes sont une atteinte à l'ordre social implanté par le roi, la reine, le gouvernement, et la personne accusée est jugée parce qu'elle a porté atteinte à cet ordre, qu'elle a offensé le représentant symbolique de cet ordre. L'intitulé même des causes en justice en rend compte : *la Reine contre monsieur X, la Reine contre madame Y*, etc. De plus, la présence d'un avocat pour chacune des parties en cause, l'avocat de la Couronne et celui de la défense, peut aisément renforcer cette opposition.

La gestion autochtone traditionnelle des conflits ne se fonde pas sur l'opposition : une communauté cherche à comprendre ce qui s'est passé pour retrouver un *équilibre*. Ainsi, même le verdict binaire de culpabilité et de non-culpabilité s'inscrit mal dans cette dynamique où la personne va s'expliquer, faire connaître ses motivations, éventuellement reconnaître ses erreurs et participer au *processus de guérison*.

> Le processus de guérison est holistique, c'est-à-dire qu'il englobe les aspects physique, affectif, psychologique et spirituel de la vie. [...] L'idée sous-jacente à l'approche de guérison consiste à concevoir la restauration de l'équilibre entre la victime et le délinquant comme la voie conduisant la collectivité à retrouver son équilibre[381].

Le maître mot de notre système de justice est *la vérité, toute la vérité, rien que la vérité*. Même si ce n'est pas nécessairement ce résultat qui prédomine dans la pratique judiciaire, c'est, en tout cas théoriquement, ce qui est *attendu*, recherché. Dans la gestion

---

381. M. JACCOUD, *Justice blanche au Nunavik*, Montréal, Éditions du Méridien, 1995, p. 86.

traditionnelle autochtone des conflits, *la vérité* de chacun est au regard de sa perception du conflit, et le vécu de celui-ci n'est pas perçu de la même manière par l'ensemble des individus de la communauté. En fait, la recherche de *sens* à ce qui s'est passé prédomine sur la recherche de la *vérité*.

Enfin, les finalités punitives de la justice occidentale sont étrangères à cette gestion autochtone des conflits. Chez les Autochtones, il s'agit d'aider la personne à faire la paix avec elle-même et de rétablir la paix et l'harmonie dans la collectivité. C'est pourquoi il est important que la personne qui a causé un conflit participe au processus de *guérison* en vue d'une réconciliation avec sa ou ses victimes et la communauté. « Cette approche insiste sur le fait que la guérison est incompatible avec l'exclusion du délinquant, la guérison ne pouvant se produire que dans une relation et non dans l'isolement[382]. » La punition n'est pas un objectif même si, dans les cas les plus graves où la survie de la communauté a été mise en jeu, le bannissement de la communauté peut être possible.

L'écart entre le mode de règlement de conflits chez les Autochtones et le modèle de justice pénale occidental qui leur fut imposé était si grand que, dans plusieurs communautés, de nombreux termes de son fonctionnement – droit, culpabilité, peine, crime, etc. – n'avaient pas d'équivalents dans leur langue, car ils ne renvoyaient à aucun concept de leur organisation sociale pour régler des conflits. Un conflit n'en devient un que parce qu'il est perçu comme tel par les acteurs en cause, et non pas parce qu'il est codifié et assorti d'une peine[383].

C'est dans cette perception différente de résolution des conflits que s'implanteront les premiers modèles de police autochtone.

---

382. *Ibid.*, p. 86.

383. V. STRIMELLE, F. VANHAMME, « Modèles vindicatoire et pénal en concurrence ? Réflexions à partir de l'expérience autochtone », *Criminologie*, vol. 42, n° 2, 2009, p. 83-100.

Une police autochtone

Au cours des années 1950-1960, de nombreuses études commencent à dénoncer les conditions de vie des Autochtones liées au processus de colonisation et à en décrire les conséquences négatives, soulignant entre autres leur surreprésentation dans le système de justice pénale. Le ministère des Affaires indiennes et du Nord du Canada (MAINC) commence à s'inquiéter de cette situation devant des communautés autochtones qui revendiquent davantage d'autonomie politique.

En 1967, le rapport Laing commandité par le MAINC et intitulé *Les Indiens et la loi* sera « le premier d'une longue liste à venir portant sur l'administration de la justice en milieu autochtone et à consacrer un chapitre entier aux problèmes propres aux services de police destinés à ces communautés[384] ». Le suivi de ce rapport va faciliter l'implantation accrue *d'agents de police des bandes* que ces dernières avaient déjà commencé à recruter dans cette volonté de plus d'autonomie. Toutefois, comme l'objectif politique dans l'expansion de *ces agents de bande* n'est pas de répondre à une manière culturellement différente de règlement de conflits, ces *agents des bandes* aux pouvoirs restreints ne remplacent pas les policiers provinciaux ou fédéraux qui gèrent leurs territoires et qui, d'ailleurs, doivent *surveiller* leur travail : « En général, ils [*agents des bandes*] n'ont pas droit au port d'arme et peuvent uniquement appliquer les règlements de bande et traiter les questions d'ordre civil[385]. »

En définitive, le véritable rôle recherché par le politique avec ces *agents des bandes* est de réduire les problèmes de désordre et de servir de *médiateur culturel* afin de légitimer les forces policières

---

384. L. AUBERT, M. JACCOUD, « Genèse et développement des polices autochtones au Québec : sur la voie de l'autodétermination », *Criminologie*, vol. 42, n° 2, 2009, p. 104.

385. *Ibid.*, p. 104.

étatiques et le système de justice occidental[386]. Ainsi, la présence de ces *agents des bandes* ne va pas résoudre ces problèmes ni répondre à la volonté d'une plus grande autodétermination chez les Autochtones pour, entre autres, approcher différemment les problèmes, ce qui mettra souvent en conflit ces *agents des bandes* avec les policiers étatiques.

Devant ces problèmes, le MAINC constitue, en 1971, un autre groupe de travail pour se pencher sur la question ; dans son rapport déposé en 1973, il souligne l'importance d'une participation accrue des Autochtones dans les services policiers. À cette fin, des Autochtones deviendront des *gendarmes spéciaux* à l'intérieur de la GRC avec des pouvoirs plus étendus ; toutefois, même si l'on recherche ainsi une plus grande *proximité culturelle*, il s'agit toujours pour ces policiers d'appliquer les lois canadiennes à l'intérieur des procédures de justice pénale établies, ce qui répond très peu à la volonté d'autodétermination autochtone. D'ailleurs, pour cette raison, certaines communautés autochtones ne participeront pas à ce programme de formation de *gendarmes spéciaux* par la GRC, conservant les *agents des bandes*.

Au Québec, la situation se passera différemment. Les négociations de 1971 à 1976 entre le gouvernement du Québec, le gouvernement du Canada et les communautés cries, inuites et naskapies aboutiront à la *Convention de La Baie James et du Nord québécois*. Dans ce contexte, les *constables spéciaux autochtones* formés par la Sûreté du Québec, police provinciale, seront rapidement perçus comme transitoires, car ne répondant pas à l'autonomie recherchée en ce domaine par ces communautés. À la suite de la signature de la Convention, ils recevront la formation et les pouvoirs des policiers ; toutefois, leur champ d'action est limité aux réserves. Pour les réserves hors de cette entente de La Baie James, de manière similaire à ces *constables spéciaux,*

---

386. *Ibid.*, p. 106-107.

le gouvernement du Québec créera le programme de *police amérin-dienne*, policiers avec plein statut, mais sur le territoire des réserves uniquement.

En 1986, un nouveau rapport, *Les services de police aux Autochtones du Canada* : *examen de la question*, évaluant les services policiers autochtones,

> montre que les principaux problèmes décrits dans les rapports antérieurs sont toujours d'actualité et les impute en grande partie au « modèle non autochtone, urbain et occidental » dont découlent les divers programmes destinés aux communautés autochtones. [...] En outre, un lien direct est établi entre la surreprésentation pénale et carcérale des Autochtones et la façon dont les forces policières conventionnelles exercent leurs fonctions au sein de ces collectivités ; privilégiant la lutte contre la criminalité, elles se focalisent essentiellement sur l'application de la loi et l'arrestation des contrevenants, et investissent peu, voire pas, les fonctions de prévention ou de gestion du maintien de l'ordre. Ce faisant, elles s'avèrent incapables de répondre aux problèmes et aux besoins de ces communautés[387].

Est reconnue dans ce rapport la nécessité d'une intervention plus *communautaire* de la police, reconnaissance facilitée par tout le discours sur la nécessité d'implantation de la police communautaire, qui est à son sommet à cette période, et qui accorde une place importante au recrutement des minorités discriminées pour diminuer les conflits avec ces communautés. Après ce rapport, et sous la pression accrue des Autochtones pour plus d'autodétermination à la suite de l'article 35 de la Constitution de 1982 qui leur a enfin donné le statut de *peuples*, le gouvernement fédéral adoptera, en 1991, la Politique sur la police des Premières Nations (PPPN), sous la responsabilité du solliciteur général du Canada,

---

387. *Ibid.*, p. 113.

qui vise à développer un programme pancanadien d'uniformisation des polices autochtones. Ce que l'on cherche à faire ici, devant la multiplicité des différents services de police autochtones qui existent, est d'uniformiser leur statut et leurs pouvoirs, et d'en donner la gestion aux communautés autochtones qui le désirent, espérant ainsi diminuer la présence de membres de ces communautés dans le système pénal[388].

Au printemps 2009, Sécurité publique Canada[389] a entrepris l'évaluation de ce programme. Le rapport constate que « les problèmes sociaux et de sécurité sont beaucoup plus accentués de nos jours[390] » et reconnaît que l'adaptation culturelle de ces services policiers ne va pas assez loin. Si certaines communautés privilégient le modèle occidental de résolutions de conflits, d'autres voudraient une plus grande marge de manœuvre sur la résolution de conflits vers des modèles qui leur sont propres. Pour ces derniers, on considère que les policiers, en nombre trop faible, n'ont pas vraiment les ressources ni la marge de manœuvre pour agir autrement que sur le modèle occidental de justice :

> certains s'inquiètent du fait que le PPPN a créé des services de police autochtones qui perpétuent les « services de police traditionnels » parce que la formation et la certification des agents autochtones est déterminée par les autorités policières, et que le rôle des services de police n'a pas changé puisqu'il engendre un climat de confrontation (c'est-à-dire des arrestations) qui peut être en contradiction avec les modes traditionnels autochtones de protéger la société et de rendre justice[391].

---

388. S. Lithopoulos, *Étude comparative des modèles de police des Indigènes au Canada, aux États-Unis, en Australie et en Nouvelle Zélande*, Sécurité publique Canada, 2008 [goo.gl/vtVrEo] (5 octobre 2012).

389. Sécurité publique Canada, *Évaluation de 2009-2010 du Programme des services de police des Premières nations*, 2010 [goo.gl/RAq7en] (6 octobre 2012).

390. *Ibid.*, p. 9.

391. *Ibid.*, p. 18.

En cette période de désengagement de l'État des programmes sociaux, les problèmes socioéconomiques dans ces communautés, qui génèrent du désordre et de la violence, n'ont pas diminué. Même si ce transfert des services policiers sous la gestion des Autochtones constitue une meilleure réponse politique pour ces communautés, comme le cadre juridique demeure inchangé et que les policiers, en nombre restreint et formé aux interventions traditionnelles, ont peu de possibilités d'agir autrement, de nombreuses communautés autochtones demeurent insatisfaites. Quand ces policiers décident de porter des accusations, cela demeure sur la base des lois, des procédures et des solutions préconisées dans le système de justice pénale au Canada.

Les *cercles de guérison* et les *cercles de sentence*

Depuis vingt-cinq ans, le gouvernement canadien tente quelque peu de chercher des voies de justice plus compatibles avec les mécanismes traditionnels autochtones de résolution des conflits. Toutefois, comme les tentatives de former des policiers autochtones ont été dans le but d'appliquer les lois canadiennes en respectant les modalités du système pénal, il s'agit ici d'inscrire certaines procédures conciliatoires et réparatrices dans les procédures du système de justice pénale, particulièrement les *cercles de guérison* et les *cercles de sentence*.

Les *cercles de guérison* ont été principalement conçus pour réduire la violence familiale et les agressions sexuelles dans les communautés, la *guérison* visant à rétablir les relations rompues. La notion de *cercle* constitue l'un des fondements de la philosophie amérindienne. Le cercle symbolise l'égalité, la globalité, la terre et le cycle de vie. Il signifie que la collectivité est considérée comme un réseau de relations significatives entre les gens de même parenté, le territoire et le monde spirituel[392].

Dans les années 1980, la procédure était d'appeler la police pour ensuite faire intervenir un cercle de guérison. Par la suite, on a pu adresser directement les dénonciations à l'équipe de guérison. Toutefois, la procédure établie est assez précise – en 12 étapes – et de concert avec la police et les tribunaux (voir encadré).

---

392. M. JACCOUD, *op. cit.*, p. 87.

Cercle de guérison : procédure

Après la dénonciation de l'abus (étape 1), l'équipe de guérison s'assure de la protection de la victime (étape 2). Deux équipes de soutien sont constituées, l'une pour la victime et sa famille, l'autre pour l'agresseur et sa famille. Les équipes confrontent ensuite l'agresseur (étape 3). Ce dernier peut alors décider d'être renvoyé au système de justice et courir le risque d'être condamné ou la chance d'être disculpé ; s'il décide de s'engager dans le cercle, il doit alors reconnaître sa responsabilité et il est informé du déroulement du cercle. Dans ce dernier cas, l'équipe participe à la préparation de la mise en accusation avec la police et les avocats. Lors de la comparution, un plaidoyer de culpabilité est enregistré. L'équipe demande alors au juge de suspendre la sentence le plus longtemps possible afin de lui permettre de procéder au cercle de guérison. En général, les délais sont de quatre mois. Au cours de ces quatre mois, les équipes de soutien apportent l'aide nécessaire au conjoint de l'agresseur (étape 4), aux membres des familles respectives de l'agresseur et de la victime et à la collectivité en général (étape 5). L'équipe d'évaluation rencontre ensuite les agents de la GRC (étape 6). Cette étape a pour but de présenter l'information obtenue sur les évènements et de décider des interventions à venir. Il est possible que l'équipe, de concert avec les agents de la GRC, décide de renvoyer le dossier au système judiciaire. Dans le cas contraire, un « contrat de réconciliation » est établi pour l'agresseur. Ce contrat est présenté dans le cadre de cercles d'échange (étapes 7 et 8) organisés en petit comité avec l'agresseur et la victime séparément. Au cours de ces rencontres, les personnes sont amenées à reconnaître les faits et à suivre des séances de soutien thérapeutique (étapes 9 et 10). L'agresseur est notamment invité à reconnaître et à accepter sa responsabilité devant sa propre famille. À mesure que la victime devient plus forte, le cercle s'agrandit jusqu'à la « rencontre spéciale » (étape 11). Celle-ci représente le cœur même du processus de guérison. L'agresseur et la victime sont face à face. Leurs familles respectives sont présentes, ainsi que les membres de la communauté élargie. Chacun peut s'exprimer.

C'est au cours de cette rencontre qu'un « contrat de guérison » est signé par toutes les personnes présentes au cercle. Ce contrat renferme un ensemble de mesures visant à transformer les relations entre l'agresseur et sa victime ou avec toute autre personne de la communauté. La durée minimale d'application du contrat est habituellement de deux ans […] Le processus de guérison prend symboliquement fin par une cérémonie de purification (étape 12)[393].

---

393. M. Jaccoud, *op. cit.*, p. 88-89.

Au cours des années 1990, des cercles de sentence, appelés aussi cercles de détermination de la peine, furent ajoutés aux deux dernières étapes dans plusieurs cercles de guérison, l'enjeu étant que les représentants de la communauté fassent part au juge de leurs recommandations, et que le juge se prononce sur celles-ci. De prime abord, il est tentant de dire que l'arrivée de ces cercles de sentence a simplement constitué une reprise de contrôle par le système de justice pénale au détriment de l'autre choix, bénéfique, que peuvent constituer ces cercles de guérison. En fait, leur arrivée a renvoyé à des complexités bien plus grandes, et leurs procédures ne sont pas encore bien établies pour ces mêmes raisons. À l'heure actuelle, certains juges restent assez passifs au cours de ces procédures, se contentant d'enregistrer les décisions prises, tandis que d'autres sont beaucoup plus actifs ; cela dépend des communautés, des juges eux-mêmes et des conditions dans lesquelles ces procédures conciliatoires et réparatrices ont lieu. En effet, leur implantation en milieu autochtone n'est pas facile, car elles s'inscrivent dans la déculturation, les rapports de pouvoir, le peu de ressources et la diversité de ces communautés.

Le premier problème tient aux rapports de pouvoir dans une communauté, surtout si celle-ci est petite. Une *élite* locale peut participer aux recommandations tout en étant activement du côté des agresseurs, ou même en faire partie, jugeant la victime *dérangeante*, et lui offrant peu de soutien. Les femmes autochtones, entre autres, désirent un certain contrôle procédural extérieur, car elles « doutent des capacités des leaders autochtones masculins à bien garantir et respecter leurs droits[394] ». Mais pour que les juges puissent s'assurer de la représentativité adéquate du groupe et que, surtout du côté des victimes, la participation à ces cercles et l'ac-

---

394. *Ibid.*, p. 95. Et E. CUNLIFFE, A. CAMERON, « Writing the Circle : Judicially Convened Sentencing Circles and the Textual Organization of Criminal Justice », *Canadian Journal of Women and the Law*, vol. 19, n⁰ 1, 2007, p. 1-35.

ceptation de ses décisions soient volontaires, cela nécessite, d'une part, qu'ils connaissent bien la communauté, et d'autre part, qu'ils puissent et sachent agir de manière à ne pas sembler vouloir prendre le contrôle ou rejeter certains membres importants de la communauté, ce qui politiquement peut s'avérer risqué. L'accusation d'interférence des *Blancs* peut aisément surgir ; la glace est mince sur ce terrain.

Le second problème relève des coûts de cette procédure et des ressources dans les communautés, qui sont souvent déficientes. Le juge n'est actuellement pas tenu d'accepter le renvoi à un cercle. Cela dépend de la perception de sa viabilité et de sa capacité à procéder dans les cas soumis. Cette perception peut reposer sur les rapports de force dans la communauté et la composition de ces cercles, mais également sur des considérations de temps pour procéder, car le juge ne dispose pas toujours des heures nécessaires à la participation à ces cercles, et les ressources financières dans les communautés font que les soutiens sont souvent inadéquats pour répondre aux besoins liés à la guérison. En fait, « sans ressources financières adéquates, ces initiatives risquent bel et bien d'échouer[395] ».

Le troisième problème est le constat que, dans certaines communautés et pour certains cas, ce processus de guérison qui, en principe, doit rétablir l'harmonie dans la communauté a, bien au contraire, généré plus de divisions qu'avant sa présence, et ce, particulièrement en matière de violence faite aux femmes.

Le quatrième problème pose la question même de la *tradition* de ce modèle autochtone de gestion des conflits et de sa réalité culturelle aujourd'hui. Plusieurs communautés, principalement inuites, ont soulevé le fait que ces cercles de guérison ne relevaient pas de leurs traditions. L'État se retrouve ainsi à *imposer une tradition culturelle* à certaines communautés. Également,

---

395. M. JACCOUD, *op. cit.*, p. 96.

même à l'intérieur de celles qui se revendiquent de cette tradition de gestion des conflits, certains ne s'y reconnaissent pas, principalement les jeunes, qui y participent peu. En fait, l'une « des difficultés que posent ces initiatives est que celles-ci reposent précisément sur un postulat de consensus culturel non vérifié[396] ».

En fait, pour mieux comprendre la nature et la portée de ces problèmes, des études évaluatives seraient nécessaires. Surgissent alors trois autres difficultés. La première est celle de toute étude évaluative, soit les critères utilisés. Le fait qu'il y ait des déficiences dans le fonctionnement de ces cercles sera-t-il comparé aux déficiences du système pénal afin de se demander si, sans être une structure parfaite, ils n'en diminuent pas néanmoins certains méfaits, et méritent donc d'être encouragés et améliorés ? La seconde est celle des conditions de vie des communautés et des rapports de force qui s'y jouent pouvant affecter grandement le déroulement de ces cercles. Comment en tenir compte ? Enfin, troisième difficulté, effectuer des évaluations dans le contexte des relations tendues entre le pouvoir politique et les Premières Nations, qui cherchent davantage d'autodétermination, pourrait être aisément perçu comme une volonté de contrôle et d'ingérence abusive dans ce processus.

Autochtones et justice pénale : état de la situation

Le Code criminel, à l'article 718.2(e) issu des réflexions sur la détermination de la peine (voir chapitre VII), mentionne explicitement que, particulièrement dans le cas des Autochtones, l'examen de toutes les sanctions substitutives applicables doit être fait pour éviter l'enfermement. Jusqu'à maintenant, cet article n'a rien changé au traitement des Autochtones dans la procédure

---

396. *Ibid.*, p. 99.

pénale ni à leur surreprésentation dans les prisons. Les autres éléments qui affectent ces décisions et le durcissement des peines dans plusieurs lois, ces dernières années, ont même créé un effet contraire[397]. « La proportion d'Autochtones admis en détention après condamnation était de six à neuf fois supérieure à leur proportion dans la population générale en 2011-2012[398]. » (Graphique 17)

397. A. DUGAS, *Sentencing Aboriginal Offenders : A Study of Court of Appeal Decisions in Light of Section 718.2(e) of the Canadian Criminal Code*, UOTTAWA DSPACE, 2013 [hdl.handle.net/10393/23793] (23 mars 2014). Et L. WILHAK, « Quiet Contributions : Re-Examining the Benefits of a Restorative Approach to Sentencing in the Aboriginal Context », *Windsor Yearbook of Access to Justice*, vol. 26, n° 1, 2008, p. 53-84.

398. S. PERREAULT, *Les admissions dans les services correctionnels pour adultes au Canada, 2011-2012*, Ottawa, Statistique Canada, 2014a [statcan.gc.ca/pub/85-002-x/2014001/article/11918-fra.htm] (28 avril 2014).

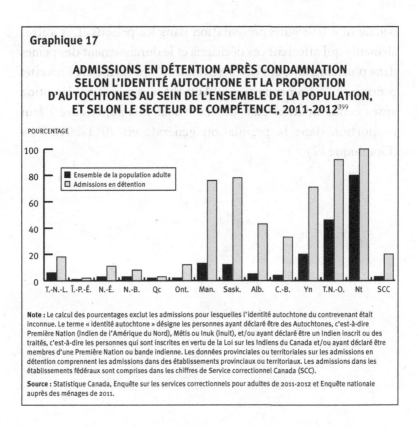

Graphique 17

ADMISSIONS EN DÉTENTION APRÈS CONDAMNATION SELON L'IDENTITÉ AUTOCHTONE ET LA PROPORTION D'AUTOCHTONES AU SEIN DE L'ENSEMBLE DE LA POPULATION, ET SELON LE SECTEUR DE COMPÉTENCE, 2011-2012[399]

Note : Le calcul des pourcentages exclut les admissions pour lesquelles l'identité autochtone du contrevenant était inconnue. Le terme « identité autochtone » désigne les personnes ayant déclaré être des Autochtones, c'est-à-dire Première Nation (Indien de l'Amérique du Nord), Métis ou Inuk (Inuit), et/ou ayant déclaré être un Indien inscrit ou des traités, c'est-à-dire les personnes qui sont inscrites en vertu de la Loi sur les Indiens du Canada et/ou ayant déclaré être membres d'une Première Nation ou bande indienne. Les données provinciales ou territoriales sur les admissions en détention comprennent les admissions dans des établissements provinciaux ou territoriaux. Les admissions dans les établissements fédéraux sont comprises dans les chiffres de Service correctionnel Canada (SCC).

Source : Statistique Canada, Enquête sur les services correctionnels pour adultes de 2011-2012 et Enquête nationale auprès des ménages de 2011.

Les outils actuariels d'évaluation du risque, adoptés ces dernières années[400], amènent une classification élevée du risque chez les Autochtones reconnus coupables, tant en matière de *risques statiques*, par leur traversée difficile de la procédure pénale qui les désavantage énormément, que de *risques dynamiques*, soit leurs *besoins criminogènes* issus de leur évaluation personnelle et sociale.

---

399. STATISTIQUE CANADA, *Enquête sur les services correctionnels pour adultes de 2011-2012 et Enquête nationale auprès des ménages de 2011.*

400. Voir chapitre VIII.

Comme on le découvre dans de multiples rapports et enquêtes, la traversée des Autochtones dans le système de justice pénale est souvent très problématique :

- Lorsqu'ils sont accusés, les Autochtones risquent davantage de ne pas obtenir de liberté sous caution ;

- Les Autochtones sont détenus plus longtemps avant leur procès ;

- Les Autochtones risquent davantage d'être accusés d'infractions multiples et souvent de crimes contre le système[401] ;

- Les Autochtones risquent davantage de ne pas être représentés par un avocat dans les procédures judiciaires ;

- Les délinquants autochtones passent moins de temps avec leur avocat, surtout dans les localités nordiques, où le personnel de la cour reprend l'avion le jour même de l'audience ;

- Comme les rôles des tribunaux sont mal planifiés dans les régions éloignées, les juges passent souvent peu de temps dans la collectivité ;

- Les délinquants autochtones risquent deux fois plus d'être incarcérés que les délinquants non autochtones ;

- Les Aînés autochtones, qui sont aussi des chefs spirituels, ne bénéficient pas du même statut que les prêtres et les aumôniers dans les établissements ;

---

401. Défaut de payer une amende, de comparaître, manquement aux conditions, etc.

- Les Autochtones plaident souvent coupables parce qu'ils sont intimidés par la cour et souhaitent que les procédures prennent fin rapidement[402].

Il faut ajouter à ce tableau le fait que, dans le système de justice canadien, les deux langues reconnues dans les procédures sont le français et l'anglais ; certains Autochtones ne comprennent aucune de ces deux langues et, ne bénéficiant pas de documentation dans leur langue, peuvent difficilement participer à cette procédure pour aider un membre de leur communauté, « les services d'un interprète sont fournis uniquement à l'accusé et au personnel de la cour, ce qui exclut les autres membres de la communauté[403] ». Ceci, sans compter que l'interprète n'a pas nécessairement les compétences nécessaires à cette tâche, ce qui peut rendre la situation de l'accusé plus fragile encore.

Enfin, pour plusieurs Autochtones, la logique même du tribunal comme mode de règlement de conflits est peu compréhensible.

Cette traversée difficile de la procédure pénale fait en sorte qu'ils sont déjà plus susceptibles d'être considérés à haut risque en matière de sécurité (*risques statiques*), d'où le plus grand nombre de cas d'enfermement, auquel s'ajoute l'évaluation des *besoins criminogènes*, qui vient noircir davantage le tableau[404].

Dans les établissements fédéraux – sentences de deux ans et plus –, le taux d'incarcération des Autochtones est dix fois plus élevé que chez les non-autochtones, et ils restent en prison plus

---

402. Association canadienne de justice pénale, *op. cit.*, partie IV.
403. *Ibid.*
404. J. Martel et collab., « When two Worlds Collide : Aboriginal Risk Management in Canadian Corrections », *The British Journal of Criminology*, vol. 52, n° 2, 2011, p. 235-255.

longtemps. La plupart sont libérés d'office[405] plutôt que dans le cadre d'une libération conditionnelle ; comme ils ont, globalement, des niveaux de sécurité plus élevés que les non-autochtones, cela rend plus difficile l'accès aux programmes qui favoriseraient leur cause devant la Commission des libérations conditionnelles[406]. De plus,

- Les délinquants autochtones sont plus susceptibles d'être incarcérés de nouveau si leur libération conditionnelle est révoquée.

- Les délinquants autochtones sont beaucoup plus souvent impliqués dans les incidents de sécurité en établissement, visés par des interventions de recours à la force, placés en isolement et prédisposés à l'automutilation[407].

Sous la pression de plusieurs groupes, certains programmes de *guérison* autochtone dans les prisons furent implantés par le SCC, mais leur accès se conjugue avec l'évaluation des risques, ce qui fait que peu y ont accès. Ceci, sans compter que plusieurs de ces programmes *pour autochtones* sont le fait de la construction par des non-autochtones d'une culture autochtone homogène, dont les éléments de *guérison* sont sélectionnés en fonction des critères

---

405. La libération d'office se passe aux 2/3 de la peine et est accordée à tous les détenus (sauf quelques exceptions) pour qu'ils puissent continuer leur peine dans la communauté en ayant un certain nombre de conditions à respecter. Voir chapitre VII.

406. BUREAU DE L'ENQUÊTEUR CORRECTIONNEL, *Rapport annuel 2012-2013*, Ottawa, Bureau de l'enquêteur correctionnel, 2013, p. 34 [oci-bec.gc.ca/cnt/rpt/pdf/annrpt/annrpt20122013-fra.pdf] (13 avril 2014).

407. BUREAU DE L'ENQUÊTEUR CORRECTIONNEL, *Une question de spiritualité : les Autochtones et la Loi sur le système correctionnel et la mise en liberté sous condition*, Ottawa, Bureau de l'enquêteur correctionnel, 2012, p. 6. [oci-bec.gc.ca/cnt/rpt/pdf/oth-aut/oth-aut20121022-fra.pdf] (22 février 2014)

privilégiés par le SCC dans sa gestion du risque. Le détenu autochtone doit correspondre à cette identité pour réussir le programme, même si son contenu demeure loin de sa réalité culturelle.

> Non seulement les programmes de traitement ont tendance à cibler la tradition culturelle autochtone des détenus comme si elle était constituée d'une seule et même histoire, mais des auteurs ont souligné que plusieurs détenus étaient exposés à cette vision autochtone de leur culture et de leur histoire pour la première fois de leur vie[408].

Quant au suivi de la peine dans la communauté, le SCC fait appel aux communautés autochtones pour assurer la non-récidive en soutenant adéquatement la personne, comme le permet l'article 81 de la *Loi sur le système correctionnel et la mise en liberté sous condition*. Il est paradoxal que, pour le SCC, les conditions de vie autochtones soient la plupart du temps considérées comme ayant généré des besoins criminogènes, et que par la suite, il demande à ces mêmes communautés de contribuer à combler ces besoins, sans interroger leurs conditions de vie. De plus, ce discours du SCC, considérant les communautés en tant que lieu de guérison, oublie que ces communautés ne sont pas sans rapports de pouvoir qui peuvent amener la marginalisation de leurs membres catégorisés en tant qu'infracteurs, et qu'elles ne sont plus nécessairement ancrées dans leurs propres traditions. En fait, le Bureau de l'enquêteur correctionnel[409] a constaté que plusieurs collectivités autochtones ne sont pas « prêtes à héberger des délinquants ou à prendre en charge la gestion de ces cas ». Ceci peut également être lié au fait que cette surveillance communautaire autochtone doit s'inscrire dans la gestion du risque du SCC auquel les communautés doivent rendre des comptes :

---

408. J. Martel et collab., *op. cit.*, p. 245. Notre traduction.
409. Bureau de l'enquêteur correctionnel, *op. cit.*, p. 4.

cette responsabilisation des communautés autochtones est décevante, parce qu'elle donne l'illusion que l'on redonne du pouvoir aux Autochtones et que l'on est plus sensible à leur réalité culturelle quand, en fait, les Autochtones ne gagnent pas nécessairement de pouvoir par ces initiatives[410].

Enfin, la vie urbaine de plusieurs autochtones fait qu'ils ne souhaitent pas retourner vivre dans une réserve avec des rituels traditionnels de guérison, surtout chez les jeunes[411].

Justice et identité autochtone

La reconquête d'une justice différente par les Autochtones ne peut passer que par une plus grande indépendance économique et politique qui leur permettra de faire des choix culturels et sociaux qui seront les leurs, respectant la diversité de leurs traditions et de leurs modes de vie actuels. Pour le moment, la justice occidentale domine les programmes autochtones destinés aux leurs qui sont judiciarisés, car le *fournisseur de services* demeure le système pénal. De plus, l'identité autochtone à l'intérieur de ces programmes ne correspond pas à la diversité de leurs cultures et modes de vie actuels. Ainsi, même si certains bénéfices peuvent être retirés par des Autochtones participant à ces programmes, ils ne constituent pas une réappropriation par l'ensemble des leurs de manières différentes de gérer les conflits. Cette réappropriation demeure encore difficile à réaliser pour ces communautés dans un contexte où la dépendance sociale, économique et politique à l'égard des institutions étatiques est très grande.

---

410. J. MARTEL ET COLLAB., *op. cit.*, p. 250. Notre traduction.
411. BUREAU DE L'ENQUÊTEUR CORRECTIONNEL, *op. cit.*

Ainsi, la situation des Autochtones en matière de justice renvoie à leur histoire et à leurs conditions de vie, qui génèrent une grande partie des problèmes à résoudre ; comme le dit tout un discours autochtone, il y a d'abord une guérison plus profonde à faire, qui est celle de se réconcilier avec l'Histoire en parvenant à trouver des issues à leur situation de dépendance actuelle, qui est également liée à leur identité. La base de la définition d'un Québécois est « citoyen qui habite le territoire du Québec », d'un Ontarien, « citoyen qui habite l'Ontario », etc. L'identité du territoire crée des racines et un sentiment d'appartenance à une communauté géographique. L'identité autochtone est associée à celle des liens de sang par l'hérédité à défaut d'un territoire d'appartenance. Cela rend complexe le choix et l'implantation de tous les mécanismes de résolution des conflits.

La situation autochtone en matière de justice renvoie également au fait que la clientèle du pénal, de manière générale, est le portrait des inégalités économiques et des discriminations sociales de toutes sortes fondées sur le sexe, la couleur de la peau, la religion, l'origine ethnique. Ainsi, leur surreprésentation dans le système pénal est révélatrice de la gravité de leur situation politique, économique et sociale, ainsi que de leur discrimination.

Questions de révision

1. Qu'est-ce qui amorça la déculturation autochtone au Canada?

2. Au milieu du XIXe siècle, de quelle manière le gouvernement canadien a-t-il profité du déclin des revenus chez les Autochtones?

3. Quel rôle le gouvernement voulait-il faire jouer aux pensionnats quand il a créé une loi obligeant les parents autochtones, sous peine de poursuites, à y envoyer leurs enfants? Quelle fut la réalité de ces pensionnats pour ces enfants autochtones?

4. Déterminez quelles sont les principales différences entre la justice occidentale et la gestion autochtone traditionnelle des conflits.

5. Au fil des années, la gestion des services policiers dans les réserves fut transférée aux communautés autochtones. Pourquoi la situation demeure-t-elle encore problématique?

6. Quels sont les principaux problèmes que connaissent les cercles de guérison et les cercles de sentence?

7. Identifiez les principales caractéristiques qui ressortent des données sur la situation des Autochtones dans notre système de justice pénale.

Questions de réflexion

La prise en compte de la situation autochtone

Considérant les conditions de vie détériorées de nombreux autochtones et les sévices qu'on leur a fait subir, sans compter la colonisation et la déculturation, pensez-vous qu'ils doivent être considérés différemment par le système pénal (mécanismes de règlements de conflits différents, règles spécifiques aux réserves, etc.)? Justifiez votre réponse.

Système de justice occidentale et gestion autochtone traditionnelle des conflits

Quels éléments de la gestion autochtone traditionnelle des conflits gagnerait-on à implanter dans notre système de justice? Justifiez votre réponse.

Discussion de cas

L'évaluation de la gravité d'un acte et le but de la sentence

Le premier inculpé est John J., un jeune Autochtone de vingt-quatre ans au chômage, provenant d'un milieu défavorisé et, notamment, d'une famille marquée par des problèmes graves d'alcool, de violence et de criminalité. Déjà coupable de délinquance dans une affaire de vol et de voies de fait contre un agent de police, il n'a pas eu d'autres démêlés avec la justice depuis quatre ans. L'autre inculpé est Michael M., un Blanc de vingt-neuf ans qui a réussi à surmonter un problème d'alcool. Il est actuellement au chômage et s'entend bien avec sa femme.

Son casier judiciaire comprend des affaires d'intrusion par effraction, d'évasion et de voies de fait, mais il n'a pas eu de démêlés avec la justice depuis sept ans.

Les deux inculpés sont entrés l'arme à la main chez un couple de personnes âgées, qu'ils ont ligotées à des chaises après que Michael M., sur un coup de tête, eut obligé l'épouse à enlever son gilet. Après avoir menacé le couple, Michael M. a caressé les seins de la femme.

Arrêtés tous deux peu après avoir quitté la maison, ils avaient sur eux 3 300 $ en objets et en espèces, et ils ont été jugés coupables de vol à main armée, de port d'arme dans le but de commettre un crime, et d'attentat à la pudeur.

Choix de sentence pour John J.

Quelle serait la sentence que vous privilégieriez ? Pourquoi ? (Les éléments qui ont joué dans l'évaluation de la gravité de la situation, le but de la sentence.)

Quelle sentence, pensez-vous, lui serait donnée ? Pourquoi ? (Les éléments qui ont joué dans l'évaluation de la gravité de la situation, le but de la sentence.)

Choix de sentence pour Michael M.

Quelle serait la sentence que vous privilégieriez ? Pourquoi ? (Les éléments qui ont joué dans l'évaluation de la gravité de la situation, le but de la sentence.)

Quelle sentence, pensez-vous, lui serait donnée ? Pourquoi ? (Les éléments qui ont joué dans l'évaluation de la gravité de la situation, le but de la sentence.)

S'il y a une différence entre les deux sentences, celle de John et celle de Michael, justifiez-la.

CHAPITRE XI

Santé mentale et justice pénale

Dans les années 1960, un mouvement de désinstitutionnalisation des personnes avec des troubles de santé mentale, qui se trouvaient dans les asiles, s'est amorcé. Toutefois, sans ressources adéquates pour répondre à leurs besoins, cela s'est traduit pour les plus vulnérables d'entre elles par une « réinstitutionnalisation », cette fois en milieu correctionnel. Nous en verrons les conséquences dramatiques pour cette clientèle.

L'institutionnalisation

Aux XVIIIᵉ et XIXᵉ siècles, un grand mouvement d'institutionnalisation des cas de maladie mentale a amené la construction d'asiles d'un bout à l'autre du Canada. Dans la mouvance britannique du *Criminal Lunatic Act* de 1800 qui permettait la détention indéfinie des personnes judiciarisées ayant des problèmes de santé mentale et leur envoi dans un asile qui leur était réservé, un établissement particulier pour les *malades mentaux criminels*, le *Criminal Lunatic Asylum* a ouvert ses portes, en 1856, à Rockwood, Kingston. Cela allait répondre aux plaintes des directeurs de prisons et pénitenciers qui jugeaient cette clientèle indisciplinée et dérangeante dans des établissements qui commençaient à être surpeuplés en raison de l'enfermement croissant lié à l'urbanisation et à l'industrialisation, multipliant les désordres.

La loi qui fonde cet établissement lui désigne quatre clientèles : les personnes avec troubles mentaux perçues comme dangereuses dans différents asiles et prisons, les détenus qui ont *perdu la raison* pendant leur sentence, les personnes judiciarisées jugées non responsables parce qu'*aliénées* et enfin, les personnes judiciarisées déclarées *aliénées* par un jury.

Les femmes aliénées étaient jugées encore plus anormales, car leur criminalité était perçue comme étant hors norme au regard de la *vertu* et de l'*innocence*, qui devaient caractériser les femmes. Le directeur du *Criminal Lunatic Asylum* ne voulait pas de ces *monstres immoraux*. Elles furent placées dans les écuries, à Rockwood, de 1857 à 1868, pour ne pas les mêler à la population masculine de ce nouvel établissement. Elles étaient confinées dans des cellules de 9 pieds sur 5 recevant peu de lumière ; elles étaient nourries par un espace ouvert dans la porte. Plusieurs sont mortes à cet endroit. Leur criminalité était généralement sans violence[412]. En 1868, à la suite de l'agrandissement de l'établissement, elles furent transférées à l'intérieur.

En ces lieux, on ne visait pas le traitement des aliénés, mais on cherchait simplement à les garder calmes. C'est ainsi que l'alcool et les somnifères étaient les principaux produits utilisés pour les *soigner*. Par la suite, certains traitements plus discutables furent pratiqués sur les patients, en particulier l'usage des électrochocs, comme dans plusieurs autres établissements asilaires au Canada.

Au cours des années 1960, un mouvement de désinstitutionnalisation s'amorce

---

412. K. KENDALL, « Criminal lunatic women in 19th century Canada », *Forum on Corrections Research*, vol. 11, n° 3, 1999, p. 46-49.

en raison des problèmes liés à la séquestration des personnes réputées avoir une maladie mentale, aux critiques croissantes au sujet des pratiques psychiatriques jugées déshumanisantes et stigmatisantes, de même qu'à l'émergence du modèle de traitement psychopharmacologique[413].

La désinstitutionnalisation/« réinstitutionnalisation »

Le mouvement de désinstitutionnalisation se définit, dans ses intentions, par la nécessité de remplacer l'enfermement asilaire par le soutien communautaire et la médication appropriée. On veut ainsi accroître l'autodétermination des personnes vivant avec des problèmes de santé mentale[414]. Dans cette optique, l'enfermement asilaire a considérablement diminué à partir des années 1960, le nombre de lits dans les hôpitaux psychiatriques passant de 47 633 en 1960 à 15 011 en 1976[415]. Toutefois, l'investissement dans les ressources communautaires n'a pas connu le même bond en avant. Le résultat fut que plusieurs personnes avec des problèmes de santé mentale se sont retrouvées quelque peu abandonnées à elles-mêmes, sans supervision adéquate ou médicaments appropriés qui leur permettraient de gérer leur vie.

Cette situation a empiré dans les années 1990 quand les restrictions financières dans les systèmes de santé et de soutien communautaire ont commencé. Non seulement l'aide spécifique à cette clientèle a-t-elle diminué, mais, de manière plus globale, les

---

413. M. SINHA, *Vue d'ensemble des questions – La santé mentale et le système de justice pénale*, Ottawa, Statistique Canada, 85-561-M, n° 16, 2009, p. 2 [statcan.gc.ca/pub/85-561-m/2009016/section-a-fra.htm] (29 juin 2013).

414. A. JAIMES ET COLLAB., « Les tribunaux de santé mentale : déjudiciarisation et jurisprudence thérapeutique », *Santé mentale au Québec*, vol. 34, n° 2, 2009, p. 171-197.

415. T. RIORDAN, « Maladie mentale, itinérance et système de justice pénale au Canada », *Division des affaires politiques et sociales*, Parlement du Canada, 2004, p. 13 [parl.gc.ca/content/lop/researchpublications/prb0402-f.htm] (29 juin 2013).

différents programmes d'aide et de logement social ont été réduits. Par exemple, le nombre de sans-abri a augmenté dans toutes les grandes villes canadiennes et deux tiers d'entre eux ont fait « l'objet d'un diagnostic de maladie mentale pour toute la vie, soit deux à trois fois le taux de l'ensemble de la population[416] ».

> Le résultat de cette situation a été une croissance du nombre de personnes atteintes de troubles mentaux qui entrent en contact avec le système judiciaire, souvent pour des comportements auparavant traités par des services de santé ou des services sociaux. [...] Certains observateurs estiment que le système de justice criminelle devient, pour plusieurs personnes vulnérables, le nouveau pourvoyeur de services de santé mentale et que la criminalisation de ces personnes constitue une forme de « réinstitutionnalisation[417] ».

Ainsi, les personnes les plus vulnérables avec des troubles de santé mentale furent sorties des prisons, il y a un siècle, pour finalement y retourner. Comme le soulignait l'enquêteur correctionnel Howard Sapers, dans son rapport en 2010, « les pénitenciers fédéraux sont en voie de devenir les plus vastes instituts psychiatriques et centres d'internement des personnes atteintes de maladie mentale au pays[418]. »

---

416. *Ibid.*, p. 3. Et INSTITUT CANADIEN D'INFORMATION SUR LA SANTÉ, *Santé mentale et itinérance*, Ottawa, 2008 [https://secure.cihi.ca/free_products/mental_health_report_aug22_2007_f.pdf] (17 mai 2014).

417. A. JAIMES ET COLLAB., *op. cit.*, p. 174.

418. BUREAU DE L'ENQUÊTEUR CORRECTIONNEL, *Rapport annuel 2009-2010*, Ottawa, Bureau de l'enquêteur correctionnel, 2010, p. 11 [oci-bec.gc.ca/cnt/rpt/pdf/annrpt/annrpt20092010-fra.pdf] (5 mai 2014).

Le Code criminel et les problèmes de santé mentale

De 1892 à 1992, les personnes judiciarisées acquittées pour cause de troubles mentaux pouvaient être détenues pour une durée indéterminée, décision qui relevait du lieutenant-gouverneur. Cette mesure faisait en sorte que les personnes considérées comme souffrant de maladie mentale étaient enfermées plus longtemps que les autres personnes reconnues coupables pour le même crime. La Commission du droit du Canada, en 1976, critiquait de manière virulente cette mesure. La Cour suprême (affaire R. c. Swain), en 1991,

> a déclaré que la détention automatique d'une personne acquittée pour cause d'aliénation mentale, sans audience visant à déterminer son niveau de dangerosité ou la décision appropriée, était en fait contraire à la Charte. On a accordé au gouvernement un délai de six mois pour adopter une législation corrective[419].

C'est ainsi qu'en 1992, des commissions d'examen provinciales et territoriales furent créées pour que les personnes avec une *non-responsabilité criminelle pour troubles mentaux* (NRCTM) ou reconnues comme *inaptes à subir un procès* (ISP)[420] reçoivent un suivi plus personnalisé, révisé chaque année. En 1999, la Cour suprême (affaire R. c. Winko) est venue préciser « que la détention était justifiée uniquement si l'accusé représentait un risque

---

419. M. SINHA, *op. cit.*, p. 3.

420. « Inaptitude à subir son procès. Incapacité de l'accusé en raison de troubles mentaux d'assumer sa défense, ou de donner des instructions à un avocat à cet effet, à toute étape des procédures, avant que le verdict ne soit rendu, et plus particulièrement incapacité de :
    a) Comprendre la nature ou l'objet des poursuites ;
    b) Comprendre les conséquences éventuelles des poursuites ;
    c) Communiquer avec son avocat » (*Code criminel*, article 2).

important et de nature criminelle pour la sécurité du public. Si la personne n'est pas considérée comme une menace, une absolution inconditionnelle doit être ordonnée[421] ».

Les procédures judiciaires pour en arriver à des décisions dans le domaine de la santé mentale sont souvent longues et complexes, car il faut attendre les évaluations, connaître les résultats des traitements antérieurs, leur suivi, savoir si l'accusé était en interruption de traitement ou de médication au moment de l'infraction, et si cela peut expliquer son comportement, etc. Par la suite, il faut déterminer si l'individu, une fois stabilisé, est toujours inapte à subir son procès, ou si le procès peut maintenant avoir lieu, ou s'il s'agit de non-responsabilité criminelle pour troubles mentaux. En somme, les nombreux délais entre diverses audiences à la Cour peuvent prendre des mois et même des années.

En février 2013, le gouvernement conservateur, par le projet de loi C-54 entré en vigueur le 11 avril 2014, a resserré les critères de non-responsabilité criminelle. Les juges doivent désormais garder un contrôle sur les personnes tenues non criminellement responsables et que les tribunaux ont jugé à *haut risque*. Ces personnes pourront être détenues en milieu hospitalier pour une période allant jusqu'à trois ans avant que leur statut ne soit révisé par un juge. Les victimes auront également leur mot à dire dans les décisions de sortie. Enfin, ces personnes ne pourraient plus sortir sans être accompagnées.

Les organismes en santé mentale ont réagi négativement à ce projet de loi en plaidant que des personnes avec des problèmes de santé mentale opteront davantage pour des peines de prison plus courtes, ou se retrouveront en enfermement sans recevoir les soins appropriés, ce qui n'améliorera pas la sécurité publique. De plus, ils font valoir que la perception de la population soutenant que les personnes déclarées NRCTM sont simplement renvoyées chez

---

421. *Ibid.*, p. 3.

elle est fausse; ces personnes sont presque toujours transférées dans des établissements de santé mentale. En fait, qui sont ces personnes jugées NCRTM?

La très grande majorité d'entre elles ont commis des infractions mineures et sans violence (92 %). Pour les autres (8 %), elles se répartissent ainsi : homicides (2,6 %), tentatives de meurtre (3,3 %) et délits sexuels (2,1 %). Le diagnostic principal de ces auteurs d'infractions graves et violentes est qu'elles souffrent de psychose, perte de contact avec la réalité, et la majorité des victimes sont des membres de leur famille[422]. Enfin,

> le nombre d'individus jugés non criminellement responsables pour cause de troubles mentaux est relativement faible. Dans les trois plus grandes provinces (soit la Colombie-Britannique, l'Ontario et le Québec, là où l'on observe la majorité des cas de NRCTM), on en dénombre 607 sur une période d'un an (mai 2004 à avril 2005). À titre comparatif, 260 649 adultes ont été jugés coupables d'infraction criminelle au Canada sur une période d'un an (2008 à 2009).

> Pour la plupart des délits, les individus jugés non criminellement responsables pour cause de troubles mentaux tendent à être détenus plus longtemps quand ils sont soumis à l'examen d'une commission que s'ils avaient été reconnus coupables puis incarcérés[423].

---

422. A.G. CROCKER ET COLLAB., *Description and processing of individuals found not criminally responsible on account of mental disorder accused of « serious violent offences »*, Ottawa, Ministère de la Justice du Canada, 2013 [ntp-ptn.org/NCRMD-SVO-NTPteam_March_2013.pdf] (1 juillet 2013).

423. COMMISSION DE LA SANTÉ MENTALE DU CANADA, *Personnes jugées non criminellement responsables pour cause de troubles mentaux (NRCTM) au Canada*. Ottawa, Fiche d'information, 2013, p. 2 [mentalhealthcommission.ca/Francais/node/5931] (1 juillet 2013).

En milieu hospitalier, ces personnes peuvent recevoir des soins mieux adaptés à leurs besoins, ce qui est plus propice à un rétablissement, le meilleur atout pour la protection sociale. Pour ce qui est des victimes, l'investissement dans l'amélioration des programmes d'aide et de soutien à leur égard les servirait beaucoup mieux.

Santé mentale et contacts avec la police

Selon les études et la définition des troubles mentaux, entre 15 et 20 % de la population canadienne connaîtra un épisode de troubles mentaux[424]. La vulnérabilité socioéconomique de certaines clientèles qui vivent ces problèmes, leur plus grande visibilité et la discrimination à leur égard, qui amène des signalements plus rapides, les conduisent à être plus souvent en contact avec la police, qui répond à une variété de désordres, criminels et non criminels, c'est-à-dire sans qu'une infraction soit en cause.

Les policiers, devant une situation où ils évaluent que la personne présente des troubles mentaux, seront plus susceptibles de porter des accusations si de la violence a été commise ou pour protéger les personnes, sans ressources communautaires pour prendre le relais. Les services offerts 24 heures sur 24, qui peuvent rapidement s'inscrire en prolongation/continuité de l'intervention policière en cas de besoin, ne sont pas si nombreux. Pourtant, les expériences dans ce secteur indiquent clairement que la police les utilise en lieu et place de la judiciarisation, si une collaboration entre la police et des services sociaux a auparavant pu être établie[425].

---

424. COMMISSION DE LA SANTÉ MENTALE DU CANADA, *La nécessité d'investir dans la santé mentale au Canada*, Ottawa, 2011 [mentalhealthcommission.ca/Francais/node/5128] (17 mai 2014).

425. P. LANDREVILLE, D. LABERGE, « La gestion des comportements-problèmes par la police : réflexions à partir des données d'une recherche », *Politique, police et justice au bord du futur*, Montréal, L'Harmattan, 1998, p. 95-106.

Cela ne signifie pas que les policiers, sans ces services, ne sont pas en mesure de voir que des personnes vivant avec des problèmes de santé mentale ont besoin de soins. Mais sans ressources externes, ils n'ont « pas d'autres solutions que de criminaliser le comportement problème pour avoir le pouvoir d'arrêter la personne et la détenir pour qu'elle puisse subir un examen psychiatrique[426] ». Ce type de services doit bénéficier d'un financement pour étendre son réseau d'action et sa disponibilité à l'ensemble des policiers ainsi que pour leur donner la formation nécessaire à cette collaboration. Mais, comme nous l'avons mentionné plus haut, les compressions budgétaires dans le domaine de la santé ont grandement affecté l'offre de services, ce qui, dans le cas de situations de désordre avec des troubles mentaux, amène des judiciarisations inutiles.

L'Association canadienne pour la santé mentale a fait valoir que les services de police ont de plus en plus de contact avec des personnes souffrant de troubles mentaux à cause de la diminution des budgets pour les services d'aide communautaires en santé mentale. La judiciarisation de ces personnes est coûteuse ; cet argent serait mieux utilisé pour aider que pour punir.

Tribunaux en santé mentale

Dans les années 2000, un peu partout au Canada, se sont répandus des tribunaux spécialisés en santé mentale (TSM) pour répondre au fait que les personnes souffrant de problèmes mentaux étaient souvent très démunies, sans ressources ou encadrement – itinérance, absence de famille, de médecin, etc. – et, comme elles avaient peu de garanties à offrir, étaient plus susceptibles d'être en détention provisoire dans l'attente de leur sentence, même pour

---

426. *Ibid*, p. 104-105.

des délits mineurs – nuisances, entrée non autorisée, inconduite, etc. Il y avait de plus, un malaise des intervenants judiciaires devant cette clientèle, ce qui amenait peu de suivi de ces dossiers, particulièrement sur le respect des conditions de soins. Ainsi, plusieurs personnes faisaient la *porte tournante*, c'est-à-dire qu'elles disparaissaient du système, étaient judiciarisées, disparaissent à nouveau du système, etc.

Dans la promotion de ces TSM, les gouvernements provinciaux font valoir que les intervenants judiciaires sont désormais des personnes formées aux difficultés de ces clientèles et que les personnes souffrant de troubles mentaux bénéficient de l'aide d'intervenants et de professionnels spécialisés sur ces questions. Ces TSM permettent ainsi que les personnes incriminées se sentent plus à l'aise et puissent éviter le plus possible la détention au profit de soins appropriés par la déjudiciarisation[427]. En général, comme les infractions commises par les personnes qui vont dans ces TSM sont mineures, il est assez aisé d'opter pour les programmes de déjudiciarisation vers des ressources qui offrent un encadrement approprié.

Toutefois, ces TSM connaissent leurs détracteurs. La première de leurs critiques est qu'ils coûtent cher et que cet argent aurait été mieux investi dans les services sociaux et de santé qui auraient pu directement prendre en charge cette clientèle. Le passage devant ces TSM, considérant les infractions mineures en cause, n'était pas jugé utile. La seconde critique a trait au fait que ces TSM risquent d'imposer « des traitements psychiatriques ou pharmaceutiques que les personnes auraient autrement refusés[428] ». Ainsi, l'aspect coercitif et paternaliste de leur décision irait à l'encontre de l'objectif d'une plus grande autodétermination des personnes souffrant de troubles mentaux. L'aspect coercitif est

---

427. A. JAIMES ET COLLAB., *op. cit.*
428. *Ibid.*, p. 176.

lié au fait que les personnes doivent terminer le programme prévu pour elles, sinon les accusations sont maintenues et traitées par les tribunaux usuels. La troisième critique a trait à l'étiquette qu'il faut accepter pour bénéficier de ces TSM, étiquette stigmatisante qui peut avoir des conséquences négatives par la suite, même hors de situations liées à la judiciarisation – emploi, logement, etc. Enfin, tout programme de déjudiciarisation demeure limité si les ressources auxquelles on peut recommander les gens sont insuffisantes[429]. En d'autres termes, ces TSM ne sont pas la panacée des lacunes des services de santé et sociaux pour opérer des suivis à long terme. Pour cette raison, ils peuvent difficilement mettre fin au phénomène de la *porte tournante*, qui était leur objectif de départ[430].

Détention et santé mentale

Ce ne sont pas toutes les personnes souffrant de troubles mentaux qui, à la suite d'accusations, ont accès à des programmes de soins et à des ressources communautaires en bénéficiant de programmes de déjudiciarisation. Plusieurs d'entre elles se retrouvent en suivi correctionnel, tant en enfermement que dans la collectivité. Les études sur la fréquence de la maladie mentale au sein des populations correctionnelles adultes indiquent que celle-ci est plus élevée que dans l'ensemble de la population non incarcérée[431].

---

429. M.L. LUSKIN, « More of the Same? Treatment in mental health courts », *Law and Human Behavior*, vol. 37. n° 4, 2013, p. 255-266.

430. R.D. SCHNEIDER, *Mental Health Courts, Decriminalizing the Mentally Ill*, Toronto, Irwin Law, 2006.

431. INSTITUT CANADIEN D'INFORMATION SUR LA SANTÉ, *Santé mentale et itinérance*, Ottawa, 2008 [https://secure.cihi.ca/free_products/mental_health_report_aug22_2007_f.pdf] (17 mai 2014).

En effet, depuis la désinstitutionnalisation, la clientèle incarcérée – en détention provisoire, provinciale et fédérale – souffrant de troubles mentaux et sous ordonnance de médicaments pour des problèmes de santé mentale a considérablement augmenté. Le système correctionnel avait, en 2004, une augmentation de 60 % de personnes avec troubles mentaux par rapport à 1967. En 2007, c'est 10 % des détenus fédéraux qui sont diagnostiqués avec des troubles mentaux au moment de leur admission[432] et 21 % prennent des médicaments sur ordonnance pour des problèmes de santé mentale[433].

La détention elle-même peut alimenter ou aggraver des troubles mentaux à cause de la violence physique et verbale qui peut facilement être présente, surtout dans le contexte actuel de surpopulation carcérale qui accroît les tensions. Les plus vulnérables sont souvent les premières victimes de cette violence. En détention provisoire, peu de programmes existent et les conditions de stress et de violence sont particulièrement élevées et mettent à risque ces personnes [434].

À la suite de nombreuses critiques sur les conditions de détention des personnes incarcérées avec des problèmes de santé mentale, en 2004, était lancée la *Stratégie sur la santé mentale en milieu*

---

432. Les pourcentages varient selon les études et la définition de troubles mentaux. Il s'agit ici du pourcentage le plus bas, d'autres études rapportent 20 % ou même un tiers des détenus, car on y inclut la dépendance à l'alcool ou à d'autres drogues. De plus, selon une étude québécoise, « si la personne n'a pas d'antécédents psychiatriques connus, les méthodes de dépistage mises en œuvre à l'entrée des établissements correctionnels s'apparentent souvent à un simple formulaire rempli sur le coin du comptoir, en urgence, et ne paraissent pas être les plus performantes pour saisir les problèmes de fond. » (M. VACHERET, D. LAFORTUNE, « Prisons et santé mentale, les oubliés du système », *Déviance et société*, vol. 35, n° 4, 2011, par. 16.)

433. M. SINHA, *op. cit.*

434. INSTITUT CANADIEN D'INFORMATION SUR LA SANTÉ, *Santé mentale, délinquance et activité criminelle*, Ottawa, 2008 [cmha.ca/download.php?docid=207] (17 mai 2014).

correctionnel au Canada, Un partenariat fédéral-provincial-territorial[435] ayant comme mot d'ordre : « Favoriser le mieux-être tout au long du continuum de soins : établir un lien entre les services. » Toutefois, entre l'énoncé de cette stratégie et la réalité des pratiques, l'écart est immense. Les personnes souffrant de troubles mentaux ont souvent des problématiques multiples à peu près impossibles à gérer en situation de détention[436]. De plus, les soins intermédiaires de prises en charge avec suivi en institutions fédérales sont à peu près absents (voir encadré).

---

435. Elle est accessible sur le site suivant : [www2.gnb.ca/content/dam/gnb/Departments/ps-sp/pdf/corrections/StrategieSurLaSanteMentaleEnMilieuCorrectionnelAuCanada.pdf] (23 mars 2014).

436. K. Archambault et collab., « Gender, Psychiatric Symptomatology, Problem Behaviors and Mental Health Treatment in a Canadian Provincial Correctional Population : Disentangling the Associations between Care and Institutional Control», *International Journal of Forensic Mental Health*, vol. 12, n° 2, 2013, p. 93-106.

Offre de soins intermédiaires dans les institutions fédérales[437]

Neuf ans après le lancement de sa Stratégie en santé mentale en 2004, il n'y a toujours pas de source de financement permanent pour le volet des soins intermédiaires pour les délinquants de sexe masculin. La seule unité de soins de santé mentale intermédiaires pour hommes au pays est un projet pilote au pénitencier de Kingston qui a commencé en novembre 2010 et a pris fin en mars 2013[438]. Comme partout ailleurs dans le réseau, le projet pilote a connu des problèmes communs :

i. Une infrastructure vieillissante et inappropriée non conçue à des fins thérapeutiques.

ii. Le roulement constant du personnel en raison des problèmes de financement et de recrutement.

iii. Le recours au recrutement de personnel non agréé (ou « employés de niveau inférieur ») pour doter les postes de professionnels des soins de santé.

iv. L'absence d'un programme de soins de santé 24 heures sur 24, sept jours sur sept (aucune ressource réservée pour la prestation des soins en dehors des heures normales ou la fin de semaine).

v. L'absence de formation spécialisée en soins de santé mentale pour le nouveau personnel.

L'annulation du projet pilote d'unité de soins intermédiaires est déplorable, mais pas entièrement surprenante étant donné le contexte et les difficultés déjà soulignées.

Malheureusement, cela signifie que la majorité des détenus qui ont besoin d'interventions de niveau intermédiaire pour gérer leurs besoins en santé mentale resteront parmi la population carcérale générale ou seront placés en isolement dans les établissements à sécurité moyenne et maximale parce qu'ils n'ont pas accès aux services de soins de santé mentale et aux mesures de soutien connexes. Ces détenus doivent compter sur les ressources de soins de santé primaires disponibles offertes dans les pénitenciers, ils ne peuvent pas bénéficier du niveau de services de santé plus intensifs que les unités de soins intermédiaires pourraient offrir.

---

437. BUREAU DE L'ENQUÊTEUR CORRECTIONNEL, *Rapport annuel 2012-2013*, Ottawa, Bureau de l'enquêteur correctionnel, 2013 [oci-bec.gc.ca/cnt/rpt/pdf/annrpt/annrpt20122013-fra.pdf] (13 avril 2014).

438. La prison de Kingston étant maintenant fermée, les ressources ont été transférées à l'établissement de Millhaven.

Quant à l'offre de soins de santé primaires, lorsque présente, elle se limite trop souvent à la prescription de médicaments. Cette prescription, comme le mentionnent les intervenants dans une étude québécoise, ne sert pas à traiter, mais « à *calmer les agités, à soulager les déprimés, à diminuer l'agressivité des plus hostiles* et donc, plus globalement, à réduire les risques de conflits dans les secteurs[439] ». Le même constat a été fait dans les établissements fédéraux par le Comité permanent de la sécurité publique et nationale (2010).

Cette situation est particulièrement alarmante chez les femmes détenues avec des troubles mentaux. En fait, 87 % des femmes détenues dans les établissements fédéraux ont des médicaments prescrits. Ce taux de femmes médicamentées est clairement plus élevé que dans la communauté. Par ailleurs, « les profils de prescription sont régionalisés et discriminatoires, avec de plus hauts taux de psychotropes prescrits dans les Prairies où se retrouve un nombre plus élevé de femmes autochtones[440] ». Enfin, pour plusieurs détenues, cette médication est inscrite dans le *plan correctionnel*, ce qui signifie qu'elles sont fortement encouragées à prendre cette médication qui vise le plus souvent à les *calmer* plutôt qu'à les traiter. Si elles refusent cette médication, elles courent le risque que cela soit considéré comme un bris dans leur effort pour se *réhabiliter*, ce qui peut entraîner divers modes de pénalisation[441]. De plus, ce qui est prescrit dans plusieurs cas est fort problématique. Ce qui est dénoncé plus particulièrement est la prescription du Seroquel, psychotrope particulièrement puissant, qui demande un suivi clinique serré, car il doit être

---

439. M. VACHERET, D. LAFORTUNE, *op. cit.*, par. 41.

440. J.M. KILTY, « "It's like they don't want you to get better" : Psy control of women in the carceral context », *Feminism and Psychology*, vol. 22, n° 2, 2012, p. 163. Notre traduction.

441. Voir à ce sujet l'étude de Kilty (2012) qui illustre comment cette surmédication des femmes, de même que le choix des médications pour les « calmer » relèvent clairement d'une volonté de contrôle des femmes, non de l'aide et des soins.

prescrit en fonction de troubles très précis. De nombreuses détenues reçoivent cette drogue sans suivi clinique ni attestation des problèmes pour lesquels elle est désignée. Celles qui en consomment disent se sentir comme des « zombies », sans compter tous les effets secondaires dont plusieurs souffrent : constipation, somnolence, vomissements, maux de tête, étourdissements, etc[442]. Le Bureau de l'enquêteur correctionnel enquête présentement sur la situation.

La conséquence de cette absence de ressources adéquates en santé mentale est une grande insécurité du personnel devant cette clientèle plus imprévisible dans ses comportements, surtout que plusieurs intervenants correctionnels n'ont reçu aucune formation de base pour y faire face. La réaction à leur égard se traduit alors trop souvent en interventions disciplinaires pour *corriger* les situations problématiques – par exemple, contention, isolement, utilisation d'aérosol inflammatoire, etc. –, ce qui n'améliore pas les problèmes relationnels qu'ont souvent ces personnes. Un rapport de recherche du SCC[443] confirme que les personnes reconnues comme ayant des troubles mentaux reçoivent « beaucoup plus d'accusations d'infractions disciplinaires mineures et graves et plus de placements en isolement sollicités[444] et non sollicités ».

De plus, ces interventions disciplinaires sur des comportements liés à leur vulnérabilité et au manque de soins viennent alourdir leur dossier pour *mauvaise conduite*, rendant plus difficile

---

442. C.A. DELL ET COLLAB., « Looking back 10 Years after the Arbour Inquiry, Ideology, Policy, Practice, and the Federal Female Prisoner », *The Prison Journal*, vol. 89, n° 3, 2009, p. 286-308.

443. SERVICE CORRECTIONNEL DU CANADA, *Délinquants purgeant une peine de ressort fédéral atteints de troubles mentaux : résultats correctionnels et intervention correctionnelle*, Ottawa, SCC, 2012. [csc-scc.gc.ca/recherche/005008-0268-fra.shtml] (17 mai 2014).

444. Les personnes peuvent demander l'isolement pour se protéger des autres détenus, ou parce qu'elles désirent être seule pour une période de temps.

l'accès aux programmes, prolongeant leur séjour en détention et les laissant encore plus vulnérables, à la sortie de ces établissements. Selon un rapport de recherche du SCC, ces personnes sont

> plus susceptibles d'être placées initialement dans un établissement à sécurité maximale [...] moins susceptibles de se voir accorder une libération discrétionnaire sous forme de semi-liberté et plus susceptibles d'être libérées à la date prévue de leur libération d'office [...] plus susceptibles de faire l'objet d'une révocation de leur mise en liberté pour manquement aux conditions [...] Après la mise en liberté, plus susceptibles d'être à nouveau condamnées[445].

Le manque de continuité dans les services, pourtant l'objectif premier de la stratégie de 2004 du SCC, aggrave plusieurs cas. En effet, le manque de transition entre les établissements lors des transferts des détenus, de même qu'entre les services correctionnels et les programmes de soutien communautaires lors des libérations conditionnelles, multiplie les problèmes vécus par les personnes vivant avec des troubles mentaux ; ce manque de continuité dans les soins se répercute dans tous les aspects de leur vie – emploi, logement, éducation, relations familiales et sociales –, générant des non-respects des conditions ou des comportements qui les ramènent dans le système pénal. D'ailleurs, les agents de probation éprouvent beaucoup de malaises et de difficultés à intervenir avec ces personnes, surtout avec les réductions d'effectifs des dernières années, le manque de formation pour interagir adéquatement avec elles, et les outils actuariels qui diminuent encore plus la possibilité de donner une réponse adaptée à leurs besoins[446].

---

445. SERVICE CORRECTIONNEL DU CANADA, *op. cit.*

446. S. THOMAS, *Difficultés et malaises de l'agent de probation face au contrevenant présentant un problème de santé mentale. Mémoire de maîtrise*, Montréal, UQAM, 2010 [archipel. uqam.ca/2926/1/M11368.pdf] (26 juillet 2013).

C'est au regard de l'ensemble de ces constats que le Bureau de l'enquêteur correctionnel[447] recommande un poste de défenseur des droits des patients afin de s'assurer non seulement que les personnes avec des problèmes de santé mentale reçoivent des soins lorsque nécessaire, mais également, qu'elles soient protégées des abus disciplinaires à leur égard, qu'il y ait un suivi lorsqu'il y a un transfert d'établissement ou un retour dans la collectivité pour assurer la continuité des soins, qu'elles puissent manifester leur droit de refuser de suivre ou de poursuivre un traitement, particulièrement en ce qui a trait à la médication. Il recommande également que tous les cas complexes – longs antécédents de santé mentale, automutilation à répétition, déficit cognitif important – soient sortis des pénitenciers pour être transférés dans des unités spécialisées de soins en milieu hospitalier ou communautaire. Il explique que non seulement le SCC n'a pas les ressources pour les aider, mais que l'enfermement risque d'aggraver leur cas par la violence qu'ils subissent tant par les mesures de contrôle que par leur vulnérabilité à l'égard de l'agressivité d'autres détenus.

Les organismes de défense des droits des personnes ayant des problèmes de santé mentale et les associations de santé publique, de même que de nombreuses commissions, n'ont pas la même réponse. Pour eux, la prison n'est tout simplement pas la place pour les personnes ayant des problèmes de santé mentale.

En fait, si l'on retient la définition de la santé mentale telle qu'émise par l'Organisation mondiale de la Santé[448], la prison n'est appropriée pour personne :

> La santé mentale est une composante essentielle de la santé. La Constitution de l'OMS définit la santé comme suit : « La santé est un état de complet bien-être physique, mental et

---

447. Bureau de l'enquêteur correctionnel, *op. cit.*
448. Organisation mondiale de la santé, *La santé mentale : renforcer notre action*, avril 2014 [who.int/mediacentre/factsheets/fs220/fr/] (28 janvier 2014).

social, et ne consiste pas seulement en une absence de maladie ou d'infirmité. » Cette définition a pour important corollaire que la santé mentale est davantage que l'absence de troubles ou de handicaps mentaux.

La santé mentale est un état de bien-être dans lequel une personne peut se réaliser, surmonter les tensions normales de la vie, accomplir un travail productif et contribuer à la vie de sa communauté. Dans ce sens positif, la santé mentale est le fondement du bien-être d'un individu et du bon fonctionnement d'une communauté.

La question qui se pose alors est celle de résoudre les conflits autrement que dans une logique punitive et par la prison. C'est ce qui fera l'objet du prochain chapitre.

Questions de révision

1. Pourquoi la création du *Criminal Lunatic Asylum* faisait-elle l'affaire des directeurs de prisons et de pénitenciers ?

2. Quelle fut la situation des femmes à l'ouverture du *Criminal Lunatic Asylum* et pourquoi ?

3. On ne visait pas le traitement des aliénés à cet endroit. Quel était l'objectif des interventions et comment cela se traduisait-il ?

4. Qu'est-ce qui a amené le mouvement de désinstitutionnalisation dans les années 1960 et quel en était le principal objectif ? Quel en fut le résultat pour plusieurs personnes et pourquoi ?

5. Quel cadre juridique a géré les personnes judiciarisées avec des troubles mentaux au Canada jusqu'en 1992, et quelle en a été la conséquence pour ces personnes ?

6. Sur quelle base la Cour suprême a-t-elle obligé le gouvernement du Canada à modifier la loi de 1992 ?

7. Que faudrait-il faire pour diminuer la judiciarisation des personnes ayant des troubles mentaux lors d'interventions policières ?

8. Quels sont les principaux problèmes qui ont mené à la création de tribunaux en santé mentale dans les années 2000 au Canada ? Quel est leur objectif ? Quelles sont les principales critiques qui leur sont adressées ?

9. La détention elle-même peut alimenter ou aggraver des troubles mentaux chez plusieurs détenus. Pourquoi ?

10. Qu'en est-il de l'offre de soins aux personnes avec des problèmes de santé mentale en milieu correctionnel ?

11. Quel est le problème particulier à l'égard des femmes souffrant de problèmes de santé mentale ?

12. Trop souvent, le personnel correctionnel réagit de manière inadéquate avec les personnes souffrant de troubles mentaux lorsque celles-ci présentent des comportements qui dérogent aux normes du milieu de détention. Expliquez.

13. Que recommande le Bureau de l'enquêteur correctionnel dans son rapport de 2013 sur la question des personnes sous surveillance correctionnelle présentant des troubles de santé mentale ?

Questions de réflexion

Désinstitutionnalisation/réinstitutionnalisation

Les personnes les plus vulnérables avec des problèmes de santé mentale furent sorties des prisons au XIXe siècle, pour y retourner un siècle plus tard. Expliquez.

La Stratégie sur la santé mentale en milieu correctionnel au Canada

La Stratégie de 2004 sur la santé mentale en milieu correctionnel au Canada ne s'est pas réalisée sur le terrain. Expliquez.

CHAPITRE XII

Résoudre les conflits autrement

C onsidérant les multiples problèmes d'iniquité du système pénal, la violence qu'il génère et son inefficacité à prévenir les conflits sociaux, que peut-on envisager pour le remplacer ? C'est la réflexion au cœur de la théorie abolitionniste[449]. Ce mouvement est également social, et sa visée principale est l'abolition de la peine de prison vers des « mesures plus appropriées et plus actualisées de contrôle de la criminalité[450] ».

Dans un premier temps, à l'aide de Louk Hulsman, l'un des pères fondateurs de la thèse abolitionniste, nous présenterons les principaux éléments le conduisant à la conclusion que le système pénal doit être aboli et la signification qu'il donne à ce constat[451].

Par la suite, nous montrerons que l'on peut déjà diminuer l'activité du système pénal en gérant certains problèmes autrement que par leur judiciarisation : la question des drogues illicites servira à illustrer cette direction. Nous poursuivrons par la présentation de stratégies de prévention du crime qui s'articulent essentiellement sur

---

449. J. PICHÉ, M. LARSEN, « The moving targets of penal abolitionism : ICOPA, past, present and future », *Contemporary Justice Review*, vol. 13, n° 4, 2010, p. 391-410.

450. W. DE HAAN, « Redresser les torts : l'abolitionnisme et le contrôle de la criminalité », *Criminologie*, vol. 25, n° 2, 1992, p. 116.

451. Le plan de cette présentation de la pensée de Hulsman s'appuie sur la synthèse proposée par Bernat de Célis, de même que les entretiens qu'elle a réalisés avec Hulsman et qui sont retranscrits dans un ouvrage désormais classique sur la question : L. HULSMAN, J. BERNAT DE CÉLIS, *Peines perdues : le système pénal en question*, Paris, Le Centurion, 1982.

des modifications de l'environnement plutôt qu'en s'appuyant sur le système pénal. Également, nous aborderons quelques initiatives actuelles qui cherchent à gérer les conflits autrement que par la peine, nous attardant sur l'exemple de la justice restaurative. Nous terminerons en soulignant l'importance d'œuvrer à l'intérieur du pénal pour en changer les mentalités et en diminuer les pratiques répressives, soit la recherche d'innovations pénales.

Abolir le système pénal

Le système pénal n'est pas bon

Le système pénal est influencé par le politique dans le Code criminel et ses lois, de même que dans les ressources dont il pourvoit ou non certains aspects de son fonctionnement. Ses pratiques sont modulées par les divers intervenants qui y travaillent – policiers, avocats, criminologues, etc. –, et leurs contraintes de sécurité, de temps et les routines de travail qui conditionnent certaines pratiques et décisions. Enfin, il faut ajouter les médias et la perception populaire des crimes et des *criminels* qui amènent certains types de signalements plus que d'autres et certaines pressions sur le pouvoir politique. Le résultat est un tout assez incohérent dans les objectifs poursuivis et une relative inefficacité à prévenir le crime, même si en tant que système construit sur la notion de crime, il est capable de se reproduire et de maintenir la logique punitive.

Hulsman explique que ce système *sans tête* qui en organiserait l'ensemble déresponsabilise, d'une part, ses acteurs dans leurs prises de décisions punitives :

Si un homme exécute en prison une peine excessive ou inadéquate, à qui la faute ? Le directeur de la prison peut se retrancher derrière les nécessités de la sécurité, les faibles moyens budgétaires dont il dispose ou la sévérité des tribunaux ; le juge dira qu'il a appliqué la loi ; le législateur pris à parti invoquera l'opinion publique ; et, derrière les médias soupçonnés de fabriquer cette opinion publique malléable, apparaîtront les groupes de pression qui font vivre ces médias, les mêmes peut-être qui influent sur le législateur du moment... Qui donc est responsable du temps et des conditions d'emprisonnement que subit cet homme ? [...] alors même que chacune des personnes appelées à intervenir dans l'ensemble des opérations serait accueillante et amicale, le *système* resterait RÉPRESSIF. Indépendamment de l'intention de ceux qui travaillent à le faire fonctionner, la logique immanente au système engendre une pratique qui avilit et humilie, c'est-à-dire une action négative au niveau des personnes et de la société[452].

D'autre part, ce système *sans tête* empêche d'avoir une voie d'entrée pour en modifier les finalités afin de corriger les trois principaux problèmes soulevés à répétition par de multiples commissions et études :

- *Les victimes et les accusés sont exclus du conflit à résoudre,* ils n'ont pas leur mot à dire. En fait, on ne se préoccupe pas de l'interaction entre les deux pour chercher des solutions autres que la peine. Pour cela, il faudrait que l'accusé connaisse les souffrances vécues par la victime ou encore que la victime sache si les solutions trouvées vont réellement éviter que d'autres conflits du même genre ne surviennent, ou qu'elles l'aideront à se sentir mieux.

---

452. J. Bernat de Célis, « Les grandes options de la politique criminelle. La perspective de Louk Hulsman », *Archives de politique criminelle*, n° 5, Paris, 1981, p. 16-17.

- *Le système pénal est un univers qui produit de la souffrance*, tant pour les accusés que leur famille et leurs proches. De plus, « la stigmatisation sociale liée à la sanction juridique se prolonge bien au-delà de la durée de la peine[453] ». Enfin, la prison est un lieu de vie où l'honnêteté et le dialogue ont peu de place comparativement aux comportements développés pour survivre à cette souffrance. Ainsi, c'est avec l'apprentissage de l'agressivité, du mensonge et de la valorisation de la force pour gérer les conflits que ces gens retourneront à l'extérieur.

- *Les clientèles qui subissent le pénal sont fort inégalement réparties socioéconomiquement et culturellement.* Comme nous l'avons vu, c'est le fruit à la fois de l'écriture de la loi – déjà productrice d'inégalités –, de la réaction prépénale au crime et de la vulnérabilité d'être pris et condamnés par le système qui varie selon les classes sociales. La conséquence de cette situation, souligne Hulsman, est que « le système crée et renforce les inégalités sociales[454] ».

Pour corriger le problème de l'inégalité produite par le système, certains pourraient être tentés par la solution de punir également les riches. C'est impossible. La majorité des gens ont commis des actes criminalisables. Le système déjà surchargé éclaterait et, s'il survivait par un ajout de personnel et d'établissements, la majorité des gens seraient en prison, ce qui n'a pas davantage de sens.

---

453. *Ibid.*, p. 19.
454. *Ibid.*, p. 20.

Alors la question qui se pose ici est la suivante, explique Hulsman :
en démocratie, est-il normal de garder un système aussi coûteux,
qui produit de la souffrance et de l'inégalité sociale ?

Tout en reconnaissant les problèmes soulevés par Hulsman
à propos du système pénal, plusieurs soutiennent qu'il demeure
tout de même nécessaire en tant qu'outil de prévention générale
d'autres crimes, et pour sécuriser le public.

L'argument de la prévention générale ne peut être invoqué,
explique Hulsman, car les recherches montrent que les gens
connaissent peu les lois et les peines qui y sont attachées, comme
nous l'avons vu dans la première partie de cet ouvrage. Ce n'est
donc pas à partir d'une décision rationnelle sur les peines que les
gens décident ou non de commettre un délit. Ce dont les gens ont
peur, c'est d'être découvert. Si calcul il y a, c'est sur leur évaluation du risque d'être pris. C'est l'activité de la police qui joue un
rôle de prévention générale, pas le système pénal. Ce constat
amène Hulsman à dire que l'on peut supposer un autre système
de règlements de conflits sans diminuer la prévention générale.
Les quelques études sur des traitements d'une infraction autrement que par la peine montrent que cela n'influe pas sur la
quantité de délits commis.

À l'argument que le système pénal, même s'il n'est pas bon,
est nécessaire, car il sécurise les gens, Hulsman répond que le
système les rassure parce qu'ils ne savent pas comment il fonctionne, leurs informations étant essentiellement médiatiques.
L'œil scandalisé des médias accroît l'insécurité des gens par la
présentation de certains cas spectaculaires et dramatisés plutôt
qu'en montrant la clientèle usuelle du pénal et les conséquences
négatives du système pour ces personnes et la société. Si les gens
acceptent si aisément ces images médiatiques et leurs solutions
pénales, explique Hulsman, c'est parce « qu'il y a une consonance,
héritée des siècles et profondément ancrée dans les consciences,
entre le système pénal que nous connaissons et une certaine

présentation religieuse du monde[455] ». En d'autres termes, les explications religieuses du monde, les impies d'un côté et les élus de l'autre, et les peines de l'enfer et du purgatoire pour punir les personnes qui n'obéissent pas aux règles religieuses ont dominé les mentalités pendant des siècles. Le système pénal viendrait faire écho à cette perception religieuse du monde, empêchant de voir d'autres voies de résolutions de conflits que la peine. Toutefois, selon Hulsman, il est possible aujourd'hui d'amener les gens vers d'autres voies pour résoudre les situations problématiques en leur montrant que le système pénal produit de la souffrance inutile et ne les protège pas. En fait, considérant le fonctionnement actuel du système pénal, il y a davantage lieu de se demander s'il ne contribue pas à l'augmentation de la criminalité plutôt qu'à protéger les gens.

Du crime à une situation-problème à résoudre

Vouloir abolir le système pénal n'implique pas de rester passif devant les conflits et les problèmes sociaux ; cela ne signifie pas non plus que les gens n'auraient plus de recours lorsqu'ils se sentent lésés. Cela veut dire privilégier des voies de rechange où l'enfermement et la punition sont vus comme des mesures d'échec, utilisées en dernier recours, et non en tant que partie intégrante d'une routine dans un système. Mais pour arriver à mettre en place de nouvelles voies de règlements de conflits, il y a certains obstacles psychosociologiques à vaincre. Hulsman a attiré l'attention sur quatre d'entre eux en particulier.

---

455. *Ibid.*, p. 25.

- *La distance et la déresponsabilisation devant l'administration de la peine* (se rappeler l'expérience de Milgram, vue au chapitre III). Cette distance est encore plus forte s'il n'y a pas d'identification au milieu social ou culturel des gens qui subissent la peine.

- *La dichotomie innocent/coupable.* Cette dichotomie nie l'ensemble des facteurs de l'environnement et de la vie des personnes pour expliquer les situations en isolant un évènement pour le juger de manière simpliste, amenant des solutions qui le sont tout autant. Pour le politique, toutefois, ces solutions simplistes du pénal ont l'avantage de rendre invisibles des problèmes sociaux sur lesquels plusieurs de ces conflits reposent. C'est la fonction idéologique du système pénal que nous avons définie précédemment.

- *La recherche d'une société sans conflits.* Ceci est impossible et même non souhaitable, car cela signifierait que l'on a perdu le droit de parole et celui à la différence. L'enjeu est que les voies pour régler les conflits soient multiples afin que ceux-ci trouvent des solutions qui satisfassent les personnes impliquées.

- *La croyance qu'il faut garder le système pénal pour les cas qualifiés de graves et d'exceptionnels*, ce à quoi Hulsman répond :

D'une part, l'énorme majorité des faits retenus par le système de justice criminelle sont d'un type qui ne monte pas bien haut dans l'échelle du dommage personnel de ceux qui sont directement impliqués. D'autre part [...] on ne voit pas à partir de quel critère logique s'est établie la division : conflit pénal/conflit non pénal. C'est une division irrationnelle, fruit le plus souvent de circonstances politiques. Ainsi, une proportion considérable de situations regardées par le système de justice criminelle comme des crimes sérieux restent *en fait* complètement en dehors de ce système. Elles sont résolues dans le contexte social dans lequel elles prennent place – la famille, le syndicat, les associations, le lieu de travail, le voisinage[456].

La recherche de voies alternatives, pour ne pas reproduire les mêmes erreurs que le pénal, doit répondre à un certain nombre de principes directeurs, explique Hulsman.

- Il ne faut pas séparer la réflexion sur ces approches de l'examen des politiques sociales et culturelles à mettre en place pour diminuer l'émergence de ces conflits.

- Un comportement problématique doit être analysé comme une situation-problème, c'est-à-dire en intégrant le contexte à l'analyse du comportement déclencheur d'un conflit.

- Il faut que ces voies alternatives privilégient l'inclusion des personnes vivant ces conflits, et même leur entourage proche, si nécessaire.

- Il faut, chaque fois que cela est possible, privilégier le face-à-face des personnes ou groupes vivant le problème.

---

456. *Ibid.*, p. 28-29.

- « Quand une intervention extérieure aux intéressés apparaît inévitable, il y a lieu de recourir en priorité aux groupes sociaux naturels agissant à titre de conciliateurs, le face-à-face des intéressés restant toujours préservé lorsqu'il est possible[457]. »

- Si l'intervention de l'État est nécessaire, dans certains cas, ce doit être sur demande et sur la base de voies civiles de règlements de conflits, voies qui visent d'abord et avant tout la satisfaction des intéressés, contrairement à la punition.

Pour répondre à ces principes et voir la résolution de conflits autrement qu'à l'aide du système pénal, il est nécessaire également de modifier certains critères avec lesquels on aborde ces conflits.

Il faut abandonner les notions de crime et de criminel au profit de la notion de situation-problème génératrice de conflits dans laquelle plusieurs acteurs sont impliqués. Ainsi, il devient plus aisé d'examiner la solution la plus appropriée à partir des causes du conflit plutôt que de désigner un coupable à exclure, punir, soigner, etc. (voir encadré). Hulsman reconnaît les différents types d'issues possibles à un conflit : punitif, thérapeutique, compensatoire, éducatif, conciliatoire. Ce qu'il cherche à montrer est que la solution privilégiée doit reposer sur une compréhension des causes d'un problème, la conciliation étant d'abord privilégiée. Si l'on fait cela, la place de la punition comme solution sera extrêmement réduite, et ce, même dans ce que le système pénal désigne par « coups et blessures » : « Supposons qu'il y a ait eu *coups et blessures* entre un homme et une femme. Pour le couple qui a vécu cet évènement, est-ce vraiment la bagarre physique qui est importante, ou tout ce qu'il y a eu dans leur vie jusqu'à ce moment-là[458] ? »

---

457. *Ibid.*, p. 30.
458. *Ibid.*, p. 45.

La notion de situation-problème[459]

Pour se faire comprendre, M. Hulsman cite volontiers l'exemple suivant : cinq étudiants vivent ensemble. À un moment donné, l'un d'eux se jette sur la télévision et la brise ; il casse aussi quelques assiettes. Comment vont réagir les quatre autres ? Évidemment, aucun d'eux n'est content. Mais chacun adopte une attitude différente. L'étudiant numéro 2, furieux, déclare qu'il ne veut plus vivre avec le premier, et parle de le mettre dehors. L'étudiant numéro 3, débonnaire, dit : « Il n'a qu'à acheter une nouvelle télévision et d'autres assiettes. Tant pis pour lui, qu'il paie. » L'étudiant numéro 4, très traumatisé par ce qui vient de se passer, s'écrie : « Il est sûrement malade, il faut aller chercher un médecin, le faire voir par un psychiatre, lui donner du valium, etc. » Le dernier, enfin, murmure : « Nous croyions bien nous entendre, mais quelque chose ne doit pas marcher dans notre communauté pour qu'un tel geste ait été possible. Faisons tous ensemble un examen de conscience. »

On voit où M. Hulsman veut en venir. Devant l'acte dommageable commis par le premier étudiant, le deuxième identifie celui-ci comme un coupable qu'il faut punir et exclure. On n'a pas de mal à reconnaître ici le « modèle punitif » conforme à l'intervention normale du pénal. Le troisième et le quatrième étudiants ont une réaction différente. Leur camarade doit payer pour l'un, se faire soigner pour l'autre ; mais ils ont en commun avec le précédent de désigner eux aussi un responsable. [...] La réaction de l'étudiant numéro 5 procède d'une analyse radicalement autre : il ne considère plus *a priori* que le comportement indésirable de leur camarade soit uniquement imputable à celui-ci, et pense donc ni à le punir, ni à le faire payer, ni à le faire soigner, mais propose à tous de s'interroger sur les causes qui ont rendu possible un tel acte et de rechercher ensemble une solution. [...]

Cesser de désigner un « coupable », et partir au contraire de la « situation-problème » qui a donné origine à l'acte indésirable, telle est la démarche à laquelle M. Hulsman convie tant de penseurs.

---

459. *Ibid.*, p. 31-32.

Également, *la notion de gravité, parfaitement artificielle, cesse d'être un critère* pour analyser comment gérer un conflit au profit de la recherche de la meilleure voie pour régler le conflit à la satisfaction des personnes ou groupes impliqués.

La perception de la *dangerosité*, quant à elle, est grandement tributaire de celle que les gens s'en font à partir de l'influence des médias. En fait, si l'on veut parler de dangerosité, il faut comprendre que *ce ne sont pas tellement les personnes qui sont dangereuses que les situations dans lesquelles elles sont placées.* Ainsi, prétendre mesurer le degré de dangerosité des gens, c'est prédire les circonstances futures dans lesquelles ces personnes seront placées ou nier ces circonstances, ce qui est tout aussi aberrant.

> Comment évaluer la probabilité qu'une personne développe un état dangereux susceptible de déboucher sur une situation-problème ? Une telle probabilité dépend de multiples facteurs et circonstances :
>
> Des facteurs criminogènes ou au contraire protecteurs qui existent dans l'entourage conjugal, familial, professionnel, de l'habitat, des fréquentations, des loisirs… ;
>
> Des facteurs liés à l'environnement dans un sens plus large : conjoncture économique, situation de l'emploi… ;
>
> Des conditions psychologiques ou pathologiques propres au sujet : traits fondamentaux de la personnalité, habitudes, caractère, état mental… ;
>
> De l'apparition imprévisible de circonstances susceptibles de déclencher l'acte regrettable : deuil, rencontre, querelle, évènement sentimental, professionnel, social, etc[460].

---

460. *Ibid.*, p. 35.

Certains penseurs, sensibles aux idées de Hulsman, ont souligné qu'en allant dans cette direction, il y avait toutefois le danger de l'arbitraire et de l'iniquité des solutions proposées par les tribunaux civils quand les gens auraient besoin d'une aide institutionnelle pour résoudre un conflit. Sans l'État pour fournir des garanties que le tout sera jugé adéquatement et équitablement, qu'arrivera-t-il? Hulsman répond à cela que nombreuses sont les recherches qui ont montré l'incapacité de l'État d'assurer une égalité devant la loi, dans le système pénal, et que ces garanties n'existent pas dans la réalité de ses pratiques. De plus, il ne s'agit pas de remplacer ce système étatique par un autre système étatique[461]. De multiples tribunaux civils existent déjà pour une foule de conflits, et leur particularité est de viser la satisfaction des deux parties et d'opérer seulement à la demande des gens. Si une intervention institutionnelle est demandée, il faut qu'elle soit civile :

> Et l'intérêt du civil, c'est, dit M. Hulsman, qu'il laisse aux parties la maîtrise de leurs conflits : elles gardent, dans ce système, la possibilité de définir leur problème ; elles restent en contact ; elles ne sont pas forcées d'accepter la manière de voir du juge ; elles peuvent à tout moment arrêter la procédure ; elles demeurent toujours, même après le jugement, dans une position de négociation. En outre, le juge civil doit prendre en compte les intérêts *des deux* adversaires. Il ne faut certes pas idéaliser le système civil, qui est aliénant lui aussi. Mais par rapport au pénal, il constitue un moindre mal[462].

---

461. Cette volonté de Hulsman de rejeter tout «système» étatique de règlement de conflits dans cette position abolitionniste commence à être remise en question par plusieurs chercheurs. L'idée principale est que ce rejet de tout système « ne laisse au chercheur aucun espace cognitif pour concevoir la possibilité d'une reconstruction des structures d'un système social », de «*structures alternatives* à la structure dominante *de ce système*». (A. Pires, «Postface», *La rationalité pénale moderne, Réflexions théoriques et explorations empiriques*, Ottawa, Les presses de l'Université d'Ottawa, 2013, p. 291.)

462. J. BERNAT DE CÉLIS, *op. cit.*, p. 39.

Une autre critique des chercheurs porte cette fois sur les avantages du système pénal pour la victime qui n'a pas à se donner la peine de poursuivre, surtout que pour le faire au civil, il faut connaître l'auteur du comportement qui a provoqué la situation-problème. De plus, poursuivre au civil est coûteux, ce qui n'est pas le cas au pénal. Hulsman considère que ces critiques ne sont pas des raisons de maintenir le système pénal, mais qu'elles encouragent davantage à modifier le système civil de manière à ce qu'il soit accessible à tous, et qu'il puisse bénéficier de certains pouvoirs d'agir si la partie adverse est inconnue, de la même manière que les systèmes d'assurance n'ont pas besoin de connaître l'auteur d'un vol pour dédommager la victime.

Enfin, certains craignent que, sans le système pénal, divers groupes ne se développent utilisant des stratégies d'autodéfense violentes. Hulsman répond que ces groupes existent déjà quand le système pénal fonctionne à fond et qu'ils sont particulièrement présents aux États-Unis, où le système pénal est le plus punitif de tous les pays occidentaux. Ce que les victimes demandent, explique Hulsman, c'est d'être aidées et protégées. Certaines croient que le système pénal répond à cela. Mais c'est faux. D'autres voies sont meilleures pour assurer aide et protection. Mais les victimes, très souvent, ne les connaissent pas. D'ailleurs, rappelle Hulsman, les victimes qui ont eu des contacts avec le système pénal ne sont généralement pas celles qui le réclament comme solution à leur problème :

> les personnes qui ont été réellement victimes d'infractions sont moins dures dans leurs jugements, plus compréhensives à l'égard des délinquants et moins désireuses de représailles pénales que les personnes qui n'ont jamais été victimes et ont seulement peur de l'être. C'est la vertu du *face-à-face* que d'humaniser les situations[463].

---

463. J. BERNAT DE CÉLIS, *op. cit.*, p. 40.

Comprendre que le système pénal n'est pas bon, qu'il faut aborder différemment les situations-problèmes, ne signifie pas que, du jour au lendemain, le système pénal sera aboli. Cela signifie qu'il faut dès maintenant rechercher des voies pour diminuer son activité et la violence de ses pratiques. Hulsman identifie quatre voies pour aller dans cette direction.

- *La décriminalisation* de jure – retirer une infraction du Code criminel – ou *de facto* – dans les faits, on n'applique plus la loi même si cela demeure criminalisé dans le Code criminel – *du maximum d'infractions*. Par exemple, au Québec, l'avortement fut décriminalisé *de facto* bien avant que la Cour suprême n'oblige le pouvoir fédéral à le décriminaliser *de jure*. Il ne s'agit pas, encore une fois, de se priver de toute intervention s'il y a danger contre des personnes, mais d'enlever du giron pénal tout ce qui serait mieux géré ailleurs dans les structures existantes. À cet égard, il y a déjà place pour beaucoup de décriminalisation. Un domaine dans lequel Hulsman a milité pendant longtemps à cet effet fut celui de la décriminalisation des drogues actuellement illicites. Nous aborderons donc cet exemple pour illustrer cette voie.

- *L'augmentation de certaines stratégies de modification de l'environnement*. On peut déjà considérer les *crimes* comme des situations-problèmes et en diminuer la fréquence par certaines stratégies de modifications de l'environnement, qu'elles relèvent de la prévention, de l'accessibilité plus grande aux soins ou à certains services, pensons à l'*Opération Nez rouge* pour réduire les risques d'accident dus à des facultés affaiblies par l'alcool au volant. On peut aussi modifier le contexte psychologique et symbolique de l'environnement afin que l'aide remplace le contrôle, par exemple, dans les interventions d'aide auprès des usagers de drogues par injection. Ces stratégies contribuent à modifier la perception que certains évènements ont absolument besoin du pénal pour être résolus.

- En élargissant l'accessibilité aux *modes de règlement de conflits dans lesquels les acteurs du conflit sont partie prenante*. Nous verrons à cet effet l'exemple de la justice restaurative.

- Le *renouvellement des mentalités et du savoir-faire à l'intérieur du système pénal*. Par exemple, former et favoriser la conciliation comme première intervention policière dans la gestion des conflits et lier davantage leurs activités à des programmes sociaux qui peuvent prendre le relais. Également, dans les écoles de droit et de criminologie, on peut former de plus en plus de gens à utiliser d'autres stratégies que l'envoi au pénal et la punition. Enfin, il faut favoriser des changements vers moins de pratiques de répression à l'intérieur du pénal, ce que l'on désigne chez plusieurs chercheurs par la recherche d'*innovations pénales*.

Voyons brièvement des tentatives d'aller vers ces quatre voies afin de diminuer l'activité et la violence du système pénal dans ses pratiques.

La décriminalisation

La décriminalisation de certaines infractions permet de remplacer les sanctions du droit pénal par d'autres manières de traiter le problème qui peuvent être, par exemple, de mettre en place certaines réglementations à l'intérieur de politiques sociales spécifiques, ou signifier qu'elles relèveront désormais, en tout ou en partie, du droit administratif ou civil. Il ne s'agit pas ici de nier les problèmes, mais de les aborder plus efficacement avec des outils autres que le pénal.

Exemple : le cas des drogues actuellement illicites

Le discours de la prohibition maintient l'idée que des politiques plus libérales en matière de drogues signifient une augmentation de leur consommation et la multiplication des problèmes qui peuvent y être reliés. Ce qu'il faut comprendre, d'une part, c'est que, si la disponibilité est nécessaire à la consommation, elle n'explique pas les motivations à consommer. D'autre part, une légalisation des drogues inscrite dans une perspective de promotion de la santé restreindrait leur grande disponibilité actuelle sur le marché noir et réduirait les usages problématiques[464].

Pour mieux comprendre ces affirmations, faisons un détour par un changement de loi sur une drogue légale, l'alcool. En 1978, le nombre de points de vente d'alcool au Québec est passé de 350 à plus de 12 500 avec la loi 21. Cette loi a permis la vente de bière et de vin dans les petites épiceries et un élargissement considérable des heures de vente – 40 heures de plus par semaine. Les taux de consommation d'alcool avant et après le passage de cette loi furent mesurés. On a constaté que, malgré sa disponibilité beaucoup plus

---

464. L. BEAUCHESNE, *Les coûts cachés de la prohibition*, Montréal, Bayard Canada Livres, 2006.

grande, cela n'a pas entraîné de différences importantes de son taux de consommation, le Québec demeurant en dessous de la moyenne nationale[465].

Cet exemple indique que les motivations à consommer une drogue ne peuvent se résumer à l'accessibilité des produits. Toutefois, un changement s'est opéré en cette matière à la suite de l'adoption de cette loi. Le vin étant plus accessible, les gens ont diversifié leur consommation. Il remplaça la bière en maintes occasions. Cette diversification s'est produite sans qu'il y ait d'augmentation globale de la consommation d'alcool. Les fabricants de drogues licites ont compris cela depuis longtemps et ne veulent pas de nouvelles drogues récréatives sur le marché pour ne pas voir diminuer leurs profits[466]. De plus, ils craignent que ces dernières ne soient réglementées de manière à être plus sécuritaires et moins pharmacodépendantes que les leurs, ce qui leur ferait perdre une partie de la clientèle sensible à une meilleure gestion de sa santé[467].

Quelles sont les responsabilités de l'État en matière de réglementation pour que la légalisation des drogues actuellement illicites s'inscrive dans une perspective de promotion de la santé ?

Contrôle de la qualité et de la concentration

Tout d'abord, l'État peut implanter une réglementation qui assure des contrôles adéquats sur la qualité des produits. Cette réglementation, si nécessaire, peut mener à modifier certaines composantes,

---

465. S. BROCHU, « Témoignages » *Délibérations du Comité spécial du sénat sur les drogues illicites*, 2001 [parl.gc.ca/sencommitteebusiness/CommitteeReports.aspx ?parl=37&ses =1&Language=F] (22 décembre 2013). Et P. LAMARCHE, « The Impact of Increasing the Number of Off-Premise Outlets of Alcohol on Per Capita Consumption : the Quebec Experience », *Revue du Grapp*, Montréal, Université de Montréal, 1987.

466. M.-A. BERTRAND, « Permanence des effets pervers et résistance au changement des lois sur les drogues », *L'usage des drogues et la toxicomanie*, Boucherville, Gaëtan Morin, 1988, p. 139-154.

467. R. SIEGEL, *Intoxication : Life in Pursuit of Artificial Paradise*, Washington, D.C., Dutton, 1989.

conditions de culture ou de fabrication d'une drogue pour en diminuer la nocivité. Il est certain que celles qui circulent actuellement sur le marché noir n'auraient pas grand-chose à voir avec ce qui circulerait sur un marché réglementé. Après la prohibition de l'alcool, on n'a pas légalisé l'alcool frelaté. L'alcool frelaté a disparu avec le retour d'une légalisation réglementant le contenu de cette drogue. Cette réglementation a permis la fabrication de produits alcoolisés avec divers taux de concentration d'alcool et des réglementations différentes quant à leur circulation et leur taxation selon cette concentration. Enfin, les modes de consommation d'alcool sous la prohibition étaient plus durs, parce que circonscrits dans des temps et des espaces délimités. Le retour à la légalisation de cette drogue a permis d'apprendre à la gérer autrement.

Il en va de même pour les changements qui affecteraient le marché illégal actuel ; les produits frelatés disparaîtraient et des formes de consommation plus douces des drogues actuelles pourraient voir le jour dans un contexte où il serait plus aisé d'apprendre à les consommer de manière sécuritaire. Il est très important de comprendre cette mutation des produits dans un marché réglementé ; les produits qui circulent sur le marché noir et les modes de consommation qui prévalent actuellement sont façonnés par les règles de ce marché. L'alcool qui circulait lors de la prohibition n'était pas de la bière, mais des alcools à forte concentration[468]. Le consommateur d'alcool, au lendemain de la prohibition, n'a pas réclamé d'alcool frelaté parce que c'était ce qu'il avait l'habitude de consommer et il n'a pas boudé les usages plus doux de cette drogue. Certaines habitudes culturelles de consommation se modifieront avec une offre de produits plus sécuritaires.

---

468. L. NADEAU, « L'Amérique en guerre des dépendances », *Autrement*, n° 106, 1989, p. 123-130.

Contrôle de la mise en marché

L'État peut mettre en place une réglementation qui assure que la commercialisation d'une drogue ne signifie pas sa promotion en procurant une information adéquate au consommateur, en implantant des restrictions publicitaires et en assurant un étiquetage précis.

> La gestion gouvernementale du jeu et de l'alcool, ces dernières années, indique que le gouvernement peut jouer sur deux tableaux contradictoires : d'un côté, la prévention et la promotion de la santé et de l'autre côté, la recherche d'une croissance des profits par l'augmentation de la consommation et du nombre de consommateurs. C'est pourquoi il est très important que la réglementation s'inscrive en promotion de la santé et que tout soit mis en œuvre pour éviter que le gouvernement ne suive le secteur privé des drogues (industrie du tabac et pharmaceutique), visant d'abord et avant tout la recherche de profits par tous les moyens[469].

Contrôle des lieux de distribution

À l'heure actuelle, on peut se procurer partout des drogues illégales. Une légalisation réglementée en réduirait la disponibilité. Selon les cas, celle-ci pourrait être restreinte à certains lieux licenciés et à certaines heures, de même que l'on pourrait en limiter l'accès aux mineurs. Des permis de vente de drogues – tabac, alcool et autres – dans des lieux spécifiques, avec une réglementation soumise à des inspections d'une régie qui délivrerait ces permis pour en vérifier l'application, seraient d'une grande importance. Le personnel de ces lieux devrait également posséder la formation requise pour informer adéquatement la clientèle.

---

469. L. Beauchesne, *op. cit.*

Prévention

On doit pouvoir transmettre, de manière exacte et adaptée, le caractère dangereux de certaines drogues, de certains modes de consommation ou de certaines pratiques à risques. Mais on doit surtout fonder les stratégies de prévention sur le fait que ce n'est pas le produit qui crée la dépendance, mais l'interaction entre un individu, un produit et un environnement donné[470]. En ce domaine, la responsabilité des gouvernements est de fournir un cadre de réglementations qui en facilite le travail et une mise en marché des produits qui ne le sabote pas.

Ainsi, la légalisation avec un objectif de promotion de la santé non seulement restreindrait la disponibilité des drogues, mais en diminuerait les usages problématiques. Elle enlèverait aussi du système pénal les milliers de personnes qui subissent des peines pour usages ou petits trafics de ces produits. Elle protége-rait enfin mieux la population en enlevant la violence liée au marché noir que doivent subir de nombreux citoyens et diminue-rait toute la corruption dans le marché légal qui est liée à ce marché[471]. Bien sûr, les grands trafiquants trouveraient d'autres créneaux ; les marchés noirs étant nombreux. Enfin, il ne faut pas l'oublier, le marché des drogues illicites est également présent dans les prisons, ce qui génère aussi dans ces lieux son lot de violence, tant envers le personnel y œuvrant que pour les détenus. Sans compter tous les problèmes de santé publique multipliés par cette situation, particulièrement la transmission du VIH et du VHC, le virus de l'hépatite C, à cause des échanges de seringues[472].

---

470. L. BEAUCHESNE, *Drogues, Mythes et dépendance : en parler à nos enfants*, Montréal, Bayard Canada Livres, 2005.

471. L. BEAUCHESNE, *Les coûts cachés de la prohibition*, Montréal, Bayard Canada Livres, 2006.

472. R. JÜRGENS, *VIH/sida et prison : rapport final*, Réseau juridique canadien VIH-Sida et Société canadienne du sida, 1996.

Ainsi, plusieurs groupes ont fait leur cheval de bataille de la légalisation des drogues pour mieux en prévenir les abus et diminuer la criminalisation liée à cette prohibition, de même que la violence liée au marché noir qui prospère avec la prohibition[473].

D'autres secteurs d'infractions pourraient également être soustraits du système pénal et gérés autrement pour en diminuer la clientèle. Dans toutes ces stratégies, la prévention demeure une clé importante de succès.

Stratégies de modification de l'environnement et prévention du crime

La prévention du crime s'articule sur trois plans, même si, bien sûr, les actions de chacun de ces plans se répercutent sur les deux autres.

La prévention *primaire* désigne l'ensemble des actions destinées à diminuer l'incidence d'un problème. C'est la meilleure puisqu'elle touche directement aux causes qui peuvent mener à des problèmes. Essentiellement, il s'agit ici d'agir sur la réduction des inégalités socioéconomiques et sur l'amélioration de l'emploi, de même que d'assurer la présence et l'accessibilité de programmes sociaux vers lesquels les personnes peuvent se tourner dès les premiers signes d'un problème. L'amélioration de la qualité de vie et des soutiens dans l'environnement amènent moins de personnes à se retrouver dans des situations-problèmes qui attirent l'attention du pénal.

La prévention *secondaire* cherche à réduire l'évolution de problèmes spécifiques en ciblant plus particulièrement les facteurs de risques qui contribuent à leur croissance et en favorisant les facteurs de protection qui contribuent à leur

---

473. L. Beauchesne, *op. cit.*

diminution. De nombreuses études ont montré qu'elle constitue une stratégie plus efficace pour prévenir le crime et demeure beaucoup moins coûteuse que l'utilisation du système pénal[474]. Ce plan implique que différents paliers de gouvernement puissent mobiliser certains de leurs organismes, eux-mêmes luttant de manière systématique contre des facteurs de risque. La prévention secondaire repose sur quatre étapes : il faut d'abord bien « diagnostiquer les lacunes, puis dresser un plan d'action pour les combler, fournir un effort rigoureux pour implanter un programme et, finalement, mettre en place une évaluation[475] ».

Au Canada, la Stratégie nationale pour la prévention du crime mise sur pied par Sécurité publique Canada, en 2014, finance des projets soumis par les municipalités ou certaines communautés. Toutefois, Monchalin[476] reproche à cette stratégie nationale d'obliger les communautés et municipalités à « faire la preuve » des problèmes et de la pertinence des solutions proposées pour recevoir ces fonds, fardeau qui est particulièrement lourd pour « certains milieux plus désorganisés et défavorisés », plutôt que d'assurer l'implantation de certaines actions déjà reconnues pour leur efficacité[477]. Le résultat est que les mouvements locaux de prévention ont beaucoup moins de soutiens financiers de

---

474. B. WELSH, D.P. FARRINGTON, « Science, politics, and crime prevention : Toward a new crime policy », *Journal of Criminal Justice*, vol. 40, n° 2, 2012, p. 128-133. L. MONCHALIN, « Pourquoi pas la prévention du crime ? Une perspective canadienne », *Criminologie*, vol. 42, n° 1, 2009, p. 115-142. Et I. WALLER, *Smarter Crime control, A guide to a safer future for citizens, communities and politicians*, New York City, Rowman and Littlefield, 2013.

475. L. MONCHALIN, *op. cit.*, p. 127.

476. *Ibid.*, p. 130-131.

477. D'ailleurs, il y a lieu de se demander si la prévention secondaire, à certains égards, ne vient pas camoufler des lacunes en prévention primaire en « réparant certains pots cassés ». Voir à cet égard C. GERVAIS, « Prevention, Criminology and Governmentality Reconsidered », *Droits et voix, La criminologie à l'Université d'Ottawa* (dir. Véronique Strimelle et Françoise Vanhamme), Ottawa, Les presses de l'Université d'Ottawa, 2010, p. 81-100.

Sécurité publique Canada que « les mesures de justice mieux établies que sont la police, les services correctionnels ou les tribunaux ».

Malgré tout, les grandes municipalités canadiennes commencent de plus en plus à développer des politiques de prévention du crime dans la perspective de « moins de répression, plus de sécurité[478] », comme promue par la prévention secondaire qui vise à modifier l'environnement pour améliorer la prévention du crime plutôt que de privilégier la judiciarisation des problèmes. Pour ce faire, des partenariats se développent entre les commissions scolaires, les services sociocommunautaires, la police, les services de logement, l'aide à l'enfance, etc. afin d'identifier les priorités d'action sur un territoire et de coordonner leurs interventions pour augmenter les facteurs de protection. Enfin, cette prévention secondaire intègre de plus en plus dans ses composantes un souci d'apporter plus de services et de soutien aux victimes afin qu'elles puissent faire partie intégrante de ce type d'actions préventives[479]. Malheureusement, « les considérations d'ordre politique et stratégique priment sur les preuves fournies par la recherche et des études d'évaluation » en matière de prévention du crime[480].

La prévention *tertiaire* fait référence aux stratégies d'aide et de soutien aux personnes qui vivent des problèmes pour en diminuer l'incidence. Elle fait référence, en la matière, aux différents programmes de réinsertion sociale ou de traitement de

---

478. I. WALLER, *Less Law, More Order : The Truth About Reducing Crime*, Westport, CT, Præger Publishers, 2006.

479. I. WALLER, *Smarter Crime control, A guide to a safer future for citizens, communities and politicians*, New York City, Rowman and Littlefield, 2013.

480. B.C. WELSH, *L'approche scientifique en prévention du crime : fondements, tendances, résultats et implications pour le Canada*, Rapport final préparé à l'intention du Centre national de prévention du crime, Ottawa, Sécurité publique Canada, 2007 [securitepublique.gc.ca/cnt/rsrcs/pblctns/vdnc-prvntn/index-fra.aspx] (16 mai 2014).

diverses problématiques pour aider les contrevenants à ne plus se retrouver dans les situations-problèmes qui ont amené leur judiciarisation.

La justice restaurative

La justice restaurative, comme son nom l'indique, vise à réparer un tort[481] au moyen de la restitution, la réconciliation, par des excuses, une compensation, des gestes avec une portée symbolique, etc. Il ne s'agit plus d'analyser le problème causé par le délit sous l'angle de la transgression à une norme juridique ou sur la visée de réhabilitation du délinquant, « mais bien de créer des conditions pour qu'une réparation et/ou une compensation raisonnable des préjudices puissent se réaliser[482] ».

L'innovation de ce modèle est que, pour résoudre le conflit, on privilégie généralement « le concours actif des personnes impliquées, qu'il s'agisse des personnes qui ont commis les torts, des personnes qui les ont subis et de la communauté qui, directement ou non, a aussi été touchée par la situation[483] ».

> Un parallèle (et non une équivalence) est établi entre les souffrances encourues par la victime et celles du délinquant, le délinquant étant construit comme un être ayant lui-même connu des souffrances dans son parcours de vie. Le courant réparateur est donc, à ses origines, une justice symétrique

---

481. Pour cette raison, de nombreux auteurs la désigne également par l'expression « justice réparatrice ».

482. L. WALGRAVE, « La justice restaurative : à la recherche d'une théorie et d'un programme », *Criminologie*, vol. 32, n° 1, 1999, p. 9.

483. V. STRIMELLE, « La justice restaurative : une innovation du pénal ? », *Champ pénal/Penal field*, Séminaire Innovations Pénales, 2007, par. 8 [champpenal.revues.org/912] (6 juillet 2013).

puisque les « bénéfices réparateurs » sont censés être retirés autant par les victimes que par les responsables des conséquences encourues par ces dernières[484].

Le but initial des différents programmes issus de cette approche qui ont commencé à se multiplier au Canada au cours des années 1990, est de tenter de sortir de la logique pénale punitive, de même que de redonner une place aux victimes dans la recherche de solutions à un conflit par « la coopération volontaire de chacun et à travers un dialogue interpersonnel[485] ». Les deux éléments associés sont importants, puisqu'il ne s'agit plus d'*utiliser* la victime pour justifier ou encore accroître la peine comme plusieurs développements récents qui intègrent la victime à l'intérieur de la procédure pénale ont tendance à le faire.

Certains considèrent également que l'aide aux victimes et la restauration doivent pouvoir se faire, peu importe que le délinquant soit connu ou pas. À cette fin, des structures étatiques minimales seraient nécessaires dans certains cas pour réparer les torts commis aux victimes, tout en s'assurant que les processus relationnels des personnes impliquées dans la situation soient privilégiés. Ces processus sont importants, car

> la justice restaurative vise à obtenir une satisfaction optimale de toutes les parties concernées. Les victimes ont l'occasion d'exprimer leur peur et leur indignation et d'obtenir le soutien de la communauté et une attention spécifique à leurs souffrances et dommages. Les délinquants [lorsqu'ils sont connus] sont écoutés correctement, leurs droits sont respectés

---

484. M. JACCOUD, « Innovations pénales et justice réparatrice », *Champ Pénal/Penal Field*, Séminaire Innovations Pénales, 2008, par. 9 [champpenal.revues.org/1269] (19 mai 2014).

485. V. STRIMELLE, *op. cit.*, par. 16. Toutefois, certains programmes de justice réparatrice ont tendance à centrer leurs finalités réparatrices sur la victime, qui a le fin mot décisionnel dans l'aboutissement des médiations. Cela dénature l'approche initiale où les souffrances de tous les acteurs sont considérées (M. JACCOUD, *op. cit.*).

et ils ont l'occasion de réparer d'une façon raisonnable et constructive les dommages occasionnés par leurs actions. Dans les communautés locales impliquées, la restauration mène à la paix et à la diminution de la peur[486].

À cet effet, la médiation lors de la rencontre entre les parties impliquées peut déjà être une forme de restauration.

Quand il s'agit de délits comptant un cercle restreint d'acteurs, plusieurs programmes ont su montrer des voies autres que le pénal pour résoudre les problèmes. Toutefois, quand on veut étendre la portée de ces programmes à des délits qui touchent un plus grand nombre de personnes, se pose rapidement un certain nombre de questions.

À quelle communauté fait-on référence ?

En matière de justice restaurative, à quelle communauté fait-on référence ? Aujourd'hui, les gens ne s'identifient plus à leur communauté géographique de quartier[487], mais à des communautés d'intérêts comme celles de leur travail, de leurs loisirs, des associations culturelles ou autres auxquelles ils participent. Dans les villes, plus particulièrement, ils ne connaissent généralement pas leur voisinage et ne s'y identifient pas. Alors de qui s'agit-il ? Pas si simple, car tant la victime que la personne ayant causé le problème sont impliquées dans de multiples réseaux :

> Par exemple, prenons la situation d'un employé temporairement incapable de travailler à la suite d'une agression violente. Une telle situation entraîne plusieurs conséquences et fait des victimes secondaires : des troubles émotionnels et financiers dans sa famille, des pertes économiques pour son employeur, des prestations financières pour la compagnie d'assurances, des inconvénients pour ses camarades de club,

---

486. L. WALGRAVE, *op. cit.*, p. 11.
487. Mis à part, peut-être, de petites localités ou de petites unités géographiques.

des sentiments d'insécurité dans son voisinage. Il semble difficile de couvrir tout cela sous la simple notion de « communauté[488] ».

De plus, les espaces géographiques où il y a le plus de problèmes se caractérisent généralement par des conflits entre les diverses populations qui y vivent. Qui représente qui ? Qui doit-on écouter ? Une autre question se pose également : est-ce que la communauté désire autre chose que la punition, considérant la perspective dominante de la justice, qui imprègne les médias, dans laquelle la peine est la solution ? Enfin, « ces communautés elles-mêmes peuvent agir de manière abusive, conservatrice, moraliste ou en fonction de leurs intérêts[489] ». C'est pourquoi, selon Walgrave, il faut un minimum de structures étatiques pour s'assurer que le processus restauratif « favorise les échanges libres et que les mesures restauratives n'excèdent pas un maximum proportionnel aux préjudices causés[490] ». Cette remarque de Walgrave amène une autre question.

Qu'est-ce qu'une réparation proportionnelle aux préjudices causés ?

Dans le cas de délits mineurs où les acteurs en cause s'entendent sur une réparation, la question de ce qui constitue une réparation proportionnelle aux préjudices causés se pose moins ; c'est celle qui fut le fruit d'une entente à la suite de discussions. Toutefois, lorsque la justice restaurative porte sur des actes jugés plus graves et aux dommages plus importants, ou que plus de personnes sont touchées, la question de ce qui constitue une réparation adéquate se présente rapidement.

---

488. L. WALGRAVE, *op. cit.*, p. 15.
489. *Ibid.*, p. 15.
490. *Ibid.*, p. 17.

Plusieurs études ont clairement montré que les consensus sur des questions sociales ne se retrouvent que dans les petits groupes porteurs d'enjeux particuliers, petits groupes qui ne s'entendent pas nécessairement entre eux. De plus, la classe sociale à laquelle appartient l'interlocuteur a une grande influence sur la perception des problèmes et des solutions. Enfin, l'appartenance à un groupe ethnique a aussi un rôle majeur sur les perceptions des conflits et leurs solutions[491]. Ainsi, plus il y a de personnes impliquées, plus la division peut jouer tant sur la perception des problèmes que sur leurs solutions.

Ainsi, qu'est-ce qu'une réparation proportionnelle aux préjudices causés? À partir du moment où elle n'est plus le fruit d'un consensus dans un petit groupe dans le cadre d'une démarche de médiation, sur quelles bases établir cette *restauration*, surtout si une structure étatique doit en gérer la réponse et si la ou les victimes crient vengeance?

En somme, la justice restaurative a innové en intégrant les acteurs d'un conflit dans la recherche de sa résolution. Toutefois, il demeure encore beaucoup d'apprentissages à faire pour établir des formules qui en élargissent la portée, et ce, même à l'intérieur du système pénal.

---

491. R.M. Bohm et collab., «Perceptions of neighborhood problems and their solutions: implications for community policing», *International Journal of Police Strategies and Management*, vol. 23, n° 4, 2000, p. 439-465. Et P.T. Hall, «Policing order: Assessments of effectiveness and efficiency», *Policing and Society*, vol. 8, 1998, p. 225-252.

Renouvellement des mentalités et du savoir-faire à l'intérieur du système pénal

La justice restaurative dans le pénal

On peut retrouver des programmes de justice restaurative non seulement dans le communautaire, hors du système pénal, mais également à l'intérieur de ce dernier. Cette situation divise d'ailleurs les partisans de cette approche de justice. En effet, pour certains, si cette approche veut s'ancrer comme une solution de rechange au pénal, elle ne peut s'inscrire à l'intérieur de celui-ci. Pour d'autres, qui considèrent que les premiers, par cette position, ne touchent que les délits mineurs, désirent accroître la portée de cette approche à l'ensemble des infractions, même celles jugées graves, en l'incluant dans les voies offertes *par* le système pénal[492]. La question qui se pose alors est celle du *métissage* de l'approche pénale et restauratrice : « Le pénal l'emporte-t-il sur le réparateur ou l'introduction de démarches de réparation peut-elle susciter une transformation à l'intérieur même du modèle pénal[493] ? »

Les quelques études sur le sujet donnent à penser que le pénal tend à l'emporter, créant une extension du filet pénal et dénaturant le processus en l'intégrant dans ses grilles sécuritaires. Strimelle[494] a eu l'occasion d'œuvrer en tant que médiatrice sur le projet de justice coopérative à Ottawa, *Collaborative Justice Project*, projet dont l'emplacement est à l'intérieur du palais de

---

492. M. JACCOUD, *op. cit.* L. WILHAK, « Quiet Contributions : Re-Examining the Benefits of a Restorative Approach to Sentencing in the Aboriginal Context », *Windsor Yearbook of Access to Justice*, vol. 26, n° 1, 2008, p. 53-84. Plusieurs auteurs considèrent que la justice restauratrice pourrait être particulièrement intéressante dans les communautés autochtones. C'est le cas de E. ADJIN-TETTEY, « Sentencing Aboriginal Offenders : Balancing Offender's Needs, the Interests of Victims and Society, and the Decolonization of Aboriginal Peoples », *Canadian Journal of Women and the Law*, vol. 19, n° 1, 2008, p. 179-216 et de L. WILHAK, *op. cit.*

493. V. STRIMELLE, *op. cit.*, par. 20.

494. *Ibid.*

justice, et qui visait des cas de crimes jugés graves référés par la Couronne, la défense, les services de probation ou à la demande de la personne délinquante ou de la victime. La décision de son usage se passait généralement lors de la conférence préparatoire à l'audience, où l'on vérifiait si trois critères étaient satisfaits :

- Le crime commis devait être une infraction grave (passible d'emprisonnement) ;

- Une victime devait au moins souhaiter participer au programme ;

- Le délinquant reconnaissait son tort (plaidant coupable en général) et manifestait le souhait de réparer le tort commis[495].

Se déroulait ensuite la médiation. « Parmi les personnes ayant accepté de participer au projet, la moitié des cas seulement ont pu déboucher sur une rencontre entre victimes et délinquants. Dans l'autre moitié des cas, on eut plutôt recours à la médiation de la navette entre le délinquant et la victime[496]. » Que la médiation ait eu lieu en face à face ou par personne interposée, « la majorité des participants au programme [victimes et délinquants] étaient satisfaits et estimaient que justice avait été faite[497] ». Si on parvenait à une entente de restauration, sa proposition était soumise au juge qui, dans la plupart des cas, a entériné l'entente, modifiant toutefois plusieurs d'entre elles (68 %) pour y ajouter des conditions liées à la peine.

---

495. *Ibid.*, par. 41-43.
496. *Ibid.*, par. 59.
497. *Ibid.*, par. 60.

Cela signifie-t-il qu'il soit possible de marier adéquatement les approches pénales et restauratives ? Strimelle[498] fait remarquer que, même si des démarches restauratives intéressantes ont eu lieu,

- l'encadrement de ces démarches était dominé par le pénal qui sélectionnait les candidats sur la base de leur évaluation du niveau de risque et de la possibilité de récidive. Or, la justice restaurative doit *a priori* être non discriminante ;

- la mesure de succès demeurait l'absence de récidive. Or, la justice restaurative se mesure dans sa capacité d'avoir résolu une situation-problème de manière à ce que les parties soient satisfaites ;

- les comportements demeuraient pénalisés. Or, la justice restaurative ne se veut pas une solution de remplacement de la peine, mais au processus pénal.

Comme le projet dépendait du financement par le système pénal, cela créait une relation de dépendance des intervenants du programme à l'égard des démarches qu'il privilégiait. En quelque sorte, le système pénal a récupéré une partie de l'approche restaurative dans sa conception de la justice. Toutefois, explique Strimelle, renoncer, pour cette raison, à participer à ces approches dans le pénal, c'est se priver de la quatrième stratégie avancée par Hulsman, soit la tentative de transformer les mentalités et le savoir-faire des agents du pénal, chaque fois que cela est possible. En d'autres termes, on peut participer à ces programmes dans le système pénal, sans être dupe de certaines récupérations qu'il opère, en ayant l'espoir d'y effectuer certaines transformations

---

498. *Ibid.*

des mentalités et du savoir-faire des intervenants correctionnels, et en sachant que des victimes et des auteurs d'infractions en retirent des bénéfices.

Innovation pénale

Dans la recherche de modes différents de conflits, les divers programmes de justice restaurative montrent que deux démarches doivent cohabiter pour diminuer la logique punitive du système pénal, même si cela n'est pas facile.

D'un côté, il y a la recherche de modes de règlement de conflits *hors* du pénal. Comme on a pu le voir, bien des questions surgissent de ces premiers pas de la justice restaurative qui relèvent de la signification même de cette justice. Elles ne sont pas signe de son échec, mais signe que sortir de la logique pénale pour rendre les acteurs actifs dans les solutions de conflits est plus complexe que la détermination d'une peine[499].

De l'autre côté, il y a des tentatives d'*innovation pénale*, c'est-à-dire sortir *en partie* de la logique punitive à l'*intérieur* du système pénal. L'échec serait de laisser le système pénal fonctionner dans sa logique punitive sans rien faire pour l'atténuer à certains endroits, même si la logique globale punitive demeure. À cet égard, certaines *innovations pénales* existent déjà à l'intérieur du pénal : des tribunaux spécialisés en santé mentale, par exemple, des travaux communautaires, la déjudiciarisation, etc. Ces innovations, tout comme les programmes de justice restaurative à l'intérieur du système pénal, ne jouent pas nécessairement à fond la logique « autre » que l'on pourrait attendre, mais permettent déjà

---

499. A. WOOLFORD, R.S. RATNER, « Disrupting the informal-formal justice complex : on the transformative potential of civil mediation, restorative justice and reparations politics », *Contemporary Justice Review*, vol. 13, n° 1, 2010, p. 7-17.

de porter atteinte à la rationalité pénale moderne[500]. Leur impact sur le changement des mentalités chez les intervenants du pénal est assez difficile à déterminer, mais le bienfait apporté chez les acteurs happés par le pénal, qui arrivent à vivre autre chose que la logique punitive, en vaut déjà la chandelle.

---

500. J.-F. CAUCHIE, D. KAMINSKI, « Éléments pour une sociologie du changement pénal en Occident. Éclairage des concepts de « rationalité pénale moderne et d'innovation pénale », *Champ pénal/Penal field*, vol. IV, 2007 [champpenal.revues.org/613] (6 juillet 2013).

Questions de révision

1. Hulsman considère que le système pénal est un système *sans tête*. Expliquez ce qu'il veut dire et les deux conséquences qui en découlent.

2. Quels sont les trois principaux problèmes que pose le recours au système pénal selon Hulsman ?

3. Pour être plus égalitaire, il faudrait également punir les riches. Que répond Hulsman à cette affirmation ?

4. Que répond Hulsman à l'argument de la prévention générale pour justifier la nécessité du système pénal ?

5. Que répond Hulsman à l'argument que le système pénal est nécessaire pour sécuriser les gens ?

6. Hulsman attire l'attention sur quatre obstacles psychosociologiques à vaincre pour arriver à mettre en place de nouvelles voies de règlements de conflits. Lesquels ?

7. Précisez les principes directeurs auxquels doit répondre la recherche de voies de remplacement au pénal pour résoudre les conflits, selon Hulsman.

8. Quels sont les critères qu'il faut modifier pour appréhender les conflits autrement que par le pénal ainsi que les raisons à cela, selon Hulsman ?

9. Que répond Hulsman à ceux qui craignent l'arbitraire et l'iniquité des solutions proposées par les tribunaux civils pour le règlement des conflits, si l'État n'est pas là pour encadrer les procédures ?

10. Que répond Hulsman à ceux qui soutiennent qu'il est plus avantageux pour la victime de faire affaire avec le pénal, car elle n'a pas à se donner la peine de poursuivre, et que c'est gratuit?

11. Que répond Hulsman à ceux qui craignent que, sans le système pénal, ne se développent divers groupes utilisant des stratégies d'autodéfense violentes?

12. Quelles sont les quatre voies pour aller vers moins de logique punitive, selon Hulsman, considérant que le système pénal est encore là? Présentez un exemple pour chacun d'eux et montrez en quoi cela diminue la logique punitive du pénal.

Questions de réflexion

La gestion des conflits hors du pénal

Donnez un exemple, autre que les drogues actuellement illicites, d'une infraction qui pourrait être gérée hors du pénal. Expliquez les mécanismes que vous mettriez en place pour cette gestion.

La gestion des conflits dans le pénal

Donnez un exemple d'innovation pénale – il peut être issu de votre imagination – et expliquez en quoi cela en constituerait.

Discussion de cas

Le système de justice pénale connaît des changements importants pour réduire ses coûts. On vous propose la prise en charge d'un organisme dont la clientèle est constituée de personnes ayant reçu un verdict de culpabilité pour violence familiale, et on vous demande de faire un suivi sans utiliser la punition. Quelles seraient les bases de fonctionnement de votre organisme, ses principales règles, et qu'espéreriez-vous atteindre en agissant avec ces règles ? Quelles difficultés entrevoyez-vous dans votre manière de résoudre les conflits ?

CHAPITRE XIII

L'élargissement des objets d'étude en criminologie

Depuis les années 1990, il y a un élargissement très net des objets d'études en criminologie ; celle-ci s'intéresse de plus en plus aux crimes contre l'humanité, aux crimes de guerre, à la criminalité politique et à la violence de l'État et des compagnies. Cet élargissement d'objets va également de pair avec l'engagement des criminologues dans le débat public, engagement qui dépasse la question du crime et de sa peine pour, d'une manière plus globale, voir comment alléger la souffrance découlant de certaines politiques ou de certains régimes politiques qui produisent des victimes, luttant pour plus de justice sociale. Cela va des politiques discriminatoires racistes, sexistes, religieuses, aux politiques antiterroristes, au travail forcé des enfants, à toutes sortes de trafics internationaux – à visée sexuelle, d'organes, etc. – qui génèrent violence et souffrance. Le phénomène de la mondialisation fait aisément en sorte que des politiques dans un pays ont des conséquences dans d'autres, ce qui amène plusieurs de ces analyses à avoir des portées internationales.

De même, l'étude de la criminalité « en col blanc » connaît un souffle nouveau en élargissant ses analyses aux politiques gouvernementales, corporatives, financières, qui génèrent des victimes lors des crises économiques issues de ces politiques, particulièrement dans un contexte néo-libéral.

Enfin, la criminologie s'intéresse également aux projets destructeurs de l'environnement ; certains de ces projets recevant clairement l'appui de l'État (ou des États) au détriment des populations qui en subissent les conséquences.

Manifestement, ces nouvelles problématiques de la criminologie se laissent de moins en moins définir par le droit pénal et les risques pour la sécurité que l'État y intègre. En fait, l'État lui-même, dans ses visées politiques et économiques de contrôle, devient partie intégrante de la compréhension de ces problématiques.

Ce dernier aspect sera illustré dans ce chapitre. Dans une première partie, nous nous attacherons plus particulièrement à l'expansion de la surveillance des États sur leurs citoyens, montrant comment le Canada participe à cette mouvance sécuritaire, et les nouvelles questions que cela soulève, particulièrement avec les nouvelles technologies de communication. Dans la seconde partie, nous aborderons la question de la torture des prisonniers, généralement associée aux dictatures ; plusieurs événements, ces dernières années, ont ramené ce dossier à l'avant-plan, même au Canada.

L'expansion de la surveillance

Les recherches en criminologie sur les nouvelles technologies et leurs conséquences en matière de contrôle social sont un champ qui prend rapidement de l'expansion au cours des années 1990. L'usage de ces technologies participe nettement à un nouveau discours sécuritaire à l'échelle internationale, qui amène à élargir considérablement la surveillance des citoyens.

La multiplication des acteurs en matière de sécurité

Jusqu'aux années 1980, dans les pays occidentaux, les services privés de sécurité, les services de renseignement et de sécurité (SRS) et les services de sécurité publique constituaient trois sphères ayant relativement peu d'interactions entre elles, sauf pour des opérations très ponctuelles. La première travaillait principalement pour des propriétaires privés, la seconde à l'échelle internationale et l'autre sur la criminalité traditionnelle inscrite dans le Code criminel. Mais cette division des tâches tient de moins en moins la route.

Tout d'abord, il y a les nouvelles cibles des autorités politiques données aux SRS dans les années 1990 qui touchent de plus en plus les secteurs de la criminalité traditionnelle, diminuant les frontières entre les SRS et la police publique.

> Tout d'abord, la chute du communisme amène une pression politique sur les services de renseignement et de sécurité (SRS) afin de modifier leur culture militaire traditionnelle d'opération axée sur des hostilités entre pays pour réajuster davantage leurs cibles et priorités vers le terrorisme et une panoplie d'activités criminelles dont les réseaux sont devenus transnationaux. Également, la globalisation des marchés et l'intensification de la concurrence internationale qu'elle a causée ont, d'une part, fait croître l'espionnage économique et industriel[501] et, d'autre part, accru l'importance même du renseignement économique dans les échanges internationaux [...], ce qui a eu pour effet de transformer tout allié en adversaire potentiel. Ce changement de cibles et de priorités a eu pour effet de rendre plus floue la perception de ce qui

---

501. L'espionnage économique fait référence à l'espionnage à des fins économiques pratiqué par les États en d'autres pays à l'aide de leur SRS. L'espionnage industriel fait référence à une industrie qui espionne une autre industrie pour acquérir des avantages économiques. L'État peut soutenir un secteur industriel en cette matière. (F. DE PIERREBOURG, M. JUNEAU-KATSUYA, *Ces espions venus d'ailleurs, Enquête sur les activités d'espionnage au Canada*, Montréal, Stanké, 2009.)

constitue une menace à la sécurité nationale, des informations pertinentes à cumuler pour contrer les menaces potentielles et des enquêtes nécessaires dans la police en matière de sécurité nationale afin d'obtenir des inculpations. Malgré ce flou dans les cibles et les priorités, il est clair que de telles transformations ont accru les collaborations entre les SRS et les forces policières[502].

Ces nouvelles cibles et priorités ont produit une criminalité *hybride*, c'est-à-dire relevant à la fois de la sécurité nationale et de la criminalité traditionnelle, criminalité que Brodeur[503] regroupe en quatre secteurs :

- Les nouvelles formes internationales de « terrorisme[504] », soit des groupes qui opèrent des activités criminelles pour satisfaire des causes politiques.

- Le *prototerrorisme*, soit les activités criminelles qui alimentent des mouvements terroristes.

---

502. P. DOMINIQUE-LEGAULT, *Le projet de loi antiterroriste canadien : gouvernance sécuritaire et droits de l'homme*, Thèse de maîtrise, Université d'Ottawa, Département de criminologie, 2009.

503. J.-P. BRODEUR, *Les visages de la police, pratiques et perceptions*, Montréal, Les presses de l'Université de Montréal, 2003.

504. On peut aisément faire toute une analyse critique sur la désignation des groupes terroristes en examinant les actions politiques et économiques des pays occidentaux. Traoré définit ainsi le terrorisme : « terme utilisé pour désigner la violence perpétrée sans l'aval des puissants de ce monde et contre leurs intérêts [...] » (A. TRAORÉ, *Le viol de l'imaginaire*, Paris, Actes Sud/Fayard, 2003). Comme le souligne Crettiez : « Fortement entaché d'une dimension accusatrice, l'usage du terme en dit presque plus sur ceux qui l'utilisent que sur ceux qui en portent le stigmate. » (X. CRETTIEZ, « Les modèles conceptuels d'appréhension du terrorisme », *Les Cahiers de la sécurité intérieure*, n° 38, 1999, p. 199). Dans le cadre de cet ouvrage, cette analyse critique n'est pas ouverte, car il s'agit essentiellement de montrer que la lutte contre le « terrorisme », telle que définie par les pays occidentaux, joue un rôle dans l'accroissement de la surveillance.

- L'espionnage et le contre-espionnage industriels liés à des activités comme « le blanchiment d'argent, la contrefaçon de devises, les transferts illégaux de technologies et la corruption d'officiels[505] ».

- L'immigration illégale qui opère de plus en plus de manière organisée et qui peut satisfaire les intérêts de certains groupes politiques précis.

Il y a également le mouvement inverse, soit certains secteurs de la criminalité traditionnelle qui se sont internationalisés dans leurs activités, comme le trafic de drogues, la prostitution d'enfants, les fraudes qui utilisent la technologie informatique pour opérer, ce que l'on désigne par l'expression *cybercriminalité*, amenant les corps policiers à rechercher l'aide des SRS pour élargir leur pouvoir d'action.

Enfin, il y a l'explosion et la miniaturisation des moyens de communication et de surveillance, de même que l'arrivée des technologies informatiques, qui ont permis le cumul aisé de nombreuses banques de données. Ce cumul de données s'inscrit dans un mouvement sociétal plus large, qualifié de *société du risque*, où le développement de la technologie accroîtrait les capacités prédictives dans divers domaines pour réduire les risques, principalement en profilant adéquatement les clientèles desservies ou en développant des techniques de surveillance. En fait, plus la technologie s'accroît, plus on ratisse large. L'outil crée l'usage sans objectifs bien délimités sur les cibles.

De nombreux services de sécurité privés s'inscrivent dans cette mouvance qualifiée de *société du risque*, les amenant de plus en plus à collaborer avec les services policiers et les SRS, contribuant à l'élargissement de la surveillance de la population.

---

505. J.-P. BRODEUR, *op. cit.*, p. 261.

Avant les années 1960, la délimitation était assez claire entre les espaces publics, sous la responsabilité des polices publiques, et les espaces privés, sous la responsabilité de services privés de sécurité. Toutefois, dans les années 1960 se développent de plus en plus de *propriétés privées de masse*, c'est-à-dire des propriétés privées accessibles au grand public, comme les centres commerciaux, les centres de divertissement, etc. Ainsi, sur le plan juridique, ces propriétés sont privées, mais sur le plan de la responsabilité du maintien de l'ordre, cet accès au public les attache aux services policiers publics. La responsabilité de la sécurité privée va au marché, aux consommateurs. Le maintien de l'ordre dans ces lieux signifie agir contre ceux qui risquent de créer des pertes aux propriétaires, ce qui amène, par exemple, un grand contrôle de l'itinérance[506]. Amster[507] a qualifié ce travail de la sécurité privée en ces lieux de *disneyfication* des espaces publics.

Il y a également de plus en plus d'*aires communautaires privées*, soit des espaces publics fréquentés par des clientèles spécifiques, dont le maintien de l'ordre est assuré par des services privés de sécurité, pensons aux universités, aux complexes résidentiels, etc. Ainsi, même si ce sont des espaces publics, ce ne sont pas les forces publiques de l'ordre qui en assurent la sécurité, quoique l'on puisse faire appel à la police publique en cas de besoin.

Enfin, si dans les années 1960/1970, période de l'État-providence, on considérait que l'État se devait d'être responsable d'assurer tous les services publics, dans les années 1980, c'est l'arrivée de l'État gestionnaire, où l'économie prédomine. Cela amène de plus en plus la privatisation de certaines activités autrefois gérées par l'État, pour améliorer les rapports coûts/efficacité. Les activités de maintien de l'ordre n'ont pas échappé à ces

---

506. M. KEMPA, « Policing Communal Spaces : A reconfiguration of the "Mass Private Property" Hypothesis », *British Journal of Criminology*, vol. 44, n° 4, 2004, p. 562-581.

507. R. AMSTER, « Patterns of exclusion : sanitizing space, criminalizing homelessness », *Social Justice*, vol. 30, n° 1, 2003, p. 197.

changements. Non seulement les établissements gouvernementaux, mais également la police publique elle-même embauchent des services privés de sécurité pour économiser dans certains secteurs d'activités[508].

Ce mouvement qui privilégie les rapports coûts/efficacité en matière de sécurité, utilisant les acteurs privés ou publics selon les besoins en cause, s'inscrit dans une marchandisation croissante de la sécurité, où les acteurs sont des industries nationales et internationales utilisant des stratégies de vente agressives, de la technologie sophistiquée, et qui se divisent de plus en plus en spécialités pour élargir la réponse aux *besoins*. Cela accroît le sentiment d'insécurité dans la population, car la *marchandisation de la sécurité* est liée à une industrie qui a besoin de promouvoir un sentiment d'insécurité pour vendre ses produits. Ce mouvement s'inscrit également dans une volonté des pouvoirs politiques de contrôler l'information, qui leur est plus accessible grâce aux nouvelles technologies, car plus d'information signifie plus de pouvoir quand elle sert les intérêts politiques et économiques.

Les attentats du 11 septembre 2001 : une levée des obstacles

Si cet élargissement de la surveillance des pouvoirs étatiques se heurtait aux revendications des groupes de défenseurs de la vie privée et des droits et libertés qui pouvaient mobiliser les citoyens contre certaines stratégies et techniques utilisées, les attentats du 11 septembre 2001, aux États-Unis, vont lever ces obstacles. Ils permettent désormais aux États occidentaux de participer activement et ouvertement à cette surveillance accrue de la population

---

508. COMMISSION DU DROIT DU CANADA, *En quête de sécurité : l'avenir du maintien de l'ordre au Canada*, Ottawa, 2006 [dsp-psd.tpsgc.gc.ca/Collection/JL2-26-2006F.pdf] (30 novembre 2013).

au nom de la lutte au *terrorisme*[509]. Cela se fera, entre autres, par des changements législatifs et judiciaires au nom de la lutte contre le terrorisme et la criminalité organisée[510] transnationale (COT), et surtout, par un nouveau langage dans les politiques de sécurité pour justifier envers la population cet élargissement de la surveillance désormais *nécessaire* pour sa protection.

Lois antiterroristes

Pendant que les États-Unis profitaient des événements de septembre 2001 pour passer le USA Patriot Act qui étendait considérablement les pouvoirs de surveillance et de détention au nom de la lutte contre le terrorisme, le Canada faisait de même, en décembre 2001, avec la *Loi antiterroriste* qui, par sa complexité, révèle clairement qu'elle *dormait dans les tiroirs* bien avant ces événements. Trois mois pour une loi qui venait modifier autant de lois du Code criminel et de pouvoirs d'agences fédérales, surtout ceux de la GRC, c'est bien peu.

À la suite des débats, 47 députés ont voté contre cette loi. Leur première critique était la définition très large et vague du terrorisme. La seconde avait trait aux personnes qui pouvaient subir cette loi, soit tous ceux qui avaient commis ou qui étaient soupçonnés d'avoir commis, ou de vouloir commettre ou d'avoir une action facilitant une activité terroriste, que la personne le sache ou non. Ainsi, des groupes parfaitement légitimes dans leurs

---

509. U. BECK, « La société du risque globalisé revu sous l'angle de la menace terroriste », *Cahiers internationaux de sociologie*, n° 114, 2003, p. 27-33. Et L. ROBICHAUD, *Gérer l'ingérable : la surveillance comme nouveau paradigme du discours de la société américaine du risque*, Thèse de maîtrise, Faculté des Sciences sociales, École d'études politiques, Université d'Ottawa, 2013.

510. N.B. C'est le crime qui est organisé et non les groupes qui peuvent être multiples et ne pas se connaître entre eux, à l'œuvre le plus souvent dans différents marchés parfaitement légaux.

activités pouvaient être visés par cette loi. L'autre critique majeure avait trait au pouvoir de détention préventive et d'interrogatoires avant qu'un acte ne soit commis, sur la base de suspicions[511].

En somme, de nombreuses protections des citoyens sont réduites avec ce type de loi, ici comme ailleurs, élargissant le pouvoir de surveillance des multiples agences de sécurité. Ces lois sont soutenues par le pouvoir politique dans le cadre d'un nouveau discours sécuritaire qui légitime l'expansion de la surveillance par l'État.

Un nouveau discours sécuritaire

La justification de cet élargissement de la surveillance fut ancrée dans un nouveau langage dans les politiques de sécurité de nombreux pays. Le Canada a fait de même, en avril 2004, quand, pour la première fois, le gouvernement a présenté une politique d'orientation en matière de sécurité nationale dans un document intitulé *Protéger une société ouverte : la politique canadienne de sécurité nationale*. Le premier ministre Martin a expliqué que cette supervision politique de la sécurité nationale était devenue nécessaire compte tenu de l'environnement devenu de plus en plus dangereux pour les citoyens, tant au Canada qu'à l'étranger.

Ce qui ressort de cette politique de sécurité est son objectif nouveau et sa définition élargie de la menace. En effet, son objectif n'est plus de *protéger* les institutions démocratiques contre des menaces extérieures – définition traditionnelle d'une menace contre la sécurité nationale –, mais de protéger la liberté, la santé et la sécurité de la population canadienne en détectant les personnes ou les groupes à risque, l'État étant exclu de l'analyse. Cette articulation de l'objectif permet ainsi de légitimer des pratiques de surveillance nouvelles qui s'étendent à l'ensemble des citoyens au nom du fait que la menace peut venir de n'importe où, surtout que le Canada est une *société ouverte*. Ainsi, on surveille les citoyens au

---

511. P. DOMINIQUE-LEGAULT, *op. cit.*

nom de leur protection, l'État étant l'instance qui décide du potentiel de risque que chacun représente. Risques fondés sur quelles menaces ? Dans ce nouveau langage sécuritaire, ces menaces ne sont plus ciblées dans le temps et l'espace puisqu'il s'agit de protéger les valeurs *canadiennes* de démocratie, de liberté et de respect de la loi sans référence au maintien des institutions qui assurent ces valeurs. De plus, le fait de parler de *valeurs canadiennes* fait référence à l'*étranger* parmi *nous*, aux *non-Canadiens* qui peuvent venir *les* menacer, ce qui ouvre la porte au profilage de certains groupes[512].

Ainsi, ce nouveau langage des politiques de sécurité permet à l'État une surveillance panoptique, de même qu'un pouvoir de classification des individus et des groupes au nom de la gestion des risques. Il n'est pas étonnant alors de voir que ce nouveau langage sécuritaire voit dans la collecte d'informations la pierre angulaire de ces stratégies de *protection*, justifiant des augmentations considérables de budget aux organismes de renseignements. Cela leur permet de stocker de plus en plus de données sur les citoyens, en échangeant des données entre banques, et en élargissant les pratiques de surveillance des individus à leur insu, définissant qui est un *bon* citoyen et qui ne l'est pas.

Ce changement de discours, plaçant l'État en tant que protecteur de la population et non des institutions démocratiques, renvoie à qualifier ceux qui critiquent les restrictions aux droits et libertés issues des pratiques de surveillance de l'État de *menaces à la sécurité*. Toutefois, dans la population, ces critiques sont peu nombreuses, et ce, même quand les techniques de surveillance sont visibles comme dans les aéroports ou autres passages frontaliers. Cela montre le succès politique de ce nouveau discours

---

512. C. BELL, « Surveillance Strategies and Populations at Risk : Biopolitical Governance in Canada's National Security Policy », *Security Dialogue*, vol. 37, nᵒ 2, 2006, p. 147-165 [sdi.sagepub.com/content/37/2/147.short] (23 novembre 2013).

sécuritaire[513]. Il est vrai qu'une partie des nouveaux contrôles des passagers n'est pas nécessairement comprise par la population, soit le cumul de données sur leurs achats, leur trajet, leurs lieux de séjour, etc., au nom d'une meilleure évaluation de leur potentiel de risques[514]. Ces banques de données ne s'effacent pas après usage et laissent loin derrière tous les débats sur le droit à la vie privée au nom de la sécurité.

En fait, nous sommes passés de l'État-providence, responsable de réduire les inégalités sociales, à l'État gestionnaire de risques, responsable de repérer les citoyens *potentiellement dangereux*, le tout sur fond de profilage racial, politique et socioéconomique. Cette culture de la peur et de la méfiance les uns des autres que l'on répand à travers ce discours sécuritaire amène la population à accepter ce rôle de l'État.

Conséquences de cet élargissement de la surveillance

Diminution internationale
des protections juridiques et judiciaires

Dans la foulée de l'expansion de la surveillance au nom de la lutte contre le terrorisme et contre la criminalité organisée transnationale (COT), les procédures d'exception aux principes de base de notre droit se multiplient, particulièrement en ce qui a trait à la présomption d'innocence. De même, les tribunaux acceptent de plus en plus en tant que preuves des éléments qui autrefois auraient été jugés irrecevables à cause de leur mode d'obtention[515].

---

513. M. LARSEN, J. PICHÉ, « Public Vigilance Campaigns and Public Participatory Surveillance after 11 Septembre 2001 », *Surveillance : Power, Problems, and Politics* (dir. Sean Hier et Joshua Greengerg), Vancouver, UBS Press, 2009, p. 187-202.

514. D. LYON, « Airport Screening, Surveillance, and Social Sorting : Canadian Responses to 9/11 in Context », *Canadian Journal of Criminology and Criminal Justice*, vol. 48, n° 3, 2006, p. 397-411.

515. H. FENWICK, G. PHILLIPSON, « Covert derogations and judicial deference : redefining liberty and due process rights in counterterrorism law and beyond », *McGill Law Journal*, vol. 56, n° 4, 2011, p. 863-915. Et A. MÉGIE, « Surveillance et procédures

Les principes d'accusation

Les principes d'accusation traditionnels de notre droit pénal s'appliquent à une ou des personnes à la suite de preuves d'acte criminel. La transformation à laquelle on assiste, depuis quelques années, est de créer de nouvelles lois qui permettent de procéder à des accusations sur des personnes avant même qu'elles ne commettent un délit, sur la base de leur intention de le commettre ou de la connaissance qu'elles avaient de sa possible commission. Cela a pris diverses formes selon les systèmes judiciaires. La plus courante est le simple fait d'appartenir à des groupes soupçonnés de participer à de la COT ou à du terrorisme, qui suffit à inculper une personne, peu importe si elle a effectué des actions concrètes en ce sens[516].

Au Canada, ces procédures furent introduites dans le cadre de la *Loi antiterroriste* (LAT), en 2001, et dans la même année, étendues au crime organisé par la Loi 24, soit la *Loi antigang*. Ce type de lois, au Canada comme ailleurs, se caractérise par des libellés assez flous. La non-définition de ce qu'est une *organisation*, l'imprécision sur ce qu'est une *participation* et, enfin, la définition même de ce qu'est le *crime organisé* ou de ce qui peut être qualifié de *terrorisme* qui demeure très vague. Ainsi, les limites d'application de ces nouvelles lois ne sont pas du tout claires. Il s'agit d'être *soupçonné de connaître*... de *participer*... d'*appartenir*... d'*appuyer* certains groupes soupçonnés de criminalité organisée ou de terrorisme ; cela diminue la présomption d'innocence puisque la base des accusations n'est plus la commission d'un délit.

---

pénales : l'affirmation d'un pouvoir judiciaire proactif », *Sphères de surveillance* (dir. Stéphane Leman-Langlois), Montréal, Les presses de l'Université de Montréal, 2011, p. 79-100.

516. A. MÉGIE, *op. cit.*

Le régime de la preuve

Ces nouvelles inculpations ont également amené l'acceptation par les tribunaux de plusieurs techniques de surveillance pour réunir de la preuve, techniques qui, auparavant, n'auraient pas été recevables du fait des interdits de violation du droit à la vie privée sans la preuve ou le soupçon fort d'un crime. De plus, on constate que la nécessité de demandes de permis pour utiliser ces technologies de surveillance s'estompe. En Allemagne, par exemple, la police peut entreprendre des surveillances de citoyens si son *intuition* et sa *conscience* lui indiquent que c'est ce qu'il y a de mieux à faire[517]. Enfin, on remarque que certains groupes plus que d'autres font l'objet de ces technologies de surveillance, ce qui pose la question des enjeux politiques qui interfèrent dans le choix des cibles de la surveillance. Par exemple, la criminalité financière est bien peu touchée par ces nouvelles lois[518].

L'exemple des certificats de sécurité

L'exemple des démêlés judiciaires sur l'émission des certificats de sécurité au Canada illustre bien la remise en question de certaines garanties juridiques et judiciaires au nom de la lutte au terrorisme et à la COT.

Les certificats de sécurité existaient avant la *Loi antiterroriste*, soit depuis 1976, et on les retrouve comme pratiques dans le cadre d'une procédure en 1991. Ces certificats permettent au ministère de l'Immigration, conjointement avec le ministère de la Sécurité publique, de déclarer un Canadien ou un non-Canadien *persona non grata* au pays, c'est-à-dire de décider que cette personne ne peut plus venir au Canada pour des raisons sécuritaires, ce qui signifie aussi de la déporter si elle y réside. Les décisions pour l'émission de certificats de sécurité sont prises par des

---

517. *Ibid.*, p. 95.
518. *Ibid.*, p. 97.

tribunaux administratifs qui ne fonctionnent pas sur base de la preuve, comme c'est le cas en droit pénal. Devant ces tribunaux, il suffit qu'il y ait « des possibilités raisonnables de croire que... » Il n'y a pas davantage de contre-interrogatoires et une infraction n'est pas nécessaire[519]. De 1991 à 2006, 27 certificats de sécurité furent émis. Les motifs les plus courants pour leur émission sont des soupçons de participation à des activités terroristes, d'appartenance à la COT et d'espionnage.

L'affaiblissement des garanties juridiques et judiciaires pour les personnes contre lesquelles un certificat de sécurité a été émis a fait la manchette des journaux, ces dernières années, particulièrement dans trois cas : *Adil Charkaoui, Mohamed Harkat* et *Hassan Almrei*. La question qui s'est alors posée a été la suivante : lorsque l'on ne peut déporter quelqu'un dans son pays, car on sait que sa vie serait en danger ou qu'il serait torturé, combien de temps peut-on le détenir au Canada avec ce certificat sans lui faire un procès en bonne et due forme pour qu'il puisse se défendre ? La réponse dans ces cas semblait être : *indéfiniment*. C'est cette détention illimitée sur la base de soupçons qui a amené plusieurs organismes et personnes attachées à la protection des droits à faire campagne pour que l'on fasse état des renseignements qui ont conduit à ces certificats. L'argumentaire de plusieurs groupes était que, si ces personnes sont soupçonnées d'avoir commis des actes répréhensibles, elles sont en droit de savoir quelles preuves pèsent contre elles et ont le droit d'être jugées avec une défense pleine et

---

519. G. Hudson, « The administration of Justice ? Certificate Proceedings, Charkaoui, and the Value of Disclosure. (Canada) », *Alberta Law Review*, vol. 48, n° 1, 2010, p. 195-214. Et M. Waintraub, *Security Certificates and Full Disclosure : Can intelligence abide by standards of judicial fairness ? Mémoire de maîtrise*, Sciences sociales, API, Université d'Ottawa, 2014.

entière. L'*habeas corpus* et le *droit à une défense pleine et entière* sont à la base de notre droit et inscrits dans la *Charte canadienne des droits et libertés*[520].

Sur cette base, en 2007, la Cour suprême a déclaré inconstitutionnelle une partie de la réglementation sur les certificats de sécurité[521] (*arrêt Charkaoui*). Bien sûr, le Service canadien de renseignement et de sécurité (SCRS) s'est défendu, faisant valoir qu'au nom de la sécurité nationale et pour la protection de ses sources, il ne pouvait aller en procès. La Cour suprême a contourné le problème en disant que, pour ces procès, il s'agissait simplement de nommer des avocats avec des pouvoirs spéciaux et une obligation de discrétion afin de consulter les preuves que l'on disait avoir en main. Le SCRS a répondu qu'il y avait des règles à respecter avant d'émettre un certificat de sécurité, qu'il fallait avoir confiance à son jugement et qu'il n'y aurait pas d'abus dans leur émission. Les causes entendues jusqu'à maintenant ébranlent cette confiance[522].

Voyons le cas d'*Adil Charkaoui*, celui qui avait porté sa cause jusqu'en Cour suprême pour contester la constitutionnalité de la procédure des certificats de sécurité. Lors des audiences à la Cour fédérale, le SCRS a expliqué qu'il ne pouvait fournir de preuves pour soutenir les affirmations contre Charkaoui, car il avait détruit les cassettes d'écoute électronique et leur transcription, de même que toutes les notes d'enquête sur ce cas. Le juge a spécifié que cette destruction était contraire à leur mandat, qui demande que tant qu'un dossier n'est pas clos et hors de tout soupçon, rien ne

---

520. C. Bell, *op. cit.*

521. F.-A. Doyon, « Le certificat de sécurité toujours contraire à la *Charte* : étude de la norme de preuve du régime de détention applicable», *Revue de droit d'Ottawa*, vol. 43, no 2, 2012, p. 269-303. Et R. Thwaites, « Process and Substance : Charkaoui in the light of subsequent Development», *University of New Brunswick Law Journal*, vol. 62, 2011, p. 13-35.

522. R. Whitaker, « The Post-9/11 National Security Regime in Canada : Strengthening Security, Diminishing Accountability», *Revue of constitutional Studies, Revue d'études constitutionnelles*, vol. 15, n° 2, 2012, p. 139-158.

soit détruit. Il a alors ordonné que viennent comme témoins les personnes qui avaient pris ces notes et fait ces transcriptions. Le SCRS et le gouvernement ont alors argumenté que le jugement de la Cour suprême créait une obligation pour les documents qui avaient amené le certificat de sécurité, pas pour les personnes impliquées dans la production de ces documents. Finalement, des agents hauts placés du SCRS ont admis qu'ils n'avaient aucun témoin à présenter. Le juge Tremblay-Lamer a alors annulé le certificat, en 2009, faute de preuves. Ainsi, après six années de détention et de restrictions, Adil Charkaoui fut déclaré libre[523].

Dans le cas de *Mohamed Harkat*, la base des accusations était une source qui avait fait des affirmations à son sujet. Pour tester la validité des dires de la source, le SCRS lui avait fait passer le test du polygraphe. Cette source avait échoué au test, mais le SCRS n'a pas communiqué cette dernière information à la cour. C'est par un autre témoin que celle-ci l'apprit. Le SCRS a alors admis qu'il aurait dû faire état de cette information. Le juge a demandé à connaître les affirmations sur Harkat, qui provenaient de cette source. À la suite des audiences, la cour a reconnu la validité de ce certificat de sécurité, sans toutefois juger que les preuves du SCRS justifiaient la détention de cette personne. Ainsi, elle a recommandé une surveillance à domicile. Le 19 juillet 2013, cette surveillance s'est considérablement adoucie, le SCRS reconnaissant que la menace représentée par Harkat était faible[524].

Lors des audiences sur cette cause, la cour a reproché au SCRS d'avoir tenté de filtrer des éléments du dossier quand les preuves n'avaient pas la validité annoncée. Elle lui a recommandé d'adopter des procédures plus serrées de vérifications de ses sources, à l'avenir, afin de ne pas ruiner la vie de gens sans preuve dûment vérifiée. Enfin, la cour a demandé que toutes les sources

---

523. D'autres démêlés judiciaires liés à son cas sont en cours et ne seront pas abordés ici.

524. D'autres démêlés judiciaires liés à son cas sont en cours et ne seront pas abordés ici.

à la base des certificats de sécurité actuels soient vérifiées de nouveau afin de s'assurer que les preuves sur lesquelles ils reposaient étaient valides et suffisantes. C'est à la suite de cette révision demandée par la cour que le certificat de sécurité d'*Hassan Almrei* fut annulé, en 2009, huit ans après son émission.

Comme on peut le voir, cette lutte au terrorisme et à la COT, dans le cadre des lois qui les régissent, pose toute la question du maintien des garanties usuelles de défense reconnues pas la *Charte*[525]. De plus, comme l'ont formulé plusieurs critiques, ce sont ici des cas où, après de multiples pressions d'organismes, et ce, pendant plusieurs années, on a fini par connaître la vérité en obtenant une validation des preuves par les tribunaux. Mais combien d'autres personnes sont harcelées ou détenues sans preuve adéquate au nom de la lutte au terrorisme ou à la COT? Enfin, ces cas posent la question des mécanismes d'imputabilité des SRS au regard de l'élargissement de leurs pouvoirs liés aux lois antiterroristes et à la lutte contre le crime organisé[526]. Sont-ils adéquats pour servir de protection contre des abus potentiels aux droits et libertés des citoyens?

Données sans analyse et sécurité

Ces dernières années, les règles de confidentialité sur les bases de données se sont considérablement assouplies. C'est ainsi que des échanges formels et informels de données entre des sources institutionnelles publiques et privées très diversifiées se multiplient à l'échelle internationale, sans qu'il y ait un contrôle serré sur la qualité de l'information qui circule. Afin de les insérer dans

---

525. G. HUDSON, « A Delicate Balance : Re Charkaoui and the Constitutional Dimensions of Disclosure », *Constitutional Forum constitutionnel*, vol. 18, n° 3, 2010, p. 129-138.

526. S. LEFEBVRE, « Canada's Legal Framework for Intelligence », *International Journal of Intelligence and CounterIntelligence*, vol. 23, n° 2, 2010, p. 247-295. Et R. WHITAKER ET COLLAB., *Secret Service : Political Policing in Canada from the Fenians to Fortress America*, Toronto, University of Toronto Press, 2012.

certaines banques de données de nature plus quantitative, ces données sont souvent coupées de leur contexte et plusieurs ne sont pas validées avant d'être partagées. Ces échanges formels et informels de données, dont la fiabilité n'est pas toujours assurée, multiplient les erreurs et les erreurs de jugement ; cela peut avoir de graves conséquences pour les personnes ou les groupes ciblés par ces données[527].

De plus, l'évaluation du risque comporte déjà une part d'erreurs puisqu'il s'agit de prédire le futur, soit des menaces potentielles. Prédire le futur adéquatement implique d'être capable de prendre en compte une multitude de variables politiques, culturelles, sociales, économiques, événementielles, etc. Plus on réduit le nombre de variables, plus la marge d'erreur augmente. L'analyse des données, dans plusieurs activités de sécurité, repose sur un petit nombre de variables, ce qui entraîne un taux relativement élevé de faux positifs – personnes soupçonnées sans raison – et de faux négatifs – personnes qui représentent un potentiel de risque et que l'on n'a pas identifiées. Quand trop de personnes sont identifiées comme sources potentielles de risque par une technologie ou une procédure, parce que l'analyse adéquate des données est déficiente, on en vient à ne plus distinguer les risques réels de ceux qui ne le sont pas.

L'exemple des mesures de sécurité dans les aéroports

Comme les compagnies de sécurité se multiplient et qu'elles sont en compétition, chacune a intérêt, pour obtenir des contrats, à faire paraître la sécurité attendue de son personnel et de sa technologie plus élevée que la réalité de ses pratiques. Par la suite, pour justifier leur travail, les compagnies doivent produire un certain nombre

---

527. D. Bigo, P. Piazza, « La transnationalisation de l'échange des données à caractère personnel à des fins de sécurité », *Sphères de surveillance* (dir. Stéphane Leman-Langlois), Montréal, Les presses de l'Université de Montréal, 2011, p. 71-78.

d'événements *prévenus* générant toute une série d'activités inutiles, agressantes pour les citoyens, et cela, au détriment d'actions plus efficaces à la suite d'une analyse adéquate des données.

En multipliant les précautions sur un univers de cibles trop large sans analyse adéquate qui guide les interventions, on en vient à prendre des précautions sur des cibles qui ne constituent pas de risque, et l'on est de plus en plus mal adapté à voir venir ce qui constitue un risque réel menaçant la sécurité. C'est pourquoi, selon plusieurs chercheurs, les stratégies actuelles de sécurité dans les aéroports font que les coûts, tant en argent qu'en matière de bris des droits et libertés, dépassent largement les bénéfices potentiels attendus en matière de sécurité[528].

Surveillances préventives et diminution du droit à la vie privée

Le Centre de la sécurité des télécommunications Canada (CSTC) est né lors de la Deuxième Guerre mondiale, sous le contrôle de la défense nationale, comme les CST des pays alliés à cette époque : les États-Unis, l'Australie, le Royaume-Uni et la Nouvelle-Zélande. Leur but, en temps de guerre, était de s'assurer que les communications stratégiques émises étaient cryptées correctement pour ne pas être lues par les pays *ennemis* et que l'on puisse intercepter et décrypter, si nécessaire, les renseignements émis par les pays *ennemis*. En septembre 1945, au début de la guerre froide, le président des États-Unis, Harry Truman, décida qu'il fallait continuer à utiliser ces CST et, à cet effet, des accords de collaboration furent signés entre les pays alliés, en 1947[529]. Ils se sont étendus par la suite à d'autres pays.

---

528. R.V. ERICSON, « Ten Uncertainties of Risk-Management Approaches to Security », *Canadian Journal of Criminology and Criminal Justice*, vol. 48, n° 3, 2006, p. 345-357.

529. P. ROSEN, *Le Centre de la sécurité des télécommunications – L'organisme de renseignement le plus secret du Canada*, Ottawa, Gouvernement du Canada, 1993 [dsp-psd.pwgsc. gc.ca/Collection-R/LoPBdP/BP/bp343-f.htm] (19 juillet 2013).

Ce qui caractérise ces accords, c'est qu'ils relèvent de la défense nationale, de l'armée. C'est pourquoi ils ne passent pas par le Parlement. Ainsi, aucune loi ne définissait le mandat des CST ou n'instaurait de mécanismes d'imputabilité sur leurs activités. En fait, les gouvernements ont généralement nié les activités des CST jusqu'en 2001, où la plupart d'entre eux furent reconnus dans le cadre des lois antiterroristes[530]. Leurs activités de surveillance devenaient ainsi plus aisées à justifier et furent même élargies[531]. Cette activité de surveillance des CST sert également des objectifs moins officiels, soit celui d'augmenter la puissance économique des pays qu'ils desservent; ainsi, ceux-ci les utilisent pour faire de l'espionnage économique[532].

La grande capacité technologique et informatique des CST mène de plus en plus à produire des métadonnées, c'est-à-dire des agrégats de plus en plus larges de données sur tout ce qui se passe sur les réseaux de télécommunications, sans que l'objet d'une menace en justifie le stockage; l'analyse des informations utiles dans ces métadonnées relève, à un premier niveau, de la technologie elle-même plutôt que de l'action de personnes identifiables.

L'affaire Snowden fut révélatrice à la population de ces activités de surveillance.

---

530. Ce fut également le cas au Canada.

531. En 2005, le gouvernement canadien a donné officiellement le pouvoir à son CST de traquer les activités suspectes par la surveillance des réseaux de télécommunications. En 2008, à la suite de l'intervention de la Cour suprême qui craignait que ce mandat ne mène à une surveillance abusive des Canadiens, le programme a été suspendu. Puis, il a repris officiellement en 2011, après son renouvellement par le ministre de la Défense, Peter MacKay (K WALBY, A SEANTEL, «Communications Security Establishment Canada (CSEC), Structures of Secrecy, and Ministerial Authorization after September 11», *Canadian Journal of Law and Society*, vol. 27, n° 3, 2012, p. 363-380).

532. F.-B. HUYGHE, «La cyberguerre et ses frontières», *Cyberguerre et guerre de l'information : stratégies, règles, enjeux* (dir. Daniel Ventre), Paris, Lavoisier, 2010, p. 23-58. Et A. LEFÉBURE, *L'affaire Snowden, Comment les États-Unis espionnent le monde*, Paris, La Découverte, 2014.

L'affaire Snowden

En juin 2013, Edward Snowden, un ex-conseiller en informatique de la CIA qui travaillait pour la National Security Agency (NSA), l'Agence américaine de contrôle des communications, révèle son programme de captation des appels téléphoniques de l'opérateur Verizon, une des plus grandes entreprises américaines de télécommunications, puis son programme PRISM, qui touche cette fois à la captation des échanges Internet. En fait, toutes les communications téléphoniques et tous les échanges Internet des citoyens américains étaient colligés et analysés par les ordinateurs de la NSA, et même ceux de citoyens en dehors du sol américain, à partir du moment où ils échangeaient avec des citoyens américains. Cette surveillance bénéficiait de la collaboration de compagnies comme Google, Yahoo, Microsoft, Facebook, Twitter, etc. pour connaître la localisation des IP et les propriétaires des ordinateurs ou autres moyens électroniques de communication, de même que celle des compagnies de géolocalisation (GPS) pour suivre les déplacements des citoyens. Snowden a également montré que les grandes sociétés, en concurrence avec des entreprises américaines, étaient sous écoute, de même que des leaders politiques, même ceux de pays alliés, comme ce fut le cas lors du G20 à Toronto. Le président Obama a reconnu la situation lorsqu'il a répondu aux dirigeants politiques en colère de se savoir sous écoute, qu'il était « prêt à ordonner à la NSA de cesser les écoutes des dirigeants de pays alliés ». Les journalistes furent outrés de ces pratiques de la NSA puisqu'il devenait clair que leurs sources n'étaient plus protégées à moins qu'un contact ait lieu de personne à personne. Ces sources deviendraient de plus en plus craintives de dévoiler de l'information sur ce qui se passe au gouvernement ou ailleurs[533].

---

533. A. Lefébure, *op. cit.*

Snowden considérait que le peuple américain était en droit de connaître ces activités de la NSA, car on n'était plus ici dans le stockage d'informations pour prévenir une menace spécifique, mais dans un cumul d'informations sur tous les citoyens. Il espérait un débat public à cet effet, car il considérait que ces pratiques de la NSA étaient abusives au regard du droit à la vie privée comme libellé dans le 4e amendement de la Constitution américaine. Celui-ci stipule que seuls des motifs raisonnables permettant de soupçonner une personne d'être une menace ou de commettre un crime grave peuvent donner lieu à une permission de la mettre sous écoute ou de fouiller sa maison.

La NSA a répondu à ces dévoilements de Snowden qu'à la suite des attentats du 11 septembre 2001, elle avait obtenu du président Bush la permission de se soustraire temporairement de l'article de la *Foreign Intelligence Surveillance Act* (FISA), qui exigeait l'obligation de demander une permission pour une écoute, l'urgence de la situation exigeant de la rapidité. Le problème est que cette suspension « temporaire » de l'obligation d'un mandat pour faire de l'écoute au nom de la lutte au terrorisme n'a jamais été abrogée. De plus, pour ce qui est des citoyens non américains sous écoute, la NSA a simplement répliqué que ceux-ci n'étaient pas protégés par le 4e amendement de la Constitution américaine. Enfin, en 2008, on ajouta même un article à la FISA pour spécifier que les compagnies qui dévoilaient les communications de leurs clients à la NSA ne pouvaient être poursuivies, si aucun client en particulier n'était sélectionné[534].

---

534. S. LANDAU, « Making Sense from Snowden : What's Significant in the NSA Surveillance Revelations », *IEEE Security and Privacy*, vol. 11, n°4, 2013, p. 54-63. Et A. LEFÉBURE, *op. cit.*

Que vaut le discours de la NSA sur le fait que toutes ces interceptions de communications ont prévenu plusieurs incidents terroristes[535] ? Entre 2004 et 2012, près de 120 000 demandes de comparution devant la NSA ont été émises contre des citoyens américains, sans compter les 50 000 personnes qui ne sont pas des citoyens américains. Durant cette période, les incidents terroristes, que l'on dit avoir prévenus, sont soit très mineurs – personnes qui n'avaient absolument pas les possibilités de mettre à exécution quel que plan que ce soit –, soit furent découverts par d'autres moyens que les écoutes électroniques de la NSA[536]. En fait, le problème réside dans la surclassification des risques que constituent des personnes qui génère toutes ces comparutions. Cette surclassification assure également le secret des renseignements possédés, ce qui fait qu'il n'est pas possible de connaître les fondements de leurs soupçons[537].

Ces pratiques mettent à mal les règles fondamentales de la démocratie, l'imputabilité et le respect des droits des citoyens par les institutions gouvernementales[538]. Encore une fois, c'est le discours d'agences peu transparentes qui disent : « Faites-nous confiance, c'est pour votre bien[539]. »

Qu'en est-il, cette fois, lorsque des groupes tentent de dévoiler certaines activités des grandes puissances et corporations à l'aide de la technologie informatique ? Voyons le cas de WikiLeaks.

---

535. M. Van Cleave, « What it takes, In Defense of the NSA », *World Affairs*, vol. 176, n°4, 2013, p. 57-64.

536. S. Landau, *op. cit.*

537. *Ibid.*

538. D. Byman, B. Wittes, « Reforming the NSA : How to spy after Snowden », *Foreign Affairs*, vol. 93, n°3, 2014, p. 127-138. Et N. Taylor, « To find the needle do you need the whole haystack ? Global surveillance and principle regulation », *The International Journal of human Rights*, vol. 18, n°1, 2014, p. 45-67.

539. H. Berghel, « Through the PRISM Darkly », *Computer*, vol. 46, n° 7, p. 86-90.

WikiLeaks

Devant les efforts des gouvernements de l'Iran, de la Corée du Nord, de l'Égypte, de la Syrie, de la Libye, de l'Arabie saoudite et de plusieurs autres de restreindre ou de censurer les réseaux de communication sans fil, les agences américaines ont investi des millions de dollars pour recréer ces réseaux, « au nom de la démocratie ». Le président Obama, dans un discours à Shanghai, en 2009, tenait les propos suivants : « Je crois que plus l'information circule librement, plus les sociétés deviennent fortes, car les citoyens des pays à travers le monde peuvent rendre les gouvernements imputables de leurs actions[540]. » C'était avant novembre 2010, lorsque WikiLeaks a mis la main sur les échanges diplomatiques entre les Américains et 274 ambassades dans le monde, échanges qui eurent lieu de 1966 à 2010.

WikiLeaks, jusqu'en 2012, était un *wiki*, c'est-à-dire un site alimenté par les usagers avec une *drop box* pour les *leaks* – coulage de l'information – faits par des dénonciateurs dans des institutions et corporations qui considéraient qu'il se passait des choses graves qui méritaient d'être dévoilées au grand public. Si la preuve apportée était jugée suffisante, l'information était rendue publique. C'est ainsi que l'on a dévoilé des documents de l'armée américaine sur ses opérations en Afghanistan à la suite d'une dénonciation interne dans l'armée. On a pu montrer, entre autres, des civils afghans tués lors de bombardements américains, alors que le gouvernement américain soutenait que ses frappes aériennes en Afghanistan étaient chirurgicales, ne touchant pas les civils.

Si, du côté des agences américaines, on peut aisément soupçonner des intérêts plus *complexes* que leur volonté « de la libre circulation de l'information au nom de la démocratie » dans leurs

---

540. J.N. Pieterse, « Leaking Superpower : WikiLeaks and the contradiction of democracy », *Third World Quarterly*, vol. 33, n° 10, 2012, p. 1909-1924. Notre traduction.

activités pour faciliter les réseaux sans fil dans certains pays, qu'en est-il des fondements sur lesquels reposent les activités de WikiLeaks?

À cette question, Julian Assange[541], membre du groupe qui opérait initialement WikiLeaks, répond qu'il croit profondément que la transparence mène à plus de démocratie, qu'elle en est un des piliers. C'est pourquoi, selon lui, tout gagne à être dévoilé en son nom.

Des chercheurs ont critiqué cette thèse d'Assange, jugeant qu'elle repose sur une vision naïve des activités des grandes puissances politiques et corporations, de même que sur un refus de considérer que, par leurs activités, ils deviennent eux-mêmes des acteurs politiques, dont les actions portent à conséquences, positives pour certains, négatives pour d'autres[542].

Bien sûr, comme le souligne Assange, les grandes puissances politiques et corporations cherchent à maintenir et à accroître leur pouvoir et leur capacité économique. Toutefois, cela se fait par de multiples voies et réseaux, qui n'ont pas nécessairement des retombées négatives sur les populations. En fait, les moyens en question peuvent, par le secret, chercher à éviter des guerres, à réaliser des ententes et des collaborations qui sont bénéfiques pour ceux qui y participent, tout comme ces moyens peuvent nuire à des processus démocratiques et causer des dommages négatifs pour certaines populations. Le plus souvent, il s'agit des deux à la fois, selon la perspective des acteurs visés par ces actions. Par exemple, les agences américaines, en procurant des moyens de débloquer la censure des technologies d'informations dans d'autres

---

541. J. Assange, *Julian Assange : the unauthorised autobiography*, New York, Canongate, 2011.

542. B. Cammaerts, « Networked Resistance : The Case of WikiLeaks », *Journal of Computer-Mediated Communication*, vol. 18, n° 4, 2013, p. 420-436. Et J. Teurling et collab., « WikiLeaks : From Abbé Barruel to Jeremy Bentham and Beyond. (A Short Introduction to the New Theories of Conspiracy and Transparency) », *Cultural Studies*, vol. 14, n° 1, 2014, p. 40-49.

pays, ont non seulement donné la voix à des activistes politiques qui voulaient renverser des gouvernements qu'ils jugeaient corrompus et antidémocratiques, mais ont généré des guerres civiles, des déplacements de population et des milliers de morts.

Il ne s'agit pas, pour ces chercheurs, de nier les aspects positifs que peut avoir ce dévoilement d'informations, mais simplement de souligner que la thèse d'Assange, à savoir que la transparence signifie *nécessairement* plus de démocratie, ne tient pas la route parce que trop simpliste. Dévoiler certaines informations tenues secrètes par des institutions et corporations, selon eux, signifie devenir à son tour un acteur politique dans ces jeux de pouvoir, prendre parti. La reconnaissance de ce rôle par les groupes qui pratiquent ce genre d'activités – il y a maintenant plusieurs sites similaires à WikiLeaks – leur permettrait éventuellement de développer certains critères selon lesquels un dévoilement serait jugé utile ou pas, pour assumer ainsi, du moins en partie, les conséquences de leurs activités, qui seront positives pour certains et négatives pour d'autres.

Comme le soulignent les chercheurs, ces « nouveaux acteurs politiques » posent des questions complexes sur la signification de leurs activités au regard de la démocratie.

Surveillance et contrôle

Cette activité de WikiLeaks et d'autres sites similaires, celle des agences gouvernementales pour contrôler les communications, tout comme les banques de métadonnées sur les consommateurs stockées par différentes industries posent toute une série de questions nouvelles qui mobilisent plusieurs disciplines.

Ce qui retient principalement l'attention en criminologie, c'est la question de la prévention de la menace, eu égard aux droits à la vie privée et au respect des droits qui fondent les pratiques judiciaires. Jusqu'où peut-on aller pour réduire ces droits au nom de la sécurité ? Quels mécanismes d'imputabilité doivent exister pour protéger les citoyens des abus potentiels des diverses agences de sécurité, publiques ou privées, dans ce contexte d'élargissement de leurs pouvoirs ?

Une autre réflexion, où les recherches se multiplient, porte sur la notion même de « vie privée » qui, avec les nouvelles technologies et les médias sociaux, n'a plus les mêmes frontières. Le stockage de données par les compagnies en vue de commercialiser leurs différents produits est facilité par le *dévoilement* de chacun sur la toile. De même, la présence de nouveaux contrôles par différentes institutions est d'autant plus aisée par cette exposition plus ou moins consciente par les usagers d'une foule d'informations autrefois *privées* par leur *revendication de visibilité* dans les médias sociaux[543] :

> Les technologies de réseau ne constituent pas simplement un nouvel *espace de liberté* pour la libre expression des internautes, elles sont aussi des technologies de surveillance qui appellent insidieusement les utilisateurs à participer eux-mêmes à leur propre surveillance[544].

Ainsi, la participation des citoyens à ce panoptique de surveillance des institutions et corporations par le dévoilement sur les médias sociaux d'informations qui relevaient autrefois du domaine privé, qu'elle soit volontaire ou non, vient redéfinir ce qui constitue un renseignement personnel, les attentes des citoyens à l'égard de la protection de la vie privée, de même que la notion de consentement à ce que l'on consulte nos données personnelles (voir encadré).

---

543. D. CARDON, « Le parler privé-public des réseaux sociaux d'Internet », *Médias sociaux : Enjeux pour la communication*, Québec, Les presses de l'Université du Québec, 2012, p. 33-45. I. KERR, V. STEEVES et C. CULOCK (dir.), *Privacy, Identity and Anonymity in a Network World : Lessons from the Identity Trail*, New York, Oxford University Press, 2009.

544. S. PROULX, « L'irruption des médias sociaux », *Médias sociaux : enjeux pour la communication*, Québec, Les presses de l'Université du Québec, 2012, p. 27.

La vie privée à l'ère des médias sociaux[545]

Les informations et les images qui sont affichées en ligne le sont souvent en permanence. Même si l'on décide de les supprimer soi-même, elles peuvent résider longtemps dans la mémoire cachée de sites de recherche ou encore avoir été copiées et sauvegardées ailleurs. Et ces informations et ces images peuvent potentiellement être utilisées par n'importe qui, à n'importe quelle fin, à n'importe quel moment. Peut-on vraiment donner un consentement éclairé à un tel niveau d'abstraction?

Et si l'on considère le caractère permanent des informations en ligne, les nouveaux parents peuvent-ils vraiment consentir au nom de leurs bébés à afficher toutes sortes de renseignements à leur égard, au point où leur identité en ligne sera déjà toute faite une fois qu'ils atteindront l'âge de raison?

Et quand ces enfants grandissent et deviennent eux-mêmes internautes – à 13, 10, 8 ans –, peuvent-ils être liés par contrat en acceptant d'un clic les modalités de service de sites de réseautage social?

Les risques à la protection de la vie privée en ligne sont également causés par une certaine forme d'asymétrie informationnelle : en tenant compte de tout le suivi, le profilage et le ciblage dont nous faisons l'objet, seulement 10 % des renseignements qui existent à notre égard auraient été fournis par nous, le reste étant créé par d'autres.

Le risque d'atteinte à la réputation dans les médias sociaux atteint des proportions jusqu'à maintenant inégalées. Vous avez peut-être eu vent d'une cause très importante qui fait présentement son chemin dans les tribunaux européens : c'est celle d'un chirurgien espagnol qui a été accusé de faute professionnelle il y a de nombreuses années. Bien qu'il ait été acquitté, une coupure de presse au sujet de son inconduite présumée reste encore aujourd'hui à la première page des résultats de recherche à son sujet sur Google. Cette cause illustre bien comment le droit à la vie privée doit se traduire dans certains cas par « le droit d'être oublié », un concept qui sert de premier pilier à la revue du cadre de protection des données de l'Union européenne menée présentement par la commissaire à la justice Viviane Reding.

La cybercriminalité est également un nouveau risque à la vie privée. En fait, les crimes ne sont pas nouveaux – harcèlement, fraude, diffamation –, mais ils sont facilités par l'obscurité relative du Web et par le nombre de victimes potentielles pouvant être atteintes – par un courriel d'hameçonnage, par exemple.

Enfin, il y a la cybercriminalité, comme la fraude, la pornographie, etc., qui pose une série de questions nouvelles sur les moyens à prendre pour en contrer les méfaits quand, parfois, les victimes se comptent par centaines de milliers dans plusieurs pays – pensons aux courriels d'hameçonnage –, que l'anonymat de leurs auteurs est plus aisé, et que la signification même de leurs activités dans les catégories traditionnelles de crimes n'est pas bien définie, comme c'est le cas du harcèlement ou de l'atteinte à la réputation, par exemple.

Voyons maintenant un autre exemple d'une problématique qui suscite de nouvelles recherches en criminologie : la question de la torture. En soi, cette pratique n'est pas nouvelle. Toutefois, le regard de la criminologie sur cette question s'est élargi. Nous en verrons ici un aspect, soit la remise en avant-plan de son usage dans le cadre de la lutte au terrorisme.

La question de la torture

Sa justification

À la suite des attentats du 11 septembre 2001, les États-Unis, sous la présidence de G.W. Bush, le 13 novembre 2001, ont accepté officiellement l'usage de la torture, définie comme une « technique d'interrogatoire coercitive », lorsque celle-ci est jugée nécessaire dans la lutte contre le terrorisme, et ceci, en dépit de la convention de l'ONU adoptée en 1984 interdisant *la torture et les traitements inhumains, cruels ou dégradants*, même en cas de conflit armé – cette convention avait été ratifiée sous la présidence de Bill Clinton en 1987. *La fin justifie les moyens*, selon le nouveau discours

---

545. Extrait de l'allocution prononcée par Chantal Bernier, en 2011, commissaire adjointe à la protection de la vie privée du Canada dans le cadre d'un atelier organisé par les services juridiques du Centre de la sécurité des télécommunications Canada (CSTC).

présidentiel de 2001. « Le 7 février 2002, il précise que la convention de Genève ne s'applique pas aux conflits entre les États-Unis et al-Qaïda, et que les "prisonniers talibans sont des combattants sans aucun scrupule" ne méritant pas la protection de cette convention[546]. »

La population, encore sous le choc des attentats du 11 septembre, a peu réagi à ces déclarations.

Les conditions des scénarios par lesquels on justifie la torture comme exception légitime à une position générale qui l'interdit sont peu probables :

> Certaines de ces conditions sont mises en exergue dans ce que l'on nomme traditionnellement le scénario de la « bombe à retardement ». Dans ce scénario sont réunies plusieurs variables : les autorités viennent de capturer un terroriste, juste avant qu'un attentat à la bombe soit perpétré, avec assez d'informations sur le risque (savoir qu'il est imminent), sur le terroriste (savoir qu'il détient l'information) et sur l'attaque (connaître la gravité du danger), mais pour des raisons inexpliquées, il leur manque quelques détails essentiels que seule la torture peut permettre d'obtenir. Ce scénario qui légitime la torture par ses futures conséquences (sauver des vies), suggère de plus un héros silencieux (l'interrogateur) qui sacrifie ses scrupules et son équilibre à contrecœur pour le bien commun[547].

Cette situation a plus à voir avec les séries télévisées comme *24 heures chrono* et son héros, Jack Bauer, qu'avec la réalité des situations qui ne réunit jamais tous ces éléments.

---

546. *Constitution Project*, 2013, p. 371. Notre traduction. Le président Obama, en 2009, a mis fin à ce décret présidentiel légitimant la torture.

547. S. LEHALLE, « La torture : un cas d'école de la tension difficile entre universalisme et relativisme », *Monde Commun*, vol. 1, n° 2, 2009, p. 12 [mondecommun.com/uploads/PDF/Lehalle.pdf] (19 juillet 2013).

Rappelons également que même lorsque l'on se prévaut d'un tel cas [pour justifier la torture], dans les faits, la torture est souvent pratiquée sur des périodes prolongées, des mois et parfois des années, en bref, ce sont des situations qui ne correspondent pas au scénario énoncé. Pour certains, le scénario de la « bombe à retardement » est une fraude intellectuelle qui permet de dissimuler les vraies questions que pose la torture [548].

Un rapport approfondi de l'usage de la torture par les États-Unis « n'a trouvé aucune preuve dans les multiples documents consultés sur les personnes détenues l'ayant subie que la torture avait produit de l'information plus utile que n'auraient donnée les méthodes conventionnelles d'interrogatoire, ou encore qu'elle aurait sauvé des vies [549] ». En fait, les aveux sous la torture ont peu de crédibilité, la personne étant prête à dire n'importe quoi pour que celle-ci s'arrête. De plus, l'usage de la torture a l'effet pervers de multiplier les potentiels terroristes chez les groupes visés, montrant que la violence est légitime pour arriver à ses fins. En fait, son objectif principal n'est pas de sauver des vies, ni même d'obtenir des aveux. Elle sert davantage à « terroriser l'ennemi », à lui montrer sa puissance. Pour qu'elle serve vraiment à obtenir des aveux, il faut qu'elle soit pratiquée de manière étendue, créant la peur d'être torturé dans les populations concernées. Nous ne sommes plus alors dans l'urgence du moment, le « scénario de la bombe à retardement », qui justifierait son caractère exceptionnel. Les États qui s'y livrent risquent ainsi de perdre leur crédibilité en tant qu'État de droit [550].

---

548. S. LEHALLE, *op. cit.*, p. 13.

549. *Constitution Project*, 2013, p. 11. Notre traduction.

550. *Ibid.* Et M. TERESTCHENKO, *Du bon usage de la torture, ou comment les démocraties justifient l'injustifiable*, Paris, La Découverte, 2008.

Pour cette raison, cette déclaration explicite des États-Unis approuvant certaines pratiques de torture est l'exception parmi les pays occidentaux. Ceux qui y participent, de manière générale, vont *sous-traiter* la torture en d'autres pays, préservant ainsi leur image d'un État de droit.

La « sous-traitance » de la torture

Le rapport du groupe de travail du Constitution Project sur le traitement des détenus par les États-Unis, en plus de dénoncer la torture au camp de détention de Guantanamo et de demander que ces détenus soient relâchés ou jugés, dénonce également les *black sites* de la CIA à l'étranger pour opérer des interrogatoires sous la torture ou encore la « sous-contracter » à des tiers. Le *programme d'extradition extraordinaire*, Extraordinary Rendition Program, qui a commencé sous la présidence de Clinton, donc avant le 11 septembre 2001, et se poursuit encore aujourd'hui, utilise certains « pays d'accueil » pour effectuer des interrogatoires de personnes qui furent sorties de leur pays sans leur consentement[551].

> [...] le *programme d'extradition extraordinaire* qui s'est mis en place consiste à capturer des individus dans une partie du monde et à les transférer sans passer par aucune voie légale vers une autre partie du monde dans le but de les interroger. Les autorités américaines impliquées dans ces opérations ne préviennent même pas les familles des personnes captives sur les motifs et le lieu de leur détention ni ne procure à ces personnes de représentation légale dans aucun des lieux de détention opérés par la CIA à ces *black sites* ou encore dans les endroits où cette détention est sous l'autorité de « pays d'accueil ». [...] Le groupe de travail croit qu'il y a amplement de

---

551. J.D. BOYS, « What's so extraordinary about rendition ? » *The International Journal of Human Rights*, vol. 15, n° 4, 2011, p. 589 à 604. Et D. NATALIE, « No longer secret : Overcoming the state secrets doctrine to explore meaningful remedies for victims of extraordinary rendition », *Case Reserve Law Review*, vol. 62, n°4, 2012, p. 1237-1283.

preuves sur les pratiques de détention des « pays d'accueil » où sont remis certains détenus pour croire qu'ils seront torturés[552].

Au Canada, la Cour suprême, s'accordant avec les conventions de Genève, a affirmé que la torture était inacceptable, qu'il s'agissait d'un instrument de terreur, et non de justice. Toutefois, la collaboration étroite des services de renseignements et de la police fédérale du Canada avec les agences américaines de sécurité, collaboration renforcée depuis 2001, les rend particulièrement vulnérables à se rendre complices de ce type d'activités, pratiquées à Guantanamo ou en sous-traitance à l'étranger.

La « complicité » canadienne à certaines pratiques de torture

À Guantanamo : le cas d'Omar Khadr

Omar Khadr, d'origine canadienne, est un enfant soldat de quinze ans retrouvé grièvement blessé et presque aveugle près d'un soldat américain, Christopher Speer, en Afghanistan le 27 juillet 2002. Il est soupçonné d'avoir lancé la grenade qui a tué ce soldat. Même si les pays occidentaux furent rapides à sortir leurs citoyens de la prison de Guantanamo, où l'enfant s'est retrouvé, le Canada est le *seul* pays occidental qui n'a rien fait, gouvernements libéraux et conservateurs confondus, et ce, bien que le Canada soit signataire du protocole de la Convention internationale des droits de l'enfant sur le traitement différent des enfants soldats[553]. De plus, quand le président Obama a *demandé*, en 2009, le retour d'Omar Khadr au Canada, dans sa volonté de fermer Guantanamo, le gouvernement conservateur a refusé. Pourtant, à ce moment-là, on savait que les

---

552. *Constitution Project*, 2013, p. 16-17. Notre traduction.

553. D. RYAN, « International law and laws of war and international criminal law – prosecution of child soldiers – United States v. Omar Ahmed Khadr », *Suffolk Transnational Law Review*, vol. 33, n°1, 2010 [suffolk.edu/law/student-life/16963. php] (18 janvier 2014).

prisonniers y étaient torturés, que le SCRS avait participé aux interrogatoires, et que Khadr devait être traité différemment considérant la convention sur les enfants soldats[554]. Enfin, selon les conventions internationales, quelqu'un qui blesse ou tue une autre personne dans le cadre d'un conflit armé ne peut être accusé de meurtre de manière traditionnelle. Sinon, tous les soldats seraient inquiétés à ce titre.

Il est vrai que la famille d'Omar Khadr se prononçait ouvertement en faveur d'al-Qaïda. Le père d'Omar a d'ailleurs transporté toute sa famille en Afghanistan pour soutenir le régime taliban. Ceci n'est pas nié. La question ici n'est pas de savoir si oui ou non la famille Khadr donnait son appui à al-Qaïda. La question est la suivante : doit-on laisser des régimes torturer des citoyens canadiens à l'étranger ? Dans ce cas-ci, les Américains sont en cause. Ces derniers savaient que le petit Omar, alors qu'il était jeune enfant, était présent aux réunions où allait son père avec des partisans d'al-Qaïda, au Canada et à l'étranger. On l'a probablement torturé non pas pour savoir s'il avait ou non lancé la grenade qui a tué le soldat Christopher Speer, mais vraisemblablement pour savoir ce qui s'était passé à ces réunions, qui était là, ce qui s'y était dit, etc[555].

En 2008, une vidéo américaine montre des agents du SCRS qui interrogent Omar Khadr, et l'on voit ce dernier qui leur montre des blessures liées à sa torture. Cette vidéo amène plusieurs groupes à faire pression sur le gouvernement canadien afin qu'il le rapatrie le plus rapidement possible[556]. Leur demande reposait sur l'article 7 de la *Charte canadienne des droits et libertés* qui protège

---

554. A.S.J. PARK, « Constituting Omar Khadr : Cultural Racism, Childhood, and Citizenship », *International Political Sociology*, vol. 8, n°1, 2014, p. 43-62.

555. R. WHITAKER ET COLLAB., *op. cit.*

556. S. GROVER, « Canada's refusal to repatriate a Canadian citizen from Guantanamo Bay as a violation of the Humanitarian Values underlying the Principle of Non-refoulement : a Reanalysis of Omar Ahmed Khadr V. The Prime Minister of Canada », *High Court Quarterly Review*, vol. 5, n° 2, 2009, p. 42-46.

l'autonomie et les droits juridiques d'un individu contre les actions du gouvernement : « Chacun a droit à la vie, à la liberté et à la sécurité de sa personne ; il ne peut être porté atteinte à ce droit qu'en conformité avec les principes de justice fondamentale. » À cette fin, leur requête fut portée devant les tribunaux. La cour leur donna raison. Le gouvernement Harper fit appel et fut débouté par la Cour fédérale. Il déposa alors en Cour suprême une requête soutenant qu'un tribunal n'a pas à dire à un gouvernement quoi faire en matière de politique étrangère. La Cour suprême a reconnu les faits à propos du SCRS et de Khadr, mais a confirmé la position gouvernementale, trouvant tout de même que l'idée de le rapatrier devait être sérieusement considérée du fait que ses droits reconnus par la *Charte* avaient fait l'objet d'une violation manifeste[557].

Refusant de suivre cette recommandation, le gouvernement Harper a par la suite demandé aux Américains qu'aucune vidéo impliquant des officiers canadiens ne soit montrée à la cour lorsqu'ils jugeraient Khadr. Les Américains, aux audiences préliminaires de son procès à Guantanamo à l'été 2010, ont répondu au gouvernement canadien qu'ils rejetaient sa demande, qu'il devait assumer sa complicité dans les conditions de détention d'Omar Khadr. De plus, lors de ces audiences, le juge a refusé de reconnaître comme inadmissibles les aveux faits sous la torture, ce que, pourtant, aucune démocratie au monde n'admet. Khadr fut reconnu coupable et condamné à quarante-cinq ans de détention.

---

557. Ce jugement suscite encore beaucoup de débats chez les juristes à savoir si la *Charte* doit se plier à la politique étrangère du gouvernement. (E.P. MENDES, « Dismantling the Clash between the Prerogative Power to Conduct Foreign Affairs and the Charter in Prime Minister of Canada et al v. Omar Khadr » *National Journal of Constitutional Law*, vol. 26, n° 1, 2009, p. 67-83. K. ROACH, « The Supreme Court at the Bar of Politics : The Afghan Detainee and Omar Khadr Cases », *National Journal of Constitutional Law*, vol. 28, n° 1, 2010, p. 115-155. G.L.X. WOO, « The Omar Khadr case : how the Supreme Court of Canada undermined the Convention on the Rights of the Child Law », *Social Justice and Global Development Journal*, vol. 16, 2011 [www2.warwick.ac.uk/fac/soc/law/elj/lgd/2010_2/woo/] (9 avril 2014).

Le président américain Obama a continué sa pression pour que Khadr soit renvoyé au Canada à la suite de son procès, au point qu'un an après, le gouvernement Harper a dû accepter[558]. En résumé, le gouvernement Harper a dépensé 1,3 million de dollars pour empêcher le retour de Khadr au Canada, sachant qu'il avait subi de la torture.

Le Comité de surveillance des activités de renseignement et de sécurité (CSARS) a critiqué sévèrement le SCRS, en 2009, pour ne pas avoir accordé de crédit aux propos de Khadr à Guantanamo lorsqu'il montrait ses cicatrices en preuve d'interrogatoires sous la torture, surtout que l'on savait à cette période que celle-ci se pratiquait à Guantanamo. Il lui a reproché également de n'avoir fait aucune mention de cette situation dans ses rapports et d'avoir persisté à l'interroger plutôt que de prévenir les autorités.

Les prisonniers en Afghanistan

Plusieurs rapports au milieu des années 2000 indiquaient que des prisonniers détenus dans les prisons afghanes étaient maltraités et que certains étaient morts en détention[559]. Pourtant, les forces armées canadiennes transféraient leurs prisonniers, des talibans suspects, dans les prisons afghanes dans le cadre d'un premier accord signé avec le gouvernement afghan en 2005, puis modifié et renouvelé en 2007[560]. Le gouvernement canadien ne peut plaider l'ignorance sur le fait que certains de ces prisonniers transférés étaient torturés puisque des diplomates travaillant en Afghanistan,

---

558. Omar Khadr, qui a maintenant vingt-sept ans, est détenu dans un pénitencier fédéral à sécurité moyenne. Il a demandé, en avril 2014, que sa peine pour adulte soit traitée comme celle d'un mineur afin qu'il puisse être transféré dans une prison provinciale. Le gouvernement Harper a dit s'opposer à tout *adoucissement* de sa peine, car ses crimes sont odieux. Il appuie également une poursuite au civil de plusieurs millions par la veuve du soldat Christopher Speer, celui que l'on dit que Khadr aurait tué en 2002.

559. *Constitution Project*, 2013.

560. M. SASSOLI, M.-L TOUGAS, « International Law Issues Raised by the Transfer of Detainees by Canadian Forces in Afghanistan », *McGill Law Journal*, vol. 56, n° 4, 2011, p. 959-1010.

en particulier Richard Colvin, ont tenté en vain d'alerter le ministère des Affaires étrangères sur cette situation, la torture constituant un crime de guerre selon la convention de Genève, peu importe le lieu où elle est commise. Au Parlement, l'opposition a exigé de voir les accords d'échange de prisonniers entre les militaires canadiens et le gouvernement afghan ainsi que d'autres documents afin de répondre à trois questions. Les autorités militaires canadiennes étaient-elles au courant de la torture des prisonniers ? Le gouvernement Harper était-il au courant ? Et le SCRS, qui avait des agents basés en Afghanistan depuis 2002 travaillant aux côtés d'agents de la CIA, a-t-il joué un rôle dans ces accords en complicité avec les Américains ? Le gouvernement a refusé de fournir les documents au nom de la sécurité nationale. Il a également tenté de limiter le travail de la Commission d'examen des plaintes concernant la police militaire, lors de son enquête sur les allégations de violation de la convention de Genève dans le cadre de ces accords. Ainsi, les réponses à ces trois questions ne furent pas vraiment éclaircies, quoique certains témoignages devant le comité parlementaire spécial sur la mission canadienne en Afghanistan soient particulièrement troublants[561].

Le cas de Maher Arar

Maher Arar, à son retour au Canada, en 2002, fut arrêté lors d'un transit aérien en sol américain et envoyé d'abord en Jordanie puis en Syrie pour être torturé et retenu prisonnier dans des conditions horribles. N'eût été la persistance de sa femme auprès des autorités gouvernementales et de la presse, il serait peut-être encore là. À son retour, quatorze mois plus tard, la presse et la famille Arar ont continué à harceler les autorités pour savoir ce qui s'était passé.

---

561. Voir le site : [parl.gc.ca/HousePublications/Publication.aspx?DocId=4236267& Language=F]. Et R. WHITAKER ET COLLAB., *op. cit.*

Le gouvernement libéral de Paul Martin a finalement cédé aux pressions, en 2006, et ordonné une commission d'enquête à ce sujet. Ce qu'on a alors appris est que la GRC avait donné aux Américains des informations non vérifiées, et que c'est sur la base de ces données que les Américains ont réalisé ce suivi jugé *nécessaire*. Lors de cette enquête, on a découvert également que, dans le cadre du Projet A-O-Canada, une opération conjointe entre la GRC et le FBI, la GRC avait donné aux Américains une foule d'autres informations sans les valider, et ce, sans les autorisations nécessaires. En effet, plusieurs documents étaient des documents de travail internes qui ne pouvaient sortir des services sans autorisation spéciale.

Dans le cas de Maher Arar, un document disait l'avoir vu en présence de personnes soupçonnées de terrorisme. Il était indiqué dans son dossier : «*personne d'intérêt*», signifiant par là qu'il y avait peut-être une enquête à faire sur ses liens avec les personnes soupçonnées : « Le fait de désigner quelqu'un comme une personne d'intérêt ne signifie pas qu'elle est soupçonnée de quelque méfait. Il se peut simplement que son rôle ne soit pas clair pour les enquêteurs et qu'un complément d'information soit nécessaire, comme dans le cas de M. Arar[562]. »

La GRC a envoyé ce document aux Américains en disant que Maher Arar et sa femme étaient des musulmans extrémistes. Ce qui entraîna la suite que l'on connaît.

- le Projet A-O Canada a communiqué de l'information aux organismes américains d'une façon contraire aux politiques de la GRC qui exigent qu'on vérifie au préalable la pertinence, la fiabilité et le caractère personnel de

---

562. COMMISSION D'ENQUÊTE SUR LES ACTIONS DES RESPONSABLES CANADIENS RELATIVEMENT À MAHER ARAR, 2006, p. 85.

l'information et qu'on annexe des réserves aux documents partagés avec d'autres organismes. Une partie de l'information en cause concernait M. Arar ;

- le Projet A-O Canada a communiqué aux organismes américains de l'information sur M. Arar qui était inexacte ou imprécise et qui avait tendance à exagérer l'importance de M. Arar dans son enquête ainsi que sa participation possible à des activités terroristes ;

- le Projet A-O Canada a communiqué aux organismes américains de l'information assujettie à la règle de l'information fournie par des tiers sans obtenir le consentement de l'organisme source[563].

De même, le rapport s'est inquiété d'autres cas de citoyens canadiens qui, sur la base des informations de la GRC dans le cadre du projet A-O Canada, se sont également retrouvés en détention en Syrie, subissant la torture.

Les cas de MM. Arar, Almalki et El Maati comportent un certain nombre de similarités. Les trois hommes sont des Canadiens musulmans et tous ont été liés d'une façon ou d'une autre à l'enquête du Projet A-O Canada. Tous trois ont été détenus en Syrie par le Renseignement militaire syrien (RMS), à la Section palestinienne, alors que le Projet A-O Canada faisait enquête sur eux. Le professeur Toope a conclu que tous trois avaient été interrogés et torturés en Syrie et que leurs interrogatoires étaient fondés sur de l'information provenant du Canada. Dans chaque cas, on a soutenu que la GRC et le SCRS avaient tenté de faire progresser leurs enquêtes en communiquant avec le RMS. Les trois hommes ont affirmé que la GRC et le SCRS avaient entravé les efforts déployés pour obtenir leur libération. [...]

---

563. *Ibid.*, p. 84.

Muayyed Nureddin est un autre Canadien musulman qui a été emprisonné en Syrie. Le professeur Toope a conclu qu'il avait aussi été torturé[564].

Tout comme dans le cas de Maher Arar, les enquêtes sur Almaki, El Maati, Nureddin, à la suite du rapport, conclurent qu'aucune preuve ne les incriminait. Ils furent finalement libérés[565].

Le commissaire de la GRC fut obligé de démissionner. Quant au SCRS, il fut montré qu'il avait des agents en Syrie et était au fait de la situation des Canadiens torturés là-bas. Pourtant, rien ne fut fait pour les sortir de la détention. Le rapport de la commission d'enquête a souligné que le SCRS aurait dû prévenir le gouvernement canadien, car il savait que les Américains envoyaient des gens se faire torturer à l'étranger. Les faits montrent qu'au contraire, le SCRS n'a pas voulu critiquer un allié, et qu'il est donc devenu complice de ses moyens. Le rapport souligne aussi à maintes reprises que la GRC aurait dû être particulièrement prudente quant aux informations partagées avec les Américains, considérant leurs pratiques.

Ces quelques éléments, présentés ici sur la question de la torture, ont voulu illustrer comment la criminologie, par son travail sur les agences de sécurité, les corps policiers et les prisons ne peut éviter cette problématique qui non seulement ouvre des questions nouvelles pour la recherche, mais également pose la question de l'engagement des criminologues pour plus de justice sociale.

---

564. *Ibid.*, p. 289 et 297.
565. R. WHITAKER ET COLLAB., *op. cit.*

En somme, les deux problématiques de ce chapitre, l'expansion de la surveillance et la torture, montrent comment l'analyse des contrôles sociaux par la criminologie, depuis une trentaine d'années, tend à étendre ses recherches sur des objets qui ne s'enferment plus dans le droit pénal, multipliant les angles d'approche pour mieux comprendre et agir[566].

---

566. M. FELICES-LUNA, « Rethinking Criminology (ies) through the Inclusion of Political violence and Armed Conflict as Legitimate Objects of Inquiry », *Canadian Journal of Criminology and Criminal Justice*, vol. 52, n° 3, 2010, p. 249-269.

Questions de révision

1. Expliquez les éléments qui ont amené les pouvoirs politiques à donner de nouvelles cibles à leur SRS au cours des années 1990, et les principaux effets de ces changements.

2. Définissez la criminalité hybride et précisez les principaux secteurs où elle amène les SRS à collaborer avec la police.

3. Expliquez pourquoi la police a besoin de plus en plus de collaborer avec les SRS.

4. Expliquez dans quelle mouvance sociétale s'inscrit le cumul de nombreuses banques de données.

5. Quels sont les trois changements qui ont amené l'expansion des activités des compagnies privées de sécurité?

6. Pourquoi la marchandisation de la sécurité a-t-elle accru le sentiment d'insécurité dans la population?

7. En matière de sécurité, qu'ont permis aux gouvernements les attentats du 11 septembre 2001, aux États-Unis?

8. Quelles sont les trois principales critiques faites à la loi canadienne antiterroriste par les députés qui ont voté contre cette loi?

9. Que permet la redéfinition de l'objectif et des menaces par les nouveaux discours sécuritaires adoptés par les États comme l'illustre la nouvelle politique de sécurité nationale canadienne en 2004?

10. Quelles sont les deux principales protections juridiques qui ont considérablement diminué à l'échelle internationale dans les pays occidentaux, au nom de la lutte contre le terrorisme et la COT ? Illustrez votre réponse à l'aide des certificats de sécurité au Canada.

11. La circulation des banques de données sur les citoyens et le manque d'analyse dans le contenu de ces données est inquiétante. Précisez le sens de cette phrase.

12. Qu'en est-il des mesures de sécurité dans les aéroports et de leur efficacité à prévenir des menaces potentielles ? Expliquez votre réponse.

13. Que sont les CST ? Quel est leur pouvoir et pourquoi leurs activités purent-elles longtemps être gardées secrètes par les États ?

14. Qu'illustre l'affaire Snowden sur les activités de la NSA ?

15. Quelles sont les activités de WikiLeaks ? Quelles remarques font les chercheurs sur le discours d'Assange pour justifier ces activités ?

16. Que disent les recherches sur le scénario de « la bombe à retardement » pour justifier l'usage de la torture ?

17. Pourquoi les États démocratiques préfèrent-ils généralement « sous-traiter » la torture en d'autres pays ?

18. Que fait le « programme d'extradition extraordinaire » américain ?

19. Donnez trois exemples de situation où le Canada s'est montré complice de pratiques de torture.

Questions de réflexion

La sécurité dans les aéroports

Certains disent que les nouvelles mesures de sécurité dans les aéroports sont nécessaires, d'autres qu'elles n'augmentent pas la sécurité. Expliquez votre position et justifiez-la.

Les médias sociaux et le droit à la vie privée

Les informations et les images qui apparaissent en ligne le sont souvent en permanence. Même si l'on décide de les supprimer soi-même, elles peuvent résider longtemps dans la mémoire cachée de sites de recherche ou encore avoir été copiées et sauvegardées ailleurs. Et ces informations et ces images peuvent être utilisées par n'importe qui, à n'importe quelle fin, à n'importe quel moment. Au regard de cette situation, comment définissez-vous le droit à la vie privée ? Justifiez votre réponse.

L'élargissement des objets en criminologie

Depuis les années 1990, la criminologie se laisse de moins en moins définir par le droit pénal et les risques à la sécurité que l'État y intègre. Expliquez et illustrez à l'aide d'exemples.

La torture

Est-ce que, dans certains cas, la torture peut être légitime ? Justifiez votre réponse.

Discussion de cas

Les données sur Facebook

Après les événements qui ont marqué le marathon de Boston en 2013, votre ami communique avec vous et d'autres personnes sur Facebook pour vous dire qu'il ne pensait pas que c'était si facile de trouver des sites où l'on apprend comment faire des bombes artisanales, et il vous envoie les liens vers ces sites. Vous savez qu'il n'a aucune intention d'utiliser ces bombes pour faire du mal. C'est simplement qu'il est fasciné par la facilité de les concevoir et il aimerait en construire une afin de la faire exploser dans un bois. Ferez-vous un suivi quelconque à propos de ce qu'il vient d'envoyer sur votre page Facebook de même que sur celles d'autres personnes ? Expliquez ce suivi et justifiez votre réponse.

La possibilité de filmer les gens et la police

Vous recevez la visite de la police. Une personne a été arrêtée pour trafic de drogues et, sur une vidéo mise en ligne sur Facebook, vous faites la fête avec elle – avec de l'alcool et des drogues illicites bien mises en évidence. La police dit qu'elle ne vous arrêtera pas si vous identifiez les gens sur la vidéo et donnez des informations à leur sujet. Elle met d'autant plus de pression que, sur cette même vidéo, on vous voit donner de l'argent à cette personne, ce qui peut laisser supposer l'achat de drogues illicites. Allez-vous collaborer ? Sinon, que direz-vous ou que ferez-vous pour vous défendre ?

CONCLUSION

T ant de questions n'ont pas été abordées, tant de domaines n'ont pas été explorés dans ce livre. L'enjeu toutefois n'était pas de couvrir tout le champ de la criminologie, mais bien de donner le pouls des grands axes sur lesquels elle s'est développée pour comprendre l'évolution de ses questionnements.

Cherchant la création d'un ordre social nouveau dans l'implantation des États modernes aux XVIIIe et XIXe siècles, la reconnaissance de l'égalité de droit entre les *hommes*[567] fut accompagnée d'une réflexion sur la manière d'instituer des normes à respecter sans que le pouvoir devienne abusif. Cette réflexion n'est toutefois pas sortie d'une vision de la peine comme seule issue d'une dérogation aux normes. Cette incapacité de penser autrement les conséquences d'une dérogation aux normes est ce que l'on a désigné par la *rationalité pénale moderne*.

Au XIXe siècle, avec les inégalités socioéconomiques criantes liées à l'ère industrielle, s'est développée une interrogation sur la construction des normes par les pouvoirs en place, qui faisait en sorte que les pauvres étaient plus susceptibles d'enfreindre la loi et d'être punis. Cette réflexion ne s'est cependant pas émancipée d'une conception de la criminalité vue en tant que fait objectif, et elle n'est pas ainsi parvenue à tirer les conséquences du fait qu'elle représentait un construit social à l'intérieur de rapports de pouvoir. Les recherches en criminologie se sont alors concentrées

---

567. Avec toutes les limites de l'époque, hommes désignant également le sexe et surtout les propriétaires.

principalement sur les raisons pour lesquelles certaines personnes dérogeaient aux normes, n'arrivaient pas à s'*adapter* – influence des théories de l'évolution –, afin de leur apporter le suivi approprié – influence des développements en psychiatrie et en psychologie. Cela générera toute une réflexion sur les fondements de la peine, mais également sur la gestion des personnes judiciarisées.

Ce n'est qu'au milieu du XXe siècle que s'est instauré un questionnement plus large sur le crime en tant que construit social par les pouvoirs en place, remettant en cause bien des thèses antérieures sur le crime et les peines. Il s'agissait désormais de comprendre la construction des contrôles sociaux qui amenait à désigner certains comportements en tant que crimes, les clientèles visées par ces contrôles et les conséquences de cette judiciarisation. C'est ce que l'on désignera sous le nom de *criminologie critique*. Celle-ci analysera le fonctionnement du système pénal pour en diminuer les conséquences négatives en comprenant mieux les rouages qui guident les décisions à chacune des étapes du parcours : l'élaboration des lois, l'activité des tribunaux, l'administration des peines et l'influence de la population sur le monde politique par l'intermédiaire des médias. Elle cherchera également à mieux comprendre pourquoi certaines clientèles sont plus visibles et vulnérables dans le système pénal. Enfin, elle s'interrogera sur la capacité des intervenants de ce système à agir autrement à l'égard de ces clientèles pour mieux répondre à leurs besoins.

Puis se développera toute une réflexion pour sortir de la rationalité pénale moderne et penser autrement la résolution des conflits sociaux. Le mouvement abolitionniste sera une première étape dans ce questionnement, suivi par une série de recherches qui visent à *innover* dans et hors du système pénal vers moins de répression.

Enfin, depuis une trentaine d'années, un certain pan de la criminologie laisse de moins en moins l'État définir par le droit pénal les problématiques analysées. Ce qui constitue de l'injustice, de la violence, du contrôle social s'articule de plus en plus sur des objets diversifiés. La mondialisation amène également plusieurs analyses en criminologie à adopter une perspective internationale pour mieux répondre à certaines questions de recherche.

Ce livre a voulu être un écho de cette mouvance des questionnements en criminologie pour mieux en comprendre les développements jusqu'à ce jour.

Bibliographie

ACOSTA, Fernando. « Récit de voyage à l'intérieur du Code criminel de 1892 », *Criminologie*, vol. 28, n°1, 1995, p. 81-96.

ADAM, Christophe. « Observations critiques d'un clinicien criminologue autour du texte programmatique de Samuel Lézé », *Champ pénal/Penal Field*, vol. V, 2008 [champ-penal.revues.org/6333] (4 novembre 2012).

ADJIN-TETTEY, Elizabeth. « Sentencing Aboriginal Offenders : Balancing Offenders'Needs, the Interests of Victims and Society, and the Decolonization of Aboriginal Peoples », *Canadian Journal of Women and the Law*, vol. 19, n° 1, 2008, p. 79-216.

ALTER JUSTICE. *Travail, activités et salaires en détention*, Groupe d'aide et d'information aux personnes judiciarisées [alterjustice.org/u9/travail_activites.html] (6 mai 2014).

AMSTER, Randall. « Patterns of exclusion : sanitizing space, criminalizing homelessness », *Social Justice*, vol. 30, n° 1, 2013, p. 195-221.

ARBOUR, Louise. *Rapport de la Commission d'enquête sur certains événements survenus à la prison des femmes de Kingston*, Ottawa, Ministre des Approvisionnements et Services Canada, 1996 [caefs.ca/wp-content/uploads/2013/05/inquiry_fr.pdf] (18 mars 2014).

ARCAND, Suzanne, et Jean-Paul BRODEUR. « Sur les objectifs d'un corps de police », Mémoire présenté au Conseil de sécurité de la Communauté urbaine de Montréal, *Les cahiers de l'École de criminologie*, n° 4, 1979.

ARCHAMBAULT, André. « Le criminologue en action communautaire : une autre criminologie ? », *Questions de criminologie* (dir. Jean Poupart, Denis Lafortune et Samuel Tanner), Montréal, Les presses de l'Université de Montréal, 2010, p. 135-145.

ARCHAMBAULT, Kyle, David JOUBERT et Greg BROWN. « Gender, Psychiatric Symptomatology, Problem Behaviors and Mental Health Treatment in a Canadian Provincial Correctional Population : Disentangling the Associations between Care and Institutional Control », *International Journal of Forensic Mental Health*, vol. 12, n° 2, 2013, p. 93-106.

ASSANGE, Julian. *Julian Assange : the unauthorised autobiography*, New York, Canongate, 2011.

ASSOCIATION CANADIENNE DE JUSTICE PÉNALE. « Les Autochtones et le système de justice pénale », *Bulletin*, Ottawa, numéro spécial, 15 mai 2000 [ccja-acjp.ca/fr/autoch.html] (3 octobre 2010).

La libération conditionnelle. Énoncé de principe [ccja-acjp.ca/fr/ep/ep_liberation_ conditionnelle.html] (5 mai 2014).

AUBERT, Laura, et Mylène JACCOUD. « Genèse et développement des polices autochtones au Québec : sur la voie de l'autodétermination », *Criminologie*, vol. 42, n° 2, 2009, p. 101-119.

AUSSEL, Jean-Marie. « Le concept de responsabilité pénale », *Confrontation de la théorie générale de la responsabilité pénale avec les données de la criminologie*, Paris, Dalloz, 1969, p. 99-115.

BALFOUR, Gillian. « Reimagining a feminist criminology », *Critical Criminology in Canada*, New Voices, New Directions (dir. Aaron Doyle et Dawn Morre), Vancouver, UBC Press, 2011, p. 227-242.

BEAUCHESNE, Line. *La police communautaire : un écran de fumée*, Montréal, Bayard Canada, 2010.

Être policière : une profession masculine, Montréal, Bayard Canada, 2009, ©2001.

Les drogues : légalisation et promotion de la santé, Montréal, Bayard Canada, 2006.

Les coûts cachés de la prohibition, Montréal, Bayard Canada, 2006, ©2003.

Drogues, Mythes et dépendance : en parler à nos enfants, Montréal, Bayard Canada, 2005.

BECCARIA, Cesare. *Des délits et des peines*, traduit de l'italien par Collin de Plancy, Paris, Éditions du Boucher, 2012 [leboucher.com/pdf/beccaria/beccaria.pdf] (10 février 2014).

BECK, Ulrich. « La société du risque globalisé revu sous l'angle de la menace terroriste », *Cahiers internationaux de sociologie*, n° 114, 2003, p. 27-33.

BELL, Colleen. « Subject to Exception : Security Certificates, National Security and Canada's Role in the "War on Terror" », *Canadian Journal of Law and Society*, vol. 21, n° 1, 2006, p. 63-83.

« Surveillance Strategies and Populations at Risk : Biopolitical Governance in Canada's National Security Policy », *Security Dialogue*, vol. 37, n° 2, 2006, p. 147-165 [sdi.sagepub.com/content/37/2/147.short] (23 novembre 2013).

BÉRARD, François. « La criminologie clinique à l'épreuve des politiques : une pratique en perte ou en quête d'identité ? », *Questions de criminologie* (dir. Jean Poupart, Denis Lafortune et Samuel Tanner), Montréal, Les presses de l'Université de Montréal, 2010, p. 125-134.

BERGHEL, Hal. « Through the PRISM Darkly », *Computer*, vol. 46, n° 7, p. 86-90.

BERLINGUETTE, Guy. « Comment concilier la gestion du risque et la prise en compte du contrevenant ? » *Questions de criminologie* (dir. Jean Poupart, Denis Lafortune et Samuel Tanner), Montréal, Les presses de l'Université de Montréal, 2010, p 117-124.

BERNAT de CÉLIS, Jacqueline. « Les grandes options de la politique criminelle. La perspective de Louk Hulsman », *Archives de politique criminelle*, n° 5, Paris, 1981, p. 13-60.

BERNIER, Chantal (commissaire adjointe à la protection de la vie privée du Canada). *La vie privée à l'ère des médias sociaux, Commentaires à l'occasion d'un atelier organisé par les services juridiques du Centre de la sécurité des télécommunications Canada*, 20 avril 2011 [priv.gc.ca/media/sp-d/2011/sp-d_20110420_cb_f.asp] (22 mai 2014).

BERTHOMET, Stéphane. *Enquête sur la police*, Québec, VLB éditeur, 2013.

BERTRAND, Marie-Andrée. « Permanence des effets pervers et résistance au changement des lois sur les drogues », *L'usage des drogues et la toxicomanie*, Boucherville, Gaëtan Morin, 1988, p. 139-154.

BERZINS, Lorraine, et Renée COLLETTE-CARRIÈRE. « La femme en prison : un inconvénient social ! », *Santé mentale au Québec*, vol. 4, n° 2, 1979, p. 87-103.

BIGO, Didier, et Pierre PIAZZA. « La transnationalisation de l'échange des données à caractère personnel à des fins de sécurité », *Sphères de surveillance* (dir. Stéphane Leman-Langlois), Montréal, Les presses de l'Université de Montréal, 2011, p. 71-78.

BLANCHETTE, Kelly. « Réévaluation de la cote de sécurité des délinquants : augmentation du potentiel de réinsertion sociale », *Forum – Recherche sur l'actualité correctionnelle*, vol. 13, n° 1, Service correctionnel Canada, 2012 [csc-scc.gc.ca/publications/forum/e131/131k_f.pdf] (26 juillet 2013).

BODY-GENDROT, Sophie. « La politisation du thème de la criminalité aux États-Unis », *Déviance et Société*, vol. 23, n° 1, 1999, p. 75-89.

BOHM, Robert, Michael REYNOLDS et Stephen T. HOLMES. « Perceptions of neighborhood problems and their solutions : implications for community policing », *International Journal of Police Strategies and Management*, vol. 23, n° 4, 2000, p. 439-465.

BOYCE, Jillian. « Statistiques sur les tribunaux de juridiction criminelle pour adultes au Canada, 2011-2012 », *Juristat*, Ottawa, Centre canadien de la statistique juridique, Statistique Canada, 2013 [statcan.gc.ca/pub/85-002-x/2013001/article/11804-fra.pdf] (24 avril 2014).

BOYS, James D. « What's so extraordinary about rendition ? », *The International Journal of Human Rights*, vol. 15, n° 4, 2011, p. 589 à 604.

BOUCHER, Alexandre, François LACASSE et Thierry NADON. « La création de la détention pour enquête en common law : dérive jurisprudentielle ou évolution nécessaire ? Un point de vue pragmatique », *Les cahiers de droit*, vol. 50, n°s 3-4, 2009, p. 771-801.

BRASSARD, Renée, et Mylène JACCOUD. « L'enfermement des femmes autochtones : une reconstruction d'objet », *Criminologie*, vol. 35, n° 2, 2002, p. 73-90.

BRENNAN, Shannon. « La victimisation avec violence chez les femmes autochtones dans les provinces canadiennes », *Juristat*, Ottawa, Statistique Canada, 2011 [statcan.gc.ca/pub/85-002-x/2011001/article/11439-fra.pdf] (4 octobre 2012).

BROCHU, Serge. « Témoignages », *Délibérations du comité spécial sur les drogues illicites*, Ottawa, Parlement du Canada, Fascicule 12, 2001 [goo.gl/u4hTy1] (22 décembre 2014).

BRODEUR, Jean-Paul. « Les organisations policières en Europe continentale de l'Ouest », *Traité de sécurité intérieure*, Montréal, Éditions Hurtubise, 2007, p. 81-88.

« L'enquête criminelle », *Criminologie*, vol. 38, n° 2, 2005, p. 39-64.

Les visages de la police, pratiques et perceptions, Montréal, Les presses de l'Université de Montréal, 2003.

« Force policière et force militaire », *Éthique publique*, vol. 2, n° 1, 2000, p. 157-166.

Une note sur les problèmes du sentencing, Conférence, Ottawa, Université d'Ottawa, Département de criminologie, 1986. Inédit.

BRODEUR, Jean-Paul, et Benoît DUPONT. « The role of knowledge and Networks in Policing », *Handbook of knowledge-based policing : current conceptions and future directions*, Londres, Wiley, 2008, p. 9-33.

BUREAU DE L'ENQUÊTEUR CORRECTIONNEL. Enquête sur le processus d'examen des cas de décès du Service correctionnel du Canada, *Rapport final*, Ottawa, Bureau de l'enquêteur correctionnel, 2014 [oci-bec.gc.ca/cnt/rpt/oth-aut/oth-aut20131218-fra.aspx] (13 mai 2014).

Rapport annuel 2012-2013, Ottawa, Bureau de l'enquêteur correctionnel, 2014 [oci-bec.gc.ca/cnt/rpt/pdf/annrpt/annrpt20122013-fra.pdf] (13 avril 2014).

« Une affaire risquée : Enquête sur le traitement et la gestion des cas d'automutilation chronique parmi les délinquantes sous responsabilité fédérale », *Rapport final*, Ottawa, Bureau de l'enquêteur correctionnel, 2013 [oci-bec.gc.ca/cnt/rpt/oth-aut/oth-aut20130930-fra.aspx] (13 mai 2014).

Une question de spiritualité : les Autochtones et la Loi sur le système correctionnel et la mise en liberté sous condition, Ottawa, Bureau de l'enquêteur correctionnel, 2012. [oci-bec.gc.ca/cnt/rpt/pdf/oth-aut/oth-aut20121022-fra.pdf] (22 février 2014)

Rapport annuel 2010-2011, Ottawa, Bureau de l'enquêteur correctionnel, 2011 [oci-bec.gc.ca/cnt/rpt/pdf/annrpt/annrpt20102011-fra.pdf] (5 mai 2014).

Rapport annuel 2009-2010, Ottawa, Bureau de l'enquêteur correctionnel, 2010 [oci-bec.gc.ca/cnt/rpt/pdf/annrpt/annrpt20092010-fra.pdf] (5 mai 2014).

BYMAN, Daniel, et Benjamin WITTES. « Reforming the NSA : How to spy after Snowden », *Foreign Affairs*, vol. 93, n° 3, 2014, p. 127-138.

CAMMAERTS, Bart. « Networked Resistance : The Case of WikiLeaks », *Journal of Computer-Mediated Communication*, vol. 18, n° 4, 2013, p. 420-436.

CARDI, Coline, et Geneviève PRUVOST (dir.). *Penser la violence des femmes*, Paris, La Découverte, 2013.

CARDON, Dominique. « Le parler privé-public des réseaux sociaux d'Internet », *Médias sociaux : Enjeux pour la communication*, Québec, Les presses de l'Université du Québec, 2012, p. 33-45.

CARRIER, Nicolas. « Sociologies anglo-saxonnes du virage punitif : timidité critique, perspectives totalisantes et réductrices », *Champ pénal/Penal field*, vol. VII, 2010 [champpenal.revues.org/7818] (24 avril 2014).

CARRITHERS, David W. « La philosophie pénale de Montesquieu », *Revue Montesquieu*, n° 1, 1997, p. 39-63.

CARTUYVELS, Yves, Philippe MARY et Andrea REA. « L'État social-sécuritaire », *Réponses à l'insécurité, des discours aux pratiques*, Bruxelles, Éditions Labor, 2000, p. 407-429.

CASAVANT, Lyne, et Dominique VALIQUET. *Résumé législatif du projet de loi C-25 : Loi sur l'adéquation de la peine et du crime*, Ottawa, Parlement du Canada, 2009 [parl. gc.ca/About/Parliament/LegislativeSummaries/bills_ls.asp?Parl=40&Ses=2&Mo de=1&ls=C25&source=library_prb&Language=F] (21 octobre 2012).

CAUCHIE, Jean-François, et Gilles CHANTRAINE. « De l'usage du risque dans le gouvernement du crime », *Champ pénal/Penal Field*, vol. II, 2005 [champpenal. revues.org/80] (5 novembre 2012).

CAUCHIE, Jean-François, et Dan KAMINSKI. « Éléments pour une sociologie du changement pénal en Occident. Éclairage des concepts de rationalité pénale moderne et d'innovation pénale », *Champ pénal/Penal field*, Vol. IV, 2007 [champpenal.revues. org/613] (6 juillet 2013).

CAVERLEY, Donna. « Les services correctionnels pour adultes au Canada, 2008-2009 », *Juristat*, Ottawa, Statistique Canada, 2010 [statcan.gc.ca/pub/85-002-x/2010003/ article/11353-fra.htm] (9 octobre 2013).

CELLARD, André. « *Punir, enfermer et réformer au Canada, de la Nouvelle-France à nos jours* », *Brochure historique*, Ottawa, La société historique du Canada, n° 60, 2000, 26 pages.

CELLARD, André, et Gérald PELLETIER. « La construction de l'ordre pénal au Canada, 1892-1927 : approches méthodologiques et acteurs sociaux », *Déviance et Société*, vol. 23, n° 4, 1999, p. 367-393.

« Le Code criminel canadien 1892-1827 : Étude des acteurs sociaux », *The Canadian Historical Review*, vol. 79, 1998, p. 261-303.

COMITÉ PERMANENT DE LA SÉCURITÉ PUBLIQUE ET NATIONALE. *La santé mentale et la toxicomanie dans le système correctionnel fédéral*, Ottawa, Parlement du Canada, 2010 [parl.gc.ca/content/hoc/Committee/403/SECU/ Reports/RP4864852/securp04/securp04-f.pdf] (16 mai 2014).

COMITÉ CANADIEN DE LA RÉFORME PÉNALE ET CORRECTIONNELLE (Roger Ouimet, prés.). *Rapport*, Ottawa, Imprimeur de la Reine, 1969 [johnhoward. ca/media/(1969)%20HV%208395%20A6%20C33%201969%20F%20(Ouimet).pdf] (25 juin 2013).

COMITÉ DE SURVEILANCE DES ACTIVITÉS DE RENSEIGNEMENT DE SÉCURITÉ. *Le rôle du SCRS dans l'affaire Omar Khadr*, Dossier no 2800-143, étude n° 2008-05, 2009 [sirc-csars.gc.ca/opbapb/2008-05/index-fra.html] (19 juillet 2013).

COMMISSION CANADIENNE DES DROITS DE LA PERSONNE. *Protégeons leurs droits, Examen systémique des droits de la personne dans les services correctionnels destinés aux femmes purgeant une peine de ressort fédéral*, Ottawa, CCDP, 2003.

COMMISSION CANADIENNE SUR LA DÉTERMINATION DE LA PEINE. *Réformer la sentence : une approche canadienne*, Ontario, Ministre de l'Approvisionnement et Services Canada, 1987.

COMMISSION D'ENQUÊTE SUR LES ACTIONS DES RESPONSABLES CANADIENS RELATIVEMENT À MAHER ARAR. *Analyse et recommandations*, Ottawa, 2006 [pch.gc.ca/cs-kc/arar/Arar_f.pdf] (29 octobre 2013).

COMMISSION DE RÉFORME DU DROIT DU CANADA. *Les discussions et ententes sur le plaidoyer*, Ottawa, Document de travail n° 60, 1989.

Notre droit pénal, Ottawa, CRD, 1976.

COMMISSION DE LA SANTÉ MENTALE DU CANADA. *Personnes jugées non criminellement responsable pour cause de troubles mentaux (NRCTM) au Canada*, Fiche d'information, 2013 [mentalhealthcommission.ca/Francais/node/5931] (1 juillet 2013).

La nécessité d'investir dans la santé mentale au Canada, Ottawa, 2011 (17 mai 2014).

COMMISSION DE VÉRITÉ ET DE RÉCONCILIATION. *À propos de nous*, 2014. [trc.ca/websites/trcinstitution/index.php?p=16] (14 mai 2014)

COMMISSION DES LIBÉRATIONS CONDITIONNELLES DU CANADA. *Pour la sécurité du public*, CLCC, 2011 [pbc-clcc.gc.ca/infocntr/parolec/2011-08-02/intro-fra.shtml] (29 octobre 2012).

Mission, CLCC, 2000 [pbc-clcc.gc.ca/about/miss-fra.shtml] (5 novembre 2012).

COMMISSION DU DROIT DU CANADA. *En quête de sécurité : l'avenir du maintien de l'ordre au Canada*, Ottawa, 2006 [dsp-psd.tpsgc.gc.ca/Collection/JL2-26-2006F.pdf] (30 novembre 2013).

Qu'est-ce qu'un crime ? Des défis et des choix, Document de discussion, Ottawa, CDC, 2003.

COMMISSION ROYALE D'ENQUÊTE SUR LE SYSTÈME PÉNAL DU CANADA (Hon. juge Joseph Archambault, prés.). *Rapport*, Ottawa, 1938 [johnhoward.ca/media/(1938)%20HV%208395%20A6%20R6%201938%20(Justice%20Joseph%20Archambault)%20F.pdf] (13 septembre 2014).

COMMISSION SUR LE RACISME SYSTÉMIQUE DANS LE SYSTÈME DE JUSTICE PÉNALE EN ONTARIO. *Rapport*, Toronto, 1995 [archive.org/details/rapportdelacommi00comm] (23 octobre 2012).

CONSEIL CANADIEN DE DÉVELOPPEMENT SOCIAL. « Défis sociaux : Le bien-être des Autochtones », *La prévention de la criminalité juvénile par le développement social*, 2012 [ccsd.ca/cpsd/ccsd/f/d_autochtones.htm] (4 octobre 2012).

CONSEIL NATIONAL DU BIEN-ÊTRE SOCIAL. *La justice et les pauvres*, Ottawa, 2000.

CONSTITUTION PROJECT. *The Report of the Constitution Project's Task Force on Detainee Treatment*, Washington, The Constitution Project, 2013 [detaineetaskforce.org/pdf/Full-Report.pdf] (14 janvier 2014).

COUSINEAU, Marie-Marthe. « De la naissance d'une affaire pénale », Montréal, Université de Montréal, Centre international de criminologie comparée, *Revue du Grapp*, vol. 1, n° 1, 1996, p. 1-17.

« La détention provisoire au Québec », *Criminologie*, vol. 28, n° 2, 1995, p. 5-26.

COWPER, Thomas J. « The Myth of the "Military Model" of Leadership in Law Enforcement », *Police Quarterly*, vol. 3, n° 3, 2009, p. 228-246.

CRETTIEZ, Xavier. « Les modèles conceptuels d'appréhension du terrorisme », *Les cahiers de la sécurité intérieure*, n° 38, premier trimestre 1999, p. 199-217.

CROCKER, Anne, G. Mickael, C. SETO, Tonia L. NICHOLLS et Gilles CÔTÉ. *Description and processing of individuals found not criminally responsible on account of mental disorder accused of "serious violent offences"*, Ottawa, Ministère de la Justice du Canada, 2013 [ntp-ptn.org/NCRMD-SVO-NTPteam_March_2013.pdf] (1 juillet 2013).

CUNLIFFE, Emma, et Angela CAMERON. « Writing the Circle : Judicially Convened Sentencing Circles and the Textual Organization of Criminal Justice », *Canadian Journal of Women and the Law*, vol. 19, n° 1, 2007, p. 1-35.

DANDURAND, Yvon, Jeff CHRISTIAN, Danielle MURDOCH, Robert E. BROWN et Vivienne CHIN. *Violation des conditions de la mise en liberté, suspension et révocation de la mise en liberté sous condition : analyse comparée*, Vancouver, Centre international pour la réforme du droit criminel et la politique en matière de justice pénale, 2008.

DANET, Jean. « La dangerosité, une notion criminologique, séculaire et mutante », *Champ pénal/Penal Field*, vol. V, 2008 [champpenal.revues.org/6013] (11 mai 2014).

DAUVERGNE, Mia. *Statistiques sur les services correctionnels pour les adultes au Canada, 2010-2011*, Ottawa, Statistique Canada, 2012 [statcan.gc.ca/pub/85-002-x/2012001/article/11715-fra.htm] (11 mai 2014).

DAUVERGNE, Mia. *Statistiques sur les tribunaux de la jeunesse au Canada, 2011-2012*, Ottawa, Statistique Canada, 2013 [statcan.gc.ca/pub/85-002-x/2013001/article/11803-fra.pdf] (25 avril 2014).

DAVID, Gilles. « Les questions d'un bénévole », *Porte ouverte*, Association des services de réhabilitation sociale du Québec, vol. XXV, n° 3, 2013, p. 15.

DEBUYST, Christian. « Les savoirs psychiatriques sur le crime », *Histoire des savoirs sur le crime et la peine*, Bruxelles, De Boeck/Éditions Larcier, vol. 1, 2008, p. 229-314.

« Les paradigmes du droit pénal et les criminologies cliniques », *Criminologie*, vol. XXV, n° 2, 1992, p. 49-72.

« Le concept de dangerosité et un de ses éléments constitutifs : la personnalité (criminelle) », *Déviance et Société*, vol. 1, n° 4, 1977, p. 363-387.

De HAAN, Willem. « Redresser les torts : l'abolitionnisme et le contrôle de la criminalité », *Criminologie*, vol. 25, n° 2 , 1992, p. 115-137.

DELL, Colleen Anne, Catherine J. FILLMORE et Jennifer M. KILTY. « Looking back 10 Years after the Arbour Inquiry, Ideology, Policy, Practice, and the Federal Female Prisoner », *The Prison Journal*, vol. 89, n° 3, 2009, p. 286-308.

De PIERREBOURG, Fabrice, et Michel JUNEAU-KATSUYA. *Ces espions venus d'ailleurs, Enquêtes sur les activités d'espionnage au Canada*, Montréal, Stanké, 2009.

DIEU, François. « Manifestation et maintien de l'ordre », *Traité de sécurité intérieure*, Montréal, Éditions Hurtubise, 2007, p. 612-624.

DIGNEFFE, Françoise. « Problèmes sociaux et représentations du crime et du criminel », *Histoire des·savoirs sur le crime et la peine*, Bruxelles, De Boeck/Éditions Larcier, vol. 1, 2008, p. 147-228.

DIXON, David. « Beyond zero tolerance », *Mapping the boundaries of Australia's criminal justice system*, *Proceedings of the Australian Institute of Criminology's*, Canberra, Third National Outlook Symposium on Crime in Australia, 22-23 mars 1999 [aic.gov.au/media_library/conferences/outlook99/dixon.pdf] (22 janvier 2013).

DOMINIQUE-LEGAULT, Pascal. *Le projet de loi antiterroriste canadien : gouvernance sécuritaire et droits de l'homme*, Thèse de maîtrise, Ottawa, Université d'Ottawa, Département de criminologie, 2009.

DOOB, Anthony N. « Principes de détermination de la peine, politiques publiques et modération en matière de recours à l'incarcération : la rupture du Canada avec son histoire », *Champ pénal/Penal field*, vol. IX, 2012 [champpenal.revues.org/8327] (4 octobre 2012).

« Transforming the punishment environment : Understanding public views of what should be accomplished at sentencing », *Revue canadienne de criminologie*, vol. 42, 2000, p. 323-340.

DOYON, Félix-Antoine. « Le certificat de sécurité toujours contraire à la Charte : étude de la norme de preuve du régime de détention applicable », *Revue de droit d'Ottawa*, vol. 43, n° 2, 2012, p. 269-303.

DOZOIS, Jean, Michèle LALONDE et Jean POUPART. « Dangerosité et pratique criminologique en milieu adulte », *Criminologie*, vol. 17, n° 2, 1984, p. 25-51.

DUBÉ, Richard. « La théorie de la dissuasion remise en question par la rationalité du risque », *Canadian Journal of Law and Society*, vol. 27, n° 1, 2012, p. 1-29.

« Éléments de théorie sur les commissions de réforme du droit et l'innovation cognitive en matière de justice pénale : contributions conceptuelles de Michel Foucault et de Niklas Luhmann », Séminaire Innovations Pénales, *Champ pénal/Penal field*, 2007 [champpenal.revues.org/694] (17 août 2012).

DUBÉ, Richard, Margarida GARCIA et Maíra ROCHA MACHADO (dir.). *La rationalité pénale moderne : réflexions théoriques et explorations empiriques*, Ottawa, Les presses de l'Université d'Ottawa, 2013.

DUBÉ, Yves, avec la collaboration de Line Beauchesne. *Désarmer la police ? Un débat qui n'a pas eu lieu*, Montréal, Éditions du Méridien, 1993.

DUCHESNEAU, Jacques. *Les réalités du stress en milieu policier – Une étude effectuée au Service de police de la Communauté urbaine de Montréal*, Mémoire, École nationale d'administration publique, Montréal, 1988.

DUGAS, Andrée. *Sentencing Aboriginal Offenders : A Study of Court of Appeal Decisions in Light of Section 718.2(3) of the Canadian Criminal Code*, Ottawa, 2013 [hdl.handle.net/10393/23793] (23 mars 2014).

DUNN, Sara. « Les policiers tués dans l'exercice de leurs fonctions, 1961 à 2009 », Ottawa, *Juristat*, Statistique Canada, 2010 [statcan.gc.ca/pub/85-002-x/2010003/article/11354-fra.htm] (10 octobre 2013).

DUPONT, Benoît. « La gouvernance et la sécurité », *Traité de sécurité intérieure*, Montréal, Éditions Hurtubise, 2007, p. 67-80.

« Technologie, défense nationale et sécurité intérieure : un ménage à trois dysfonctionnel », *La militarisation des appareils policiers*, Québec, Les presses de l'Université Laval, 2005, p. 135-156.

DUPUIS, Diane, et Mary Bess KELLY. *L'aide juridique au Canada, 2012-2013*, Ottawa, Statistique Canada, Publication 85-002-x, 2014 [statcan.gc.ca/pub/85-002-x/2014001/article/11910-fra.htm] (11 mai 2014).

EMPLOI et DÉVELOPPEMENT SOCIAL CANADA. *Travail – Taux de chômage*, Ottawa, 2012 [www4.hrsdc.gc.ca/.3ndic.1t.4r@-fra.jsp?iid=16] (13 février 2014).

ERICSON, Richard V. « Ten Uncertainties of Risk-Management Approaches to Security », *Canadian Journal of Criminology and Criminal Justice*, vol. 48, n° 3, 2006, p. 345-357.

(dir.) *Crime and the media*, Aldershot, Darmouth, 1995.

« The Police as Reproducers of Order », *Understanding Policing*, Toronto, Canadian Scholars Press, 1992, p. 163-208.

Reproducing Order : A study of Police Patrol Work, Toronto, University of Toronto Press, 1982.

FAITH, Karlène. « Femmes et enfermement au Canada : une décennie de réformes », *Criminologie*, vol. 35, n° 2, 2002, p. 115-134.

FELICES-LUNA, Maritza. « Rethinking Criminology (ies) through the Inclusion of Political violence and Armed Conflict as Legitimate Objects of Inquiry », *Canadian Journal of Criminology and Criminal Justice*, vol. 52, n° 3, 2010, p. 249-269.

FENWICK, Helen, et Gavin PHILLIPSON. « Covert derogations and judicial deference : redefining liberty and due process rights in counterterrorism law and beyond », *McGill Law Journal*, vol. 56, n° 4, 2011, p. 863-915.

FORCESE, Dennis. *Policing Canadian Society*, Ontario, Prentice-Hall Canada, 1999.

FORCESE, Dennis, et Nancy LEWIS-HORNE. « Managing Information », *Police : selected issues in Canadian Law enforcement*, Ottawa, The Golden Dog Press, 2002, p. 45-61.

FOUCAULT, Michel. *Surveiller et punir*, Paris, Gallimard, 1975.

« L'évolution de la notion d'"individu dangereux" dans la psychiatrie légale », *Déviance et Société*, vol. 5, n° 4, 1981, p. 403-422.

FRIGON, Sylvie. « La création de choix pour les femmes incarcérées : sur les traces du groupe d'étude sur les femmes purgeant une peine fédérale et de ses conséquences », *Criminologie*, vol. 35, n° 2, 2002, p. 9-30.

GARCEAU, Marie-Luce. « La détention provisoire : une mesure discriminatoire », Montréal, Université de Montréal, Centre international de criminologie comparée, *Les cahiers du GRAPP*, n° 5, 1990.

GARTNER, Rosemary, Cheryl Marie WEBSTER et Anthony DOOB. « Trends in the Imprisonment of Women in Canada », *Canadian Journal of Criminology and Criminal Justice*, vol. 51, n° 2, 2009, p. 169-198.

GERVAIS, Christine. « Prévention, Criminology and Governmentality Reconsidered », *Droits et voix : la criminologie à l'Université d'Ottawa* (dir. Véronique Strimelle et Françoise Vanhamme), Ottawa, Les presses de l'Université d'Ottawa, 2010, p. 81-100.

GILMOUR, Stan. « Why we trussed the police : police governance and the problem of trust », *International Journal of Police Science and Management*, vol. 10, n° 1, 2008, p. 51-64.

GORDON, Todd. *Cops, Crime and Capitalism, The Law and Order Agenda in Canada*, Halifax, Fernwood Publishing, 2006.

GRAVEL, Sylvie. « La négociation de plaidoyers de culpabilité : une pratique hétérogène », *Criminologie*, vol. 24, n° 2, 1991, p. 5-29.

GRENIER, Michel. *La détention à des fins d'enquête en droit criminel canadien et son impact sur les droits constitutionnels*, Thèse de maîtrise, Montréal, Université de Montréal, Faculté de droit, 2008 [https://papyrus.bib.umontreal.ca/xmlui/handle/1866/3528] (13 octobre 2012).

GROVER, Sonja. « Canada's refusal to repatriate a Canadian citizen from Guantanamo Bay as a violation of the Humanitarian Values underlying the Principle of Non-refoulement : a Reanalysis of Omar Ahmed Khadr vThe Prime Minister of Canada », *High Court Quarterly Review*, vol. 5, n° 2, 2009, p. 42-46.

HALL, Peter Timothy. « Policing order : assessments of effectiveness and efficiency », *Policing and Society*, vol. 8, n° 3, 1998, p. 225-252.

HODGSON, James F. « Police violence in Canada and the USA : analysis and management », *International Journal of Police Strategies and Management*, vol. 24, n° 4, 2001, p. 520-549.

HOME OFFICE. *Code of Practice on Police Use of Firearms and Less Lethal Weapons*, 2003 [goo.gl/2pSCW2] (21 février 2014).

HOTTON MAHONY, Tina. *Les femmes et le système de justice pénale*, Ottawa, Statistique Canada, 2013 [statcan.gc.ca/pub/89-503-x/2010001/article/11416-fra.htm] (12 mai 2014).

HUDSON, Graham. « The administration of Justice ? Certificate Proceedings, Charkaoui, and the Value of Disclosure, Canada », *Alberta Law Review*, vol. 48, n° 1, 2010, p. 195-214.

« A Delicate Balance : Re Charkaoui and the Constitutional Dimensions of Disclosure », *Constitutional Forum constitutionnel*, vol. 18, n° 3, 2010, p. 129-138.

HUTCHINS, Hope. *Les ressources policières au Canada*, 2013, Ottawa, Statistique Canada, 2014 [statcan.gc.ca/pub/85-002-x/2014001/article/11914-fra.htm] (1 mai 2014).

HULSMAN, Louk, et Jacqueline BERNAT DE CÉLIS. *Peines perdues : le système pénal en question*, Paris, Le Centurion, 1982.

HUYGHE, François-Bernard. « La cyberguerre et ses frontières », *Cyberguerre et guerre de l'information : stratégies, règles, enjeux* (dir. Daniel Ventre), Paris, Éditions Lavoisier, 2010, p. 23-58.

INSTITUT CANADIEN D'INFORMATION SUR LA SANTÉ. *Santé mentale et itinérance*, Ottawa, 2008 [https://secure.cihi.ca/free_products/mental_health_report_aug22_2007_f.pdf] (17 mai 2014).

Santé mentale, délinquance et activité criminelle, Ottawa, 2008. [cmha.ca/fr/public_policy/ameliorer-la-sante-des-canadiens-sante-mentale-delinquance-et-activite-criminelle] (17 mai 2014)

JACCOUD, Mylène. « Innovations pénales et justice réparatrice », *Champ Pénal/Penal Field*, Séminaire Innovations Pénales, 2008 [champpenal.revues.org/1269] (19 mai 2014).

« Les cercles de guérison et les cercles de sentence autochtones au Canada », *Criminologie*, vol. 32, n° 1, 1999, p. 79-105.

Justice blanche au Nunavik, Montréal, Éditions du Méridien, 1995.

JAIMES, Annie, Anne CROCKER, Évelyne BÉDARD et Daniel L. AMBROSINI. « Les tribunaux de santé mentale : déjudiciarisation et jurisprudence thérapeutique », *Santé mentale au Québec*, vol. 34, n° 2, 2009, p. 171-197.

JENDLY, Manon. « Performance, transparence et accountability : une équation (dé) responsabilisante des professionnels exerçant en prison », *Déviance et Société*, vol. 36, n° 3, 2012, p. 243-262.

JOBARD, Fabien. « La militarisation du maintien de l'ordre, entre sociologie et histoire », *Déviance et Société*, vol. 32, n° 1, 2008, p. 101-109.

« L'usage de la force par la police », *Traité de sécurité intérieure*, Montréal, Éditions Hurtubise, 2007, p. 530-540.

JOHNSON, Holly, et Myrna DAWSON. *Violence Against Women in Canada : Research and Policy Perspectives*, Toronto, Oxford University Press, 2011.

JOHNSON, Sara. « La détention provisoire au Canada, 1986-1987 à 2000-2001 », *Juristat*, Ottawa, Statistique Canada, vol. 23, n° 7, 2003 [statcan.gc.ca/pub/85-002-x/85-002-x2003007-fra.pdf] (13 octobre 2012).

KAISER, H. Archibald. « Lois en matière de santé mentale au Canada : reconnaître et rectifier une situation problématique », *Santé mentale au Québec*, vol. 34, n° 2, 2009, p. 75-91.

KELLING, George L. et Mark H. MOORE. « The evolving strategy of policing », *Perspectives on Policing*, vol. 4, 1988, p. 1-15.

KEMPA, Michael. « Policing Communal Spaces : A reconfiguration of the "Mass Private Property" Hypothesis », *British Journal of Criminology*, vol. 44, n° 4, 2004, p. 562-581.

KENDALL, Kathleen. « Criminal lunatic women in 19th century Canada », *Forum on Corrections Research*, vol. 11, n° 3, 1999, p. 46-49.

KERR, Ian; Valerie STEEVES et Carole LUCOCK (dir.). *Privacy, Identity and Anonymity in a Network World : Lessons from the Identity Trail*, New York, Oxford University Press, 2009.

KILTY, Jennifer M. « "It's like they don't want you to get better" » : Psy control of women in the carceral context », *Feminism and Psychology*, vol. 22, n° 2, 2012, p. 162-182.

KONG, Rebecca, et Kathy AUCOIN. « Les contrevenantes au Canada », *Juristat*, Ottawa, Statistique Canada, n° 85-002-XIF au catalogue, vol. 28, n° 1, 2008 [stat.can.gc.ca].

KUTCHINSKY, Berl. « Aspects sociologiques de la déviance et de la criminalité, aperçu des recherches empiriques », *La perception de la déviance et de la criminalité*, Stratsbourg , Conseil de l'Europe, Rapport, vol. 9, 1972.

LANDAU, Susan. « Making Sense from Snowden : What's Significant in the NSA Surveillance Revelations », *IEEE Security and Privacy*, vol. 11, n° 4, 2013, p. 54-63.

LALANDE, Pierre. « Les services de probation au Québec », *Transnational Criminology Manual* (dir. Martine Herzog-Evans), Nijmegen, Pays-Bas, Wolf Legal Publishers, vol. 3, 2010 [securitepublique.gouv.qc.ca/fileadmin/Documents/services_correctionnels/depliants/services_probation_quebec.pdf] (25 juillet 2013).

« Comment devient-on « réaliste » ? Une étude sur la trajectoire mentale des agents de probation », *Déviance et Société*, vol. 14, n° 1, 1990, p. 17-38.

LAMARCHE, Pierre. « The Impact of Increasing the Number of Off-Premise Outlets of Alcohol on Per Capita Consumption : the Quebec Experience », Montréal, Université de Montréal, *Revue du GRAPP*, 1987.

LANDREVILLE, Pierre. « Évolution théorique en criminologie : l'histoire d'un cheminement », *Criminologie*, vol. 19, n° 1, 1986, p. 11-31.

« La récidive dans l'évaluation des mesures pénales », *Déviance et Société*, vol. 6, n° 4, 1982, p. 375-388.

« Finalités et fonctions du système de justice pénale : quelques réflexions », *Philosophie et droit*, Montréal, Bellarmin, 1979, p. 191-208.

LANDREVILLE, Pierre, et Danielle LABERGE. « La gestion des comportements-problèmes par la police : réflexions à partir des données d'une recherche », *Politique, police et justice au bord du futur*, Montréal, L'Harmattan, 1998, p. 95-106.

LARSEN, Mike, et Justin PICHÉ. « Public Vigilance Campaigns and Public Participatory Surveillance after 11 Septembre 2001 », *Surveillance : Power, Problems, and Politics* (dir. Sean Hier et Joshua Greengerg), Vancouver, University of British Columbia Press, 2009, p. 187-202.

LAVOIE, Marie-Christine. *Incarcération : la seule solution ? Un aperçu des alternatives à l'incarcération,* Groupe de défense des détenuEs de Québec, 2007 [alterjustice.org/doc/alternatives_incareration.pdf] (23 octobre 2012).

LECLERC, Chloé. « Explorer et comprendre l'insatisfaction du public face à la "clémence" des tribunaux. Une analyse du cas canadien », *Champ pénal/Penal field,* vol. IX, 2012 [champpenal.revues.org/8246] (30 octobre 2012).

LEFÉBURE, Antoine. *L'affaire Snowden, Comment les États-Unis espionnent le monde,* Paris, La Découverte, 2014.

LEFEBVRE, Stéphane. « Canada's Legal Framework for Intelligence », *International Journal of Intelligence and CounterIntelligence,* vol. 23, n° 2, 2010, p. 247-295.

Le GOFF, Jacques. « Au Moyen Âge : temps de l'Église et temps du marchand », *Annales, Économies, Sociétés, Civilisations,* vol. 15, n° 3, 1960, p. 417-433.

LEHALLE, Sandra. *La prison sous l'œil de la société ? Contrôle du respect de l'État de droit en détention en France et au Canada,* Paris, L'Harmattan, 2013.

LEHALLE, Sandra. « La torture : un cas d'école de la tension difficile entre universalisme et relativisme », *Monde Commun,* vol. 1, n° 2, 2009, p. 3-21 [mondecommun.com/uploads/PDF/Lehalle.pdf] (19 juillet 2013).

LEHALLE, Sandra, Pierre LANDREVILLE et Mathieu CHAREST. « L'emprisonnement avec sursis au Québec : impact de l'arrêt Proulx », *Revue canadienne de criminologie et de justice pénale,* vol. 51, n° 3, 2009, p. 277-302.

LEISHMAN, Frank, et Paul MASON. *Policing and the Media, Facts, fictions and factions,* États-Unis/Canada, Willan Publishing, 2003.

LEMIRE, Guy, Sylvie DURAND et Johanne VALLÉE. « La libération conditionnelle à l'heure des règlements de comptes », *Le Devoir,* 6 février 2000, Lettres ouvertes. [societecrimino.qc.ca/lettres/lettres-liberation-conditionnelle-heure-reglements-compte.php] (22 octobre 2012)

LEMIRE, Guy, Pierre NOREAU et Claudine LANGLOIS. *Le pénal en action. Le point de vue des acteurs,* Québec, Les presses de l'Université Laval, 2004.

LIDDELL, Éliane. « Représentativité et impartialité aux États-Unis. L'exemple de la sélection des jurys de procès », *Revue de recherche en civilisation américaine,* 2009 [rrca.revues.org/index255.html] (13 août 2012).

LITHOPOULOS, Savvas. *Étude comparative des modèles de police des Indigènes au Canada, aux États-Unis, en Australie et en Nouvelle Zélande,* Ottawa, Sécurité publique Canada, 2008 [securitepublique.gc.ca/cnt/rsrcs/pblctns/cmprsn-ndgns-plcng/index-fra.aspx] (5 octobre 2012).

LUSKIN, Mary Lee. « More of the Same ? Treatment in mental health courts », *Law and Human Behavior,* vol. 37, n° 4, 2013, p. 255-266.

LYON, David. « Airport Screening, Surveillance, and Social Sorting : Canadian Responses to 9/11 in Context », *Canadian Journal of Criminology and Criminal Justice*, vol. 48, n° 3, 2006, p. 397-411.

MANNING, Peter K. « Technology's ways : information technology, crime analysis and the rationalizing of policing », *Criminal Justice*, vol. 1, n° 1, 2009, p. 83-103.

Policing Contingencies, Chicago, The University of Chicago Press, 2003.

MARIN, André. *Le sabordage de la surveillance*, Ontario, Ombudsman de l'Ontario, 2011 [ombudsman.on.ca/Files/sitemedia/Documents/Investigations/SORT%20 Investigations/SIU2-Final-FR-with-covers.pdf] (20 octobre 2012).

Surveillance de la police : Une surveillance imperceptible, L'Unité des enquêtes spéciales (UES), Ontario, Ombudsman de l'Ontario, 2008 [ombudsman.on.ca/Investigations/ SORT-Investigations/Completed/Oversight-of-police---em-Oversight-Unseen--em-.aspx] (20 octobre 2012).

MARTEL, Joane. « Les femmes et l'isolement cellulaire au Canada : un défi de l'esprit sur la matière », *Canadian Journal of Criminology and Criminal Justice*, vol. 48, n° 5, 2006, p. 781-801.

MARTEL, Joane, Renée BRASSARD et Mylène JACCOUD. « When two Worlds Collide : Aboriginal Risk Management in Canadian Corrections », *The British Journal of Criminology*, vol. 51, n° 2, 2011, p. 235-255.

MARTIN, Dric, Monique FICHELET et Raymond FICHELET. « Si la violence existe, discours du violent », *Déviance et Société*, vol. 1, n° 3, 1977, p. 291-308.

MARY, Philippe. « La critique de la critique : un fondement problématique de l'innovation pénale », *Champ pénal/Penal Field*, Publications des actes du Séminaire Innovations Pénales, tenu du 28 au 30 septembre 2007 [champpenal.revues.org/2691] (24 avril 2014).

MAWBY, Rob C. *Policing Images, Policing, communication and legitimacy*, États-Unis/ Canada, Willan Publishing, 2002.

McLAUGHLIN, Eugene. *The New Policing*, London/California, SAGE Publications, 2007.

MÉGIE, Antoine. « Surveillance et procédures pénales : l'affirmation d'un pouvoir judiciaire proactif », *Sphères de surveillance* (dir. Stéphane Leman-Langlois), Montréal, Les presses de l'Université de Montréal, 2011, p. 79-100.

MENDES, Eppol P. « Dismantling the Clash between the Prerogative Power to Conduct Foreign Affairs and the Charter in Prime Minister of Canada et al v. Omar Khadr », *National Journal of Constitutional Law*, vol. 26, n° 1, 2009, p. 67-83.

MILGRAM, Stanley. *Soumission à l'autorité : un point de vue expérimental*, Paris, Calmann-Lévy, 1974.

MINISTÈRE DE LA JUSTICE DU CANADA (MJC). *Rapport final sur l'examen prioritaire des dossiers du comité directeur sur l'efficacité et l'accès en matière de justice*, Ottawa, Comité directeur, 2012 [justice.gc.ca/fra/pr-rp/sjc-csj/cde-esc/epd-ecc/ tdm-toc.html] (26 octobre 2012).

MINISTÈRE DE LA SÉCURITÉ COMMUNAUTAIRE ET DES SERVICES CORRECTIONNELS (MSCSC). *Services correctionnels communautaires*, Ontario, MSCSC, 2009 [mcscs.jus.gov.on.ca/french/corr_serv/comm_corr/probation/probation_fr.html] (1ᵉʳ novembre 2012).

MONCHALIN, Lisa. « Pourquoi pas la prévention du crime? Une perspective canadienne », *Criminologie*, vol. 42, nº 1, 2009, p. 115-142.

MONJARDET, Dominique. *Ce que fait la police*, Paris, La Découverte, 1996.

MORRIS, Nancy et Dennis FORCESE. « Origins of Community Policing », *Police : selected issues in Canadian Law enforcement*, Ottawa, The Golden Dog Press, 2002, p. 16-22.

MORTON BOURGON, Kelly E. et Diana GRECH. *Le crédit de détention provisoire : Données de cinq tribunaux canadiens*, Ministère de la justice du Canada, 2010 [parl.gc.ca/Content/Sen/Chamber/411/Debates/app/030db_app-f.pdf] (14 octobre 2012).

MUNN, Melissa, et Chris BRUCKERT. *On the Outside*, Vancouver, UBC Press, 2013.

NADEAU, Louise. « L'Amérique en guerre des dépendances », *Autrement*, coll. « Mutations », nº 106, 1989, p. 123-130.

NATALIE, Daniel Joseph. « No longer secret : Overcoming the state secrets doctrine to explore meaningful remedies for victims of extraordinary rendition », *Case Western Reserve Law Review*, vol. 62, nº 4, 2012, p. 1237-1283.

NIEDERHOFFER, Arthur. *Behind the Shield : The Police in Urban Society*, New York, Doubleday, 1967.

ORGANISATION MONDIALE DE LA SANTÉ. *La santé mentale : renforcer notre action, Aide-mémoire*, n° 220, avril 2014 [who.int/mediacentre/factsheets/fs220/fr/] (28 janvier 2014).

PARENT, Colette. « La contribution féministe à l'étude de la déviance en criminologie », *Criminologie*, vol. 25, nº 2, 1992, p. 73-91.

PARENT, Colette, Chris BRUCKERT, Patrice CORRIVEAU, Maria Nengeh MENSAH et Louise TOUPIN. *Mais oui c'est un travail!, Penser le travail du sexe au-delà de la victimisation*, Montréal, Les presses de l'Université du Québec, 2010.

PARENT, Georges-André. *Policiers : danger ou en danger?* Montréal, Éditions du Méridien, 1993.

« Les médias : source de victimisation », *Criminologie*, vol. 23, nº 2, 1990, p. 47-71.

« Presse et corps policiers : complicité et conflit », *Criminologie*, vol. 20, nº 1, 1987, p. 99-120.

PARK, Augustine S.J. « Constituting Omar Khadr : Cultural Racism, Childhood, and Citizenship », *International Political Sociology*, vol. 8, nº 1, 2014, p. 43-62.

PARKES, Debra, et Kim PATE. « Time for Accountability : Effective Oversight of Women's Prisons », *Canadian Journal of Criminology and Criminal Justice*, vol. 48, nº 2, 2006, p. 251-285.

PELLETIER, Gérald. « Le Code criminel canadien, 1892-1939 : le contrôle des armes à feu », *Crime, Histoire & Sociétés/Crime, History & Societies*, vol. 6, n° 2, 2002, p. 51-79.

PERREAULT, Samuel. *Les admissions dans les services correctionnels pour adultes au Canada, 2011-2012*, Ottawa, Statistique Canada, 2014 [statcan.gc.ca/pub/85-002-x/2014001/article/11918-fra.htm] (28 avril 2014).

Les admissions dans les services correctionnels pour les jeunes au Canada 2011-2012, Ottawa, Statistique Canada, 2014 [statcan.gc.ca/pub/85-002-x/2014001/article/11917-fra.htm] (28 avril 2014).

La victimisation avec violence chez les Autochtones dans les provinces canadiennes, 2009, Ottawa, Statistique Canada, 2011 [statcan.gc.ca/pub/85-002-x/2011001/article/11415-fra.htm] (22 février 2014).

PERRIER, David C. « Le professionnalisme dans les fonctions policières », *Journal du Collège canadien de police*, vol. 2, n° 2, 1978, p. 237-243.

PICHÉ, Justin, et Mike LARSEN. « The moving targets of penal abolitionism : ICOPA, past, present and future», *Contemporary Justice Review*, vol. 13, n° 4, 2010, p. 391-410.

PICCINATO, Milica Potrebic. *La reconnaissance préalable de culpabilité*, Ottawa, Canada, Ministère de la Justice, 2004 [justice.gc.ca/fra/apd-abt/gci-icg/rpc-pb/tdm-toc.html] (4 mai 2014).

PIETERSE, Jan Nederveen. « Leaking Superpower : WikiLeaks and the contradictions of democracy », *Third World Quarterly*, vol. 33, n° 10, 2012, p. 1909-1924.

PIRES, Alvaro. « Réflexions théoriques et méthodologiques sur les transferts des valeurs : Le cas du droit criminel », *Transfert, Exploration d'un champ conceptuel* (dir. Pascal Gin, Nicolas Goyer et Walter Moser), Ottawa, Les presses de l'Université d'Ottawa, 2014, 41 pages.

« Postface », *La rationalité pénale moderne, Réflexions théoriques et explorations empiriques*, Ottawa, Les presses de l'Université d'Ottawa, 2013, p. 289-324.

« Les peines radicales : Construction et "invisibilisation" d'un paradoxe, Introduction à l'ouvrage d'Italo Mereu », *La mort comme peine. Essai sur la violence légale*, Bruxelles, Éditions Larcier, 2012, p. 7-47.

« Partie 1. – La formation de la rationalité pénale moderne au XVIIIᵉ siècle », *Histoire des savoirs sur le crime et la peine* (dir. C. Debuyst, F. Digneffe et A. P. Pires), Bruxelles, De Boeck/Éditions Larcier, vol. 2, 2008, p. 21-254.

« La criminologie d'hier et d'aujourd'hui », *Histoire des savoirs sur le crime et la peine* (dir. de C. Debuyst, F. Digneffe, J-M Labadie et A.P. Pires), Bruxelles, De Boeck/Éditions Larcier, vol. 1, 2008, p. 15-72.

PIRES, Alvaro, Pierre LANDREVILLE et Victor BLANKEVOORT. «Système pénal et trajectoire sociale», *Déviance et Société*, vol. 5, n° 4, 1981, p. 319-346.

POIRIER, Robert. « La négociation des sentences du point de vue des avocats de la défense », *Criminologie*, vol. 20, n° 2, 1987, p. 57-68.

POUPART, Jean, Jean DOZOIS et Michèle LALONDE. « L'expertise de dangerosité », *Criminologie*, vol. 15, nᵒ 2, 1982, p. 7-25.

PORTER, Lindsay, et Donna CALVERLEY. « Tendances de l'utilisation de la détention provisoire au Canada », *Juristat*, Ottawa, Statistique Canada, 2011 [statcan.gc.ca/pub/85-002-x/2011001/article/11440-fra.htm] (13 octobre 2012).

PROTECTEUR DU CITOYEN. *Pour un processus crédible, transparent et impartial qui inspire confiance et respect, Rapport spécial sur la procédure d'enquête appliqué au Québec lors d'incidents impliquant des policiers*, Québec, Assemblée nationale, février 2010 [goo.gl/CrBDcO] (20 octobre 2012).

PROULX, Serge, Mélanie MILLETTE et Lorna HEATON (dir.), *Médias sociaux : enjeux pour la communication*, Québec, Les presses de l'Université du Québec, 2012.

PROULX, Serge. « L'irruption des médias sociaux : enjeux éthiques et politiques », *Médias sociaux : enjeux pour la communication*, Québec, Les presses de l'Université du Québec, 2012, p. 9-31.

QUIRION, Bastien. « Réformer, réadapter ou responsabiliser le détenu. Analyse des enjeux normatifs rattachés à l'intervention correctionnelle au Canada », *Déviance et Société*, vol. 36, nᵒ 3, 2012, p. 339-355.

« Le détenu autonome et responsable : la nouvelle cible de l'intervention correctionnelle au Canada », *Revue de droit pénal et de criminologie*, nᵒ 7, 2009, p. 818-835.

« Traiter les délinquants ou contrôler les conduites : le dispositif thérapeutique à l'ère de la nouvelle pénologie », *Criminologie*, vol. 39, nᵒ 2, 2006, p. 137-164.

QUIRION, Bastien, Manon JENDLY et Marion VACHERET. « Le système pénal et la (dé)responsabilisation des acteurs », *Déviance et Société*, vol. 36, nᵒ 3, 2012, p. 235-241.

RAMSAY, Malcolm. « L'évolution du concept de crime. L'étude d'un tournant : l'Angleterre de la fin du dix-huitième siècle », *Déviance et Société*, vol. 3, nᵒ 2, 1979, p. 131-147.

RADIO-CANADA. « Stephen Harper veut resserrer les critères de non-responsabilité criminelle », 2013 [ici.radio-canada.ca/nouvelles/societe/2013/02/08/001-justice-code-criminel-responsabilite-crime.shtml] (29 juin 2013).

READING, Charlotte L., et Fred WIEN. *Inégalités en matière de santé et déterminants sociaux de la santé des peuples autochtones*, Centre de collaboration nationale de la santé autochtone, Colombie-Britannique, 2009 [goo.gl/qGWt0o] (22 mars 2014).

RICO, José. « Commissions d'enquête sur la justice pénale au Canada », *Acta Criminologica*, vol. 4, nᵒ 1, p. 209-219.

RIORDAN, Tim. « Maladie mentale, itinérance et système de justice pénale au Canada », *Division des affaires politiques et sociales*, Ottawa, Parlement du Canada, 1-14, 2004 [parl.gc.ca/content/lop/researchpublications/prb0402-f.htm] (29 juin 2013).

ROACH, Kent. « The Supreme Court at the Bar of Politics : The Afghan Detainee and Omar Khadr Cases », *National Journal of Constitutional Law*, vol. 28, nᵒ 1, 2010, p. 115-155.

ROBERT, Dominique, Sylvie FRIGON et René BELZILE. « Women, the embodiment of health and carceral space », *International Journal of Prisoner Health*, vol. 3, n° 3, 2007, p. 176-188.

ROBERT, Philippe. *Entre l'ordre et la liberté : la détention provisoire : deux siècles de débats*, Paris, L'Harmattan, 1992.

ROBERTS, Julian V., Nicole CRUTCHER et Paul VERBRUGGE. « Public attitudes to sentencing in Canada : Exploring recent findings », *Canadian Journal of Criminology and Criminal Justice*, vol. 49, n° 1, 2007, p. 75-107.

ROBICHAUD, Lyne. *Gérer l'ingérable : la surveillance comme nouveau paradigme du discours de la société américaine du risque*, Thèse de maîtrise, Ottawa, Université d'Ottawa, Faculté des Sciences sociales, École d'études politiques, 2013.

ROSEN, Philip. *Le Centre de la sécurité des télécommunications – L'organisme de renseignement le plus secret du Canada*, Ottawa, Gouvernement du Canada, 1993 [dsp-psd. pwgsc.gc.ca/Collection-R/LoPBdP/BP/bp343-f.htm] (19 juillet 2013).

RYAN, Daniel. « International law and laws of war and international criminal law – prosecution of child soldiers – United States v. Omar Ahmed Khadr », *Suffolk Transnational Law Review*, vol. 33, n° 1, 2010 [suffolk.edu/law/student-life/16963.php] (18 janvier 2014).

SASSOLI, Marco, et Marie-Louise TOUGAS. « International Law Issues Raised by the Transfer of Detainees by Canadian Forces in Afghanistan », *McGill Law Journal*, vol. 56, n° 4, 2011, p. 959-1010.

SCHNEIDER, Richard D., Hy BLOOM et Mark HEEREMA. *Mental Health Courts, Decriminalizing the Mentally Ill*, Toronto, Irwin Law, 2006.

SÉCURITÉ PUBLIQUE CANADA. *Stratégie nationale pour la prévention du crime*, Ottawa, 2014 [securitepublique.gc.ca/cnt/cntrng-crm/crm-prvntn/strtg-fra.aspx] (19 mai 2014).

Aperçu statistique : Le système correctionnel et la mise en liberté sous condition, Ottawa, ISSN 1713-1081, 2013 [securitepublique.gc.ca/cnt/rsrcs/pblctns/2012-ccrs/index-fra.aspx] (22 avril 2014).

Marginalisées : L'expérience des femmes autochtones au sein des services correctionnels fédéraux, Ottawa, 2012. [securitepublique.gc.ca/cnt/rsrcs/pblctns/mrgnlzd/index-fra.aspx] (16 mars 2014)

Pratiques exemplaires de travail auprès des jeunes délinquants multirécidivistes au Canada, Rapport sommaire, 2010 [securitepublique.gc.ca/cnt/rsrcs/pblctns/prstnt-ffndrs/index-fra.aspx] (25 juillet 2013).

Évaluation de 2009-2010 du Programme des services de police des Premières nations, 2010 [securitepublique.gc.ca/cnt/rsrcs/pblctns/vltn-frst-ntns-plcng-2009-10/index-fra.aspx] (6 octobre 2012).

Aperçu statistique : Le système correctionnel et la mise en liberté sous condition, 2009 [securitepublique.gc.ca/cnt/rsrcs/pblctns/2012-ccrs/index-fra.aspx] (29 octobre 2012).

SERVICE CORRECTIONNEL DU CANADA (SCC). *Le taux de récidive détaillé*, Ottawa, Direction de la recherche et des statistiques, SCC, 2012 [csc-scc.gc.ca/research/r192-fra.shtml] (2 octobre 2012).

Délinquants purgeant une peine de ressort fédéral atteints de troubles mentaux : résultats correctionnels et intervention correctionnelle, Ottawa, SCC, 2012 [csc-scc.gc.ca/recherche/005008-0268-fra.shtml] (17 mai 2014).

La fermeture de la prison des femmes de Kingston, le 6 juillet 2000, 2008 [csc-scc.gc.ca/text/pblct/brochurep4w/2-fra.shtml] (27 octobre 2012).

Taux de récidive des délinquantes, Ottawa, SCC, 2008. [csc-scc.gc.ca/text/rsrch/smmrs/rg/rg-r192/rg-r192-fra.shtml] (22 octobre 2012)

La création de choix : rapport du groupe d'étude sur les femmes purgeant une peine fédérale, Ottawa, Ministère des Approvisionnements et Services, 1990.

SERVICE DES POURSUITES PÉNALES DU CANADA. *Négociations de plaidoyer et de peine et pourparlers de règlement, Le service fédéral des poursuites, Guide*, chap. 20, Canada, 2008 [ppsc-sppc.gc.ca/fra/pub/sfpg-fpsd/sfp-fps/fpd/ch20.html] (24 octobre 2012).

SHAW, Margaret, et Kelly HANNAH-MOFFAT. « La contrainte des choix : un regard rétrospectif », *Criminologie*, vol. 35, n° 2, 2002, p. 53-72.

SHEARING, Clifford D. « Subterranean Processes in the Maintenance of Power : An Examination of the Mechanisms Coordinating Police Action », *The Canadian Review of Sociology*, vol. 18, n° 3, 1981, p. 283-298.

SIEGEL, Ronald. *Intoxication : Life in Pursuit of Artificial Paradise*, Washington, D.C. Dutton, 1989.

SINHA, Maire. *Vue d'ensemble des questions – La santé mentale et le système de justice pénale*, Ottawa, Statistique Canada, 85-561-M, n° 16, 1-17, 2009 [statcan.gc.ca/pub/85-561-m/2009016/section-a-fra.htm] (29 juin 2013).

SLINGENEYER, Thibaut. « La nouvelle pénologie, une grille d'analyse des transformations des discours, des techniques et des objectifs dans la pénalité », *Champ pénal/Penal field*, vol. IV, 2007 [champpenal.revues.org/2853] (12 décembre 2012).

SOCIÉTÉ ELISABETH FRY DU QUÉBEC (LA). *La justice pénale et les femmes*, Québec, Les éditions du remue-ménage, 2011.

SPROTT, Jane B., Cheryl Marie WEBSTER et Anthony DOOB. « Punishment Severity and Confidence in the criminal Justice System », *Canadian Journal of Criminology and Criminal Justice*, vol. 55, n° 2, 2013, p. 279-292.

STELLER, Shirley. *Étude spéciale sur les accusés atteints de troubles mentaux dans le système de justice pénale*, Ottawa, Centre canadien de la statistique juridique, Statistique canada, n° 85-559–XIF, 2003, 35 pages [publications.gc.ca/Collection/Statcan/85-559-X/85-559-XIF2002001.pdf] (29 juin 2013).

STENGERS, Isabelle. « Sciences : qui est l'auteur ? », *Surfaces*, Montréal, Les presses de l'Université de Montréal, vol. II, 1992, p. 4-32.

STRIMELLE, Véronique. « La justice restaurative : une innovation du pénal ? » *Champ pénal/Penal field*, Séminaire Innovations Pénales, 2008 [champpenal.revues.org/912] (6 juillet 2013).

STRIMELLE, Véronique, et Françoise VANHAMME. « Modèles vindicatoire et pénal en concurrence ? Réflexions à partir de l'expérience autochtone », *Criminologie*, vol. 42, n° 2, 2009, p. 83-100.

ST-YVES, Michel. « La négociation de crise », *Traité de sécurité intérieure*, Montréal, Éditions Hurtubise, 2007, p. 625-633.

STATISTIQUE CANADA. *Les services correctionnels pour les jeunes, 2012-2011* [statcan. gc.ca/daily-quotidien/121011/dq121011d-fra.htm] (2 novembre 2012).

Services correctionnels pour adultes, comptes moyens des délinquants dans les programmes provinciaux, territoriaux et fédéraux, tableau 251-0004, 2012 [statcan.gc.ca/tables-tableaux/sum-som/l02/cst01/legal31a-fra.htm] (2 novembre 2012).

Les peuples autochtones au Canada : Premières Nations, Métis et Inuit, Enquête nationale auprès des ménages, 2011 [www12.statcan.gc.ca/nhs-enm/2011/as-sa/99-011-x/99-011-x2011001-fra.pdf] (24 janvier 2014).

TAYLOR, Nick. « To find the needle do you need the whole haystack ? Global surveillance and principle regulation », *The International Journal of human Rights*, vol. 18, n° 1, 2014, p. 45-67.

TERESTCHENKO, Michel. *Du bon usage de la torture, ou comment les démocraties justifient l'injustifiable*, Paris, La Découverte, 2008.

TEURLINGS, Jan, Markus STAUFF et Juan Dominco SANCHEZ ESTOP. « WikiLeaks : From Abbé Barruel to Jeremy Bentham and Beyond (A Short Introduction to the New Theories of Conspiracy and Transparency) », *Cultural Studies*, vol. 14, n° 1, 2014, p. 40-49.

THOMAS, Jennifer. « Statistiques sur les tribunaux de juridiction criminelle pour adultes, 2008-2009 », *Juristat*, Ottawa, Statistique Canada, Publication 85-002-X, 2010 [statcan.gc.ca/pub/85-002-x/2010002/article/11293-fra.htm] (19 août 2012).

THOMAS, Suzanne. *Difficultés et malaises de l'agent de probation face au contrevenant présentant un problème de santé mentale*. Mémoire de maîtrise, Montréal, UQAM, 2010 [archipel.uqam.ca/2926/1/M11368.pdf] (26 juillet 2013).

THWAITES, Rayner. « Process and Substance : Charkaoui I in the light of subsequent Development », *University of New Brunswick Law Journal*, vol. 62, n° 1, p. 13-36.

TOCH, Hans. « Police officers as change agents in police reform », *Policing and Society*, vol. 18, n° 1, 2008, p. 60-71.

TOURAUT, Carole. *La famille à l'épreuve de la prison*, Paris, PUF, coll. « Le lien social », 2012, 293 pages.

TRAORÉ, Aminata. *Le viol de l'imaginaire*, Paris, Actes Sud/Fayard, 2003, 216 pages.

VACHERET, Manon, et Marie-Marthe COUSINEAU. « Quelques éléments de compréhension des libérations d'office réussies », *Canadian Journal of Criminology and Criminal Justice*, vol. 45, n° 1, 2003, p. 99-123.

VACHERET, Marion, Jean DOZOIS et Guy LEMIRE. « Le système correctionnel canadien et la nouvelle pénologie : la notion de risque », *Déviance et Société*, vol. 22, n° 1, 1998, p. 37-50.

VACHERET, Marion, et Denis LAFORTUNE. « Prisons et santé mentale, les oubliés du système », *Déviance et Société*, vol. 35, n° 4, 2011, p. 485-501.

VAN CLEAVE, Michelle. « What it takes, In Defense of the NSA », *World Affairs*, vol. 176, n° 4, 2013, p. 57-64.

VERDUN-JONES, Simon N., et Adamira A. TIJERINO. La négociation de plaidoyer au Canada, *Participation de la victime à la négociation de plaidoyer au Canada : Analyse de la recherche et de quatre modèles en vue d'une réforme éventuelle*, Ottawa, Centre de la politique concernant les victimes et Division de la recherche statistique, 2004 [justice.gc.ca/fra/pr-rp/jp-cj/victim/rr02_5/index.html] (24 octobre 2012).

VERDUN-JONES, Simon. « Plea bargaining », *Criminal Justice in Canada* (dir. Julian V. Roberts et Michelle G. Grossman), Toronto, Ontario, Nelson Education, 4ᵉ éd., 2012, 352 pages.

WAINTRAUB, Michelle. *Security Certificates and Full Disclosure : Can intelligence abide by standards of judicial fairness ?* Mémoire de maîtrise, Ottawa, University d'Ottawa, Sciences sociales, API, 2014.

WALBY, Kevin, et Anaïs SEANTEL « Communications Security Establishment Canada (CSEC), Structures of Secrecy, and Ministerial Authorization after September 11 », *Canadian Journal of Law and Society*, vol. 27, n° 3, 2012, p. 363-380.

WALGRAVE, Lode. « La justice restaurative : à la recherche d'une théorie et d'un programme », *Criminologie*, vol. 32, n° 1, 1999, p. 7-29.

WALLACE, Marnie, John TURNER, Anthony MATARAZZO et Colin BABYAK. *La mesure de la criminalité au Canada : présentation de l'Indice de gravité de la criminalité et des améliorations au Programme de déclaration uniforme de la criminalité*, Ottawa, Statistique Canada, no 85-004-x, 2012 [statcan.gc.ca/pub/85-004-x/2009001/beforetoc-avanttdm1-fra.htm] (1 mai 2014).

WALLER, Irvin. *Smarter Crime control, A guide to a safer future for citizens, communities and politicians*, New York City, Rowman and Littlefield, 2013, 322 pages.

Less Law, More Order : The Truth About Reducing Crime, Westport, Connecticut, Præger, 2006.

WELSH, Brandon C. *L'approche scientifique en prévention du crime : fondements, tendances, résultats et implications pour le Canada, Rapport final préparé à l'intention du Centre national de prévention du crime*, Ottawa, Sécurité publique Canada, 2007 [securitepublique.gc.ca/cnt/rsrcs/pblctns/vdnc-prvntn/vdnc-prvntn-fra.pdf] (16 mai 2014).

WELSH, Brandon, et David P. FARRINGTON. « Science, politics, and crime prevention : Toward a new crime policy », *Journal of Criminal Justice*, vol. 40, n° 2, 2012, p. 128-133.

WHITAKER, Reg, Gregory S. KEALY et Andrew PARNABY. *Secret Service : Political Policing in Canada from the Fenians to Fortress America*, Toronto, University of Toronto Press, 2012, 720 pages.

WHITAKER, Reg. « The Post-9/11 National Security Regime in Canada : Strengthening Security, Diminishing Accountability », *Revue of constitutional Studies, Revue d'études constitutionnelles*, vol. 16, n° 2, 2012, p 139-158.

WIDMER, Éric. « Du sentiment d'insécurité aux représentations de la délinquance », *Déviance et Société*, vol. 28, n° 2, 2014, p. 141-157.

WILHAK, Lauren. « Quiet Contributions : Re-Examining the Benefits of a Restorative Approach to Sentencing in the Aboriginal Context », *Windsor Yearbook of Access to Justice*, vol. 26, n° 1, 2008, p. 53-84.

WOO, Grace Li Xiu. « The Omar Khadr case : how the Supreme Court of Canada undermined the Convention on the Rights of the Child », *Law, Social Justice and Global Development Journal*, 2010 [www2.warwick.ac.uk/fac/soc/law/elj/lgd/2010_2/woo/] (9 avril 2014).

WOOLFORD, Andrew, et R.S. RATNER. « Disrupting the informal-formal justice complex : on the transformative potential of civil mediation, restorative justice and reparations politics », *Contemporary Justice Review*, vol. 13, n° 1, 2010, p. 5-17.

WRIGHT, Paul. « Victims'Rights As a Stalkinghorse for State Repression », *Journal of Prisoners on Prisons*, vol. 9, n° 2, 1998, p. 1-4.

YUEN, Felice. « "I've never been so free in all my life" : healing through Aboriginal ceremonies in prison », *Leisure/Loisir*, vol. 35, n° 2, 2011, p. 97-113 [tandfonline.com/doi/pdf/10.1080/14927713.2011.567060] (13 mai 2014).

ZINGER, Ivan. « Réflexions sur les conditions de détention et les services correctionnels fédéraux », *Porte ouverte*, Association des services de réhabilitation sociale du Québec, vol. 25, n° 3, 2013, p. 6-8.

« Conditional Release and Human Rights in Canada : A Commentary », *Canadian Journal of Criminology and Criminal Justice*, vol. 54, n° 1, 2012, p. 117-135.

Table des matières

Remerciements 9

Introduction 11
Questions de révision 15

PREMIÈRE PARTIE
Criminologie : construction d'un savoir 17

CHAPITRE I
Le berceau de la criminologie 19
L'idée de progrès 20
Réflexions sur la gouvernance et les lois 21
Les premières théories de la peine 26
La rationalité pénale moderne 29
Questions de révision 31
Questions de réflexion 33
Cas de discussion 35

CHAPITRE II
Le développement de la criminologie 37
La perception moderne du crime
et les statistiques criminelles 37
Les statistiques sur la criminalité 38

Les inégalités socioéconomiques,
les crimes et les peines 41

L'influence des théories de l'évolution 43

Le débat nature/culture 45

La responsabilité pénale 48

L'objectif de l'enfermement 52

Impact de ces changements
sur la logique du système pénal 54

Questions de révision 55

Discussion de cas 57

CHAPITRE III
La criminologie : changement de perspective

La criminologie : changement de perspective 59

La notion de *personnalité criminelle* 62

Les interdits dans le Code criminel 64

La clientèle du pénal 66

Crimes et médias 70

    Presse écrite et radio 73

    L'arrivée de la télévision 73

    L'arrivée des nouveaux médias sociaux 77

    Les fictions télévisées 79

Perception et finalités des peines 80

    La perception des peines 80

    Les finalités des peines 84

    Le taux de récidive : sa signification 87

Questions de révision 91

Questions de réflexion 93

Discussion de cas 95

DEUXIÈME PARTIE
Criminologie : le système pénal 99

CHAPITRE IV
Le Code criminel 101
Sous le Régime français (1608-1760) 101
Sous le Régime britannique (1760-1867) 104
 La procédure pénale 104
 Le domaine des infractions et le durcissement
 de la peine 107
 La réforme pénitentiaire au Canada au début
 du XIXᵉ siècle 108
Depuis la Confédération 110
 Les délits et les peines 110
 La gestion de la peine 112
Des délits et des peines au Canada :
données 2011-2012 117
 Des délits et des peines : les adultes 117
 Des délits et des peines : les jeunes 124
Les routines du pénal 131
Questions de révision 132
Discussion de cas 133

CHAPITRE V
Le combattant du crime : la police 135
La crise de légitimité 136
 Formation et gestion paramilitaires 138
Quand la fiction dépasse la réalité 140
 L'importance du port de l'arme 141
 « Mort au combat » : le mythe de la dangerosité 146

L'enquête criminelle 153

    L'étape d'identification 154

    L'étape de localisation 154

    L'étape de la structuration de la preuve 155

Police et alimentation du système pénal 156

Questions de révision 160

Questions de réflexion 162

Discussion de cas 162

CHAPITRE VI
La trajectoire pénale : avant le procès 165

La détention pour enquête 166

La détention provisoire 168

    Son usage accru 168

    Les refus de libération sous caution 176

    Les conséquences négatives de la détention provisoire . . 179

    Crédit accordé pour cette sanction provisoire 181

Questions de révision 184

Question de réflexion 185

Discussion de cas 186

CHAPITRE VII
La trajectoire pénale :
la détermination et l'administration de la peine 189

La loi et les tribunaux 189

La négociation de plaidoyer 192

    La procédure 192

    La pratique 197

La peine donnée et la peine reçue 202

    Le rôle des libérations conditionnelles 203

    La remise en question des libérations conditionnelles ... 209

La détention 212

Fonction idéologique du système pénal 220

Questions de révision 222

Questions de réflexion 223

Discussion de cas 224

CHAPITRE VIII

Le rôle des criminologues et la surveillance correctionnelle

.... 227

La clientèle 228

Rôle des criminologues : aide et contrôle 233

La justification de ses décisions 238

    Jusqu'aux années 1990 :

    Évaluation de la dangerosité du justiciable 238

    Depuis les années 1990 :

    les nouveaux outils actuariels d'évaluation 240

La nouvelle pénologie 244

Questions de révision 247

Question de réflexion 248

Discussion de cas 248

TROISIÈME PARTIE
Criminologie :
problématiques contemporaines 251

CHAPITRE IX
Femmes et justice pénale 253
Les femmes en prison au Canada : histoire d'une
discrimination 255
Portrait et conditions
actuelles des femmes judiciarisées 263
    Interpellations policières 263
    Devant les tribunaux 264
    Les femmes en détention dans les établissements
    fédéraux 266
Les prisons dans la mire des féministes 272
Questions de révision 274
Question de réflexion 275
Discussion de cas 276

CHAPITRE X
Autochtones et justice pénale 279
Un peu d'histoire 280
Justice occidentale et gestion
autochtone traditionnelle des conflits 285
Une police autochtone 287
Les *cercles de guérison* et les *cercles de sentence* 291
Autochtones et justice pénale : état de la situation 296
Justice et identité autochtone 303
Questions de révision 305
Questions de réflexion 306

Discussion de cas 306

CHAPITRE XI
Santé mentale et justice pénale 309
L'institutionnalisation 309
La désinstitutionnalisation/« réinstitutionnalisation » ... 311
Le Code criminel et les problèmes de santé mentale 313
Santé mentale et contacts avec la police 316
Tribunaux en santé mentale 317
Détention et santé mentale 319
Questions de révision 327
Questions de réflexion 329

CHAPITRE XII
Résoudre les conflits autrement 331
Abolir le système pénal 332
    Le système pénal n'est pas bon 332
    Du crime à une situation-problème à résoudre 336
La décriminalisation 346
    Exemple : le cas des drogues actuellement illicites 346
        Contrôle de la qualité et de la concentration 347
        Contrôle de la mise en marché 349
        Contrôle des lieux de distribution 349
        Prévention 350
Stratégies de modification
de l'environnement et prévention du crime 351
La justice restaurative 354
    À quelle communauté fait-on référence ? 356
    Qu'est-ce qu'une réparation
    proportionnelle aux préjudices causés ? 357

Renouvellement des mentalités
et du savoir-faire à l'intérieur du système pénal 359

La justice restaurative dans le pénal 359

Innovation pénale 362

Questions de révision 364

Questions de réflexion 365

Discussion de cas 366

CHAPITRE XIII
L'élargissement des objets d'étude en criminologie .. 367

L'expansion de la surveillance 368

La multiplication des acteurs en matière de sécurité 369

Les attentats du 11 septembre 2001 :
une levée des obstacles 373

Lois antiterroristes 374

Un nouveau discours sécuritaire 375

Conséquences de cet élargissement de la surveillance ... 377

Diminution internationale
des protections juridiques et judiciaires 377

Les principes d'accusation 378

Le régime de la preuve 379

L'exemple des certificats de sécurité 379

Données sans analyse et sécurité 383

L'exemple des mesures de sécurité
dans les aéroports 384

Surveillances préventives et diminution
du droit à la vie privée 385

L'affaire Snowden 387

WikiLeaks 390

Surveillance et contrôle 392

La question de la torture 395

    Sa justification 395

    La « sous-traitance » de la torture 398

    La « complicité » canadienne à certaines
    pratiques de torture 399

        À Guantanamo : le cas d'Omar Khadr 399

        Les prisonniers en Afghanistan 402

        Le cas de Maher Arar 403

Questions de révision 408

Questions de réflexion 410

Discussion de cas 411

Conclusion 413

Bibliographie 417

LISTE DES TABLEAUX 449

LISTE DES GRAPHIQUES 451

Liste des tableaux

1. Causes avec condamnation réglées par les tribunaux de juridiction criminelle pour adultes, selon le type d'infraction et certaines peines, Canada, 2011-2012 ... 121

2. Causes avec condamnation réglées par les tribunaux de la jeunesse, selon le type d'infraction et certaines peines, Canada, 2011-2012 128

3. Libérations d'adultes de la détention provisoire, selon le statut judiciaire subséquent, certaines provinces, 2008-2009 174

4. Le coût du maintien en incarcération d'un détenu comparativement à la surveillance correctionnelle dans la collectivité 206

5. Comptes moyens des adultes sous surveillance correctionnelle, selon le type de surveillance, Canada, 2012-2013 229

6. Comptes moyens des jeunes sous surveillance correctionnelle selon le type de surveillance, Canada, 2012-2013 231

Liste des graphiques

1. Homicides et tentatives de meurtre,
   Canada, 1961 à 2012 71

2. Les dix causes les plus souvent réglées
   par les tribunaux de juridiction criminelle
   pour adultes, Canada, 2011-2012 118

3. Causes avec condamnation réglées par les tribunaux de
   juridiction criminelle pour adultes, selon le type
   de peine, Canada, 2011-2012 119

4. Causes avec condamnation réglées par
   les tribunaux de juridiction criminelle pour adultes,
   selon la durée de la peine d'emprisonnement,
   Canada, 2011-2012 120

5. Causes réglées par les tribunaux de la jeunesse,
   Canada, 1991-1992 à 2011-2012 124

6. Pyramide des âges des estimations
   de la population au 1er juillet, 1982 et 2012, Canada ... 125

7. Les dix causes les plus souvent réglées
   par les tribunaux de la jeunesse,
   Canada, 2011-2012 126

8. Causes avec condamnation réglées par les tribunaux
   de la jeunesse, selon le type de peine,
   Canada, 2011-2012 127

9. Homicides sur des policiers, Canada, 1961 à 2009 148

10. Nombre moyen d'adultes en détention provisoire et en détention après condamnation, de 2000-2001 à 2009-2010 170

11. Comptes moyens des jeunes en détention provisoire et en détention après condamnation, Canada, 2005-2006 à 2010-2011 175

12. Le taux d'incarcération au Canada comparativement à d'autres pays (2012) 213

13. Le nombre de délinquants admis dans des établissements fédéraux a fluctué 214

14. 53 décès sont survenus dans les établissements de détention fédéraux en 2011-2012 217

15. Tendance sur une période de dix ans relative aux femmes purgeant une peine carcérale de ressort fédéral 265

16. Nombre d'incidents liés à l'automutilation impliquant des délinquantes sous responsabilité fédérale 269

17. Admissions en détention après condamnation selon l'identité autochtone et la proportion d'Autochtones au sein de l'ensemble de la population, et selon le secteur de compétence, 2011-2012 298

MARQUIS

Québec, Canada

  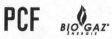